AF534012

Peter Köster SJ

Die Anfänge Israels

Die Väter- und Müttergeschichten aus dem Buch Genesis und die Erzählungen des Buches Exodus

Peter Köster SJ

Die Anfänge Israels

Die Väter- und Müttergeschichten aus dem Buch Genesis und die Erzählungen des Buches Exodus

Eine geistliche Auslegung auf fachexegetischer Grundlage

Umschlag: Renate Menneke, Flammen

3. überarbeitete Auflage 2014

mail@eos-verlag.de
www.eos-verlag.de

ISBN 978-3-8306-7656-0

Bibliografische Information der Deutschen Bibliothek
Die Deutsche Bibliothek verzeichnet diese Publikation
in der Deutschen Nationalbibliografie;
detaillierte bibliografische Angaben sind im Internet
unter http://dnb.ddb.de abrufbar.

Umschlaggestaltung: Präsenz Medien, Gnadenthal
Druck und Bindung: Pustet Verlag und Druck, Regensburg

Inhaltsverzeichnis

Vorwort

Das Volk des Alten Testaments hat seinen Glauben auf eine sehr wirksame Weise weitergegeben – bis auf den heutigen Tag. So haben es auch die ersten Christen getan. Sie kamen ja aus diesem Volk. Sie haben *die* Geschichten weiter erzählt und *die* Ereignisse ihres Ursprungs gefeiert, in denen das Geheimnis Gottes in ihrem Leben aufgeleuchtet ist. Wenn sie sich im Glauben neu oder tiefer beheimaten und ihr Leben neu orientieren wollten, dann haben sie sich an die Geschichten Gottes mit den Menschen erinnert. Diese Geschichten lebten in ihnen von Kindheit an. Ihre Bilder und Symbole, die Personen und ihre Schicksale waren ihnen vertraut. Wenn sie sich auf diese Geschichten einließen, wurden sie von ihnen mit auf den Weg genommen: auf *den* Weg, den Abraham und Sara, Mose und das Volk Gottes und andere Männer und Frauen vor ihnen gegangen waren. Von diesen Geschichten konnte man lernen, wie Glaube „aussieht", wie Glaube lebendig wird und Leben gelingt.

Auch Jesus war mit den Geschichten seines Volkes vertraut. Er wuchs mit ihnen auf und lebte aus ihnen. Das Alte Testament war seine Bibel. Es sind vor allem zwei Erinnerungskomplexe, die dort immer wieder meditiert und reflektiert, neu gestaltet und kommentiert wurden. Sie sind so zentral, dass man sagen kann: In ihnen manifestiert sich die Identität Israels. Es sind die Väter- und Müttergeschichten aus dem Buch *Genesis* und die Erzählungen der *Exodus*tradition mit den Ereignissen am Sinai. Sie enthalten gleichsam den Urmythos, das religiös-kulturelle Gedächtnis. Diese Ursprungserfahrungen sind – wie das ganze Alte Testament – ein wesentlicher Bestandteil unserer christlichen Bibel. „Um die Botschaft vom Wirken Gottes in und durch Jesus Christus nahe zu bringen, wird immer wieder „die Schrift" Israels zitiert. „Gemäß der Schrift" und „wie geschrieben steht" – das ist die Autorität, mit „der die neutestamentlichen Schriften sich legitimieren" (E. Zenger).

Mehr noch als in den Evangelien stehen im Mittelpunkt der Ursprungsgeschichten Israels ganz durchschnittliche Menschen. Die alten Erzählungen wollen an konkreten Gestalten veranschaulichen, wie Israel seinen Gott erfahren hat. Sie enthalten gleichzeitig viele Anregungen und Hinweise, was der Glaube an Gott in unserem Alltag bedeuten kann, und was zum Gelingen unseres Lebens notwendig ist.

Ich versuche, mit diesem Kommentar an die Urgeschichten des Glaubens heranzuführen. Es mag verwundern, dass sie mehr vom Unglauben der Menschen sprechen als von ihrem Glauben. Unglaube gehört ganz wesentlich zu unserer Wirklichkeit und darf nicht ausgeblendet werden. Diese Geschichten wollen *in Bewegung bringen* und fruchtbar werden für unser Leben und unseren Glauben. Sie wollen uns zeigen, wo da Licht ist und Dunkel, Glaube und Unglaube. Vor allem aber wollen sie an das Feuer des lebendigen Gottes locken, auf das Mose in der Wüste seines Alltags aufmerksam wurde und das ihn in seinen Bann zog, ohne ihn zu verbrennen. Erst nach dieser Begegnung wurde er fähig, andere in die Freiheit mit Gott zu führen.

Die Erzählungen der Exodustradition enden mit einem offenen Schluss. Israel ist noch nicht am Ziel. Die zweite Hälfte des Exodus, der Einzug ins gelobte Land, wird von Mose nicht mehr angeführt und scheitert am Ende der Königszeit. Von daher darf es nicht verwundern, dass die zweite Hälfte in der Tora nur als Entwurf und Verheißung vorkommt. Sie gehört nicht zum „Urmythos".

„In Jesus von Nazareth führt Gott den Exodus ans Ende, für Israel und auch in den längst von den Propheten erkannten Konsequenzen für die Völker. Insofern steht das Neue Testament nun dem Alten Testament zugleich groß und gewaltig gegenüber und relativiert seinen Basistext durch einen neuen" (N. Lohfink).

Für die Väter- und Müttergeschichten und die Erzählungen der Exodustradition habe ich mich an der Übersetzung der Elberfelder Bibel orientiert und sie im Wesentlichen übernommen. Sie ist dem ursprünglichen Text näher. In diese gründlich überarbeitete und z.T. erweiterte Auflage sind neuere Forschungen mit einbezogen. Die ersten beiden Auflagen sind unter dem Titel „Urgestalten und Ursymbole des Glaubens" erschienen.

Für die kritische Durchsicht des Manuskripts gilt mein besonderer Dank meinem Mitbruder, dem Frankfurter Alttestamentler Winfried Jüngling SJ.

Die biblischen Texte sind vor allem gesprochenes Wort. Die Kraft ihrer Sprache und die Dramaturgie des erzählten Geschehens wird am ehesten spürbar, wenn man die Texte *laut* liest. So fällt es auch leichter, sich auf den langen Atem biblischen Erzählens einzulassen.

Peter Köster SJ

Die Väter- und Müttergeschichten in Genesis 12-50

Hört auf mich,
die ihr der Gerechtigkeit nachjagt
und die ihr den Herrn sucht.
Blickt auf den Felsen,
aus dem ihr gehauen,
auf den Schacht,
aus dem ihr gebrochen seid.
Blickt auf Abraham, euren Vater,
und auf Sara, die euch gebar.
Er war nur einer, als ich ihn rief,
doch ich habe ihn gesegnet
und ihm viele Nachkommen geschenkt.

Jesaja 51,1 f.

So spricht Jahwe:
Stellt euch an die Wege
und haltet Ausschau,
fragt nach den Pfaden der Vorzeit,
welcher der Weg zum Heil ist
und den geht.
So werdet ihr Ruhe finden für eure Seele.

Jeremia 6,16

Abraham-Sara-Zyklus

Einführung

1. Die Erzählungen des Abraham-Sara-Zyklus schildern uns Menschen von gewöhnlichem Zuschnitt in einer großen Bandbreite menschlicher Möglichkeiten und Begrenzung. Gerade deshalb eignen sie sich, bei ihnen Orientierung für den eigenen Lebensweg und -sinn zu suchen. Vor Helden kann man nur in Bewunderung und respektvoller Distanz verweilen. Sie überfordern meist und entmutigen dann häufig. In den Menschen, die uns in diesen Geschichten begegnen, in den unterschiedlichen Situationen ihres Lebens, können wir uns eher wieder finden. Hier wird nichts beschönigt oder verurteilt, auch nichts tabuisiert. Wir hören von Schönheit und Reichtum, von Eros und Sexualität, von Fruchtbarkeit und Unfruchtbarkeit, auch die Wechseljahre einer Frau werden genannt. Wir erfahren, wie Menschen sich in lebensgefährlichen Situationen arrangieren, wie Eifersucht und soziale Stellung ausgespielt werden – bis zum Ausschluss aus der Familie. Wir hören von Streit zwischen Familien und von Konflikten in der Familie. Elementare Lebensvorgänge wie Schwangerschaft und Geburt, Entwöhnung eines Kindes werden ebenso erwähnt wie Gastfreundschaft gegenüber Fremden und ein Familienfest. Im Verhältnis zu Gott kommt eine ganz ursprüngliche Religiosität zum Ausdruck. Auch Konflikte dürfen mit Jahwe ausgetragen werden, beides gehört zum Glauben. Jahwe ist ein Gott, der Leben schenkt, es immer wieder neu auf den Weg bringt. Über alles Versagen und alle Inkonsequenz der Menschen setzt er sich hinweg und bindet sich an diese ganz durchschnittlichen Menschen. Er geht von sich aus ein unauflösliches Gemeinschaftsverhältnis mit ihnen ein. Gott bleibt geheimnisvoll und lässt den Menschen auch seine „dunkle Seite“ erfahren. Dennoch soll sein Weg mit uns Menschen allen zum Segen werden.

Im Aufbruch Abrahams mit Sara und in ihrem ruhelosen Weg in eine ungewisse Zukunft – vorbei an den vielen Stationen von Vergeblichkeit und Enttäuschung, von Schuldigwerden und auswegloser Dunkelheit – sah Israel nicht nur ein Ereignis seiner frühen Geschichte, sondern zugleich einen Wesenszug seines ganzen Daseins. Herausgerissen aus der Gemeinschaft der Völker und auch in Kanaan ein Fremdling geblieben, wusste es sich einen Weg geführt, der nicht in seine Verfügung gegeben war. Dieser immer wieder angefochtene Weg konnte für Israel nur zum Heilsweg werden, wenn es sich nicht um seine Selbsterhaltung kümmerte, sondern alles dransetzte, den Fremden und Außenstehenden, den Völkern der Erde zum Segen zu werden.

So musste Israel, so müssen die Menschen, die Gott in seine unberechenbare Gemeinschaft ruft, immer wieder aufbrechen in eine ungewisse Zukunft. Der Exodus von einem „Ich-hof" zum anderen ist die Grundsituation menschlicher Existenz. In den sich wandelnden Situationen und Gegebenheiten unseres Lebens erfahren wir, dass wir ständig unterwegs sind – biographisch, soziologisch, geistesgeschichtlich, religiös, spirituell, theologisch, politisch –, dass wir in dieser Welt nie endgültig und geborgen festen Fuß fassen. Wir haben hier keinen dauerhaften „Ich-hof".

Uns kann alles genommen werden, was uns Heimat ist, alles, woran wir mit unserem Herzen hängen – selbst unser „liebstes Kind". Unser Leben führt vorbei an unzähligen Stationen von Vergeblichkeit und Leere. Schließlich entschwindet uns im Tod alles ...

Unser Leben ist ein Einüben in jene letzte Bereitschaft, dem unbegreiflichen Gott auch dann zu folgen, wenn er uns hinein nimmt in sein eigenes Licht, wo der Mensch vielleicht meint, er gehe ein in ausweglose Dunkelheit. Es ist ein schmerzhafter Versuch, und ein Versuch wird es immer bleiben, es anzunehmen, dass wir uns hier nirgendwo für immer ansiedeln können, dass Gott der immer noch Größere und Unfassbare ist, – dass unser Leben nur dann seine Existenzberechtigung nicht verliert, wenn es für andere zum Segen wird.

Exodus von einem „Ich-hof" zum anderen, Exodus als Grundschema christlichen Daseinsverständnisses ist genau das, was wir meinen, wenn wir „Gott" sagen. Das Wort „Gott" ist nur verstehbar im Zusammenhang mit der Exoduserfahrung als dem Ausbuchstabieren dieser unser ganzes Leben umfassenden, tragenden und beanspruchenden personalen Wirklichkeit in unser unverfügbares und unabschließbares Dasein hinein ...

Der Hebräerbrief sieht in den Menschen, die sich wie Abraham und Sara dem Wort Gottes ausgeliefert haben, den Aufbruch der gläubigen Menschheit in das „Land", das jenseits aller Sichtbarkeit liegt:

„Im Glauben starben sie alle,
ohne die verheißenen Güter erlangt zu haben.
Sie sahen sie und begrüßten sie von Ferne
und bekannten, dass sie Fremdlinge und Pilger
auf Erden seien.“

(Hebr 11,13)

Glauben heißt: Unterwegs sein mit einer Verheißung, sich einfügen in das Geheimnis des eigenen *Lebensgehorsams*! Das ist Gottesfurcht.

2. Das Einüben in den Lebensgehorsam kann besonders in den Erzählungen des Abraham-Sara-Zyklus deutlich werden, in denen das mythische Lebenslaufschema durchschimmert. In den Mythen der Völker, in ihren Märchen und Sagen, ihren Legenden, Träumen und Wunderberichten gewinnt etwas Ausdruck und Gestalt, das den Menschen in seinem gesamten Dasein angeht und anspricht. Von besonderem Interesse sind jene Erzählungen, in denen ohne historische Vermittlung völlig unabhängig voneinander, womöglich zu ganz verschiedenen Zeiten und an ganz verschiedenen Orten, gleiche Motive auftauchen. Diese Tatsache lässt darauf schließen, dass wir es bei bestimmten Motiven mit menschheitlichen Anschauungen zu tun haben, dass es also in der menschlichen Psyche selbst bestimmte Gesetzmäßigkeiten des Erlebens gibt, die unter ähnlichen Umständen immer wieder ähnliche Symbolbildungen und Erzählmotive hervorbringen. Zu den zahlreichen Ähnlichkeiten und Parallelen gehört auch das mythische Schema des Lebenslaufs. Es ist ein dynamisches Schema des menschlichen Daseins. Die einzelnen Phasen dieses Schemas sind unterschiedlich lang. Sie lösen einander oft ab, existieren aber auch nebeneinander und treten durchaus nicht immer in derselben „klassischen“ Reihenfolge auf.

Wenn nun die mythischen Symbole und Motive Chiffren menschlicher Wirklichkeit sind, dann wird es uns nicht verwundern, sie auch in den Erzählungen der Bibel zu finden.

Ich versuche, den einzelnen Phasen dieses mythischen Lebenslaufschemas in den Abraham-Sara-Erzählungen nachzugehen. Damit ist keine Uminterpretation biblischer Texte auf mythologische Muster beabsichtigt. Vielmehr greift die Schrift selbst diese Muster auf; sie gebraucht sie, um damit ihre eigene Aussage zu machen. Ich möchte also aufzeigen, dass der Zyklus der Abraham-Sara-Erzählungen für diese

Deutung offen ist, ohne sich darin zu erschöpfen. Die Erzählungen, in denen das Lebenslaufschema sich zeigt, sind in der Übersicht *kursiv* hervorgehoben.

In Gen 17,5 wird „Abram“ (Vater – d.h. Gott ist erhaben) in „Abraham“ (Vater einer Menge von Völkern) umbenannt. Ich verwende von Anfang an den Namen „Abraham“. Das Gleiche gilt für Sara (Gen 17,15f.).

Den biblischen Erzählern ging es vor allem darum, zu zeigen, was den Menschen bei einem Ereignis über sich und ihren Gott aufging. In diesen Erzählungen erfahren wir etwas vom Menschen, von seinem Ringen um Ganzheit, von seinen Träumen und Hoffnungen, von seinen Ängsten und Krisen, seinen Zweifeln und Irrwegen – bis er hinfindet zum Geheimnis seines Lebensgehorsams. Hier entdecken wir etwas von dem Weg, den Gott mit dem Menschen geht, damit er anderen zum Segen wird. Wir werden von diesen Erzählungen so viel verstehen, wie wir vom menschlichen Leben überhaupt verstehen, wie wir uns selbst in den Personen wieder finden und entdecken, dass hier unsere ganz persönlichen Lebensfragen „verhandelt“ werden. Letztlich geht es darum, dass im Umgang mit den Erzählungen das Geheimnis Gottes aufleuchtet, dass wir zu einer tieferen Begegnung mit Gott und dem Geheimnis unseres Lebens geführt werden, dass wir uns selbst und Gott besser verstehen und das Heil erfahren, das Er uns schenken möchte.

Martin Buber sagt einmal: „Ich zeuge für Erfahrung und appelliere an Erfahrung. Ich sage dem, der mich hört: 'Es ist Deine Erfahrung. Besinne Dich auf sie, und worauf Du Dich nicht besinnen kannst, wage, es als Erfahrung zu erlangen' ... Ich habe keine Lehre. Ich zeige nur etwas. Ich zeige Wirklichkeit, ich zeige etwas an der Wirklichkeit, das nicht oder zu wenig gesehen worden ist. Ich nehme ihn, der mir zuhört, an der Hand und führe ihn zum Fenster. Ich stoße das Fenster auf und zeige hinaus. Ich habe keine Lehre, aber ich führe ein Gespräch.“

Die Abraham-Sara-erzählungen wollen uns etwas von den Gesetzmäßigkeiten unserer Wirklichkeit vermitteln.

3. Die Erzählungen des Abraham-Sara-Zyklus sind im Verlauf von mehreren Jahrhunderten entstanden und in ihrer jetzigen Gestalt und Abfolge das Ergebnis eines längeren Sammlungs- und Kompositionsprozesses, der etwa um die Wende des 5. zum 4. Jh. v. Chr. zum Abschluss kam. Viele Menschen und viele Generationen haben sich in

diesen Urgestalten des Glaubens wieder gefunden und ihre Sehnsucht, ihre Überzeugungen und Nöte gleichsam in den Mantel Abrahams und Saras eingenäht. Bei genauerem Hinsehen zeigen sich in der Komposition von Gen 11,27-25,11 Spannungen, Unebenheiten und Brüche, die deutlich machen, dass der Zyklus nicht aus einem Guss ist.

Wer waren die Theologen und Redaktoren des Abraham-Sara-Zyklus und was hat sie motiviert, diese Erzählungen aus der Frühzeit zu sammeln und weiter zu tradieren?

Mit der Zerstörung Jerusalems und dem Beginn der babylonischen Gefangenschaft (587/586) hatte Israel alles verloren, was ihm über Jahrhunderte Sinn und Identität gegeben hat. Die politische Existenz Judas war verspielt und die Daviddynastie am Ende. Der letzte König Zidkija wurde geblendet ins Exil geführt und starb dort. Jerusalem lag in Trümmern. Die staatlichen Ordnungen hatten sich aufgelöst. Der Tempel war zerstört, sodass es keinen offiziellen Kult mehr gab. Heimat, König, Tempel sind wie Symbole einer großen, unwiederbringlich vergangenen Tradition. In der ethnisch und kulturell imposanten fremden Welt der neubabylonischen Großmacht erfahren sich die Exulanten wie totes Gebein – ohne Lebenskraft und Zukunft. Das Tragische daran war, dass die traditionelle Theologie auf diese politisch-soziale und religiöse Katastrophe keine in die Zukunft weisende Antwort hatte. Nach ihr ist das Exil die notwendige Folge und der sichtbare Ausdruck des Bundesbruchs. Der Bund, den Jahwe einst am Sinai mit dem Gottesvolk geschlossen hatte, ist an Israel gescheitert. Mit dieser Deutung der Katastrophe wurde den Menschen im Exil die Hoffnung auf eine neue Zukunft genommen.

In dieser Situation setzt eine Neubesinnung auf die theologischen Grundlagen des Gottesvolkes ein. Dabei konnte man auf bereits bestehende schriftliche Überlieferungen zurückgreifen: Erzählkränze, Rechtssammlungen, kleinere und größere Textkomplexe. Zwei Literaturwerke, die Priesterschrift und das Deuteronomium geben von dieser Neubesinnung Zeugnis. Diese Texte erzählen von Ereignissen, die manchmal mehr als 700-800 Jahre zurückliegen, bevor sie schriftlich aufgezeichnet, gesammelt, redigiert und überliefert wurden. Sie berichten nicht, wie es eigentlich gewesen ist, sondern geben in der Krise und dem Umbruch des Exils der jüdischen Gemeinschaft Orientierung und Halt. „Geschichtserinnerungen dienen der Erfahrungsstrukturierung, der Handlungsorientierung und der Identitätsstiftung, in denen die Vergangenheit so gedeutet wird, dass mit ihr die Gegenwart verstanden und Zukunft erwartet werden kann“ (B. Schmitz).

Die *Priesterschrift* aus der Zeit des Exils im 6. Jh. v. Chr. sieht den Ursprung Israels in Abraham und die Einheit seiner Geschichte durch den genealogischen Zusammenhang mit dem Erzvater gegeben. Der Bund Jahwes mit Abraham ist das unzerstörbare und unüberbietbare Fundament Israels. Alles, was danach kommt, ist nur Entfaltung und Erfüllung dessen, was Gott dem Abraham eidlich zugesichert hat. Deshalb spricht die Priesterschrift auch nicht mehr von einem neuen Bundesschluss am Sinai. Der Bund mit Abraham ist auf Seiten des Menschen an keine Bedingungen geknüpft. Er beruht nicht auf Gegenseitigkeit und darum können spätere Generationen – wie die Menschen im Exil – im Rückgriff auf diesen Gnadenbund von neuem Hoffnung haben. Die Priesterschrift stellt also die Menschen im Exil in den Horizont der Gnade und eröffnet ihnen inmitten all ihrer Aussichtslosigkeit eine neue Zukunft. Der Glaube an Jahwes unbedingte Treue, die sich nicht von menschlichen Leistungen abhängig macht, relativiert die Katastrophe des Exils als Chance, Gottes Lebensmöglichkeiten tiefer zu verstehen und anzunehmen.

Das in seinem Grundbestand ältere *Deuteronomium* (Dtn 12-26) wurde im Exil stark erweitert und gerahmt. Einen Anfang mit den Erzvätern Abraham, Isaak und Jakob kennt das Buch nicht. Nach dem Deuteronomium liegt der Ursprung Israel in der Offenbarung der Tora und im Bundesschluss am Gottesberg Horeb. Für die exilischen Autoren des Deuteronomiums ist Israel überall dort, wo Menschen sich zum Bund mit Jahwe bekennen und nach der Tora leben.

Nach dem Exil (538 v. Chr.) haben Schriftgelehrte diese unterschiedlichen und widersprüchlichen Sichtweisen so miteinander verbunden, dass daraus *eine* Geschichte Gottes mit seinem Volk wurde. Es entstand ein Gesamtwerk mit einer Erzählung, die vom Anfang der Schöpfung (Gen 1) bis zum Ende der Königszeit (2Kön 25) reicht. Die nachexilischen Autoren und Redaktoren übernehmen die priesterschriftliche Sicht, dass Israel in Abraham seinen Stammvater hat und die Blutsverwandtschaft mit ihm Kriterium für die Zugehörigkeit zu Israel ist. „Um der Logik der Genealogie willen, die auf Abgrenzung von Nichtjuden, besonders den Kanaanäern, in nachexilischer Zeit zielt, werden die Ursprünge Abrahams und seiner Familie an den äußersten Rand des südlichen Mesopotaniens in Ur verlegt, sodass eine genealogische Verbindung von Israeliten und Kanaanäern ausgeschlossen ist" (E. Otto). Diese genealogische Trennung wird noch einmal in der Brautwerbung für Isaak in Gen 24 betont, als Abraham seinen Knecht schwören lässt, auf keinen Fall eine Frau von den Töchtern Kanaans zu nehmen.

Der Aufbruch Abrahams ist zugleich eine Aufforderung an *die* Exulanten, die sich am Euphrat auf Dauer eingerichtet hatten, wie Abraham zu handeln und aus Babylon aufzubrechen ins verheißene Land, um dort eine neue Gesellschaft mit aufzubauen, die allen zum Segen werden soll.

Ergänzt wird diese priesterschriftliche Sicht durch das „deuteronomistische Kriterium der Bundeszugehörigkeit", sodass auch Proselyten (Hinzugekommene) zu Israel gehören können, wenn sie nach der Tora leben.

Zur Zeit des Nehemia (445-433 v. Chr.) kommt bei den schriftgelehrten Autoren und Redaktoren neben dem Ideal genealogischer Reinheit das im 8. Jh. zerstörte Nordreich Israel wieder in den Blick. Deshalb lassen sie Abraham auf seinen Wegen durch Kanaan die Gebiete des Nordreichs mehrfach durchwandern und in Bet-El (Gen 12,6-9; 13,1.3) ebenso wie in Hebron im Süden (Gen 13,8) einen Altar bauen.

In die Überlieferungen des Abraham-Sara-Zyklus, die bereits in der Priesterschrift vorhanden sind, fügen diese Schriftgelehrten eine Reihe Lokalerzählungen von Abraham ein, die weit in das 1. Jt. v. Chr. zurückgehen, vor allem die Begegnung mit den drei Männern bei den Terebinthen von Mamre in der Nähe von Hebron (Gen 18,1-16). Auf diese Weise begründen sie den Anspruch Israels auf das Land.

Jahrzehnte später setzen Schriftgelehrte die Tora als Ziel der Geschichte Gottes mit seinem Volk und der ganzen Schöpfung an die Stelle des Landes. „Damit widersprechen sie dem Anspruch der persischen Reichsideologie, das persische Recht sei Teil der Schöpfungsordnung des persischen Reichsgottes Marduk" (E. Otto). Sie trennen das Buch Josua ab und schaffen so den Pentateuch, der mit dem Deuteronomium endet. In diesem Kontext erhalten auch die Abrahamerzählungen einen neuen theologischen Akzent. Abraham wird zum Urbild des Glaubens an die Verheißungen Jahwes, die mit der Tora verbunden sind. Die Erzählung von Abrahams Erprobung in Gen 22 wird jetzt zum Schlüsseltext des ganzen Zyklus. Der als Fremdling das verheißene Land durchwandernde

Erzvater, mit dem Gott einen unkündbaren Bund geschlossen hat, wird zum Vorbild jüdischer Existenz in der Diaspora. Wie Abraham haben sie das Leben im verheißenen Land noch vor sich. Das Ziel der Schöpfung und Weltgeschichte ist – in Anknüpfung an die Konzeption des Deuteronomium – die Offenbarung der Tora an Israel zur Zeit des Mose, auf die hin Abraham lebte. Jude sein heißt: den Willen Gottes nach der Tora zu erfüllen. Das ist überall auf der Welt möglich.

Das zeigt noch mal: „Die (Re)konstruktion der Vergangenheit liegt nicht in ihr selbst, sondern in der eigenen Gegenwart. Sie dient der Selbstvergewisserung, um die eigenen Erfahrungen verarbeiten zu können, nach der eigenen Identität zu fragen und herauszufinden, wie das eigene Handeln neu orientiert und in Zukunft gestaltet werden kann“ (B. Schmitz).

In diesem langwierigen Sammlungs- und Komposionsprozess ist zu berücksichtigen, dass sich unter den aus Babylon Heimgekehrten, den im Land Verbliebenen und der großen Diaspora in Ägypten sehr unterschiedliche Vorstellungen über die Grundlagen des Glaubens und der Lebensordnung, über die Tora und die Geschichte Israels entwickelt hatten. Viele Juden blieben nach fast fünfzig Jahren Exil in Babylon, zumal dort eine neue Generation herangewachsen war. So bildete sich in Babylon wie in Ägypten in nachexilischer Zeit ein Zentrum eigenständigen jüdischen Lebens.

Um dem Volk in der Heimat und in der Diaspora definitiv das Bewusstsein zu geben, historisch und theologisch aus einer Wurzel zu sein, war es notwendig, ein Identitätsprinzip zu finden, das die regionalen und religiösen Spannungen und Gegensätze zu umgreifen und zu überbieten vermochte. Bei der Suche nach dem Ursprung der verbindlichen Einheit Israels musste man sehr weit zurück gehen: hinter die nach der Rückkehr aus dem Exil verlesene Tora, hinter die Spaltung in zwei Königreiche Juda und Israel, hinter den Gegensatz zwischen der Bevölkerungsgruppe, die von außen aus „Ägypten“ durch die Wüste ins Land gekommen war, und denen, die schon immer im Land ansässig waren. Um zu der endgültig einenden Wurzel zu gelangen, musste man noch hinter die Offenbarung Jahwes am Sinai vor Mose zurückgehen und schließlich noch hinter den Stammvater Jakob/Israel, von dem das Volk seinen Namen hat. So kam man schließlich bis zu Abraham, dessen persönliche Geschichte die ganz verschiedenen Teile einer über viele Jahrhunderte dauernden Volksgeschichte zu integrieren und zu versöhnen vermochte. So ging es bei der Abfassung des Abraham-Sara-Zyklus nicht nur darum, geschichtliche Ereignisse festzuhalten, sondern einem Volk dadurch Leben und Identität zu geben, dass es in Abraham einen Vater und in Sara eine Mutter erhielt, in denen es sich wieder erkannte und sich selbst mit all seinen Spannungen und Brüchen aufgehoben wusste. Abraham und Sara wurden zu Garanten der Einheit Israels als Wirklichkeit und Auftrag, für andere Menschen zum Segen zu werden – bis auf den heutigen Tag (P. Gilbert).

> Hört auf mich,
> die ihr der Gerechtigkeit nachjagt und die ihr den Herrn sucht.
> Blickt auf den Felsen, aus dem ihr gehauen,
> auf den Schacht, aus dem ihr gebrochen seid.
> Blickt auf Abraham, euren Vater, und auf Sara, die euch gebar.
> Er war nur einer, als ich ihn rief,
> doch ich habe ihn gesegnet
> und ihm viele Nachkommen geschenkt
>
> (Jesaja 51,1f.).

Die Erzählungen der Erzeltern haben also einen langen mündlichen Überlieferungsprozess hinter sich. Wie weit der zurückreicht, ist schwer auszumachen. Vermutlich sind die genannten Orte der Ausgangspunkt für die Überlieferung. Diese ortsgebundenen Erzählungen wurden dann mit einer bestimmten Figur in Zusammenhang gebracht. Die mit Abraham und Sara verbundenen Orte sind hauptsächlich im Süden Palästinas (Mamre, Hebron, Beerscheba), die von Jakob, Lea und Rachel handelnden Erzählungen eher in der Mitte Palästinas, im Ostjordanland und im Nordosten lokalisiert (Sichem, Bet-El, Penuel, Haran). Die wenigen Erzählungen über Isaak und Rebekka verbinden die beiden Regionen. Aufgrund dieser Beobachtung kam man zu dem Schluss, dass diese Geschichten ursprünglich zu drei unabhängig voneinander entstandenen Erzählkränzen gehören. Später hat man die Figuren verwandtschaftlich zu einer Familie mit drei oder vier Generationen genealogisch zusammengefügt.

Die Erzählungen von den Erzeltern versuchen Antworten aus der Situation des Exils zu geben, die in die Anfänge Israels zurück verlegt werden. So werden z.B. bestimmte Bräuche, wie die Beschneidung als Bundeszeichen für alle männlichen Nachkommen (Gen 17), die sich als Zeichen individueller und kollektiver Identität erst in und nach dem Exil durchgesetzt haben, an den Anfang platziert.

Übersicht

Der Zyklus der Abraham-Sara-Erzählungen: Gen 12-25

Gen 11,27-12,1-9	Berufung Abrahams und sein Aufbruch in das Land der Verheißung
	1. **„Ich-hof"**
	2. **Anruf:** *Mach Dich auf den Weg!*
	3. **Trennungsangst,** *Abschiedsschmerz, -trauer*
	4. **Aufbruch** *zur „Großen Reise"*
Gen 12,10-20	*tödliche Bedrohung* ↗ *in Kanaan: Hungersnot* ↘ *in Ägypten: Gefährdung Saras*
Gen 13,1-18	*Trennung von Lot*
Gen 14,1-24	Der Krieg der Könige und Abrahams Begegnung mit Melchisedek
Gen 15,1-21	5. **Krise:** – *Entmutigung, Resignation* – *Angst, das Ziel des Weges könne sich als Täuschung herausstellen* – *Zweifel, Unsicherheit*
Gen 16,1-16	– *menschliche Ausweglosigkeit: Sara ist unfruchtbar* – *menschliche Ungeduld und Aktivität: Sara gibt ihre Magd Hagar Abraham zur Frau* – *Konflikt: zwischen Sara und Hagar*
Gen 17,1-27	Gottes Bund mit Abraham und die Beschneidung als Bundeszeichen
	6. **Signale,** *dem Ziel nahe zu sein:*
Gen 18,1-16a	*Gott erneuert seine Verheißung erstmals in konkreter Form*
Gen 18,17-32	Das Gespräch Abrahams mit Jahwe und das Schicksal Sodoms

Gen 19,1-29	Die zwei Boten bei Lot, der Untergang Sodoms und die Rettung Lots
Gen 19,30-38	Die Nachkommen Lots
Gen 20,1-18	Die Gefährdung Saras in Gerar
Gen 21,1-21	*Isaaks Geburt – Trennung von Ismael und Hagar*
Gen 21,22-34	Der Vertrag Abimelechs mit Abraham in Beerscheba
Gen 22,1-19	**7. Große Tat:** *der „Held" muss seinen Auftrag allein erfüllen, um Leben/Zukunft als reines Geschenk zu erhalten* **8. Integration** *der neuen Erfahrung* **9. Heimkehr** **10. „Ich-hof":** *Die Geschichte endet nicht: sie beginnt von neuem*
Gen 22,20-24	Die Nachkommen Nahors
Gen 23,1-20	Der Tod Saras und der Kauf des Grabgrundstücks
Gen 24,1-67	Brautwerbung für Isaak
Gen 25,1-6	Die Söhne Abrahams von der Nebenfrau Ketura
Gen 25,7-11	Abrahams Tod und Begräbnis

Berufung Abrahams und sein Aufbruch ins Land der Verheißung: Gen 11,27-12,9

11[27] Und das ist die Geschlechterfolge Terachs: Terach zeugte Abraham, Nahor und Haran; und Haran zeugte Lot. [28] Haran aber starb zu Lebzeiten seines Vaters Terach im Land seiner Verwandtschaft, in Ur, der Stadt der Chaldäer. [29] Und Abraham und Nahor nahmen sich Frauen; der Name von Abrahams Frau war Sara, und der Name von Nahors Frau war Milka, die Tochter Harans, des Vaters der Milka und des Vaters der Jiska. [30] Sara aber war unfruchtbar, sie hatte kein Kind. [31] Und Terach nahm seinen Sohn Abraham und Lot, den Sohn Harans, seines Sohnes Sohn, und Sara, seine Schwiegertochter, die Frau seines Sohnes Abraham; und sie zogen miteinander aus Ur, der Stadt der Chaldäer, um in das Land Kanaan zu gehen; und sie kamen nach Haran und wohnten dort. [32] Und die Tage Terachs betrugen 205 Jahre, und Terach starb in Haran.

12[1] Und der HERR sprach zu Abraham: Geh aus deinem Land und aus deiner Verwandtschaft und aus dem Haus deines Vaters in das Land, das ich dir zeigen werde! [2] Und ich will dich zu einem großen Volk machen, und ich will dich segnen, und ich will deinen Namen groß machen, und du sollst ein Segen sein! [3] Und ich will segnen, die dich segnen, und wer dir flucht, den werde ich verfluchen; und in dir sollen gesegnet werden alle Geschlechter der Erde!

[4] Und Abraham ging hin, wie der HERR zu ihm geredet hatte, und Lot ging mit ihm. Abraham aber war 75 Jahre alt, als er aus Haran zog. [5] Und Abraham nahm seine Frau Sara und Lot, den Sohn seines Bruders, und all ihre Habe, die sie erworben, und die Leute, die sie in Haran gewonnen hatten, und sie zogen aus, um in das Land Kanaan zu gehen; und sie kamen in das Land Kanaan. [6] Und Abraham durchzog das Land bis zur Stätte von Sichem, bis zur Orakelterebinthe. Damals waren die Kanaaniter im Land. [7] Und der HERR erschien dem Abraham und sprach: Deinen Nachkommen will ich dieses Land geben. Und er baute dort dem HERRN, der ihm erschienen war, einen Altar. [8] Und er brach von dort auf zu dem Gebirge östlich von Bethel und schlug sein Zelt auf, Bethel im Westen und Ai im Osten; und er baute dort dem HERRN einen Altar und rief den Namen des HERRN an. [9] Dann brach Abraham auf und zog immer weiter nach Süden.

1. *Gen 11,27-32*: Die Berufung Abrahams ist eingebunden in einen Lebensstrom, der durch Geschlechterfolge und weite Wege charakterisiert ist. In der Kontinuität der Generationen haben die Menschen ihren „Ort“ im Werden und Vergehen gefunden. Die Zugehörigkeit zu einer Familie, zu einer Sippe war gleichsam ihr Haftpunkt in der Geschichte. Sie haben in wenigen Sätzen die Ereignisse festgehalten, die für ihr Daseinsverständnis wesentlich waren. Ihre Existenz war primär durch den unablässigen Rhythmus von Zeugung und Geburt, von Heirat und Lebensdauer, von Sterben und Tod bestimmt.

Die beiden Verse 30 und 31 fügen noch etwas hinzu, das für den Anfang der Geschichte von Abraham und Sara und ihren weiteren Verlauf von großer Bedeutung ist:

In Gen 11,30 wird betont in zwei Sätzen von der Unfruchtbarkeit Saras gesprochen: „Sara aber war unfruchtbar. Sie hatte kein Kind.“ Kinderlosigkeit unterbricht die Geschlechterfolge, die für die umherziehenden Nomadenfamilien von höchster Bedeutung ist. Hier wird noch *vor* der Berufung Abrahams die Spannung genannt, die den folgenden Erzählungen zugrunde liegt.

Zum Erfassen der Anfangssituation dieser Berufungsgeschichte gehört es, sich zu vergegenwärtigen, was es für einen Mann wie Abraham erlebnismäßig bedeutet, mit einer unfruchtbaren Frau verheiratet zu sein, – mehr noch, wie verhängnisvoll es für eine Frau wie Sara in einer patriarchalischen Kleinfamilie und in ihrem Sippenverband ist, wenn sie feststellen muss, unfruchtbar zu sein und kinderlos zu bleiben. Die Geschichte selbst nennt keine Gefühle, sie verzichtet auf jede Äußerung der inneren Erlebniswelt.

Gen 11,31 ergänzt noch, dass da von einem Weg die Rede ist mit seinem Ausgangspunkt Ur in Chaldäa und seinem (vorläufigen) Endpunkt Haran in Obermesopotamien. Von der langen Wanderung wird keine Einzelheit, kein Ereignis unterwegs, buchstäblich nichts mitgeteilt. Kanaan wird zwar als Ziel genannt, aber nicht erreicht. Die Sippe bleibt in Haran und wird dort sesshaft. Solche Itinerare sind vermutlich ein literarisches Mittel, um einzelne Überlieferungen, die an bestimmten Orten ihren Ursprung haben, niteinander zu verbinden.

Geschlechterfolge und weite Wege (Itinerare) mit ihren Eckpunkten sind also für die Erzeltern wie Spuren im Flugsand der Geschichte, die nur bleiben, wenn die Sippe oder Familie überlebt.

Nun fällt auf, dass nicht nur das Fortleben in der Geschlechterfolge durch die Unfruchtbarkeit und Kinderlosigkeit Saras unterbrochen ist, sondern auch das Unterwegssein in das Land Kanaan durch das Sesshaftwerden der Terachsippe in Haran (Gen 11,31). Das Fortleben in der Geschlechterfolge steht für *Lebenssinn,* der Aufbruch und das Unterwegssein stehen für den *Lebensraum,* in dem sich der Lebenssinn verwirklicht. Vor der Berufung Abrahams sind also beide Bewegungen unterbrochen.

Der Kontext Gen 11,27-32 gehört mit Gen 12,1-9 zur Exposition der Abraham-Sara-Erzählungen. Abraham ist in Haran ansässig geworden. Der Aufenthalt dort war für ihn sehr einträglich. Zusammen mit seinem Neffen Lot hat er es zu einem gewissen Wohlstand gebracht (Gen 12,5). Und wer möchte nicht einmal Erworbenes festhalten und bewahren? Wer möchte nicht gern mit einer gewissen Zufriedenheit auf seinem „Ich-hof" leben? In jedem Menschen steckt ein tief eingewurzeltes Verlangen nach bleibender Sicherheit, nach unzerstörbarem Sinn und umfassender Geborgenheit. Wer würde nicht versuchen, diesem Urverlangen in seinem Leben Raum und Gestalt zu geben?

2. *Gen 12,1-3*: Unvermittelt ergeht an Abraham die Aufforderung, sich auf den Weg zu machen. Mit äußerst knappen Worten wird ihm gesagt, dass es in seinem Leben noch etwas zu tun gibt. Ihm wird eine Aufgabe zugesprochen, die er (allein) zu erfüllen hat und die er nur außerhalb seiner bisherigen Lebenswelt, seines „Ich-hofs" verwirklichen kann:

> 1 Jahwe sprach zu Abraham:
> Geh weg aus deinem Land
> und aus deiner Verwandtschaft
> und aus dem Haus deines Vaters
> in das Land, das ich dir zeigen werde.
> 2 Und ich will dich zu einem großen Volk machen,
> und ich will dich *segnen*
> und ich will deinen Namen groß machen,
> und du sollst ein *Segen* sein!
> 3 Und ich will *segnen,* die dich *segnen,*
> und wer dir flucht, den werde ich verfluchen.
> Und in dir sollen *gesegnet* werden
> alle Geschlechter der Erde.

Abraham soll sich aus all den genannten Bindungen und Verwurzelungen herauslösen. Die Trennung von der *Verwandtschaft*, d.h. von der Großfamilie bedeutet die Preisgabe des äußeren Schutzes, den ein Sippenverband bietet. Das hebr. Wort für „Verwandtschaft" (*moledet*) meint neben der leiblichen Verwandtschaft oft auch die gemeinsame Sozialisation. „Die Sprache, die Kultur, die Erinnerungen, die vielfachen menschlichen Beziehungen in einer großen Verwandtschaft können ja tragender sein als eine Landschaft und vertraute Städte und Straßen" (N. Lohfink). Das Verlassen des *Vaterhauses* ist ein Heraustreten aus der engen Verbundenheit der eigenen Familie. Abraham soll sich Jahwes Führung anvertrauen. Das Ziel des Aufbruchs zur „großen Reise" bleibt im Dunkeln. Ihm wird eine Richtung gegeben, ein Land, von dem Abraham nur hört, dass Jahwe es ihm zeigen will. Das Ziel des Weges ist nur angedeutet, die Herausforderung, aufzubrechen, wird aber als eindeutiger Impuls erfahren.

Aber damit verfügt Abraham nicht über eine ein für allemal eindeutige Gewissheit. Sie muss immer neu in Erfahrung gebracht werden. Abraham muss spürig bleiben für das, was Gott ihm zeigen will. Er kann sich seines Lebens und seiner Zukunft nicht mehr in gewohnter Weise versichern. Er hat „nur" noch eine Zukunft, wenn sein Exodus anderen zum Segen wird. Abraham soll eine Quelle des Segens werden für alle, die mit ihm in Berührung kommen.

Fünfmal steht das Wort *segnen* oder *Segen* in dem kurzen Text (Gen 12,2f.) Den fünf Fluchworten der Urgeschichte (Gen 3,14: Schlange, Gen 3,17: Erdboden, Gen 4,11: Kain, Gen 5,29: Ackerboden, Gen 9,25: Kanaan/Cham) wird fünfmal das Segenswort entgegengesetzt. *Aus Unheilsgeschichte wird Heilsgeschichte.* Mit der Berufung Abrahams wird ihm eine *Vision,* eine ganz neue Lebensperspekte gegeben, die beide unterbrochenen Bewegungen wieder in Fluss bringt. Das Fortleben in der Geschlechterfolge sowie das Aufbrechen und Unterwegssein braucht eine Vision. Abrahams Vision ist eine religiöse Erfahrung. Sie hat wesentlich mit Jahwe zu tun.

Der Aufbruch aus dem Land, aus der Kulturgemeinschaft, aus der engeren Familie ist etwas anderes als das, was Terach unternommen hatte, als er „eine große Menschengruppe mit eigener kultureller Identität" (N. Lohfink) in ein anderes Gebiet hinüberführen wollte.

3. *Gen 12,4-9*: „Und Abraham ging wie Jahwe zu ihm geredet hatte, und Lot ging mit ihm." Abraham gehorcht. Sein *Gehorsam* wird hier als Modell verstanden. Er steht in der Spannung von Hoffnung und Erprobung und wird als Kontrast zum Ungehorsam der Stammeltern (Gen 3,6) gesehen.

Wer einmal die Entscheidung getroffen hat, sich so radikal von seinem „Ich-hof" zu trennen wie Abraham, kann nachempfinden, wie viel *Trennungsangst* und *Trauer* ein solcher Schritt mit sich bringt. Für Menschen, die uns die Erzählungen der Väter- und Müttergeschichte überliefert haben, bedeutete das Verlassen ihrer Heimat und die Herauslösung aus dem Sippenverband ein kaum vollziehbarer Schritt. Doch all das übergeht die Erzählung mit beredtem Schweigen. Sie lässt dem Leser und Hörer Raum, damit das in Schwingung kommen kann, was ein solch gebieterischer Anruf in ihm auslöst.

Es gibt Situationen, in denen ein Mensch mit der Weigerung, sich von seinem „Ich-hof" zu trennen, aus der Bewegung seines Lebens aussteigt und *so* nicht zu seiner *Identität* findet. Jedenfalls verlangt die Antwort, zu der Abraham sich durchgerungen hat, den Einsatz seiner ganzen Person. Die Kinderlosen machen sich auf den Weg und werden umherziehende Fremdlinge.

Abraham war 75 Jahre alt bei seinem Auszug aus Haran. Die Altersangabe verleiht dem Aufbruch ein besonderes Gewicht. Er nimmt alles, was zu ihm gehört, mit. Lapidar wird gesagt: „Und sie zogen aus, um in das Land Kanaan zu gehen, und sie kamen in das Land Kanaan." Wie in Gen 11,31 wird hier von der ganzen Wanderung keine einzige Begebenheit erzählt. Auf diese Weise erscheint der Weg Abrahams von Mesopotamien nach Kanaan wie eine einzige große Bewegung, eine zielgerichtete Ganzheit.

In Kanaan angekommen durchzieht er das Land, bis er zu einem heiligen Ort kommt, zur Orakelterebinthe außerhalb der Stadt Sichem. Es sieht so aus, als laufe die „große Reise" Abrahams irgendwie ins Leere und als suche er diesen heiligen Ort auf, um sich neu zu orientieren. Das Land, in das er aufgebrochen war, ist „besetzt". Es gehört den Kanaanitern (Gen 12,6b).

Bei der Orakelterebinthe erscheint ihm Jahwe nach langer Zeit wieder. War eben noch gesagt worden, dass die Kanaaniter im Land waren, so verheißt Jahwe jetzt den Nachkommen Abrahams dieses Land. Die Zusage von Gen 12,2 wird überraschend um die Zusicherung von *Landbesitz* ergänzt. Aber zugleich ist das Ganze erneut in eine kaum greifbare Ferne gerückt. Das Land, das Jahwe Abraham zu sehen gab, soll noch nicht das Land sein, in dem er durch Landbesitz zur Ruhe kommt. Noch ist die Zeit nicht gekommen, sich in einem neuen „Ich-hof" einzurichten. Erst seinen Nachkommen soll das Land gegeben werden. Das Leben des Kinderlosen wird erneut in den Horizont von Hoffnung und Erprobung gestellt. Abraham reagiert auf die göttliche Verheißung mit einer Handlung. Er baut für Jahwe einen Altar. Zum Gottesdienst in seiner einfachsten Form gehören die beiden Grundelemente Wort und Handlung. Abraham, wie die Väter nach ihm, verrichten den Gottesdienst selbst.

Auch hier hören wir mit keinem Wort davon, wie Abraham mit der erneuten Zusage nach der „großen Reise" fertig wurde. Schweigend befolgt er die Weisungen Jahwes. Von Sichem bricht er wieder auf und zieht in kleinräumigen Bewegungen durch das Land in Richtung Süden. Noch einmal wird erwähnt, dass Abraham Jahwe einen Altar baut und seinen Namen anruft, als er vorübergehend an einem festen Platz sein Zelt aufschlägt. Wie selbstverständlich gehört das gottesdienstliche Tun zum Verweilen.

Am Ende dieser ersten großen Einheit stehen Abraham und Sara mit den großen Verheißungen da, ohne dass sie sehen, *wie* sie sich verwirklichen können.

Die Gefährdung Saras: Gen 12,10-20

12[10] Es entstand aber eine Hungersnot im Land; da zog Abraham hinab nach Ägypten, um dort als Fremdling zu leben, denn schwer lag die
Hungersnot auf dem Land. [11] Und es geschah, als er nahe daran war,
nach Ägypten hineinzukommen, sagte er zu seiner Frau Sara: Siehe
doch, ich weiß, dass du eine Frau von schönem Aussehen bist; [12] und es
wird geschehen, wenn die Ägypter dich sehen, werden sie sagen: Sie ist
seine Frau. Dann werden sie mich erschlagen und dich leben lassen. [13]
Sage doch, du seist meine Schwester, damit es mir gut geht um deinetwillen und meine Seele deinetwegen am Leben bleibt!

[14] Und es geschah, als Abraham nach Ägypten kam, da sahen die
Ägypter, dass die Frau sehr schön war. [15] Und die Hofbeamten des Pharao sahen sie und rühmten sie vor dem Pharao; und die Frau wurde in
das Haus des Pharao geholt. [16] Und er tat Abraham Gutes um ihretwil-

len; und er bekam Schafe und Rinder und Esel, Knechte und Mägde, Eselinnen und Kamele.

[17] Der HERR aber schlug den Pharao und sein Haus mit großen Plagen um Saras willen, der Frau Abrahams. [18] Da ließ der Pharao Abraham rufen und sagte: Was hast du mir da angetan! Warum hast du mir nicht gesagt, dass sie deine Frau ist? [19] Warum hast du gesagt: Sie ist meine Schwester, so dass ich sie mir zur Frau nahm? Und nun siehe, da ist deine Frau, nimm sie und geh! [20] Und der Pharao entbot seinetwegen Männer, die geleiteten ihn und seine Frau und alles, was er hatte.

Die Erzählung von der Gefährdung der Ahnfrau und ihrer Errettung hat noch zwei Parallelen im Buch Genesis (20,1-18 und 26,1-11). Trotz der verschiedenen Personen, der unterschiedlichen Lokalisierung und der je besonderen Ausgestaltung im Einzelnen, haben wir es mit drei ganz ähnlichen Geschichten zu tun. Die älteste von ihnen ist vermutlich in Gen 12 überliefert.

1. *Gen 12,10-13*: Das erste äußere Ereignis im Land der Verheißung ist eine tödliche Bedrohung, die Abraham wieder aus dem Lande treibt: „Es entstand aber eine Hungersnot im Land. Da zog Abraham hinab nach Ägypten, um dort als Fremdling zu leben, denn schwer lag die Hungersnot auf dem Land" (Gen 12,10).

Hungersnot ist eine der Grunderfahrungen menschlicher Not, die von den frühesten Zeugnissen der Menschheitsgeschichte bis in unsere Gegenwart reicht und heute durch Dürrekatastrophen und Kriege, durch Massenflucht und -vertreibung ein erschreckendes Ausmaß zeigt. Die Schwere der Hungersnot hat sich dem Gedächtnis der Menschen tief eingeprägt und in vielerlei Geschichten ihren Niederschlag gefunden. Immer geht es dabei um Leben und Tod.

Gleich zweimal ist in V. 10 von der Hungersnot die Rede. Der Fremdling im Land Kanaan weicht nach Süden aus und zieht vom Negeb nach Ägypten, um dort als Fremdling zu überleben. Ägypten ist nicht vom Regen abhängig. Es verdankt seine Fruchtbarkeit dem Nil.

Noch vor Erreichen der Grenze spürt Abraham eine neue Gefahr auf sich zukommen und wieder muss er um sein Leben bangen. Mit List versucht er sich zu helfen und legt seiner Frau nahe, sich als seine Schwester auszugeben. Eine seltsame Bitte: Abraham bittet Sara um Solidarität, indem er die Solidarität mit ihr aufkündigt. Die Ägypter könnten von Saras Schönheit so fasziniert sein, dass sie ihn töten, um sie als Frau in Besitz zu nehmen. Offenbar wurde die Ehe eines Mannes höher eingeschätzt als sein Leben. Für Abraham gibt es ein tödliches Dilemma: entweder vor Hunger zu sterben und mit seiner Sippe unterzugehen oder als rechtloser Fremdling wegen seiner schönen Frau getötet zu werden.

Wohin kann der Hunger einen Menschen treiben? Wozu sind Menschen fähig, wenn sie elend und hungrig in die Welt des Wohlstands geraten und den Repräsentanten dieser Macht auf Gedeih und Verderb ausgeliefert sind? Es kann durchaus sein, dass die Schönheit einer Frau für den Mann zur Überlebenschance wird. Abraham fürchtet um sein Leben. Er ist ein ganz normaler Mensch, kein Held. Mit List sucht er einen Ausweg aus den beiden tödlichen Gefahren, die das Leben bedrohen. Was diese Zumutung in Sara ausgelöst hat, darüber wird nichts gesagt. Auch von Jahwe wird nicht gesprochen. Abraham scheint ihn und seine Verheißungen vergessen zu haben.

2. *Gen 12,14-16*: Was Abraham geahnt hat, lässt nicht lange auf sich warten. Die Bewohner des Kulturlandes entdecken bald, dass Abrahams Frau „sehr schön“ ist. Das ist noch eine Steigerung gegenüber V. 11b. Sogar die Beamten am Hofe preisen ihre Schönheit vor dem Pharao. Doch diese Lobeshymnen haben einen ganz bestimmten Klang. Die Schönheit der Frau soll „gekauft“ werden. Sara wird zum Objekt. Sie kommt in den Harem des Pharao. Was dabei in Abraham und Sara vor sich geht, bleibt ungesagt.

Es trifft dann auch ein, was Abraham sich von diesem Schwindel erhofft hat. Der Pharao tut ihm Gutes und lässt ihn am Leben. Bis jetzt hat sich alles so arrangiert, wie menschliches Ermessen es vorausgesehen hat. Doch mit der Preisgabe Saras ist *alles* in Frage gestellt, was Jahwe an Abraham zu erfüllen verheißen hatte.

3. *Gen 12,17-20*: Doch nun greift Jahwe ein und schlägt den Pharao mit schweren Plagen wegen Sara. Der Pharao wird hart getroffen, obwohl er in gutem Glauben gehandelt und den „Bruder“ der Frau mit Geschenken bedacht hat. Hinter dem ungerecht erscheinenden Handeln Jahwes steht die Vorstellung: Der Pharao hat die Ehe Abrahams gebrochen. Auch wenn er es unwissentlich tat, zieht sein Handeln den Fluch der bösen Tat auf sich. Diese ältere, noch magische Vorstellung wird von einer späteren Vorstellung überlagert, die von einem persön-

lich wirkenden Gott ausgeht, der die Seinen gegen einen Mächtigen in Schutz nehmen und wieder freisetzen kann. Die über den Pharao verhängte Plage wird als die einzige Möglichkeit gesehen, eine kleine rechtlose Nomadengruppe vor einer kulturellen und zivilisatorischen Übermacht zu bewahren.

Der Pharao ist tief erschrocken über das, was er unwissentlich getan hat. Seine Fragen sind ein bewegender Vorwurf an Abraham:

> „*Was* hast du mir da angetan?
> *Warum* hast du mir nicht gesagt, dass sie deine Frau ist?
> *Warum* hast du gesagt: sie ist meine Schwester, so dass ich sie mir zur Frau nahm?"

Der König von Ägypten, Repräsentant und Symbol einer Macht, deren Strukturen die Voraussetzungen schaffen, dass Menschen wie Abraham aus Angst um ihr Leben auf Abwege kommen und sich zwangsläufig schuldig machen – dieser Pharao gewinnt auf einmal menschliche Züge. Aus seinem Vorwurf an den rechtlosen Fremdling wird deutlich, was Abraham vergessen hat: dass auch der König von Ägypten nur ein Mensch ist, den Gott ebenso schlagen kann wie ihn. Jäh wird er aus seiner Gottvergessenheit herausgerissen. Kein Wort der Erwiderung von Abraham. Er wird mit Sara und all seiner Habe außer Landes geleitet. Er zieht wieder hinauf in den Negeb, wo die Geschichte ihren Anfang genommen hat. Und Lot geht mit ihm (Gen 13,1). Jahwes Handeln bleibt rätselhaft. Aber er führt alle menschlichen Komplikationen zu einem erträglichen Ende. Er rettet Abraham aus Schuld und Versagen und lässt ihn zurückkehren auf den Boden der Verheißung.

Der Erzählung geht es offenbar nicht um die Moral der Geschichte. So spricht sie auch nicht von Reue oder Umkehr Abrahams, sondern von einer aufgezwungenen Rückkehr. Ihr geht es vielmehr um eine Konstrastdarstellung zum Gehorsam in der vorausgegangenen Glaubensgeschichte (Gen 12,1-9): Abrahams Verhalten zeigt die ganze Fragwürdigkeit eines Menschen, auf den Gott seine Verheißung gelegt hat. *Gott nimmt dem Menschen weder seine Fragwürdigkeit noch seine Verheißung.* Der Weg des Glaubens ist eine Suchbewegung, die Versagen mit einschließt. Abraham ist dem Pharao nicht zum *Segen* geworden. Er hat Unheil über ihn und sein Haus gebracht.

Gott aber bleibt seiner Verheißung treu und erweist sich als *Jahwe*, als der *Ich-bin-der-ich-bin-da-für-dich*. Auch wenn er hier nur einmal vorkommt, *Er* bringt die Wende des Geschehens. Jahwe ist ein Gott des Erbarmens. Das zeigt sich am Verhalten des Pharao gegenüber Abraham: Er bestraft nicht. Er gibt ihm Sara zurück und stellt den ursprünglichen Zustand wieder her. Er lässt ihm auch alles, was er um Saras willen ihm geschenkt hat, und schickt ihn zurück auf den Boden der Verheißung: *Geh!* (vgl. Gen 12,1).

So ist diese Geschichte ein Zeugnis von Jahwes rettendem Heilshandeln – trotz allen Versagens seines Erwählten.

Abraham trennt sich von Lot: Gen 13,1-18

13[1] Und Abraham zog aus Ägypten herauf, er und seine Frau und alles, was er hatte, und Lot mit ihm, nach dem Süden. [2] Und Abraham war sehr reich an Vieh, an Silber und an Gold. [3] Und er ging auf seinen Zügen vom Negeb bis nach Bethel, bis zu der Stätte, wo im Anfang sein Zelt gewesen war, zwischen Bethel und Ai, [4] zu der Stätte des Altars, den er vorher dort gebaut hatte. Und Abraham rief dort den Namen des HERRN an. [5] Und auch Lot, der mit Abraham zog, hatte Schafe und Rinder und Zelte.

[6] Und das Land ertrug es nicht, dass sie zusammen wohnten; denn ihre Habe war groß, und sie konnten nicht zusammen wohnen. [7] So gab es Streit zwischen den Hirten von Abrahams Vieh und den Hirten von Lots Vieh. Und die Kanaaniter und die Perisiter wohnten damals im Land. [8] Da sprach Abraham zu Lot: Lass doch keinen Streit sein zwischen mir und dir und zwischen meinen Hirten und deinen Hirten; wir sind doch Brüder! [9] Ist nicht das ganze Land vor dir? Trenne dich doch von mir! Willst du nach links, dann gehe ich nach rechts, und willst du nach rechts, dann gehe ich nach links. [10] Da erhob Lot seine Augen und sah die ganze Ebene des Jordan, dass sie ganz bewässert war – bevor der HERR Sodom und Gomorra zerstört hatte – wie der Garten des HERRN, wie das Land Ägypten, bis nach Zoar hin. [11] Da wählte sich Lot die ganze Ebene des Jordan, und Lot brach auf nach Osten; so trennten sie sich voneinander.

[12] Abraham wohnte im Land Kanaan, und Lot wohnte in den Städten der Ebene *des* Jordan und schlug seine Zelte auf bis nach Sodom. [13] Die Leute von Sodom aber waren sehr böse und sündig vor dem HERRN. [14] Und der HERR sprach zu Abraham, nachdem Lot sich von ihm ge-

trennt hatte: Erheb doch deine Augen, und schaue von dem Ort, wo du bist, nach Norden und nach Süden, nach Osten und nach Westen! [15] Denn das ganze Land, das du siehst, dir will ich es geben und deinen Nachkommen für ewig. [16] Und ich will deine Nachkommen machen wie den Staub der Erde, so dass, wenn jemand den Staub der Erde zählen kann, auch deine Nachkommen gezählt werden. [17] Mache dich auf, und durchwandere das Land seiner Länge nach und seiner Breite nach! Denn dir will ich es geben. [18] Und Abraham schlug seine Zelte auf und ging hin und ließ sich nieder unter den Terebinthen von Mamre, die bei Hebron sind; und er baute dort dem HERRN einen Altar.

1. *Gen 13,1-5*: Das nächste bedeutsame Ereignis auf der „großen Reise" ist die Trennung von seinem Neffen Lot. Abraham ist schwerreich, nicht nur an Herden, auch an Silber und Gold. Wieder zieht er in kleinräumigen Bewegungen durchs Land von Lagerplatz zu Lagerplatz, diesmal vom Süden her in Richtung Bethel – bis er zu dem Heiligtum kommt, wo er erstmals für Jahwe einen Altar gebaut hat. Dort ruft er den Namen Jahwes an. Es ist eigenartig: In der Not tödlicher Bedrohung erinnert er sich nicht an Jahwe, in seinem Reichtum aber vergisst er Gott nicht.

Auch von Lot wird gesagt, dass er wohlhabend ist und über Schafe, Rinder und Zelte verfügt. Mit der Schwere des Reichtums hat sich allmählich eine eigene Dynamik entwickelt, die beide auseinander treibt.

Wenn von Klein- und Großviehherden die Rede ist, kann man davon ausgehen, dass sie auch am Kulturland irgendwie teilhaben und es sich hier nicht um ausschließlich nomadenhafte Gruppen handelt. Dann ist damit zu rechnen, dass Konflikte mit der alteingesessenen Bevölkerung nicht ausbleiben können. Auch wenn davon nichts erzählt wird, scheint die kurze Bemerkung von den damaligen Bewohnern des Landes in V. 7b das anzudeuten. Dieser Hinweis verschärft möglicherweise die Situation noch.

2. *Gen 13,6-11*: Der Reichtum beider Familien führt schließlich zur Bedrohung ihrer Existenz: „Und das Land ertrug es nicht, dass sie zusammen wohnten, denn ihre Habe war groß, und sie konnten nicht zusammen wohnen. So gab es Streit zwischen den Hirten von Abrahams Vieh und den Hirten von Lots Vieh" (Gen 13,6f).

Abraham bringt den Konflikt zur Sprache. Als Familienoberhaupt ist er verantwortlich für seine Leute und muss eine Entscheidung herbeiführen, die das Wohlergehen seiner Gruppe im Auge hat. „Lass doch keinen Streit sein zwischen mir und dir und zwischen meinen Hirten und deinen Hirten! Wir sind doch Brüder!" (V. 8).

Abraham macht Lot den Vorschlag, seine Weidegebiete selbst zu wählen: „Ist nicht das ganze Land vor dir? Trenne dich doch von mir! Willst du nach links, dann geh ich nach rechts. Willst du nach rechts, dann geh ich nach links." (V. 9)

Es gibt Situationen auf der „großen Reise", wo man sich von seinen Gefährten, von seinen „Brüdern" trennen muss, wo man spürt: wenn wir zusammenbleiben, haben wir keine Zukunft. Das sind Stunden, in denen wir wie mit eisernem Griff auf den Weg unseres ganz persönlichen Lebensgehorsams gezogen werden, – Stunden, in denen wir die unmittelbare Verantwortung dem anderen gegenüber abgeben müssen, auch wenn dessen Weg im Scheitern enden mag.

Der Reichtum, den Menschen, die gemeinsam unterwegs sind, im Laufe der Zeit ansammeln und der für sie schließlich zur Bedrohung wird, kann auch in ihrer unterschiedlichen Persönlichkeitsentwicklung liegen und so zu gegenseitigen Beeinträchtigungen und Spannungen führen, die das Austragen eines Konflikts unvermeidlich machen. Ein solcher Reichtum kann auch in unterschiedlichen Wertauffassungen und Werthierarchien begründet sein und so zu Unverträglichkeiten und leidenschaftlichen Auseinandersetzungen führen. In einem solchen Streitfall *kann* eine verantwortliche Lösung für sich und den anderen auch in einer Trennung bestehen. Entscheidend ist aber, dass das Auseinandergehen Ausdruck des persönlich verantworteten Lebensgehorsams ist.

Lot nimmt den Vorschlag Abrahams an. Er wählt und bricht nach Osten auf. „So trennten sie sich voneinander."

3. *Gen 13,12-18*: Als Abraham dann allein ist, wiederholt Jahwe seine Verheißung: „Erheb doch deine Augen und schau von dem Ort, an dem du stehst, nach Norden und nach Süden, nach Osten und nach Westen. Denn das ganze Land, das du siehst, *dir* will ich es geben" (V. 14b, 15).

Abraham erhält zum ersten Mal die Zusage, dass *er* das Land bekommt, nicht erst, wie in Gen 12,7, seine Nachkommen. Zugleich wird ihm eine unvorstellbare Mehrung seiner Nachkommenschaft verheißen. Das ist schon im Blick auf die Volkwerdung Israels formuliert und nur aus späterer Zeit voll verständlich. Abraham wird von Jahwe aufgefordert, das ganze Land in seiner Länge und Breite zu durchschreiten. Das ist ein alter rechtssymbolischer Ritus, durch den der übereignete Landbesitz rechtsgültig in Besitz genommen wird. Noch einmal wiederholt Jahwe: „*dir* will ich es geben“ (V. 17b).

Abraham kann nicht sehen, wie sich beide Zusagen verwirklichen sollen. Denn noch immer hat er keinen Sohn, und Landbesitz ist auch nicht in Sicht. Seine gegenwärtige Wirklichkeit steht in einer schmerzlichen Spannung zu den unbegrenzten Lebensmöglichkeiten, die Jahwe ihm verheißt.

Es fällt auf, dass *diese* Weite und Fülle an Lebensmöglichkeiten dem Abraham erst zugesagt wird, *nachdem* er sich von Lot getrennt hat. Offenbar korrespondiert diese Vision mit der Beweglichkeit, die Abraham für seinen Weg mit Jahwe durch die Trennung zurück gewonnen hat.

Und wieder bricht Abraham auf und zieht – immer noch ein Fremdling in Kanaan – südwärts, bis er nach Hebron kommt. In der Nähe dieses alten Ortes bei den Terebinthen von Mamre lässt er sich nieder und baut dort wieder einen Altar für Jahwe. Er bleibt unterwegs mit seinen Verheißungen.

Der Krieg der Könige und Abrahams Begegnung mit Melchisedek: Gen 14,1-24

14[1] Und es geschah in den Tagen Amrafels, des Königs von Schinar, Arjochs, des Königs von Ellasar, Kedor-Laomers, des Königs von Elam, und Tidals, des Königs von Gojim, [2] dass sie Krieg führten mit Bera, dem König von Sodom, und mit Birscha, dem König von Gomorra, Schinab, dem König von Adma, und Schemeber, dem König von Zebojim, und mit dem König von Bela, das ist Zoar. [3] Alle diese verbündeten sich und kamen in das Tal Siddim, das ist das Salzmeer. [4] Zwölf Jahre hatten sie Kedor-Laomer gedient, im dreizehnten Jahr aber empörten sie sich. [5] Und im vierzehnten Jahr kamen Kedor-Laomer und die Könige, die mit ihm waren, und schlugen die Refaiter bei Aschterot-Karnajim und die Susiter bei Ham und die Emiter in der Ebene von Kirjatajim [6] und die Horiter auf ihrem Gebirge Seir bis El-Paran, das an der Wüste liegt. [7] Dann wandten sie sich und kamen nach En-Mischpat, das ist Kadesch; und sie schlugen das ganze Gebiet der Amalekiter und auch die Amoriter, die zu Hazezon-Tamar wohnten. [8]

Und es zogen aus der König von Sodom und der König von Gomorra
und der König von Adma und der König von Zebojim und der König
von Bela, das ist Zoar; und sie ordneten sich zur Schlacht gegen sie
im Tal Siddim: [9] gegen Kedor-Laomer, den König von Elam, und Ti-
dal, den König von Gojim, und Amrafel, den König von Schinar, und
Arjoch, den König von Ellasar, vier Könige gegen die fünf. [10] Im Tal
Siddim aber war Asphaltgrube neben Asphaltgrube; und die Könige
von Sodom und Gomorra flohen und fielen dort hinein, die übrigen
aber flohen ins Gebirge. [11] Da nahmen sie alle Habe von Sodom und
Gomorra und all ihre Nahrungsmittel und zogen davon. [12] Und sie
nahmen Lot mit, den Sohn von Abrahams Bruder, und seine Habe und
zogen davon; denn er wohnte in Sodom. [13] Und es kam ein Entkom-
mener und berichtete es Abraham, dem Hebräer; er wohnte aber unter
den Terebinthen Mamres, des Amoriters, des Bruders von Eschkol und
des Bruders von Aner; die waren Abrahams Bundesgenossen. [14] Und
als Abraham hörte, dass sein Bruder gefangen weggeführt war, ließ er
seine bewährten Männer, seine Hausgeborenen, ausrücken, 318 Mann,
und jagte ihnen nach bis nach Dan. [15] Und nachts teilte er sich und
fiel über sie her, er und seine Knechte, und schlug sie und jagte ihnen
nach bis nach Hoba, das links von Damaskus liegt. [16] Und er brachte
die ganze Habe zurück; und auch Lot, seinen Neffen, und dessen Habe
brachte er zurück und auch die Frauen und das Volk. [17] Und als er zu-
rückkehrte, nachdem er Kedor-Laomer und die Könige, die mit ihm gewesen, geschlagen hatte, zog der König von Sodom aus, ihm entgegen,
in das Tal Schawe, das ist das Königstal.

[18] Und Melchisedek, König von Salem, brachte Brot und Wein heraus; und er war Priester Gottes, des Höchsten. [19] Und er segnete ihn
und sprach: Gesegnet sei Abraham von Gott, dem Höchsten, der Himmel und Erde geschaffen hat! [20] Und gesegnet sei Gott, der Höchste,
der deine Bedränger in deine Hand ausgeliefert hat! – Und Abraham
gab ihm den Zehnten von allem. [21] Und der König von Sodom sagte zu
Abraham: Gib mir die Seelen, die Habe aber nimm für dich! [22] Da sagte Abraham zum König von Sodom: Ich hebe meine Hand auf zu dem
HERRN, *zu* Gott, dem Höchsten, der Himmel und Erde geschaffen hat:
[23] Wenn ich vom Faden bis zum Schuhriemen, ja, wenn ich irgendetwas nehme von dem, was dein ist...! Damit du später nicht sagst: Ich
habe Abraham reich gemacht. [24] Nichts für mich! Nur was die Knechte
verzehrt haben, und der Anteil der Männer, die mit mir gezogen sind:
Aner, Eschkol und Mamre, die sollen ihren Anteil nehmen!

Gen 14 gehört als Ganzes vermutlich in die späte nachexilische Zeit, als Juda eine kleine unbedeutende Provinz des persischen Weltreiches war. Die Verfasser waren deshalb bemüht, Abraham, dem Ahnherrn Israels, eine weltgeschichtliche Bedeutung zu geben, indem sie ihn als Sieger über vier Großkönige aus dem Osten darstellten. Dabei benutzten sie Überlieferungen, die möglicherweise in frühere Zeiten zurückreichen.

Gen 14 hat mit dem Abraham der alten Vätergeschichten so gut wie nichts mehr gemeinsam.

Vom Text her legt sich nahe, Kapitel 14 *zunächst* ohne die Verse 18-20 zu betrachten, d.h. die Begegnung zwischen Abraham und Melchisedek auszuklammern.

1. *Gen 14,1-17*: Eine Koalition von vier Großkönigen des Ostens zieht gegen fünf Kleinkönige des Jordantales zu Felde und schlägt sie im Tal von Siddim. Die Könige von Sodom und Gomorrha kommen dort in den Erdpechgruppen um, die übrigen fliehen ins Gebirge. Die beiden Städte Sodom und Gomorrha werden geplündert und Lot mit all seiner Habe verschleppt. Als Abraham vom Schicksal seines Neffen erfährt, zieht er mit einer schlagkräftigen Truppe hinter dem beutebeladenen Heer der Großkönige her und schlägt es in der Nacht bei Dan. Die Flüchtigen verfolgt er über Damaskus hinaus und jagt ihnen die Beute mitsamt den weggeführten Menschen wieder ab, darunter auch seinen Neffen Lot. Der „Kriegsbericht" endet in seiner ursprünglichen Fassung mit der Begegnung zwischen dem siegreich heimkehrenden Abraham und dem König von Sodom. Sie zeigt Abrahams Großmut und Uneigennützigkeit ebenso wie seine Korrektheit gegenüber seinen Helfern aus Hebron.

Der ganze eher unwahrscheinlich klingende Verlauf des Geschehens wird in einer eigentümlich profanen Art erzählt. Im Mittelpunkt steht die Gestalt Abrahams. Jahwe kommt in der ganzen Geschichte nicht vor. Ihr Anliegen besteht wohl darin, den Ahnherrn Israels mit der Weltgeschichte der Völker des Ostens in Verbindung zu bringen. Abraham mit seiner kampfbereiten Mannschaft, schnell entschlossen, seinen in Gefangenschaft geratenen „Bruder" (Neffen) zu befreien, fürchtet sich nicht vor den Großen der Weltgeschichte. Abraham als Modell in einer Welt kriegerischer Auseinandersetzungen, im Einzugsgebiet von Gewalt und Unterdrückung mit seiner Sendung. Es ist keine heile Welt, in der er zum Segen werden soll.

Es kann sein, dass der profane Kriegsbericht nur durch die eingefügte Begegnungsszene (Gen 14,18-20) in den biblischen Abraham-Sara-Zyklus hineingeraten ist. Sie hebt das, was vorher von Abraham erzählt wird, auf eine andere Ebene und macht es zu einem Geschehen zwischen Abraham und Gott.

2. *Gen 14,18-24*: Als Abraham von seinem Feldzug nahe bei Jerusalem vorbeikommt, tritt ihm eine rätselhafte Gestalt mit Namen Melchisedek (König der Gerechtigkeit) entgegen. Er ist König von Salem und zugleich Priester Gottes, „des Höchsten, der Himmel und Erde geschaffen hat". Mit Brot und Wein lädt er zum Mahl ein und segnet Abraham. Melchisedek ist der erste aus den Völkern, der Abraham als „vom höchsten Gott" gesegnet erkennt. Der Name *Jahwe* ist hier nicht genannt, sondern *El* mit dem Beinamen „Allerhöchster". In dem Lobpreis seines höchsten Gottes wird der Sieg Abrahams über seine Feinde als Erfahrung von Segen betrachtet und damit der Ausgang der kriegerischen Auseinandersetzungen mit Gott in Verbindung gebracht. Abraham antwortet dem Priesterkönig mit der Gabe des „Zehnten", d.h. er erkennt den „höchsten Gott" Melchisedeks *irgendwie* an.

In der unmittelbaren Fortsetzung des Textes schwört Abraham vor dem König von Sodom, dass er nichts von der Kriegsbeute für sich behalten wolle. Bei diesem Schwur setzt er dem Namen *Jahwe* vor den von Melchisedek gepriesenen „höchsten Gott", d.h. durch Abraham sollen die Völker auf den einen Gott Jahwe aufmerksam werden und ihr Leben auf ihn ausrichten. So werden sie teilhaben an seinem Segen. Vielleicht ist die Begegnung mit dem Priesterkönig von Salem auch als Modell zu verstehen, wie Abraham und seine Nachkommen sich zu den Religionen in ihrem Umfeld verhalten sollen, die offen sind für Jahwe: ein von gegenseitiger Wertschätzung und Achtung getragener Umgang und Treue zur eigenen Gotteserfahrung.

Erneute Verheißung an Abraham und seine Krise: Gen 15,1-21

15[1] Nach diesen Dingen geschah das Wort des HERRN zu Abraham in einem Gesicht so: Fürchte dich nicht, Abraham; ich bin dir ein Schild, ich werde deinen Lohn sehr groß machen. [2] Da sagte Abraham: Herr, HERR, was willst du mir geben? Ich gehe ja doch kinderlos dahin, und Erbe meines Hauses, das wird Elieser von Damaskus. [3] Und Abraham sagte: Siehe, mir hast du keinen Nachkommen gegeben, und siehe, der Sohn meines Hauses wird mich beerben. [4] Und siehe, das Wort des HERRN *geschah* zu ihm: Nicht dieser wird dich beerben, sondern der aus deinem Leibe hervorgeht, der wird dich beerben. [5] Und er führte ihn hinaus und sprach: Blicke doch auf zum Himmel, und zähle die Sterne, wenn du sie zählen kannst! Und er sprach zu ihm: So zahlreich wird deine Nachkommenschaft sein! [6] Und er glaubte dem HERRN; und er rechnete es ihm als Gerechtigkeit an.

[7] Und er sprach zu ihm: Ich bin der HERR, der ich dich herausgeführt habe aus Ur, der Stadt der Chaldäer, um dir dieses Land zu geben, es in Besitz zu nehmen. [8] Und er sagte: Herr, HERR, woran soll ich erkennen, dass ich es in Besitz nehmen werde? [9] Da sprach er zu ihm: Bring mir eine dreijährige Jungkuh, eine dreijährige Ziege und einen dreijährigen Widder, eine Turteltaube und eine junge Taube. [10] Und er brachte ihm alle diese. Und er zerteilte sie in der Mitte und legte je einen Teil dem anderen gegenüber. Die Vögel aber zerteilte er nicht. [11] Da stießen die Raubvögel auf die toten Tiere herab; aber Abraham verscheuchte sie. [12] Und es geschah beim Untergang der Sonne, da fiel ein tiefer Schlaf auf Abraham; und siehe, Schrecken, dichte Finsternis überfiel ihn. [13] Und er sprach zu Abraham: Ganz gewiss sollst du wissen, dass deine Nachkommenschaft Fremdling sein wird in einem Land, das ihnen nicht gehört; und sie werden ihnen dienen, und man wird sie unterdrücken vierhundert Jahre lang. [14] Aber ich werde auch das Volk richten, dem sie dienen; und danach werden sie ausziehen mit großer Habe. [15] Du aber, du wirst in Frieden zu deinen Vätern eingehen, wirst in gutem Alter begraben werden. [16] Und in der vierten Generation werden sie hierher zurückkehren; denn das Maß der Schuld des Amoriters ist bis jetzt noch nicht voll. [17] Und es geschah, als die Sonne untergegangen und Finsternis eingetreten war, siehe da, ein rauchender Ofen und eine Feuerfackel, die zwischen diesen Stücken hindurch fuhr. [18] An jenem Tag schloss der HERR einen Bund mit Abraham und sprach: Deinen Nachkommen habe ich dieses Land gegeben, vom Strom Ägyptens an bis zum großen Strom, dem Euphratstrom : [19] die Keniter und die Ke-

nasiter und die Kadmoniter [20] und die Hetiter und die Perisiter und die Refaiter [21] und die Amoriter und die Kanaaniter und die Girgaschiter und die Jebusiter.

1. *Gen 15,1-6*: Nach dem Konflikt Abrahams mit dem Pharao und dem Konflikt mit seinem Neffen Lot bricht der Konflikt mit Jahwe auf, als dieser sich ihm in einem „Gesicht" zeigt, um seine Verheißungen erneut in Erinnerung zu bringen. Abraham wehrt ab: „Herr, Jahwe, was willst du mir geben? Ich gehe ja doch kinderlos dahin ..." (V. 2a).

Resignation hat ihn befallen und die Angst, das Ziel seines Weges könnte sich als eine große Täuschung herausstellen. Abraham ist zwar noch auf diesem Weg, aber die Verheißungen Jahwes haben sich nicht einmal ansatzweise erfüllt. Wie soll er eine Zukunft haben, wenn sein Leben als Ganzes nicht in einem Nachkommen weitergeht!? Zweifel und Unsicherheit beginnen im Herzen des Menschen ihr grausames Spiel. Die beiden großen Zusagen (Gen 13,14-17) werden in Frage gestellt. Klagend spricht Abraham seine reale Lebenssituation vor Jahwe aus.

> Und der Herr führte ihn hinaus ins Freie und sprach:
> „Blicke doch auf zum Himmel und zähle die Sterne,
> wenn du sie zählen kannst ...
> So zahlreich werden deine Nachkommen sein!" (V. 5).

Abraham soll im Aufschauen zu den Weiten des Sternenhimmels der unermesslichen Schöpferkraft Jahwes innewerden und seinen Blick lösen von der Enge seiner gegenwärtigen Aussichtslosigkeit. Aber auch dieser bildhafte Hinweis hat nichts Greifbares und lässt seine Zukunft noch paradoxer erscheinen. Doch mit der gleichen Kargheit wie bei der Berufung Abrahams gesagt wird: „Er machte sich auf den Weg ... wie Jahwe zu ihm gespochen hatte" (Gen 12,4), heißt es hier: „Abraham glaubte Jahwe...", d.h. er macht sich gegen alle Tatsachen wieder auf den Weg in die gleiche ungewisse Zukunft, in die er schon einmal aufgebrochen war.

Es sieht so aus, als habe Abraham seine Krise dadurch überwunden, dass er der ursprünglichen Vision seines Lebens (Gen 12,2f) in seinem Herzen erneut Raum gegeben hat. So konnte sie ihre ursprüngliche Kraft zurückgewinnen.

2. *Gen 15,7-21*: Im folgenden Abschnitt bringt Jahwe sich noch einmal in Erinnerung und erneuert seine Zusage an Abraham, ihm „dieses Land" als Besitz zu geben. Und wieder melden sich Zweifel bei Abraham: „Woran soll ich erkennen, dass ich es in Besitz nehmen werde?" Daraufhin geht Jahwe in einem archaisch anmutenden Ritual *von sich aus* mit Abraham ein Bündnis ein, und zwar unter Formen, die stärkste vertragliche Sicherheit unter Menschen garantieren sollen. Hier wird eine bedingte Selbstverfluchung dargestellt, d.h. der Vertragspartner schreitet durch die zertrennten Teile der getöteten Tiere und wünscht sich dabei den Tod für den Fall, dass er das im Schwur bindende Wort bricht. Die Zusicherung Jahwes, Abraham dieses Land zu geben, will also hier als ein solcher Eid verstanden werden.

Wortlos trifft Abraham die Vorbereitungen zu diesem Bundesschlussritual, wie Jahwe ihm geboten hat. „Und es geschah beim Untergang der Sonne, da fiel ein tiefer Schlaf auf Abraham, und siehe, Schrecken, dichte Finsternis überfiel ihn". Hier handelt es sich wohl um einen besonderen, von Gott bewirkten Schlaf, der Abraham für eine Wahrnehmung höherer Art öffnen soll: Jahwe will ihn das spätere Schicksal seiner Nachkommen schauen lassen. Er selbst aber soll diese Not-Zeit nicht mehr erleben. In hohem Alter wird Abraham in Frieden, nach einem erfüllten und versöhnten Leben, sterben. Das ist späte, in eine Offenbarung gefasste Geschichtsdeutung. Der Schrecken spiegelt den Schauder wider, der in Erwartung der kommenden Begegnung über dem ganzen rituellen Geschehen liegt. Als aber die Sonne untergegangen und es ganz finster geworden war, werden Zeichen von Feuer und Rauch sichtbar, die zwischen die zerteilten Tiere hindurch fahren. Im folgenden Satz (V. 18) deutet der Erzähler das geheimnisvolle Geschehen als Theophanie, als eidliche Zusicherung Jahwes an Abraham, seinen Nachkommen dieses Land zu geben, hier in der Ausdehnung des salomonischen Reiches z. Zt. seiner höchsten Blüte.

Der Jahwebund ist wie eine Antwort Gottes auf den Glauben Abrahams, auf sein erneutes „Sich-festmachen in Jahwe", der immer noch mit seiner Frau Sara als Fremdling und kinderlos von Rastplatz zu Rastplatz unterwegs ist.

Wir haben es in Kapitel 15 mit einem zentralen Stück biblischer Aussagen über Abraham zu tun. Sein Anliegen ist wahrscheinlich, die beiden großen Verheißungen an Abraham nochmals in enger Verbindung deutlich werden zu lassen. Weil Jahwe einmal von sich aus mit Abraham ein ganz einzigartiges Gemeinschaftsverhältnis eingegangen ist, das nicht auf Gegenseitigkeit beruht, darum können spätere Generationen im Rückgriff auf diesen Bund von neuem Hoffnung haben.

Mit diesen Verheißungen ist also (auch) das Volk im Exil gemeint. Für die Identität und das Überleben in der Fremde sind *Heimat* und *zahlreiche Nachkommenschaft* (d.h. viele, die zum Volk gehören) als Zukunftsperspektive zum Überleben wichtig.

Die Bedeutung der Verheißungen für die Israeliten im Exil zeigt sich auch formal im Text: die beiden Jahwereden mit den Verheißungen (Gen 15,13-16 und 18-21) *ohne Reaktion Abrahams* stehen betont am Ende. Diese Leerstelle ist für den Leser, damit er sich wie Abraham erneut festmacht an Jahwes bedingungsloser Treue und Zuverlässigkeit.

Sara und Hagar: Gen 16,1-16

16[1] Und Sara, Abrahams Frau, gebar ihm keine Kinder. Sie hatte aber
eine ägyptische Magd, deren Name war Hagar. [2] Und Sara sagte zu Abraham: Siehe doch, der HERR hat mich verschlossen, dass ich nicht gebäre. Geh doch zu meiner Magd ein! Vielleicht werde ich aus ihr erbaut
werden. Und Abraham hörte auf Saras Stimme. [3] Da nahm Sara, Abrahams Frau, ihre Magd, die Ägypterin Hagar, nachdem Abraham zehn
Jahre im Land Kanaan gewohnt hatte, und gab sie Abraham, ihrem
Mann, ihm zur Frau. [4] Und er ging zu Hagar ein, und sie wurde schwanger. Als sie aber sah, dass sie schwanger war, da wurde ihre Herrin gering in ihren Augen. [5] Und Sara sagte zu Abraham: Das Unrecht an mir
liegt auf dir! Ich selbst habe meine Magd in deinen Schoß gegeben; und
nun, da sie sieht, dass sie schwanger ist, bin ich gering in ihren Augen.
Der HERR richte zwischen mir und dir! [6] Und Abraham sagte zu Sara:
Siehe, deine Magd ist in deiner Hand. Mache mit ihr, was gut ist in deinen Augen! Als Sara sie aber bedrückte, da floh sie vor ihr.

[7] Und der Engel des HERRN fand sie an einer Wasserquelle in der
Wüste, an der Quelle auf dem Weg nach Schur. [8] Und er sprach: Hagar,
Magd Saras, woher kommst du, und wohin gehst du? Und sie sagte: Vor
Sara, meiner Herrin, bin ich auf der Flucht. [9] Da sprach der Engel des
HERRN zu ihr: Kehre zu deiner Herrin zurück, und demütige dich unter
ihre Hände! [10] Und der Engel des HERRN sprach zu ihr: Ich will dei-
ne Nachkommen so sehr mehren, dass man sie nicht zählen kann vor
Menge. [11] Und der Engel des HERRN sprach weiter zu ihr: Siehe, du bist

schwanger und wirst einen Sohn gebären; dem sollst du den Namen Ismael geben, denn der HERR hat auf dein Elend gehört. [12] Und er, er wird ein Mensch wie ein Wildesel sein; seine Hand gegen alle und die Hand aller gegen ihn, und allen seinen Brüdern setzt er sich vors Gesicht. [13] Da nannte sie den Namen des HERRN, der zu ihr geredet hatte: Du bist ein Gott, der mich sieht! Denn sie sagte: Habe ich nicht auch hier hinter dem hergesehen, der mich angesehen hat? [14] Darum nennt man den Brunnen: Beer-Lachai-Roi; siehe, er ist zwischen Kadesch und Bered.

[15] Und Hagar gebar dem Abraham einen Sohn; und Abraham gab seinem Sohn, den Hagar geboren hatte, den Namen Ismael. [16] Und Abraham war 86 Jahre alt, als Hagar dem Abraham Ismael gebar.

Die folgenden Ereignisse enden in einer vom Menschen selbst herbeigeführten Ausweglosigkeit. Hier werden – typisierend – Situationen und Probleme, Konflikte und Entscheidungen geschildert, in denen wir uns selbst und unser Verhältnis zu Gott wieder finden können. Die Erzählung enthält eine Fülle von Motiven, die nicht alle auf einer Sinnlinie liegen. Welche Absicht diese Erzählung verfolgt, wird man erst erfassen, wenn man ihre beiden Teile (V. 1-6 und V. 7-14) zusammen sieht.

In beiden Erzählabschnitten steht eine der beiden rivalisierenden Frauen im Mittelpunkt. Abraham spielt in diesem Kontext eine eher passive Rolle. Erst in dem kurzen priesterschriftlichen Schlusswort wird er wieder ins Zentrum der Darstellung gerückt (Gen 16,15 f).

1. *Gen 16,1-6*: Sara, Abrahams Frau, ist kinderlos geblieben. An ihrem verhängnisvollen Schicksal hat sich nichts geändert, seit Abraham sich mit ihr auf die „große Reise" gemacht hat. Bislang war er davon ausgegangen, dass Sara die Mutter des Verheißungserben sein werde. Nun aber hat sich *nach menschlichem Ermessen* herausgestellt, dass sie ein unüberwindliches Hindernis für die Verwirklichung der göttlichen Zusage ist. Ihre Stellung in der patriarchalischen Kleinfamilie steht unter einer ungeheuren Spannung. Darum ergreift Sara die Initiative, um durch ihre ägyptische Magd zu einem Kind zu kommen. Indem sie Hagar ihrem Mann zur Frau gibt, erhöht sie den sozialen Status ihrer Magd. Sie kann das nur riskieren in der Hoffnung, dass sie selbst dadurch „aufgebaut" werde. Abraham stimmt zu und tut, was Sara von ihm verlangt.

Als ihr Plan zu gelingen scheint, kommt es zu einem beinahe tödlichen Konflikt zwischen den beiden Frauen. Die Rivalität zwischen der älteren und unfruchtbaren und der jüngeren und fruchtbaren Frau bricht voll aus. Sobald Hagar merkt, dass sie schwanger ist, ändert sich ihre Einstellung gegenüber Sara. Sie sieht auf ihre Herrin herab. Sara muss jetzt um ihre Stellung bangen und verlangt deshalb vom Familienoberhaupt die Wiederherstellung ihres alten Rechtsstatus. Abraham kommt der Aufforderung nach und löst sein Verhältnis zu Hagar. Er stellt die alte Rechtslage wieder her. Hagar büßt nicht nur ihre gehobene Stellung ein, sie wird von Sara obendrein noch „bedrückt" (*'anah*). Das ist dasselbe Wort, das später die Leiden der Israeliten in Ägypten, dem Land ihrer Gefangenschaft, charakterisiert (Ex 1,11). Paradoxerweise beschreibt es hier das Schicksal einer rechtlosen ägyptischen Frau in der Stammfamilie Israels im Land Kanaan. Hagar wird gedemütigt. Das ist für die schwangere Frau zu viel. Sie nimmt ihr Leben selbst in die Hand und flieht in die Wüste. Wie Israel später vor dem Pharao in die Wüste flieht (Ex 14,5), so sucht die Ägypterin einen Ausweg aus ihrer verzweifelten Situation. Alles hat sich ganz anders entwickelt, als menschliche Überlegungen vorausgesehen und geplant haben. Eine ungeheure Belastung hat sich auf alle Beteiligten gelegt. Gibt es einen Ausweg aus dieser völlig verfahrenen Situation?

2. *Gen 16,7-14*: Ein Bote Jahwes findet Hagar an einer Wasserquelle in der Wüste. Er spricht sie mit Namen an: „Hagar, Magd Saras, woher kommst du, und wohin gehst du?" Die Art, wie er sie anspricht und seine Anteilnahme an ihrem Geschick wecken in Hagar Vertrauen, und sie offenbart ihm, dass sie vor ihrer Herrin auf der Flucht ist. Ein Ziel, wohin sie unterwegs ist, nennt sie nicht. Vermutlich liegt hier das Problem. Hagars Flucht in die Wüste war eine Tat der Verzweiflung. Sie riskierte damit ihr Leben und das ihres Kindes. Ihre augenblickliche Situation ist ohne Chance. Um sich und ihrem Kind eine Zukunft zu sichern, braucht sie ein Ziel. Das wird ihr nun vom Boten Jahwes mit der Zusage einer überreichen Nachkommenschaft gegeben. Sie soll Stammmutter eines großen Volkes werden. Sie wird einen Sohn zur Welt bringen und ihm einen Namen geben, der das enthält, was sie an göttlichem Erbarmen in der Wüste erfahren hat: Ismael, Jahwe hat (auf ihr Elend) gehört (vgl. Ex 3,7).

Mit der Ankündigung der Geburt wird noch ein Ausblick auf sein späteres Leben gegeben. Eine ungebundene, vitale und stolze Lebensweise wird die Söhne Ismaels kennzeichnen. Jahwes Wirken umfasst also auch das, was durch Ungeduld, Manipulation und Unglaube entstanden ist. Aber diese göttlichen Zusagen haben für Hagar einen hohen Preis: sie muss zu Sara zurück und sich von neuem unter die Gewalt ihrer Herrin beugen. Es sieht so aus, als gäbe es sonst für sie und ihren Sohn keine Überlebenschance. Gott geht mit ihr realistisch um. Hagar kehrt zurück. Die *ungehorsame* Magd Saras *gehorcht* dem Boten Gottes, weil sie – wie vormals Abraham – der göttlichen *Verheißung* glaubt. Jetzt hat sie eine Vision, eine Perspektive für ihr Leben, auch wenn die Freiheit, die sie sucht, sich erst in Ismael und seinen Söhnen verwirklichen wird, aber aus ihr heraus wird die Freiheit geboren werden. Für Hagar sind die Worte des Gottesboten Zusagen Jahwes, der sie „sieht" (Gen 16,13), d.h. der sich ihr in ihrer ausweglosen Not zugewandt hat.

Für das Verständnis damaliger Zeit wird hier im zweiten Teil der Erzählung etwas Erstaunliches berichtet: Jahwe offenbart sich einer ägyptischen Sklavin, und sie ist die erste in der Heiligen Schrift, die für Jahwe einen Namen findet. Von ihrer Rückkehr unter die „Bedrückung" Saras hören wir nichts mehr.

3. Bei Sara und bei Hagar haben wir es je mit einer *Eigen*initiative zu tun, die aus einer tiefen Ausweglosigkeit, aus Verzweiflung (Kinderlosigkeit bzw. Bedrückung) in eine neue, noch tiefere Ausweglosigkeit führt. Sara bangt um ihre soziale Stellung in der Großfamilie, Hagar hat kein Ziel, keine Lebensperspektive. In beiden Fällen geht es um *Lebenssinn.*

Das Eingehen auf Saras erste Initiative bringt Abraham in Konflikt mit Sara. Das Eingehen auf ihre zweite Initiative bringt ihn in Konflikt mit Hagar und führt zu ihrer Demütigung. Mit der Wiederherstellung der alten Rechtslage wird sie zum zweiten Mal Objekt der Bedürfnisse Saras. Sara ist Ursache für ihre Erhöhung (von der Magd Saras zur Nebenfrau Abrahams) und für ihre tiefste Erniedrigung. Saras Motiv ist jedes Mal Angst, Lebensangst, Bedrohung ihres Lebenssinns. Sie kämpft als Frau um ihr Leben, ihre soziale Stellung, ihre Zukunft.

Unter psychologischer Rücksicht betrachtet wird der Machtkampf zwischen den beiden Frauen zunächst konventionell entschieden, wenigstens für kurze Zeit. Das dominierende Element (Sara) gewinnt mit Hilfe der traditionellen Strukturen (Abraham). Aber das hart Behandelte, das Unterdrückte (Hagar) flieht, entfernt sich und ist in Gefahr, sich abzuspalten und in Ausweglosigkeit, Verzweiflung zu geraten. Als der geflohene Anteil von sich aus nicht mehr weiter weiß, also buchstäblich am Ende ist, eröffnet sich ihm eine neue Perspektive. So wird die Rückkehr „in den alten Familienverband" (Reintegration) möglich. Dort werden die nach Freiheit drängenden Kräfte langsam wachsen bis zu einer ungebundenen vitalen und stolzen Lebensweise (Ismael: ein Mensch wie ein Wildesel). So wird es erneut einen Machtkampf geben: Gen 21,1-21. Wenn die unterdrückten Anteile nicht als Partner angenommen und integriert werden, schwelt die Aggressivität auf beiden Seiten weiter.

Die Erzählung schließt mit einem kurzen Bericht von der Geburt Ismaels, seiner Namengebung und dem Alter Abrahams. Es fällt auf, dass in diesem kurzen priesterschriftlichen Schlusswort Abraham dreimal genannt wird: Hagar gebar dem *Abraham* einen Sohn; *Abraham*, nicht Hagar, gab ihm den Namen Ismael und *Abraham* war 86 Jahre alt, als Hagar *ihm* den Ismael gebar. Abraham wird so wieder in das Zentrum der Darstellung gerückt. Am Ende dieser späten Ergänzung haben weder Sara noch Hagar, sondern Abraham hat einen Sohn, den er Ismael nennt.

Gottes Bund mit Abraham und die Beschneidung als Bundeszeichen: Gen 17,1-27

17[1] Und Abraham war 99 Jahre alt, da erschien der HERR dem Abraham
und sprach zu ihm: Ich bin Gott, der Allmächtige. Geh deinen Weg vor
meinem Angesicht und sei ganz! [2] Und ich will meinen Bund zwischen
mir und dir setzen und will dich sehr, sehr mehren. [3] Da fiel Abraham
auf sein Angesicht, und Gott redete mit ihm und sprach: [4] Ich, siehe,
das ist mein Bund mit dir: Du wirst zum Vater einer Menge von Völkern
werden. [5] Und nicht mehr soll dein Name Abram heißen, sondern Abraham soll dein Name sein! Denn zum Vater einer Menge von Völkern
habe ich dich gemacht. [6] Und ich werde dich sehr, sehr fruchtbar machen, und ich werde dich zu Völkern machen, und Könige werden aus
dir hervorgehen. [7] Und ich werde meinen Bund aufrichten zwischen mir
und dir und deinen Nachkommen nach dir durch alle ihre Generationen zu einem ewigen Bund, um dir Gott zu sein und deinen Nachkommen nach dir. [8] Und ich werde dir und deinen Nachkommen nach dir
das Land deiner Fremdlingschaft geben, das ganze Land Kanaan, zum

ewigen Besitz, und ich werde ihnen Gott sein. [9] Und Gott sprach zu Abraham: Und du, du sollst meinen Bund halten, du und deine Nachkommen nach dir, durch ihre Generationen!

[10] Dies ist mein Bund, den ihr halten sollt, zwischen mir und euch und deinen Nachkommen nach dir: alles, was männlich ist, soll bei euch beschnitten werden; [11] und zwar sollt ihr am Fleisch eurer Vorhaut beschnitten werden! Das wird das Zeichen des Bundes sein zwischen mir und euch. [12] Im Alter von acht Tagen soll alles, was männlich ist, bei euch beschnitten werden, durch eure Generationen, der im Haus geborene und der von irgendeinem Fremden für Geld gekaufte Sklave, der nicht von deiner Nachkommenschaft ist; [13] beschnitten werden muss, der in deinem Haus geborene und der für dein Geld gekaufte Sklave! Und mein Bund an eurem Fleisch soll ein ewiger Bund sein. [14] Ein unbeschnittener Männlicher aber, der am Fleisch seiner Vorhaut nicht beschnitten ist, diese Seele soll ausgerottet werden aus ihrem Volk; meinen Bund hat er ungültig gemacht! [15] Und Gott sprach zu Abraham: Deine Frau Sarai sollst du nicht mehr Sarai nennen, sondern Sara soll ihr Name sein! [16] Und ich werde sie segnen, und auch von ihr gebe ich dir einen Sohn; und ich werde sie segnen, und sie wird zu Völkern werden; Könige von Völkern sollen von ihr kommen. [17] Da fiel Abraham auf sein Angesicht und lachte und sprach in seinem Herzen: Sollte einem Hundertjährigen ein Kind geboren werden, und sollte Sara, eine Neunzigjährige, etwa gebären? [18] Und Abraham sagte zu Gott: Möchte doch Ismael vor dir leben! [19] Und Gott sprach: Nein, sondern Sara, deine Frau, wird dir einen Sohn gebären. Und du sollst ihm den Namen Isaak geben! Und ich werde meinen Bund mit ihm aufrichten zu einem ewigen Bund für seine Nachkommen nach ihm. [20] Aber auch für Ismael habe ich dich erhört: Siehe, ich werde ihn segnen und werde ihn fruchtbar machen und ihn sehr, sehr mehren. Zwölf Fürsten wird er zeugen, und ich werde ihn zu einem großen Volk machen. [21] Aber meinen Bund werde ich mit Isaak aufrichten, den Sara dir im nächsten Jahr um diese Zeit gebären wird. [22] Und er hörte auf, mit ihm zu reden; und Gott fuhr auf von Abraham.

[23] Und Abraham nahm seinen Sohn Ismael und alle in seinem Haus geborenen und alle mit seinem Geld gekauften Sklaven, alles, was unter den Leuten des Hauses Abraham männlich war, und beschnitt das Fleisch ihrer Vorhaut an eben diesem Tag, wie Gott zu ihm geredet hatte. [24] Abraham war 99 Jahre alt, als er am Fleisch seiner Vorhaut beschnitten wurde. [25] Und sein Sohn Ismael war dreizehn Jahre alt, als er am Fleisch seiner Vorhaut beschnitten wurde. [26] So wurden an

eben diesem Tag Abraham und sein Sohn Ismael beschnitten [27] und alle Männer seines Hauses, der im Haus geborene und der von einem Fremden für Geld gekaufte Sklave wurden mit ihm beschnitten.

Gen 17 bietet eine Konzentration der Aussagen, die für den priesterschriftlichen Autor in der ganzen Abrahamgeschichte wesentlich sind. Wir haben es also hier mit einem ganz dichten Text zu tun. Er ist das Ergebnis tief greifender Reflexion über das Verhältnis Jahwes zu Israel nach der Katastrophe des Exils.

Die Priesterschrift entsteht in der 2. Hälfte des 6. Jahrhunderts in der babylonischen Diaspora als neue eigenständige Konzeption, die dann in Jerusalem nach und nach bearbeitet und erweitert wird. Diese Schicht des Pentateuch (Gen-Dtn) hebt Abraham besonders dadurch heraus, dass sie den Bund mit ihm stark betont, den Sinaibund aber übergeht.

Israel ist in der babylonischen Gefangenschaft. Der Text spricht zu Menschen, die alles verloren haben, was ihrem Leben Sinn und Identität gibt. Das Schlimmste darin ist, dass die traditionelle Theologie auf diese politisch-soziale und religiöse Krise keine in die Zukunft weisende Antwort hat. Nach ihr ist das Exil die notwendige Folge und der sichtbare Ausdruck des Bundesbruchs. Der Bund, den Jahwe einst am Sinai mit dem Gottesvolk geschlossen hat, ist an Israel gescheitert. *Wenn* Israel den Weisungen Jahwes folgt, „*dann* werde ich Frieden geben im Land ..., *dann* werde ich mich euch zuwenden und euch fruchtbar und zahlreich machen ..., *dann* werde ich meine Wohnung unter euch aufrichten ..., *dann* werde ich euch Gott sein und ihr werdet mein Volk sein“ (Lev 26,6.9.11.12). *Wenn* Israel aber der Lebensordnung Jahwes nicht folgt und seine Gebote nicht hält und so den Bund bricht, dann wird Jahwe schließlich das Schwert über Israel kommen lassen, das Rache für den Bund nehmen wird (Lev 26,14 ff). „*Dann* mache ich eure Städte zu Ruinen, verwüste eure Heiligtümer ... Ich selbst verwüste das Land. Eure Feinde, die sich darin niederlassen, werden darüber entsetzt sein. Euch aber zerstreue ich unter die Völker und zücke hinter euch das Schwert. Euer Land wird zur Wüste und eure Städte werden zu Ruinen“ ... „In das Herz derer, die von euch überleben, bringe ich Angst in den Ländern ihrer Feinde; das bloße Rascheln verwelkter Blätter jagt sie auf, und sie fliehen, wie man vor dem Schwert flieht; sie fallen, ohne dass jemand sie verfolgt. Sie stürzen übereinander wie vor dem Schwert, ohne dass jemand sie verfolgt. Ihr könnt vor euren Feinden nicht standhalten, ihr geht unter den Völkern zugrunde, und das Land eurer Feinde frisst euch. Diejenigen von euch, die dann noch überleben, siechen dahin in den Ländern eurer Feinde wegen ihrer Sünden, auch wegen der Sünden ihrer Väter, sodass sie, gleich ihnen, dahinsiechen" (Lev 26,31-33.36-39). Mit dieser Deutung der Katastrophe wurde den Menschen im Exil jede Hoffnung auf eine neue Zukunft genommen.

In dieser Situation kommt es zu einer Neubesinnung auf die theologischen Grundlagen des Gottesvolkes ein, die auch in Lev 26,40-45 durchschlägt. Das Buch Levitikus gehört auch zur sog. Priesterschrift, die im Bund Jahwes mit Abraham das unzerstörbare und unüberbietbare Fundament Israels sieht. Die Erzählung vom Bund Gottes mit Abraham in Kap. 17 ist das eigentliche Zentrum der theologischen Neubesinnung in der Priesterschrift.

Der Text von Gen 17 besteht aus zwei deutlich voneinander abgehobenen Teilen (V. 1-22 und V. 23-27). Die Hauptaussage liegt im ersten Teil.

1. *Gen 17,1-9*: Der erste Teil (Gen 17,1-22) besteht aus einer längeren Folge von fünf Gottesreden im Rahmen einer Theophanie. Jahwe bestimmt das Geschehen, entscheidend ist, was *Er* sagt und was *Er* tut. Das wird sprachlich hervorgehoben durch das mehrfach betonte „Ich" Jahwes (V.1.2.6.7.8.16.19.20). Das ebenfalls häufig betonte „mein Bund" (V. 2.4.7.9.10. 13.14. 19.21) stellt klar, dass der Bund Jahwes Seine unabhängige Setzung ist und die damit gegebenen Verheißungen von menschlichem Fehlverhalten nicht außer Kraft gesetzt werden können (vgl. V. 2 und 7). Das ist ein Signal für das Volk im Exil, das längst aufgehört hatte, auf Gottes Macht zu hoffen. Jetzt kommt es einzig darauf an, diesem Gott Raum zu geben im eigenen Herzen: „Geh deinen Weg vor meinem Angesicht und sei ganz (mit mir)!"

Abraham wird ein neuer Name gegeben. Er soll Vater einer Menge (*hamon*) von Völkern werden. Die Umbenennung von *Abram* in *Abraham* markiert einen neuen Lebensabschnitt und grenzt ihn vom Vorausgegangenen ab, bezieht sich aber im Wesentlichen auf seine neue Funktion: durch die Aufrichtung des Bundes und seine Besiegelung in der Beschneidung wird Abraham zum Stammvater Israels. In diesem Zusammenhang ist noch wichtig, dass der *ewige* Bund mit *Abraham* geschlossen wird, nicht mit dem Volk als solchem. Die Namensänderung ist zugleich ein Symbol dafür, dass sein Leben trotz des fortgeschrittenen Alters nicht kinderlos, ohne Zukunft endet, sondern fruchtbar wird. Die Fruchtbarkeit aber kommt von Jahwe.

Auch Abrahams Frau bekommt einen neuen Namen: Aus Sarai wird Sara (Fürstin, Königin). Sie wird zu Völkern. Könige sollen von ihr kommen.

2. *Gen 17,10-22*: Das Einzige, was von Abraham verlangt wird, ist die Beschneidung als sakramentales Zeichen der von Gott gestifteten Bundeswirklichkeit. Durch diese Zeichenhandlung bekommt der Mensch Anteil an der Heilswirklichkeit des Bundes – nicht durch irgendwelche Leistungen und Verdienste. In der konzentrisch aufgebauten Gottesrede steht die Aufforderung Jahwes, den Bund durch die Zeichenhandlung der Beschneidung zu wahren, im Mittelpunkt. Das Bewahren und Wirksamwerden des Bundes geschieht durch die Beschneidung, die vom Menschen vollzogen werden soll. Damit stellt er sich bewusst und zeichenhaft in den Horizont der Verheißungen.

Dem in seiner Glaubenstradition zutiefst erschütterten Israel, das im Volk der Babylonier unterzugehen droht, gelten die Verheißungen:

- „Ich werde dich sehr, sehr zahlreich machen“ (Gen 17,2)
- „Ich werde dich sehr, sehr fruchtbar machen, und ich will dich zu Völkern werden lassen, und Könige sollen von dir kommen“ (Gen 17,6).
- „Ich gebe dir und deinen Nachkommen das Land ... zum ewigen Besitz, und ich will ihnen Gott sein“ (Gen 17,8).

Die letztgenannte Verheißung ist die wichtigste, weil erst das Wohnen im eigenen Land, frei von fremder Herrschaft, ein Leben unter Gottes „Herrschaft“ möglich macht.

Die großen Verheißungen stehen in einer unerträglichen Spannung zur gegenwärtig erlittenen Situation. Es sieht zunächst so aus, als halte Abraham die Spannung weiter aus: Er fällt auf sein Angesicht nieder (Gen 17,3). Schweigend betet er Jahwe an. Als aber auch Sara ein neuer Name gegeben und seiner neunzigjährigen Frau eine große Nachkommenschaft angekündigt wird, fällt er äußerlich wieder vor Jahwe nieder, aber innerlich macht er sich lustig über die Ankündigung. Er hält sich lieber an das menschlich Vernünftige: „Möge nur Ismael vor dir leben!“ (Gen 17,17f). Der vor Gott im Gestus der Anbetung niederfallende und zugleich lachende Abraham zeigt die ganze widersprüchliche und abgründige Realität Israels. Und dennoch, Jahwe gibt diesem Abraham mit seinem zwiespältigen Herzen und seinem abgewirtschafteten Vertrauen ein sakramentales Zeichen, das seinem brüchigen Glauben aufhilft. Er gibt seinem Glauben eine Chance, im Horizont dieses Zeichens zu wachsen.

3. *Gen 17, 23-27*: Im zweiten Teil wird abschließend berichtet, dass Abraham die Beschneidung an allen vornahm, die zu ihm gehörten. Auch Ismael wird beschnitten und damit in den Bund Jahwes hinein genommen. Er wird zwölf Fürsten zeugen, also zwölf Söhne haben, wie später Jakob, der Sohn Isaaks.

Der Text erwähnt noch, dass er das Zeichen des Bundes mit neunundneunzig Jahren vollzog. Vielleicht ist das ein symbolischer Hinweis, dass es nie zu spät ist, sich in den „Raum" der Gnade und der Verheißung zu stellen.

Die Einkehr der drei Männer bei Abraham: Gen 18,1-16

18[1] Und der HERR erschien ihm bei den Terebinthen von Mamre, als er
bei der Hitze des Tages am Eingang des Zeltes saß. [2] Und er erhob seine
Augen und sah: und siehe, drei Männer standen vor ihm; sobald er sie
sah, lief er ihnen vom Eingang des Zeltes entgegen und verneigte sich
zur Erde [3] und sagte: Herr, wenn ich denn Gunst gefunden habe in deinen
Augen, so geh doch nicht an deinem Knecht vorüber! [4] Man hole
doch ein wenig Wasser, dann wascht eure Füße, und ruht euch aus unter
dem Baum! [5] Ich will indessen einen Bissen Brot holen, dass ihr euer
Herz stärkt; danach mögt ihr weitergehen; wozu wäret ihr sonst bei
eurem Knecht vorbeigekommen? Und sie sprachen: Tu so, wie du geredet
hast! [6] Da eilte Abraham ins Zelt zu Sara und sagte: Nimm schnell
drei Maß Mehl, Weizengrieß, knete und mache Kuchen! [7] Und Abraham
lief zu den Rindern und nahm ein Kalb, zart und gut, und gab es dem
Knecht; und der beeilte sich, es zuzubereiten. [8] Und er holte Rahm und
Milch und das Kalb, das er zubereitet hatte, und setzte es ihnen vor;
und er stand vor ihnen unter dem Baum, und sie aßen.

[9] Und sie sagten zu ihm: Wo ist deine Frau Sara? Und er sagte: Dort
im Zelt. [10] Da sprach er: Wahrlich, übers Jahr um diese Zeit komme ich
wieder zu dir, siehe, dann hat Sara, deine Frau, einen Sohn. Und Sara
horchte am Eingang des Zeltes, der hinter ihm war. [11] Abraham und
Sara aber waren alt, hoch betagt; es erging Sara nicht mehr nach der
Frauen Weise. [12] Und Sara lachte in ihrem Innern und sagte: Nun ich
verbraucht bin, sollte ich noch Liebeslust haben? Und auch mein Herr
ist ja alt! [13] Da sprach der HERR zu Abraham: Warum hat Sara denn gelacht
und gesagt: Sollte ich wirklich noch gebären, da ich doch alt bin?
[14] Ist denn für den HERRN etwas zu wunderbar? Zur bestimmten Zeit
komme ich wieder zu dir, übers Jahr um diese Zeit, dann hat Sara einen

Sohn. [15] Doch Sara leugnete und sagte: Ich habe nicht gelacht! Denn sie fürchtete sich. Er aber sprach: Nein, du hast gelacht! [16] Und die Männer erhoben sich von dort und blickten auf die Fläche von Sodom hinab; und Abraham ging mit ihnen, sie zu begleiten.

1. *Gen 18,1-8*: Der Umweg, über Hagar zu dem lange ersehnten Verheißungserben zu kommen, hat Gottes Billigung nicht gefunden. Inzwischen sind Sara und Abraham so alt geworden, dass nach menschlichem Urteil keine Hoffnung mehr besteht. Erst als sich die Verheißung in den Augen der Betroffenen bis zur völligen Unmöglichkeit erschöpft hat (Gen 18,11), macht Gott sich auf den Weg zu Abraham und erneuert seine Zusage erstmals in einer ganz konkreten Form: „Und Jahwe erschien ihm bei den Terebinthen von Mamre..."

Die Szene ist in ihrer ausführlichen Breite mit vollendetem Charme gestaltet. Es braucht ein wenig Muße, um sich an beiläufigen Kleinigkeiten zu freuen und verborgene Andeutungen nicht zu überhören. Die Erzählung führt uns den stillen, familiären Raum des einfachen Lebens einer kleinen Gemeinschaft vor Augen: Das Zelt, der Baum, der alte Mann, die alte Frau, die fremden Gäste und ein bediensteter Knecht. Es ist um die Zeit der größten Mittagshitze. Abraham sitzt im Schatten seines Zelteingangs, als plötzlich drei Fremde auftauchen. Er hatte sie nicht einmal kommen sehen – so überraschend kann Gott „vor" dem Menschen stehen. Wenn die drei Fremden Abraham gegenüber stehen bleiben, so kommt das im Orient dem Anklopfen gleich in der Erwartung, eingeladen zu werden. Die Art, wie Abraham ihnen entgegenkommt, zeigt die hohe Wertschätzung der Gastfreundschaft, wie sie im Leben der Nomaden, aber auch bei den Sesshaften in frühen Kulturen gepflegt wurde. Der Besuch eines Fremden konnte etwas Lebenswichtiges bedeuten. Die Kultur der Gastfreundschaft ist nicht auf Materielles gerichtet, sondern auf den Menschen selbst bezogen. Sie wird gepflegt für den, der sie braucht, wie hier bei den drei Männern, die in der brütenden Mittagshitze müde vom Weg der gastlichen Aufnahme bedürfen. Die Eile, mit der Abraham sich der Fremden annimmt, steht im Gegensatz zu der Ruhe der Anfangsszene. Sie ist Ausdruck seiner Wertschätzung, und diese wird noch durch seine Verneigung und Anrede unterstrichen. Abraham empfängt seine unverhofften Gäste als Höhergestellte und lädt sie ein, sich die müden, staubigen Füße zu waschen und im Schatten des Baumes auszuruhen, bis die Mahlzeit bereitet ist. „ein wenig Wasser" und „einen Bissen Brot" sind freilich eine höfliche Untertreibung. Sie soll den eigenen Aufwand des Bewirtens herunterspielen. Die drei Männer nehmen die Einladung an. Ihre zurückhaltende Antwort entspricht der Situation.

Nachdem Abraham mit seiner Eile alle Zeltbewohner in Bewegung gebracht hat, beginnt er mit der Bewirtung seiner Gäste. Damit kommt die Bewegung wieder zur Ruhe. Er selbst bleibt aufmerksam in ihrer Nähe, um sie zu bedienen.

2. *Gen 18,9-16*: Im zweiten Teil der Erzählung tritt Abraham auffallend zurück. Die Fremden erkundigen sich bei ihm nach seiner Frau Sara und dann hört er die Verheißung: „Übers Jahr um diese Zeit komme ich wieder zu dir, dann hat deine Frau Sara einen Sohn." Zum ersten Mal erfährt Abraham ein „Signal" (V. 10), dass er dem Ziel seiner „großen Reise" nahe ist. Sara scheint unter dem Zelteingang das Gespräch aufmerksam verfolgt zu haben. Was sie jetzt hört, muss sie belustigen. „Und Sara lachte..." Sie hält das eben Gehörte für blanken Unsinn. Ihre ganz natürliche Erfahrung unterstreicht noch einmal, wie unmöglich eine solche Zusage für sie ist: „Nun ich verbraucht bin, sollte ich noch Liebeslust empfinden, und auch mein Herr alt ist?" Das Verb „verbraucht sein" wird von Kleidern gesagt oder von Knochen, die morsch werden.

Jetzt heißt es auf einmal: „Da sprach *Jahwe* zu Abraham: Warum hat Sara gelacht ...?" (V. 13). Diese Frage ist wie eine Zurückweisung, fast ein Vorwurf. „Ist denn irgendetwas zu wunderbar für Jahwe?" Hier gibt sich der Fremde zu erkennen und wiederholt noch einmal die Verheißung eines Sohnes an Sara binnen Jahresfrist.

Darüber erschrickt Sara und möchte ihr Lachen ungeschehen machen. Doch der Fremde sagt ihr: „Nein, du hast gelacht!", d.h. ihr Lachen bleibt bestehen. Sie wird sich noch einmal daran erinnern. Darin steckt ein verborgener Hinweis auf den Namen des Kindes.

Die drei Männer machen sich nun wieder auf den Weg und Abraham begleitet sie noch ein Stück. Das entspricht seiner aufmerksamen Gastlichkeit. In der Entschiedenheit ihres Aufbruchs scheint sich schon etwas von dem düsteren Ziel ihres Weges anzudeuten.

Auch diese Erzählung zeigt ein großes Interesse an der menschlichen Einstellung, an den Zumutungen und Anfechtungen, in die Menschen geführt werden, wenn sie Verheißungspartner Jahwes werden. Die Grenzen, an die sie mit sich geraten, ihr Unvermögen, zu glauben, soll uns noch einmal wie Sara vor der Frage verstummen lassen: Ist denn für Gott etwas unmöglich? Ganz gleich, wie verzweifelt die Situation aussieht, bei Gott ist nichts unmöglich, und er bereitet denen ein Lachen, die an diese unendlichen Möglichkeiten Gottes glauben.

Das Gespräch Abrahams mit Jahwe um das Schicksal Sodoms: Gen 18,17-33

18[17] Der HERR aber sprach bei sich: Sollte ich vor Abraham verbergen, was ich tun will? [18] Abraham soll doch zu einem großen und mächtigen Volk werden, und in ihm sollen gesegnet werden alle Völker der Erde! [19] Denn ich habe ihn erkannt, damit er seinen Söhnen und seinem Haus nach ihm befehle, den Weg des HERRN einzuhalten, Gerechtigkeit und Recht zu üben, damit der HERR auf Abraham kommen lasse, was er ihm verheißen hat. [20] Und der HERR sprach: Das Klagegeschrei über Sodom und Gomorra, wahrlich, es ist groß, und ihre Sünde, wahrlich, sie ist sehr schwer. [21] Ich will doch hinab gehen und sehen, ob sie ganz nach ihrem Geschrei, das vor mich gekommen ist, getan haben; und wenn nicht, so will ich es wissen.

[22] Und die Männer wandten sich von dort und gingen nach Sodom; Abraham aber blieb noch vor dem HERRN stehen. [23] Und Abraham trat hinzu und sagte: Willst du wirklich den Gerechten mit dem Ungerechten wegraffen? [24] Vielleicht gibt es fünfzig Gerechte innerhalb der Stadt. Willst du sie denn wegraffen und dem Ort nicht vergeben um der fünfzig Gerechten willen, die darin sind? [25] Fern sei es von dir, so etwas zu tun, den Gerechten mit dem Ungerechten zu töten, so dass der Ungerechte wäre wie der Gerechte; fern sei es von dir! Sollte der Richter der ganzen Erde nicht Recht üben? [26] Da sprach der HERR: Wenn ich in Sodom fünfzig Gerechte in der Stadt finde, so will ich um ihretwillen dem ganzen Ort vergeben. [27] Und Abraham antwortete und sagte: Siehe doch, ich habe mich erdreistet, zu dem Herrn zu reden, obwohl ich Staub und Asche bin. [28] Vielleicht fehlen an den fünfzig Gerechten nur fünf. Willst du wegen der fünf die ganze Stadt vernichten? Da sprach er: Ich will *sie* nicht vernichten, wenn ich dort 45 finde. [29] Und er fuhr fort, weiter zu ihm zu reden, und sagte: Vielleicht werden dort vierzig

gefunden. Und er sprach: Ich will es nicht tun um der Vierzig willen. [30] Und er sagte: Der Herr möge doch nicht zürnen, dass ich noch einmal rede! Vielleicht werden dort dreißig gefunden. Und er sprach: Ich will es nicht tun, wenn ich dort dreißig finde. [31] Da sagte er: Siehe doch, ich habe mich erdreistet, zu dem Herrn zu reden; vielleicht werden dort zwanzig gefunden. Und er sprach: Ich will nicht vernichten um der Zwanzig willen. [32] Da sagte er: Der Herr möge doch nicht zürnen, ich will nur noch dieses Mal reden. Vielleicht werden dort zehn gefunden. Und er sprach: Ich will nicht vernichten um der Zehn willen. [33] Und der HERR ging weg, als er mit Abraham ausgeredet hatte; und Abraham kehrte zurück an seinen Ort.

Dieser Text ist einer späten theologischen Reflexion zu verdanken und stammt aus nachexilischer Zeit. Als Israel seine staatliche Existenz verloren hatte und als unbedeutende Provinz zu einem Großreich gehörte, wurde die Frage nach Jahwes geschichtlichem Handeln aktuell, insbesondere nach seinem vernichtenden Walten gegenüber Israel. Offenbar kamen Zweifel auf, ob das Schicksal von Gerechten und Gottlosen mit Jahwes Gerechtigkeit in Einklang zu bringen sei. Gott wäre nicht gerecht, wenn er den Frommen zusammen mit dem Frevler vernichten würde. Die Einfügung dieser Fragestellung in die Abrahamsgeschichte bietet sich hier insofern an, als mit dem Untergang Sodoms Gottes gerechtes Handeln in der Geschichte erklärt werden konnte. Der Verfasser führt Abraham den Menschen seiner Zeit exemplarisch als Gerechten vor Augen und versucht an seinem Schicksal Jahwes Gerechtigkeit nachzuweisen. Als Anwalt von „Recht und Gerechtigkeit“ tritt Abraham vor Gott hin, um dessen gerechtes Handeln gegen jeden Zweifel von IHM selbst bestätigen zu lassen.

1. *Gen 18,17-21*: In den ersten drei Versen (17-19) hören wir zunächst von den Überlegungen Jahwes, ob er nicht mit Abraham darüber reden solle, wohin er unterwegs ist. Dabei kommt die besondere Stellung in den Blick, die Abraham vor Gott hat: „Denn ich habe ihn erkannt, damit er seinen Söhnen und seinem Haus *nach* ihm befehle, den Weg Jahwes einzuhalten: Gerechtigkeit und Recht zu üben, damit Jahwe auf Abraham kommen lasse, was Er ihm verheißen hat“ (V. 19). Gott hat sich Abraham vertraut gemacht, damit dieser sein Handeln in der Geschichte auslegt und für andere verstehbar macht. Wie jemand mit einem engen Freund über ein schwerwiegendes Vorhaben spricht, so will Jahwe Abraham in das zu erwartende Schicksal Sodoms „einweihen“,

damit ihm das den Menschen sonst verborgene Handeln Gottes offenbar werde. So kann er die Hintergründe für den Untergang Sodoms aufdecken. Abraham wird also hier als Lehrer für „Recht und Gerechtigkeit“ an seinen Nachkommen gesehen.

Dann eröffnet ihm Jahwe: „Das Klagegeschrei über Sodom und Gomorrha, wahrlich, es ist groß, und ihre Sünde, wahrlich, sie ist sehr schwer“ (V. 20). Das Klagegeschrei oder der Klageruf ist ein Fachausdruck aus der Rechtssprache. Damit appelliert ein Schutzbedürftiger an die Rechtsgemeinde. Das Gerichtsverfahren gilt dann als eröffnet. Als „Richter der ganzen Erde“ sagt Jahwe, dass die Klage gegen Sodom bei ihm anhängig ist und er sich auf den Weg machen will, um nach dem Rechten zu sehen. „Ich will es wissen!“ (V. 21).

2. *Gen 18,22-33*: Im Folgenden entwickelt sich ein Dialog von hoher Dramaturgie. Mit beispiellosem Freimut setzt sich Abraham für das ganze Sodom ein. „Sodom ist hier für Israel das Muster einer menschlichen Gemeinschaft, auf die sich Jahwes Augen zum Gericht wenden“ (G. v. Rad). Für „Abraham“ ist es (noch) nicht nachvollziehbar, dass ein Einzelner aus der Kollektivhaftung herausgenommen werden könnte. Es müsste aber doch möglich sein, dass die Gerechtigkeit einzelner eine Gemeinschaft vor der drohenden Vernichtung retten kann.

Abraham will nicht der Wahrheit von Sodom auf die Spur kommen. Das Ende der bösen Stadt steht von Anfang an fest. Daran kann er nichts mehr ändern. Aber wenn Sodom schon dem Untergang geweiht ist, dann will er wenigstens wissen, nach welchen Kriterien Gottes Handeln sich bestimmt. M. a. W.: Es geht Abraham um die bohrende Frage nach Jahwes Gerechtigkeit. Kannst du wirklich Gerechte zusammen mit Gottlosen vernichten, auch wenn es nur fünfzig oder am Ende nur zehn wären in einer großen Mehrzahl von Gottlosen? Beschwörend hält er dem „Richter der ganzen Erde“ diese Frage entgegen. Der Dialog vermeidet den Eindruck, dass die Frage nach Jahwes Gerechtigkeit ein für allemal beantwortet werden könne. Wenn es neben den Gottlosen einige Gerechte gibt, ist Gott bereit, um der Gerechten willen sehr, sehr weit zu gehen. Bis zu einer Grenze von zehn Gerechten hat Abraham getestet, dass Jahwes Wille zu retten stärker ist als sein Wille zu vernichten. Es kann sein, dass mit der Antwort Jahwes in V. 32 für Abraham und den biblischen Erzähler eine äußerste Grenze erreicht ist, über die hinaus er nicht zu gehen vermag. Tatsächlich erfährt der Leser und

Hörer erst aus dem weiteren Gang der Erzählung, ob es in Sodom wirklich zehn Gerechte gibt. „Die Sodom-Geschichte“ ist eine Antwort auf den Ruf nach einem menschlicheren Gott, der nicht schon alles vorher bestimmt hat“ (R. Ruß). Zugleich veranschaulicht der dramatische Dialog, wie tief das Vertrauen Abrahams in Jahwe ist, dass er mit solchem Freimut sich für das Schicksal so vieler Menschen vor Gott einsetzen kann. Hier wird eine Autonomie in der Gottesbeziehung sichtbar, die auf einer gewissen Gleichwertigkeit beruht und bei aller Ehrfurcht und Distanz („obwohl ich Staub und Asche bin“; V. 23) der inneren Bewegung des Herzens Raum gibt.

Die zwei Boten bei Lot, der Untergang Sodoms und die Rettung Lots: Gen 19,1-29

19[1] Und die beiden Boten kamen am Abend nach Sodom, als Lot *gera-*
de im Tor von Sodom saß. Und als Lot sie sah, stand er auf, ging ihnen
entgegen und verneigte sich mit dem Gesicht zur Erde; [2] und er sprach:
Ach siehe, meine Herren! Kehrt doch ein in das Haus eures Knechtes,
und übernachtet, und wascht eure Füße; morgen früh mögt ihr dann
eures Weges ziehen! Aber sie sagten: Nein, sondern wir wollen auf dem
Platz übernachten. [3] Als er jedoch sehr in sie drang, kehrten sie bei ihm
ein und kamen in sein Haus. Und er machte ihnen ein Mahl, backte ungesäuertes Brot, und sie aßen. [4] Noch hatten sie sich nicht niedergelegt,
da umringten die Männer der Stadt, die Männer von Sodom, das Haus,
vom Knaben bis zum Greis, das ganze Volk von allen Enden der Stadt.
[5] Und sie riefen nach Lot und sagten zu ihm: Wo sind die Männer, die
diese Nacht zu dir gekommen sind? Führe sie zu uns heraus, dass wir
sie erkennen! [6] Da trat Lot zu ihnen hinaus an den Eingang und schloss
die Tür hinter sich zu; [7] und er sagte: Tut doch nichts Böses, meine
Brüder! [8] Seht doch, ich habe zwei Töchter, die keinen Mann erkannt
haben; die will ich zu euch herausbringen. Tut ihnen, wie es gut ist in
euren Augen! Nur diesen Männern tut nichts, da sie nun einmal unter
den Schatten meines Daches gekommen sind! [9] Aber sie sagten: Zurück da! Und sie sagten: Da ist einer allein gekommen, sich als Fremder
hier aufzuhalten, und will sich schon als Richter aufspielen! Nun, wir
wollen dir Schlimmeres antun als jenen. Und sie drangen hart ein auf
den Mann, auf Lot, und machten sich daran, die Tür aufzubrechen. [10]
Da streckten die Männer ihre Hand aus und brachten Lot zu sich herein ins Haus; und die Tür verschlossen sie. [11] Die Männer aber, die am

Eingang des Hauses waren, schlugen sie mit Blindheit, vom kleinsten bis zum größten, so dass sie sich vergeblich mühten, den Eingang zu finden. [12] Und die Männer sagten zu Lot: Hast du hier noch jemanden? Einen Schwiegersohn, und deine Söhne und deine Töchter oder einen, der sonst noch in der Stadt zu dir gehört? Führe sie hinaus aus diesem Ort! [13] Denn wir werden diesen Ort vernichten, weil das Geschrei über sie groß geworden ist vor dem HERRN; und der HERR hat uns gesandt, die Stadt zu vernichten. [14] Da ging Lot hinaus und redete zu seinen Schwiegersöhnen, die seine Töchter nehmen sollten, und sagte: Macht euch auf, geht aus diesem Ort! Denn der HERR wird die Stadt vernichten. Aber er war in den Augen seiner Schwiegersöhne wie einer, der Scherz treibt.

[15] Und als die Morgenröte heraufzog, drängten die Boten Lot zur Eile und sagten: Mache dich auf, nimm deine Frau und deine beiden Töchter, die hier sind, damit du nicht weggerafft wirst durch die Schuld der Stadt! [16] Als er aber zögerte, ergriffen die Männer seine Hand und die Hand seiner Frau und die Hand seiner beiden Töchter, weil der HERR ihn verschonen wollte, und führten ihn hinaus und ließen ihn außerhalb der Stadt. [17] Und es geschah, als sie sie ins Freie hinausgeführt hatten, da sprach er: Rette dein Leben! Sieh nicht hinter dich, und bleib im ganzen Umkreis nicht stehen; rette dich auf das Gebirge, damit du nicht hinweggerafft wirst! [18] Da sagte Lot zu ihnen: Ach, nein, Herr! [19] Siehe doch, dein Knecht hat Gunst gefunden in deinen Augen, und du hast deine Gnade, die du an mir erwiesen hast, groß gemacht, meine Seele am Leben zu erhalten. Aber ich kann mich nicht auf das Gebirge retten, es könnte das Unheil mich ereilen, dass ich sterbe. [20] Siehe doch, diese Stadt da ist nahe, dahin zu fliehen, sie ist ja nur klein; ich könnte mich doch dahin retten – ist sie nicht klein? –, damit meine Seele am Leben bleibt. [21] Da sprach er zu ihm: Siehe, auch darin habe ich Rücksicht auf dich genommen, dass ich die Stadt nicht umkehre, von der du geredet hast. [22] Schnell, rette dich dorthin! Denn ich kann nichts tun, bis du dorthin gekommen bist. Daher nennt man die Stadt Zoar. [23] Die Sonne ging über der Erde auf, als Lot nach Zoar kam. [24] Da ließ der HERR auf Sodom und auf Gomorra Schwefel und Feuer regnen von dem HERRN aus dem Himmel [25] und kehrte diese Städte um und die ganze Ebene des Jordan und alle Bewohner der Städte und das Gewächs des Erdbodens. [26] Aber seine Frau sah sich hinter ihm um; da wurde sie zu einer Salzsäule.

[27] Und Abraham machte sich früh am Morgen auf an den Ort, wo er vor dem HERRN gestanden hatte. [28] Und er blickte hinab auf die Fläche

von Sodom und Gomorra und auf die ganze Fläche des Landes in der Ebene des Jordan, und er sah: und siehe, Rauch stieg vom Land auf, wie der Rauch eines Schmelzofens. [29] Und es geschah, als Gott die Städte der Ebene *des* Jordan vernichtete, da dachte Gott an Abraham und geleitete Lot mitten aus der Umkehrung, als er die Städte umkehrte, in denen Lot gewohnt hatte.

Gen 19,1-29 durchzieht dann das Motiv der Rettung des Einen aus dem Untergang einer ganzen Stadt. Lot entkommt als Einziger (mit seinen Angehörigen) der Vernichtung, weil er sich nicht schuldig gemacht hat. Das Gottesgericht über Sodom gehört seiner Motivwelt nach ebenso wenig in die Zeit der Erzeltern wie die gegenwärtige Form des ur- und stammesgeschichtlichen Motivs von der Entstehung Moabs und Ammons (Gen 19,30-38).

1. *Gen 19,1-14*: Die Erzählung beginnt mit der Ankunft der zwei Boten. Sie haben von Jahwe den Auftrag, Sodom zu zerstören (V. 13). Es ist Abend, als sie in die Stadt kommen und Lot gerade im Tor von Sodom sitzt. Bei ihrem Anblick geht er den beiden Fremden entgegen. Sein spontanes Angebot großzügiger Gastlichkeit erinnert an Abraham (Gen 18,1-15) und wie dieser erweist er den Ankommenden die Ehre tiefer Verneigung. Auf sein Drängen hin kehren die beiden schließlich bei ihm ein. Als es sich in der Stadt herumgesprochen hat, dass die zwei Fremden bei Lot übernachten, kommen alle Männer der Stadt, jung und alt und umringen das Haus Lots. Sie verlangen von ihm, die beiden Fremden herauszugeben, um sich an seinen Gästen zu vergreifen. In einer für uns nicht nachvollziehbaren Weise verteidigt Lot das geheiligte Gastrecht. Die Szene will vor allem anschaulich machen, wie verkommen die Leute von Sodom sind, wie gerecht die Strafe ist, die Jahwe über sie verhängt hat.

Als die Männer von Sodom das Angebot Lots ablehnen und gewalttätig werden, greifen die beiden Boten ein. Sie schützen Lot und machen alle, die sich um Lots Haus zusammengerottet haben, orientierungslos, sodass sie den Eingang nicht mehr finden können. Dann erkundigen sie sich, ob ihr Gastgeber noch Angehörige in der Stadt hat, die in Sicherheit gebracht werden müssen, „denn wir werden diesen Ort vernichten... Jahwe hat uns gesandt, die Stadt zu vernichten“ (V. 13). Lot hat noch zwei „versprochene“ Schwiegersöhne, die aber seine

Aufforderung, die Stadt umgehend zu verlassen, für einen Scherz halten. Sie gleichen Menschen, die in ihrer mangelnden Sensibilität die Zeichen der Zeit nicht verstehen und von den Folgen ihres Leichtsinns überrascht werden.

2. *Gen 19,15-26*: Jetzt gibt es keine Zeit mehr zu verlieren: „Als aber die Morgenröte heraufzog, drängen die Boten den Lot zur Eile". Aber er zaudert noch. Was hält Lot zurück? In großartiger Dramaturgie werden die einzelnen Episoden bis zum Eintreten der Katastrophe geschildert. Die Boten fassen Lot, seine Frau und ihre beiden Töchter bei der Hand und lassen sie erst draußen vor der Stadt wieder los.

Im Folgenden wird durch das direkte und persönliche Sprechen und Handeln Jahwes die theologische Bedeutung der Rettung Lots noch stärker hervorgehoben. Jahwe fordert Lot und die Seinen auf: „Rette dein Leben! Schau nicht hinter dich und bleibe im ganzen Umkreis nicht stehen! Rette dich ins Gebirge hinauf, damit du nicht hinweggerafft wirst!" (V. 17). Doch vor dieser Zumutung ins Gebirge zu fliehen, schreckt er zurück. Er bekommt Angst, den weiten Weg nicht mehr zu schaffen und unterwegs vom Verderben eingeholt zu werden. Jahwe gewährt ihm die Bitte, sich in die nahe gelegene kleine Stadt Zoar zu retten.

Als Lot bei Sonnenaufgang in Zoar ankommt, bricht das Verderben über Sodom und Gomorrha herein und vernichtet die ganze Gegend mit allem, was da lebt und wächst. Lots Frau aber blickte sich hinter ihm um und wurde zur Salzsäule. Diese kurze Notiz will möglicherweise das ganze Grauen des Untergangs auf indirekte Weise zu Gesicht bringen.

3. *Gen 19,27-29*: Die ganze Sodomgeschichte wird abschließend noch mit der Erzählung von Gen 18,17ff in Verbindung gebracht. Der Erzähler führt uns zurück zu Abraham, den das Gespräch mit Jahwe unruhig gelassen hat. Als er am Morgen zu dem Ort zurückgehrt, an dem er vor dem Angesicht Jahwes gestanden hatte und nach dem ganzen Land in Richtung Sodom und Gomorrha Ausschau hält, „siehe, Rauch stieg auf von der Erde auf wie der Rauch eines Schmelzofens" (V. 28) ...

Die Zusammenfassung des ganzen Geschehens in V. 29 entstammt vermutlich der priesterschriftlichen Quelle. Sie will abschließend „nur die göttlichen Fakten als solche markieren“ (G. v. Rad). Jahwe ist sowohl im Haupt- wie im Nebensatz Subjekt.

Welche Orientierung kann die Lotgeschichte unserem Glauben heute geben? Der Text verwendet Symbole und Motive, die tief in unserem Menschsein verwurzelt sind. Sie können die psychologischen Bedingungen aufzeigen, wie ich als ganzer Mensch mit meinen bewussten und unbewussten Anteilen vom Geheimnis Gottes berührt und „gerettet“ werde.

Lot war einst mit Abraham aufgebrochen (Gen 12,4). Als sie sich dann in einem längeren Prozess voneinander trennen mussten, um die innere Verbundenheit nicht zu zerstören (Gen 13,1-11), zog Lot ins Jordantal und wurde Schutzbürger in Sodom. Es sieht so aus, als sei er dort nicht recht heimisch geworden und als habe sein Leben alle Vision verloren. Irgendwie sitzt er am Stadttor von Sodom fest und wartet auf Veränderung. Richtungsänderungen in unserem Leben bahnen sich oft allmählich an. Wir spüren von innen her, dass wir uns auf eine Grenze zu bewegen. Das erhöht oft die Aufmerksamkeit, die Sensibilität für einen Anstoß von außen. Kein Wunder, dass gerade Lot es ist, der auf die beiden Fremden zugeht und sie zu sich einlädt. Er scheint in diesen Unbekannten die Boten seiner Veränderung zu ahnen.

Sobald sich aber Veränderungen ankündigen, treten Gegner auf den Plan, um den Status quo unter allen Umständen zu halten. Hier umstellen sie in großer Zahl das (Lebens-)Haus Lots, um der Boten, Symbole für die anstehende Veränderung, habhaft zu werden und sie zu vergewaltigen. Lot steht zwischen den Fronten. Einerseits möchte er es mit den Einwohnern nicht verderben, hier nennt er sie noch „Brüder“ (V. 7), andererseits spürt er, dass sein Leben in eine andere Richtung drängt. In diesem Hin- und Hergerissensein zwischen den Brüdern der bisherigen Lebensweise und den Boten der Veränderung verfällt er auf einen fürchterlichen Kompromiss und ist bereit, seine schwächsten Anteile zu opfern.

In diesem Augenblick werden die Boten initiativ. Die nach Veränderung drängenden Kräfte machen mobil und lassen allen Widerstand ins Leere laufen. Seltsam: Obwohl Lot weiß, dass der Ort, an dem er lebt, keine Zukunft mehr hat (V. 13), findet er selbst nicht die Kraft, ihn zu verlassen. Er zögert. Vielleicht liegt das daran, dass er nicht weiß, wo er hingehört. Zu Abraham kann er nicht zurück. Ohne Vision ist es schwer, aufzubrechen, auch wenn alles Bisherige definitiv zu Ende ist. Um den Kairos nicht zu verpassen, ergreifen die Boten Jahwes seine Hand und bringen ihn aus der unmittelbaren Gefahrenzone. Oft kommen die Kräfte zum Aufbruch durch Anstöße von außen. Jahwe überfordert Lot nicht. Er geht mit seiner Kraftlosigkeit behutsam und konsequent um. Er gewährt ihm auch ein erstes Nahziel als vorläufige Bleibe. Die Flucht hinauf ins Gebirge ist ihm zu „steil". Es braucht Zeit, um das Vergangene zu bewältigen und die Veränderung zu verkraften.

Unter psychologischer Rücksicht kann die kurze Notiz, dass Lots Frau zurückschaut und dabei zur Salzsäule wurde, vielleicht darauf hindeuten, dass uns nur erstarrtes, nicht mehr wirkliches Leben bleibt, wenn wir Vergangenes festhalten wollen. Wer die Veränderung nicht will, der will auch nicht das Leben.

Die Nachkommen Lots: Gen 19,30-38

19[30] Lot aber zog von Zoar hinauf und wohnte im Gebirge, *er* und seine beiden Töchter mit ihm; denn er fürchtete sich in Zoar zu wohnen.
Und er wohnte in einer Höhle, er und seine beiden Töchter. [31] Und die
Erstgeborene sprach zu der Jüngeren: Unser Vater ist alt, und es gibt
keinen Mann im Land, der zu uns eingehen könnte nach der Weise aller
Welt. [32] Komm, lass uns unserem Vater Wein zu trinken geben und bei
ihm liegen, damit wir von unserem Vater Nachkommenschaft am Leben
erhalten! [33] Und sie gaben ihrem Vater in jener Nacht Wein zu trinken,
und die Erstgeborene ging hinein und legte sich zu ihrem Vater; er aber
merkte weder *etwas* von ihrem Niederlegen noch von ihrem Aufstehen. [34] Und es geschah am Morgen, da sprach die Erstgeborene zu der
Jüngeren: Siehe, ich habe mich gestern abend zu meinem Vater gelegt.
Lass uns ihm auch diese Nacht Wein zu trinken geben, dann geh hinein, liege bei ihm, damit wir von unserem Vater Nachkommenschaft am
Leben erhalten! [35] Da gaben sie auch in dieser Nacht ihrem Vater Wein
zu trinken, und die Jüngere stand auf und lag bei ihm; und er merkte
weder etwas von ihrem Niederlegen noch von ihrem Aufstehen. [36] Und
die beiden Töchter Lots wurden von ihrem Vater schwanger. [37] Und die
Erstgeborene gebar einen Sohn, und sie gab ihm den Namen Moab; der
ist der Vater der Moabiter bis auf diesen Tag. [38] Und die Jüngere, auch
sie gebar einen Sohn, und sie gab ihm den Namen Ben-Ammi. Der ist
der Vater der Söhne Ammon bis auf diesen Tag.

Der mit 19,1 wieder aufgenommene Erzählfaden des Abraham-Lot-Zyklus findet mit dieser Geschichte ein Ende. Inhaltlich geht es hier um den Ursprung zweier Nachbarvölker, Moab und Ammon, mit denen Israel sich „irgendwie" verwandt weiß, von denen es sich aber deutlich abgrenzt: „Kein Ammoniter oder Moabiter darf in die Jahwegemeinde eintreten. Niemals, auch noch nicht in der zehnten Generation dürfen sie in die Jahwegemeinde eintreten" (Dtn 23,4). Dort wird es mit dem feindseligen Verhalten dieser Völker bei der Einwanderung Israels begründet, hier scheint ein Empfinden der Unreinheit von ihren Anfängen her mitzuschwingen, aber es wird kein Urteil über die Vorgänge ausgesprochen.

Lot ist nicht in Zoar geblieben. Er hat sich dort nicht sicher gefühlt. Mit seinen beiden Töchtern zieht er hinauf ins Gebirge und nimmt in „der" Höhle Wohnung. Der Erzähler zeichnet von Lot insgesamt ein Charakterbild von großer innerer Einheit. Obwohl er auf seinem Weg von den Anfängen bis Zoar von Gottes Hand gehalten ist, scheint er irgendwie aus der Heilsgeschichte auszusteigen. Während er einst das sesshafte Leben eines Stadtbewohners wählte, schließlich in einer Höhle endet und dort im Rausch den vitalen Kräften erliegt, bleibt Abraham in Distanz zu den Gefährdungen einer solchen Lebensweise. Sein Blick ist auf eine andere Zukunft gerichtet. Von Lot ist im Folgenden keine Rede mehr.

Die Gefährdung Saras in Gerar: Gen 20,1-18

20[1] Und Abraham brach von dort auf ins Land des Südens und wohnte zwischen Kadesch und Schur. Als er sich in Gerar als Fremder auf-
hielt, [2] sagte Abraham von seiner Frau Sara: Sie ist meine Schwester.
Da sandte Abimelech, der König von Gerar, hin und ließ Sara holen. [3]
Und Gott kam zu Abimelech im Traum der Nacht und sprach zu ihm:
Siehe, du bist des Todes wegen der Frau, die du genommen hast; denn
sie ist eine verheiratete Frau. [4] Abimelech aber hatte sich ihr nicht ge-
naht; und er sprach: Herr, willst du denn ein gerechtes Volk erschlagen? [5] Hat er nicht selbst zu mir gesagt: Sie ist meine Schwester? Und
sie, auch sie selbst hat gesagt: Er ist mein Bruder. In Lauterkeit meines Herzens und in Unschuld meiner Hände habe ich das getan. [6] Da
sprach Gott im Traum zu ihm: Auch ich weiß, dass du in Lauterkeit
deines Herzens dies getan hast, und so habe ich selbst dich auch da-

von abgehalten, gegen mich zu sündigen; darum habe ich dir nicht gestattet, sie zu berühren. [7] Und nun, gib die Frau des Mannes zurück! Denn er ist ein Prophet und wird für dich bitten, dass du am Leben bleibst! Wenn du sie aber nicht zurückgibst, so wisse, dass du sterben musst, du und alles, was zu dir gehört. [8] Und Abimelech stand früh am Morgen auf und rief alle seine Knechte und redete alle diese Worte vor ihren Ohren; da fürchteten sich die Männer sehr. [9] Und Abimelech rief Abraham und sagte zu ihm: Was hast du uns angetan! Und was habe ich an dir gesündigt, dass du über mich und über mein Königreich eine so große Sünde gebracht hast? Dinge, die nicht getan werden dürfen, hast du mir angetan. [10] Und Abimelech sagte zu Abraham: Was hast du damit beabsichtigt, dass du dies getan hast? [11] Und Abraham sprach: Weil ich mir sagte: Gewiss gibt es keine Gottesfurcht an diesem Ort, und sie werden mich erschlagen um meiner Frau willen. [12] Und sie ist auch wirklich meine Schwester; die Tochter meines Vaters ist sie, nur nicht die Tochter meiner Mutter; so ist sie meine Frau geworden. [13] Und es geschah, als Gott mich aus meines Vaters Haus ziehen und umherirren ließ, da sagte ich zu ihr: Das sei deine Gefälligkeit, die du mir erweisen mögest: An jedem Ort, wohin wir kommen, sage von mir: Er ist mein Bruder! [14] Da nahm Abimelech Schafe und Rinder und Knechte und Mägde und gab sie dem Abraham; und auch Sara, seine Frau, gab er ihm zurück. [15] Und Abimelech sagte: Siehe, mein Land liegt vor dir; wohne, wo es gut ist in deinen Augen! [16] Und zu Sara sagte er: Siehe, ich habe deinem Bruder tausend Silberschekel gegeben; siehe, das sei zu deinen Gunsten eine Augendecke für alle, die bei dir sind, und du bist in allem gerechtfertigt. [17] Und Abraham betete zu Gott; und Gott heilte Abimelech und seine Frau und seine Mägde, so dass sie wieder Kinder gebaren. [18] Denn der HERR hatte jeden Mutterleib dem Haus Abimelech vollständig verschlossen um Saras willen, der Frau Abrahams.

Dieser Text ist eine Parallele zu der Erzählung von der Gefährdung der Ahnfrau in Gen 12,10-20. Trotz der formalen und inhaltlichen Unterschiede handelt es sich hier um eine ganz ähnliche Geschichte. Der Redaktion wird es einige Schwierigkeiten bereitet haben, diese Episode im Abraham-Sara-Zyklus unterzubringen, zumal Ähnliches schon berichtet war. Gen 17 hatte Sara bereits als 90jährige geschildert und Gen 18 als eine Frau, die schon verbraucht („morsch") war. Zudem war an beiden Stellen die Geburt eines Sohnes binnen Jahresfrist angekündigt. Nach dem Kontext müsste sich unsere Geschichte eigentlich während der Zeit dieser Schwangerschaft abgespielt haben. Der Stadtkönig von Gerar wird keine Frau in seinen Harem geholt haben, die ihre Blütezeit schon hinter sich hat.

In der Einleitung dieses Kapitels wird gesagt, dass Abraham ins Südland zog, die folgende Schilderung setzt aber voraus, dass Abraham bereits in Gerar wohnt. Was also hat die Redaktion veranlasst, diese Geschichte einzufügen und die genannten Unebenheiten in Kauf zu nehmen?

Die Heraushebung Abrahams als des prophetischen Gottesmannes bringt einen neuen Akzent in die Abrahamgeschichte. Als von Gott (Elohim) bevollmächtigter Fürbitter soll er sich für den in Not geratenen fremden König einsetzen. In eigenartigem Kontrast zu der herausgehobenen Stellung fällt seine Verteidigung vor Abimelech eher matt aus. Er muss sich in seiner verständlichen Angst vor dem Heiden an Gottesfurcht übertreffen und von seiner Großmut beschämen lassen. Abimelech vermeidet jede Bloßstellung seines Schutzbürgers und tut alles, um Abrahams und Saras Ehrenhaftigkeit jeden Zweifel zu nehmen: Die „Augendecke" für Sara „bewirkt, dass die kritischen Augen der anderen bedeckt werden, dass sie nichts Missfälliges an Sara erblicken können. Auch dass er Abraham den „Bruder" nennt, ist offenbar rechtsverbindlich und offiziell gesprochen" (G. v. Rad).

Wir müssen uns daran gewöhnen, dass Menschen, die Gott in einer besonderen Weise begnadet, nichts von ihrer Brüchigkeit und Abgründigkeit verlieren. Dass der Heide Abimelech zudem noch von Gott eines persönlichen Gesprächs gewürdigt wird und von ihm erfährt, wie er sich aus seiner unheilvollen Lage befreien kann, mag selbst für die Adressaten unseres Erzählers als kühn empfunden worden sein. So ist neben der besonderen Stellung Abrahams als von Gott ermächtigten Fürbitters das positive Interesse an dem kanaanitischen König und seiner Gottesbeziehung neu in den Strom der Abraham-Sara-Erzählungen eingeflossen.

Isaaks Geburt – Hagars und Ismaels Vertreibung: Gen 21,1-21

21[1] Und der HERR suchte Sara heim, wie er gesagt hatte, und der HERR
tat an Sara, wie er geredet hatte. [2] Und Sara wurde schwanger und gebar dem Abraham einen Sohn in seinem Alter, zu der bestimmten Zeit,
die Gott ihm gesagt hatte. [3] Und Abraham gab seinem Sohn, der ihm

geboren worden war, den Sara ihm geboren hatte, den Namen Isaak. 4 Und Abraham beschnitt seinen Sohn Isaak, als er acht Tage alt war, wie Gott ihm geboten hatte. 5 Abraham aber war hundert Jahre alt, als ihm sein Sohn Isaak geboren wurde. 6 Und Sara sagte: Gott hat mir ein Lachen bereitet; jeder, der es hört, wird mir zulachen. 7 Und sie sagte: Wer hätte je dem Abraham verkündet: Sara stillt einen Sohn! Denn ich habe ihm in seinem Alter einen Sohn geboren.

8 Und das Kind wuchs und wurde entwöhnt; und an dem Tag, als Isaak entwöhnt wurde, bereitete Abraham ein großes Mahl. 9 Und Sara sah den Sohn der Ägypterin Hagar, den diese dem Abraham geboren hatte, scherzen. 10 Da sagte sie zu Abraham: Vertreibe diese Magd und ihren Sohn, denn der Sohn dieser Magd soll nicht mit meinem Sohn Erbe werden, mit Isaak! 11 Und dieses Wort war sehr übel in Abrahams Augen um seines Sohnes willen. 12 Aber Gott sprach zu Abraham: Lass es nicht übel sein in deinen Augen wegen des Jungen und wegen deiner Magd; in allem, was Sara zu dir sagt, höre auf ihre Stimme! Denn nach Isaak soll dir die Nachkommenschaft genannt werden. 13 Doch auch den Sohn der Magd werde ich zu einem Volk machen, weil er dein Nachkomme ist.

14 Und Abraham machte sich früh am Morgen auf, und er nahm Brot und einen Schlauch Wasser und gab es der Hagar, legte es auf ihre Schulter und gab ihr das Kind und schickte sie fort. Da ging sie hin und irrte in der Wüste von Beerscheba umher. 15 Als aber das Wasser im Schlauch zu Ende war, warf sie das Kind unter einen der Sträucher; 16 und sie ging und setzte sich gegenüber hin, einen Bogenschuss weit entfernt, denn sie sagte sich: Ich kann das Sterben des Kindes nicht ansehen. So setzte sie sich gegenüber hin, erhob ihre Stimme und weinte. 17 Gott aber hörte die Stimme des Jungen. Da rief der Engel Gottes der Hagar vom Himmel zu und sprach zu ihr: Was ist dir, Hagar? Fürchte dich nicht! Denn Gott hat auf die Stimme des Jungen gehört, dort wo er ist. 18 Steh auf, nimm den Jungen, und fasse ihn mit deiner Hand! Denn ich will ihn zu einem großen Volk machen. 19 Und Gott öffnete ihre Augen, und sie sah einen Wasserbrunnen; da ging sie hin und füllte den Schlauch mit Wasser und gab dem Jungen zu trinken. 20 Gott aber war mit dem Jungen, und er wurde groß und wohnte in der Wüste; und er wurde ein Bogenschütze. 21 Und er wohnte in der Wüste Paran, und seine Mutter nahm ihm eine Frau aus dem Land Ägypten.

1. *Gen 21,1-7*: Endlich geht die Verheißung eines Sohnes in Erfüllung. „Sara wurde schwanger und gebar dem Abraham einen Sohn" (V. 2), wie Jahwe es angekündigt und gegen allen Zweifel bekräftigt hatte (Gen 18,10 und 14). Was seit Gen 11,30 noch vor der Berufung Abrahams als Spannung allen bisherigen Erzählungen zugrunde lag, kommt hier an sein Ziel. Saras Kinderlosigkeit findet in der Geburt des Verheißungserben ihre schmerzlich ersehnte und schließlich nicht mehr für möglich gehaltene Erfüllung. Ihre Freude darüber ist zum Leitmotiv dieser Geschichte geworden und die Erzähler haben es in Anspielung auf den Namen Isaak (er lacht) in verschiedener Richtung variiert: „Ein Lachen hat mir Gott bereitet" und „jeder, der es hört, lacht mir zu", d.h. freut sich mit mir. Es gibt Momente, wo Menschen in den Bann einer überwältigenden Glückserfahrung gezogen werden und teilnehmen an der Freude eines anderen; ein Moment, wo die eigene Freude auf andere übergeht und eine Verbundenheit entsteht, die alle Abgrenzung zwischen Menschen aufhebt – wenigstens vorübergehend. Die späteren Ergänzungen über Namensgebung und Beschneidung des Kindes sowie über das Alter Abrahams unterstreichen das besondere Gewicht dieses Ereignisses.

2. *Gen 21,8-13*: Als Isaak heranwächst und den ersten besonders gefährdeten Lebensabschnitt bis zur Entwöhnung überstanden hat, feiert Abraham diesen bedeutsamen Vorgang mit einem großen Fest. Nun konnte man erwarten, dass das Kind am Leben bleibt. Von der Freude dieses Festes wird die Aufmerksamkeit wieder auf Sara gelenkt, auf jenen Moment, da ihr Blick auf „den Sohn der Ägypterin Hagar" fällt, wie er mit ihrem Sohn Isaak spielt. Dieses friedliche Bild löst bei Sara alte Ängste aus. Sie fürchtet, der ältere Ismael könne dem Jüngeren einmal zum Rivalen werden. Diese alten Ängste überdauern oft die Stunden des Glücks und der Erfüllung. Sie sind oft stärker als der Glaube, dass Gott mit uns geht und wir dazu bestimmt sind, anderen zum Segen zu werden.

In dieser frühen Gesellschaftsform hatte eine Frau nur eine Zukunft in ihrem Sohn. Der Sohn Hagars stellt für Isaak und damit für sie selbst insofern eine Bedrohung dar, als er auch Abrahams Sohn ist und als Erstgeborener Anrecht auf das Erbe hat. Für Sara zeichnet sich ein neuer Existenzkampf ab und deshalb verlangt sie von Abraham, „diese

Magd und ihrem Sohn" fortzujagen. Es gibt für sie keine Alternative. Vermutlich verbirgt sich hinter dieser knappen Schilderung eine längere harte Auseinandersetzung zwischen den beiden Eheleuten. Durch die Geburt ihres Sohnes hat sich die Position Saras gegenüber ihrer Magd noch wesentlich verstärkt. Doch diesmal weigert sich Abraham, der Forderung seiner Frau nachzukommen. Er bringt es nicht übers Herz, sich von seinem Erstgeborenen und dessen Mutter zu trennen. Erst auf Gottes ausdrückliche Weisung und unter großem inneren Widerstreben nimmt er Abschied von seinem Sohn Ismael und schickt ihn mit seiner Mutter buchstäblich in die Wüste. Wieder muss er sich unter Schmerzen und großer Trauer von liebgewordenen Menschen lösen, um ganz seiner Berufung zu leben. Es sieht so aus, als wolle Gott ihn mit dieser endgültigen Trennung auf die große Tat seines Lebens vorbereiten – ein „Signal", dass die entscheidende Tat auf der „großen Reise" seines Lebens noch aussteht.

Diese Trennung wird für Abraham erst möglich, als Jahwe ihm auch eine Perspektive für die Zukunft seines Erstgeborenen eröffnet. Erst aus der Gewissheit, dass Jahwe „auch für Hagar und Ismael in der Wüste Oasen stiftet" (G. v. Rad), kann er diesen grausam anmutenden Schritt tun. Jahwe wiederholt hier seine Verheißung für Ismael (Gen 16,10).

3. *Gen 21,14-21*: Deutlicher als viele Worte sprechen die schweigenden Vorbereitungen am Morgen des Abschieds. Hagar wird mit dem notwendigen Proviant versorgt und ohne Schutz in die Verbannung geschickt. Es ist ein Abschied ohne Wiederkehr von der Abrahamsippe, mit der sie seit deren Aufenthalt in Ägypten unterwegs war. Sie verirrt sich in der Wüste bis sie, den nahen Tod ihres Kindes vor Augen, auch ihr Ende erwartet. Die qualvollen Stunden des Umherirrens und der Erschöpfung – allein in wegloser Wüste, werden nur angedeutet. Vielleicht will die alte Geschichte sagen, dass Härte und Grausamkeit unter Menschen nicht aufhören, dass aber Gott das Elend der Ausgestoßenen nicht übersieht und auf das Weinen des verdurstenden Kindes hört. Wieder ist es die ägyptische Sklavin, der sich Jahwe offenbart und ihr die Augen für ihre Zukunft ebenso öffnet wie für das unmittelbare Überleben. Auch hier bringt sich Jahwe mit der Zusage, Ismael zu einem großen Volk zu machen, wieder in Erinnerung. Damit löst sich die Spannung und die Erzählung geht über in einen stetigen Fluss.

Hagar und Ismael stehen im Segen Jahwes. Die Wüste hat für sie ihre lebensgefährliche Bedrohung verloren. Sie wird ihnen zum Lebensraum. Als Ismael herangewachsen ist, *nimmt* Hagar ihrem Sohn eine Frau, d.h. sie nimmt hier die Rolle des Familienältesten wahr. Sie „nahm …“, Jahwe nahm, Terach nahm, Abraham nahm, Sara nahm und jetzt: Hagar nahm. Sie ist und handelt souverän.

Es ist schon erstaunlich, mit wie viel Wertschätzung und Einfühlungsvermögen das Schicksal Hagars in dieser Geschichte als Teil des Abraham-Sara-Zyklus erzählt wird. Offenbar soll denen, die diese Erzählung hören, deutlich gemacht werden, dass Jahwe zu den Ausgestoßenen hält.

Der Vertrag Abimelechs mit Abraham in Beerscheba: Gen 21,22-34

21[22] Und es geschah zu dieser Zeit, da sagten Abimelech und Pichol, sein Heeroberster, zu Abraham: Gott ist mit dir in allem, was du tust. [23] So schwöre mir nun hier bei Gott, dass du weder an mir noch an meinen Nachkommen noch an meinen Nachfahren betrügerisch handeln wirst! Das gleiche Wohlwollen, das ich dir erwiesen habe, sollst mir erweisen und dem Land, in dem du dich als Fremdling aufhältst. [24] Da sprach Abraham: Ich will schwören. [25] Abraham aber stellte Abimelech zur Rede wegen eines Wasserbrunnens, den Abimelechs Knechte mit Gewalt weggenommen hatten. [26] Da sagte Abimelech: Ich weiß nicht, wer das getan hat; weder hast du es mir berichtet, noch habe ich davon gehört, außer heute. [27] Da nahm Abraham Schafe und Rinder und gab sie Abimelech, und die beiden schlossen einen Bund. [28] Und Abraham stellte sieben Schaflämmer der Herde beiseite. [29] Da sagte Abimelech zu Abraham: Was sollen diese sieben Schaflämmer, die du beiseite gestellt hast? [30] Und er sagte: Die sieben Schaflämmer sollst du von meiner Hand annehmen, damit mir das zum Zeugnis sei, dass ich diesen Brunnen gegraben habe. [31] Daher nennt man diesen Ort Beerscheba, weil sie beide dort geschworen hatten. [32] So schlossen sie einen Bund in Beerscheba. Dann machten Abimelech und sein Heeroberster Pichol sich auf und kehrten in das Land der Philister zurück. [33] Und Abraham pflanzte eine Tamariske in Beerscheba und rief dort den Namen des HERRN, des ewigen Gottes, an. [34] Und Abraham hielt sich noch lange Zeit als Fremdling im Land der Philister auf.

Die Begegnung zwischen Abimelech und Abraham beginnt mit der Feststellung des Königs: „Gott ist mit dir in allem, was du tust!“ Doch dann fährt er fort: „so schwöre mir nun hier bei Gott, dass du weder an mir, noch an meinen Nachkommen, noch an meinen Nachfahren betrügerisch handeln wirst. Das gleiche Wohlwollen (Huld), das ich dir erwiesen habe, sollst du mir erweisen und dem Land, in dem du dich als Fremdling aufhältst“ (V. 23). Das Ganze bekommt noch eine besondere offizielle Note dadurch, dass der König in Begleitung seines Oberbefehlshabers auftritt. Nach allem, was wir bisher über das gute Verhältnis zwischen Abraham und Abimelech gehört haben, überrascht es, dass der König plötzlich das gute Einvernehmen mit einem Schwur ausdrücklich bekräftigt haben möchte. Was ist sein Motiv? Normalerweise stimmt etwas nicht, wenn sog. gute Beziehungen ausdrücklich und offiziell beschworen werden (müssen).

Abraham ist bereit, auf das Verlangen Abimelechs einzugehen und das gegenseitige Verhältnis auf Zukunft hin durch einen Eid zu festigen. Doch dann überrascht es wieder, dass er *vor* seinem Schwur Abimelech damit konfrontiert, dass die Knechte des Königs seinen Brunnen mit Gewalt genommen haben. Der Streit um das Recht an Wasserbrunnen ist ein Motiv, das bis in archaische Zeiten zurückreicht und sich in Kap. 26 mit Isaak wiederholt. Abraham will den Besitz des Brunnens eindeutig geklärt haben. Es scheint also auf beiden Seiten an dem guten Einvernehmen etwas nicht zu stimmen. Unser Erzähler zeigt aber ein Interesse, die Störungen auf der „unteren Ebene“ zu belassen. Es waren „nur“ die Knechte Abimelechs, die den Brunnenstreit ausgelöst haben. So schließen beide Partner einen Bund. Mit denselben Worten wird das noch einmal wiederholt (V. 27 und 32) und in Beerscheba lokalisiert.

Unsere Erzählung scheint vor allem das Anliegen zu haben, Abraham als einen Mann, „mit dem Gott ist“, von einem fremden Herrscher ausdrücklich bestätigt zu sehen. Doch das hohe Ansehen, das er beim König von Gerar genießt, beruht nicht auf besonderen Eigenschaften oder Tugenden, sondern auf der Nähe, die Gott zu ihm hat und ihn so zum Segen werden lässt für *die* Menschen, die sich seinem Segen öffnen.

Nicht zu übersehen ist die Schlussbemerkung, dass Abraham sich „noch lange Zeit als Fremdling im Land der Philister“ aufhält. Die Zeit, da Jahwe ihn aus seines Vaters Haus weg „ins Ungewisse führte“ (Gen 21,13) ist noch nicht zu Ende. Die folgende Geschichte wird zeigen, bis in welche Abgründe diese Ungewissheit führen kann.

Die Erprobung Abrahams: Gen 22,1-19

22 1 Und es geschah nach diesen Dingen, da prüfte Gott den Abraham.
Und er sprach zu ihm: Abraham! Und er sagte: Hier bin ich! 2 Und er
sprach: Nimm deinen Sohn, deinen einzigen, den du lieb hast, den
Isaak, und geh in das Land Morija, und bring ihn dort als Brandopfer
dar auf einem der Berge, den ich dir nennen werde! 3 Früh am Morgen
stand Abraham auf, sattelte seinen Esel und nahm seine beiden Knechte mit sich und seinen Sohn Isaak. Er spaltete Holz zum Brandopfer
und machte sich auf und ging an den Ort, den Gott ihm genannt hatte. 4 Am dritten Tag erhob Abraham seine Augen und sah den Ort von
ferne. 5 Da sagte Abraham zu seinen Knechten: Bleibt ihr mit dem Esel
hier! Ich aber und der Junge wollen dorthin gehen und anbeten und
zu euch zurückkehren. 6 Und Abraham nahm das Holz zum Brandopfer und legte es auf seinen Sohn Isaak, und in seine Hand nahm er das
Feuer und das Messer. Und sie gingen beide miteinander. 7 Da sprach
Isaak zu seinem Vater Abraham und sagte: Mein Vater! Und er sprach:
Hier bin ich, mein Sohn. Und er sagte: Siehe, das Feuer und das Holz!
Wo aber ist das Schaf zum Brandopfer? 8 Da sagte Abraham: Gott wird
sich das Schaf zum Brandopfer ersehen, mein Sohn. Und sie gingen
beide miteinander.

9 Und sie kamen an den Ort, den Gott ihm genannt hatte. Und Abraham baute dort den Altar und schichtete das Holz auf. Dann band
er seinen Sohn Isaak und legte ihn auf den Altar oben auf das Holz.
10 Und Abraham streckte seine Hand aus und nahm das Messer, um
seinen Sohn zu schlachten. 11 Da rief ihm der Engel des HERRN vom
Himmel her zu und sprach: Abraham, Abraham! Und er sagte: Hier bin
ich! 12 Und er sprach: Strecke deine Hand nicht aus nach dem Jungen,
und tu ihm nichts! Denn nun habe ich erkannt, dass du Gott fürch-
test, da du deinen Sohn, deinen einzigen, mir nicht vorenthalten hast.
13 Und Abraham erhob seine Augen und sah, und siehe, da war ein
Widder hinten im Gestrüpp an seinen Hörnern festgehalten. Da ging
Abraham hin, nahm den Widder und opferte ihn anstelle seines Sohnes als Brandopfer. 14 Und Abraham gab diesem Ort den Namen «der
HERR wird ersehen», von dem man heute noch sagt: Auf dem Berg des
HERRN wird ersehen. 15 Und der Engel des HERRN rief Abraham ein
zweites Mal vom Himmel her zu 16 und sprach: Ich schwöre bei mir
selbst, spricht der HERR, deshalb, weil du das getan und deinen Sohn,
deinen einzigen, mir nicht vorenthalten hast, 17 darum werde ich dich
reichlich segnen und deine Nachkommen überaus zahlreich machen

wie die Sterne des Himmels und wie der Sand, der am Ufer des Meeres ist; und deine Nachkommenschaft wird das Tor ihrer Feinde in Besitz nehmen. [18] Und in deinem Samen werden sich segnen alle Nationen der Erde dafür, dass du meiner Stimme gehorcht hast. [19] Dann kehrte Abraham zu seinen Knechten zurück, und sie machten sich auf und zogen miteinander nach Beerscheba; und Abraham ließ sich in Beerscheba nieder.

1. *Gen 22,1-8*: Als Höhepunkt auf der „großen Lebensreise" Abrahams wird seine „Erprobung" durch Gott erzählt: Jahwe gebietet ihm in der Nacht:

„Nimm deinen Sohn, deinen einzigen,
den du lieb hast, den Isaak,
und geh in das Land Morija
und bring ihn dort als Brandopfer dar
auf einem der Berge, den ich dir nennen werde"

(Gen 22,2)

Diesmal enthält Gottes Aufforderung für Abraham etwas schlechthin Unbegreifliches und Ungeheuerliches: Isaak, seinen geliebten Sohn, den einzigen Beweis für die Richtigkeit seiner Hoffnung wider alle Hoffnung, soll er Gott durch ein Opfer zurückgeben. Musste Abraham sich vor Beginn der „großen Reise" von seiner ganzen Vergangenheit trennen, so wird jetzt von ihm verlangt, seine ganze Zukunft preiszugeben. Es ist, als sollte wie mit einem Schlag alle Verheißung aus dem Leben Abrahams ausgelöscht werden. Hinter diesen Zeilen verbirgt sich die schmerzliche Erfahrung, dass Gott sich oft zu widersprechen scheint. Es gibt Stunden, da sieht es so aus, als wolle Gott sein von ihm selbst herbeigeführtes Heil wieder aus der Geschichte herausnehmen. Es gibt Augenblicke, in denen Menschen wie Abraham in eine Dunkelheit, in eine Nacht der Sinne geführt werden, ohne ganz sicher zu sein, dass diese Prüfung von Gott kommt.

Und wieder macht Abraham sich auf den Weg – wortlos.
„Frühmorgens stand er auf ...
und machte sich auf zu dem Ort,
den Gott ihm genannt hatte ..."

Der Weg zu dem Berg im Land Morija verlangt von ihm den ganzen Einsatz seiner Person, das totale Sich-Verlassen auf Gott. Es geht um alles, was die Existenz Abrahams ausmacht. Der äußere Weg ist ein Bild für den inneren Weg in das Geheimnis seines Lebensgehorsams.

Er glaubt an Gott gegen Gott. Er macht sich in ihm fest, auch wenn Erfahrung und Denken nichts als Enttäuschung, Leere und Sinnlosigkeit zurücklassen. Über seine inneren Bewegungen bei den Vorbereitungen für diese Reise schweigt der Text ebenso beharrlich wie bei dem langen Weg ins Land Morija. Gefühle werden auch hier „nur" andeutungsweise dargestellt. Das Schweigen wird nur einmal kurz unterbrochen, als Abraham und Isaak allein sich dem Ort nähern, den Gott ihnen genannt hatte: In Isaak steigt die Frage auf, wo das Tier für das Opfer sei. Abrahams Antwort drückt schon *die ganze Wahrheit der Geschichte* aus: „Gott wird sich das Lamm zum Brandopfer ersehen." Vielleicht ist ihm die Wahrheit, die er ausspricht, noch gar nicht bewusst. Vielleicht glaubt er nicht an das, was er sagt. Vielleicht erhofft er im Geheimen, dass sich erfüllt, was er ausspricht. Nach diesem kurzen Dialog wird das Schweigen immer schwerer und bedrückender, bis die Spannung unerträglich wird. Nicht nur die Länge des Weges, auch die Länge der Zeit lässt die Einsamkeit, die Dunkelheit, die Nacht der Sinne, in die Abraham geführt wird, deutlich miterleben.

Drei Tage ist Abraham unterwegs. Als er den Berg sieht, den der Herr ihm zeigen wollte, trennt er sich von seinen Begleitern und beginnt den Aufstieg allein mit seinem Sohn Isaak. Mit großem Einfühlungsvermögen handhabt der Erzähler jene hohe Kunst indirekter Andeutung von dem, was im Innern der beiden vor sich geht und lässt so dem Leser und Hörer viel Raum, die „große Tat" Abrahams mitzuerleben.

2. *Gen 22,9-19*: Die „große Tat" ist sehr konkret. Mit schrecklicher Genauigkeit werden die Einzelheiten geschildert. Aber das Entscheidende ist, dass sich Abraham bis in die letzten Vorbereitungen seiner Tat eine wache Sensibilität, eine Offenheit und Verfügbarkeit für Gottes Dasein bewahrt. Nur so konnte er im letzten Augenblick die Stimme des Engels vernehmen. Erst an dieser äußersten Grenze, als er mit höchster Aufmerksamkeit („Hier bin ich!") ohne Rück-sicht und ohne Vor-sicht zum Letzten bereit ist, erfährt er, dass Jahwe sich sehen lässt und er seinen Sohn als „reines Geschenk" zurückerhält.

Abraham gibt diesem Ort einen Namen, in dem das zum Ausdruck kommt, was er in der dunkelsten Stunde seines Lebens von Gott erfahren hat: „Jahwe wird sich ersehen." Sein Sohn, sein einziger, ist gerettet. Die Bewegung, die von Jahwe ihren Ausgang nahm, kehrt am Ende zu IHM zurück.

Der spätere Zusatz (V. 15-18) wiederholt noch einmal in feierlicher Form die alten Verheißungen auf eine reiche Nachkommenschaft (Gen 12,1 und 15,4-6). Dieses Motiv verbindet alle Abrahamerzählungen.

Die erschütternd neue Erfahrung, die den ganzen Einsatz seiner Person verlangte, muss integriert werden, und das braucht Zeit. Abraham hat durch seine „große Tat" das Geheimnis seines *Lebensgehorsams* entdeckt. Er ist ein anderer geworden. Die Bereitung des Widderopfers, der Abstand von zuhause, hilft ihm, bei dem zu verweilen, was mit ihm geschehen ist. Elija musste nach der Gottesbegegnung auf dem Berge Horeb allein zurück durch die Wüste – vierzig Tage und vierzig Nächte. Es braucht eine Atmosphäre der Stille und es braucht Zeit, bis eine so umwerfend neue Erfahrung einen Menschen ganz durchdrungen hat.

Erst nach der „Integration" kann das neu Erworbene mit anderen geteilt und ihnen zum Segen werden. Abraham kehrt heim nach Beerscheba und bleibt dort wohnen. Er ist bei einem neuen „Ich-hof" angekommen. Die Geschichte geht weiter ...

Für viele aber bleibt die Gefahr, die neue Erfahrung für sich, allein zum eigenen Vorteil zu gebrauchen und so das „reine Geschenk" wieder zu verlieren.

Von ihrer Entstehung her hat die Erzählung mehrere Schichten und Bedeutungszusammenhänge. Für die biblischen Tradenten wird *Abraham* schließlich zur *Verkörperung des Gottesvolkes im Exil.* Das Exil ist der Ort, wo der Glaube Israels auf die Probe gestellt wird, der Ort, an dem das Gottesvolk in die dunkelste Zeit seiner Geschichte geführt wird und erfährt, dass Jahwe sich sehen lässt. Das Schweigen, das durch die ganze Geschichte hindurch zu spüren ist, deutet darauf hin, dass auch im Exil Menschen unter dem Schweigen (des gütigen) Gottes gelitten haben.

Die Nachkommen Nahors: Gen 22,20-24

22[20] Und es geschah nach diesen Dingen, da wurde dem Abraham berichtet: Siehe, Milka, auch sie hat deinem Bruder Nahor Söhne geboren: [21] Uz, seinen Erstgeborenen, und dessen Bruder Bus und Kemuel, den Vater Arams, [22] und Kesed und Haso und Pildasch und Jidlaf und Betuel. [23] Betuel aber zeugte Rebekka. Diese acht gebar Milka dem Nahor, Abrahams Bruder. [24] Und seine Nebenfrau, namens Rehuma, auch sie gebar, nämlich Tebach und Gaham und Tahasch und Maacha.

Die kurze Nachricht von den Nachkommen Nahors ist zwischen der Erprobung Abrahams in Kap. 22 und dem Tod Saras in Kap. 23 eingefügt. Für einen Moment bringt sie den Anfang der Abrahamsgeschichte (Gen 11,27-29) in Erinnerung. Die Zahl der zwölf Söhne mag einen Hinweis auf die zwölf Söhne Jakobs enthalten (Gen 11,27-29). Die Nachricht von der fernen Verwandtschaft Abrahams erreicht ihn, als er selbst die endgültige Bestätigung seiner Nachkommenschaft von Jahwe erfahren hat. Für den Leser und Hörer ist aber viel bedeutsamer, dass unter der Nachkommenschaft Nahors *Rebekka* genannt wird. Vor dem Tod Saras kommt schon die Frau in den Blick, die als Frau Isaaks die zweite Stammmutter Israels werden sollte. Damit wird das Geschehen von Kap. 24 vorbereitet. Die Geschichte Gottes mit Abraham und seiner unverbrauchten Treue zu den Menschen geht weiter.

Der Tod Saras und der Kauf des Grabgrundstücks: Gen 23,1-20

23[1] Und die Lebenszeit Saras betrug 127 Jahre; das waren die Lebensjahre Saras. [2] Und Sara starb zu Kirjat-Arba, das ist Hebron, im Land Kanaan. Und Abraham ging hin, um über Sara zu klagen und sie zu beweinen. [3] Dann stand Abraham auf und ging weg von seiner Toten und redete zu den Söhnen Het: [4] Ein Fremder und Beisasse bin ich bei euch. Gebt mir ein Erbbegräbnis bei euch, dass ich meine Tote von meinem Angesicht hinwegbringe und begrabe! [5] Da antworteten die Söhne Het dem Abraham und sagten zu ihm: [6] Höre uns an, mein Herr! Du bist ein Fürst Gottes unter uns, begrabe deine Tote in dem auserlesensten unserer Gräber! Keiner von uns wird dir sein Grab verweigern, deine Tote zu begraben. [7] Da erhob sich Abraham und verneigte sich vor dem Volk des Landes, vor den Söhnen Het. [8] Und er redete zu ihnen und sagte: Wenn es euer Wille ist, dass ich meine Tote begrabe von meinem Angesicht hinweg, so hört mich an, und legt Fürsprache für mich ein bei Efron, dem Sohn Zohars, [9] dass er mir die Höhle Machpela gebe, die ihm gehört, die am Ende seines Feldes liegt; zum vollen Kaufpreis gebe er sie mir zu einem Erbbegräbnis in eurer Mitte! [10] Efron aber saß mitten unter den Söhnen Het. Und Efron, der Hetiter, antwortete dem Abraham vor den Ohren der Söhne Het, vor allen, die ins Tor seiner Stadt gekommen waren, und sagte: [11] Nein, mein Herr, höre mir zu! Das Feld schenke ich dir; und die Höhle, die darauf ist, dir schenke ich sie; vor den Augen der Kinder meines Volkes schenke ich sie dir. Begrabe deine Tote! [12] Da verneigte sich Abraham vor dem Volk des Landes; [13] und er redete zu Efron vor den Ohren des Volkes des Landes und sagte: Ach, wenn du doch auf mich hören wolltest! Ich gebe dir den Kaufpreis des Feldes. Nimm ihn von mir an, dass ich meine Tote dort begraben kann! [14] Da antwortete Efron dem Abraham und sagte zu ihm: [15] Mein Herr, höre mich an! Ein Land von vierhundert Schekel Silber, was ist das zwischen mir und dir? So begrabe deine Tote! [16] Und Abraham hörte auf Efron; und Abraham wog dem Efron das Geld dar, von dem er vor den Ohren der Söhne Het geredet hatte, vierhundert Schekel Silber, wie es beim Händler gängig ist. [17] So fiel das Feld Efrons, das bei Machpela gegenüber von Mamre liegt, das Feld und die Höhle, die darauf war, und alle Bäume auf dem Feld innerhalb seiner ganzen Grenze ringsum [18] als Besitz an Abraham vor den Augen der Söhne Het, vor allen, die ins Tor seiner Stadt gekommen waren. [19] Und danach begrub Abraham seine Frau Sara in der Höhle des Feldes von Machpela, gegenüber von Mamre, das ist Hebron, im Land Kanaan. [20] So fiel das Feld und die Höhle, die darauf war, von den Söhnen Het an Abraham als Erbbegräbnis.

Die Stammmutter Israels stirbt in hohem Alter und Abraham hält die Totenklage für seine Frau. Es fällt auf, dass das Klagen und Beweinen nur knapp erwähnt wird. Offenbar liegt das Interesse des Erzählers in der Hauptsache auf dem Erwerb der Grabstelle. Die Erzählung wird erst aus der Zeit des Exils verständlich, in der die aus ihrer Heimat Vertriebenen den Begräbnisplatz, an dem ihre Toten ruhen, als eigenen Besitz haben wollten. Das eigentümliche Kaufritual um das Grundstück des Hetiters Ephron mit der Höhle von Machpela, scheint von einer tiefen Hintergründigkeit zu sein. Abraham hat als Fremdling keinen Rechtsanspruch auf Grundbesitz und kann nur darum bitten, dass ihm als Schutzbürger eine Begräbnismöglichkeit für seine Tote gegeben wird. Er formuliert seine Bitte zunächst ganz allgemein, um herauszufinden, wie geneigt ihm die führenden Leute von Hebron sind. Ihre Antwort ist ebenso großzügig wie allgemein und lässt mit ihrer Anrede als „Gottesfürst" eine gewisse Ehrerbietung erkennen. Abraham wird nun verbindlich und konkret. Er will die Höhle Machpela von Ephron für gutes Geld kaufen. Dieser versichert ihm mit generösen Worten, er wolle ihm auch noch das Feld schenken, auf dem die Höhle steht. Eine solche Großmut verpflichtet natürlich den Käufer. Erst als Abraham sich noch einmal tief vor den Landbesitzern im Tor der Stadt verneigt hat und Ephron mit eindringlichen Worten bittet, ihm das Feld für seinen Preis zu überlassen, nennt dieser beiläufig die Kaufsumme: Es ist ein ungemein überzogener Preis, der vermutlich als Auftakt für das zu erwartende Feilschen gedacht war. Umso mehr überrascht es, dass Abraham die riesige Summe ohne weiteres auf der Stelle ausbezahlt. Es ist dem Erzähler wichtig zu betonen, dass die Verhandlungen und die Besitzübertragung „vor den Ohren" und „vor den Augen" der Grundbesitzer von Hebron geschieht. „Danach begrub Abraham seine Frau Sara in der Höhle des Feldes von Machpela ..." (V. 19).

Dass Abraham seine tote Frau im Lande Kanaan nicht in fremdem Grund und Boden begraben muss, sondern in einem eigenen Grabbesitz bestatten kann, ist wie ein Vorgriff auf Kommendes. Die Beharrlichkeit, mit der er das Stück Land mit der Höhle ohne Rücksicht auf angemessene Kosten zu erwerben versteht, scheint ein verhülltes Bekenntnis hoffender Zuversicht zu sein. So wird das Grab – sonst ein Symbol von Tod und Vergänglichkeit – hier zu einem Zeichen hoffender Vorwegnahme einer Zukunft, die Gott selbst einlösen wird.

Die Brautwerbung für Isaak: Gen 24,1-67

24 1 Und Abraham war alt, hoch betagt, und der HERR hatte Abraham
in allem gesegnet. 2 Da sagte Abraham zu seinem Knecht, dem Ältesten
seines Hauses, der alles verwaltete, was er hatte: Lege doch deine Hand
unter meine Hüfte! 3 Ich will dich schwören lassen bei dem HERRN, dem
Gott des Himmels und der Erde, dass du meinem Sohn nicht eine Frau
von den Töchtern der Kanaaniter nimmst, in deren Mitte ich wohne. 4
Sondern du sollst in mein Land und zu meiner Verwandtschaft gehen
und dort eine Frau für meinen Sohn, für Isaak, nehmen! 5 Der Knecht
aber sagte zu ihm: Vielleicht wird die Frau mir nicht in dieses Land folgen wollen. Soll ich dann deinen Sohn in das Land zurückbringen, aus

dem du ausgezogen bist? [6] Da sagte Abraham zu ihm: Hüte dich wohl, meinen Sohn dorthin zurückzubringen! [7] Der HERR, der Gott des Himmels, der mich aus dem Haus meines Vaters und aus dem Land meiner Verwandtschaft genommen und der zu mir geredet und der mir dies geschworen hat: Deinen Nachkommen will ich dieses Land geben, der wird seinen Engel vor dir her senden, dass du eine Frau für meinen Sohn von dort holen kannst. [8] Wenn aber die Frau dir nicht folgen will, so bist du frei von diesem Schwur. Nur sollst du meinen Sohn nicht dorthin zurückbringen! [9] Und der Knecht legte seine Hand unter die Hüfte Abrahams, seines Herrn, und schwor ihm in Hinsicht auf dieses Wort.

[10] Dann nahm der Knecht zehn Kamele von den Kamelen seines Herrn und zog hin und nahm allerlei Gut seines Herrn mit sich. Und er machte sich auf und zog nach Aram-Nacharajim, zu der Stadt Nahors. [11] Und er ließ die Kamele nieder knien draußen vor der Stadt am Wasserbrunnen um die Abendzeit, zur Zeit, da die Schöpferinnen herauskommen. [12] Und er sagte: HERR, Gott meines Herrn Abraham, lass es mir doch heute begegnen, und erweise Huld an meinem Herrn Abraham! [13] Siehe, ich stehe an der Wasserquelle, und die Töchter der Leute der Stadt kommen heraus, um Wasser zu schöpfen. [14] Möge es nun geschehen: Das Mädchen, zu dem ich sagen werde: «Neige doch deinen Krug, dass ich trinke!» und das dann sagt: «Trinke! Und auch deine Kamele will ich tränken», das soll es sein, das du für deinen Knecht Isaak bestimmt hast! Und daran werde ich erkennen, dass du an meinem Herrn Gnade erwiesen hast. [15] Und es geschah – er hatte noch nicht ausgeredet – und siehe, da kam Rebekka heraus, die dem Betuel geboren war, dem Sohn der Milka, der Frau Nahors, des Bruders Abrahams; sie trug ihren Krug auf ihrer Schulter. [16] Und das Mädchen war sehr schön von Aussehen, eine Jungfrau, und kein Mann hatte sie erkannt. Sie stieg zur Quelle hinab, füllte ihren Krug und stieg wieder herauf. [17] Da lief ihr der Knecht entgegen und sagte: Lass mich doch ein wenig Wasser aus deinem Krug schlürfen! [18] Und sie sagte: Trinke, mein Herr! Und eilends ließ sie ihren Krug auf ihre Hand herunter und gab ihm zu trinken. [19] Und als sie ihm genug zu trinken gegeben hatte, sagte sie: Auch für deine Kamele will ich schöpfen, bis sie genug getrunken haben. [20] Und sie eilte und goss ihren Krug aus in die Tränkrinne, lief noch einmal zum Brunnen, um zu schöpfen, und schöpfte so für alle seine Kamele. [21] Der Mann aber sah ihr zu, schweigend, um zu erkennen, ob der HERR seine Reise würde gelingen lassen oder nicht. [22] Und es geschah, als die Kamele genug getrunken hatten, da nahm der Mann einen goldenen Ring, ein halber Schekel sein Gewicht, und zwei Spangen

für ihre Handgelenke, zehn Schekel Gold ihr Gewicht; [23] und er sagte:
Wessen Tochter bist du? Sage es mir doch! Gibt es im Haus deines Vaters Platz für uns zu übernachten? [24] Da sagte sie zu ihm: Ich bin die
Tochter Betuels, des Sohnes der Milka, den sie dem Nahor geboren hat.
[25] Und sie sagte weiter zu ihm: Sowohl Stroh als auch Futter ist bei uns
in Menge, auch Platz zum Übernachten. [26] Da verneigte sich der Mann
und warf sich nieder vor dem HERRN [27] und sprach: Gepriesen sei der
HERR, der Gott meines Herrn Abraham, der seine Gnade und Treue gegenüber meinem Herrn nicht hat aufhören lassen! Mich hat der HERR
den Weg zum Haus der Brüder meines Herrn geführt.

[28] Das Mädchen aber lief und berichtete diese Dinge dem Haus ihrer
Mutter. [29] Nun hatte Rebekka einen Bruder, der hieß Laban. Und Laban
lief zu dem Mann hinaus an die Quelle. [30] Und es geschah, als er den
Ring sah und die Spangen an den Handgelenken seiner Schwester und
als er die Worte seiner Schwester Rebekka hörte, die sagte: «So hat der
Mann zu mir geredet», da kam er zu dem Mann; und siehe, er stand
noch bei den Kamelen an der Quelle. [31] Und er sprach: Komm herein,
du Gesegneter des HERRN! Warum stehst du draußen? Habe ich doch
schon das Haus aufgeräumt, und auch für die Kamele ist Platz da. [32]
Da kam der Mann ins Haus; und man sattelte die Kamele ab und gab
den Kamelen Stroh und Futter, ihm aber Wasser, um seine Füße zu waschen und die Füße der Männer, die bei ihm waren. [33] Dann wurde ihm
zu essen vorgesetzt. Er aber sagte: Ich will nicht essen, bis ich meine
Worte geredet habe. Und er sagte: Rede! [34] Da sagte er: Ich bin Abrahams Knecht. [35] Der HERR hat meinen Herrn sehr gesegnet, so dass
er groß geworden ist. Er hat ihm Schafe und Rinder gegeben, Silber
und Gold, dazu Knechte und Mägde, Kamele und Esel. [36] Und Sara, die
Frau meines Herrn, hat meinem Herrn einen Sohn geboren, nachdem
sie schon alt geworden war; dem hat er alles, was er hat, übergeben.
[37] Mein Herr aber hat mich schwören lassen und gesagt: Du sollst für
meinen Sohn nicht eine Frau von den Töchtern der Kanaaniter nehmen,
in deren Land ich wohne; [38] sondern zu dem Haus meines Vaters und
zu meiner Sippe sollst du gehen und dort für meinen Sohn eine Frau
nehmen! [39] Und ich sagte zu meinem Herrn: Vielleicht will die Frau
mir nicht folgen. [40] Da sagte er zu mir: Der HERR, vor dessen Angesicht ich gelebt habe, wird seinen Engel mit dir senden und wird deine
Reise gelingen lassen, dass du für meinen Sohn eine Frau aus meiner
Sippe und aus dem Haus meines Vaters nimmst. [41] Dann bist du frei
von dem Schwur: Wenn du zu meiner Sippe kommst und wenn sie sie
dir nicht geben, dann bist du entlastet von dem Schwur. [42] So kam ich

heute zu der Quelle und sprach: HERR, Gott meines Herrn Abraham,
wenn du doch Gelingen geben wolltest zu meinem Weg, auf dem ich
gehe! 43 Siehe, ich stehe bei der Wasserquelle. Möge es nun geschehen,
dass das Mädchen, das herauskommt, um zu schöpfen, und zu dem ich
sage: «Gib mir doch ein wenig Wasser aus deinem Krug zu trinken!» 44
und das dann zu mir sagt: «Trinke du, und auch für deine Kamele will
ich schöpfen», dass dies die Frau sei, die der HERR für den Sohn meines
Herrn bestimmt hat! 45 Ich hatte in meinem Herzen noch nicht ausgeredet, siehe, da kam Rebekka heraus mit ihrem Krug auf ihrer Schulter;
und sie stieg zur Quelle hinab und schöpfte. Da sagte ich zu ihr: Gib
mir doch zu trinken! 46 Und eilends ließ sie ihren Krug von ihrer Schulter herunter und sagte: Trinke, und auch deine Kamele will ich tränken.
Da trank ich, und sie tränkte auch die Kamele. 47 Und ich fragte sie und
sprach: Wessen Tochter bist du? Und sie sagte: Die Tochter Betuels, des
Sohnes Nahors, den Milka ihm geboren hat. Und ich legte den Ring an
ihre Nase und die Spangen an ihre Handgelenke. 48 Dann verneigte ich
mich und warf mich vor dem HERRN nieder und dankte dem HERRN,
dem Gott meines Herrn Abraham, der mich den rechten Weg geführt
hatte, die Tochter des Bruders meines Herrn für seinen Sohn zu nehmen. 49 Und nun, wenn ihr Gnade und Treue an meinem Herrn erweisen
wollt, so teilt es mir mit; und wenn nicht, so teilt es mir auch mit! Und
ich werde mich zur Rechten oder zur Linken wenden. 50 Da antworteten
Laban und Betuel und sagten: Vom HERRN ist die Sache ausgegangen;
wir können dir nichts sagen, weder Böses noch Gutes. 51 Siehe, Rebekka
ist vor dir: Nimm sie und geh hin, dass sie die Frau des Sohnes deines
Herrn werde, wie der HERR geredet hat! 52 Und es geschah, als Abrahams Knecht ihre Worte hörte, da warf er sich zur Erde nieder vor dem
HERRN. 53 Und der Knecht holte silbernes Geschmeide und goldenes
Geschmeide und Kleider hervor und gab sie der Rebekka; und Kostbar-
keiten gab er ihrem Bruder und ihrer Mutter. 54 Dann aßen und tranken
sie, er und die Männer, die bei ihm waren, und übernachteten. Aber am
Morgen standen sie auf, und er sagte: Entlasst mich zu meinem Herrn!
55 Da sagten ihr Bruder und ihre Mutter: Lass das Mädchen noch einige
Tage oder zehn bei uns bleiben, danach magst du gehen. 56 Er aber sagte zu ihnen: Haltet mich nicht auf, da der HERR meine Reise hat gelingen lassen; entlasst mich, dass ich zu meinem Herrn ziehe! 57 Da sagten
sie: Lasst uns das Mädchen rufen und ihren Mund befragen. 58 Und sie
riefen Rebekka und sagten zu ihr: Willst du mit diesem Mann gehen?
Sie sagte: Ich will gehen. 59 So entließen sie ihre Schwester Rebekka
mit ihrer Amme und den Knecht Abrahams und seine Männer. 60 Und

sie segneten Rebekka und sprachen zu ihr: Du, unsere Schwester, werde zu tausendmal Zehntausenden, und deine Nachkommen mögen das Tor ihrer Hasser in Besitz nehmen! [61] Und Rebekka machte sich mit ihren Mädchen auf, und sie bestiegen die Kamele und folgten dem Mann. Und der Knecht nahm Rebekka und zog hin.

[62] Isaak aber war von einem Gang zum Brunnen Lachai-Roi gekommen; er wohnte nämlich im Land des Südens. [63] Und Isaak aber war hinausgegangen, um auf dem Feld zu sinnen beim Anbruch des Abends. Und er erhob seine Augen und sah, und siehe, Kamele kamen. [64] Und auch Rebekka erhob ihre Augen und sah Isaak. Da glitt sie vom Kamel [65] und sagte zu dem Knecht: Wer ist dieser Mann, der uns da auf dem Feld entgegenkommt? Und der Knecht sagte: Das ist mein Herr. Da nahm sie den Schleier und verhüllte sich. [66] Der Knecht aber erzählte Isaak all die Dinge, die er ausgerichtet hatte. [67] Dann führte Isaak sie in das Zelt seiner Mutter Sara; und er nahm Rebekka, und sie wurde seine Frau, und er gewann sie lieb. Und Isaak tröstete sich nach dem Tod seiner Mutter.

Mit der Erprobungsgeschichte (Gen 22,1-19) war der Höhepunkt des Abraham-Sara-Zyklus überschritten. Von da ab ist alles Weitere ein allmähliches Abklingen. Dennoch hat die in epischer Breite geschilderte Brautwerbung für Isaak etwas, das in den vorausgegangenen Erzählungen so nicht vorkommt: Wie ein Motiv durchzieht die ganze Geschichte das „Gelingen" eines Weges im Zusammenspiel von göttlicher Führung und menschlicher Entscheidung (V. 7,21,40,42,56).

1. *Gen 24,1-9*: Es fällt auf, dass der Name Abraham in den ersten beiden Versen gleich dreimal genannt wird, der Ort der Erzählung aber unbekannt bleibt. Das deutet darauf hin, dass hier ein letzter Höhepunkt im Leben Abrahams erreicht ist, der Ausgangspunkt der Reise und ebenso sein Endpunkt bewusst im Unklaren gelassen werden.

Abraham ist sehr alt geworden und von Jahwe in allem gesegnet. An der Schwelle zum Tod muss er Sorge dafür tragen, dass die ihm zuteil gewordene Verheißung an die nächste Generation weiter gegeben wird. So schickt er seinen Knecht, den Verwalter seines gesamten Vermögens, als eigenverantwortlichen Stellvertreter in „sein Land" und zu „seiner Verwandtschaft" (vgl. Gen 12,1), um eine Frau für seinen Sohn Isaak zu „nehmen". Bei „Jahwe, dem Gott des Himmels und der

Erde“ soll er schwören, auf keinen Fall eine Frau aus dem Land Kanaan zu holen.

Der Name des Knechts wird nicht genannt. Seine Identität besteht darin, „Knecht Abrahams“ zu sein. Hier deutet sich schon an, dass es in dieser Erzählung noch einmal ganz zentral um Abraham geht. Er ist gleichsam die verborgene Hauptperson des ganzen Unternehmens. Noch präsenter als Abraham ist Jahwe. Der Gottesname kommt in diesem Kapitel nicht weniger als neunzehn Mal vor, viermal in der Formulierung „Jahwe, der Gott meines Herrn Abraham“ (V. 12.27.42.48). Die beiden Bezeichnungen Jahwes als „Gott des Himmels und der Erde“ bzw. „Gott des Himmels“ (V. 3.7) und als „Gott meines Vaters Abraham“ binden die gesamte Theologie des Alten Testaments zusammen (W. Jüngling).

Die Weisung, die Abraham seinem Knecht gibt, ist von der Verheißung Jahwes her zu verstehen. Die Zukunft seiner Sippe ist an Kanaan gebunden. Aber Isaak darf nicht einfach in dieses Land, so wie es ist, hineinwachsen. Wie Abraham wird er zunächst als Fremdling im Land der Verheißung umherziehen. Das Wissen um dieses Warten darf nicht verloren gehen.

Überraschenderweise bringt der Knecht die Möglichkeit ins Spiel, dass sich die Frau anders entscheiden könne. Soll er dann Isaak in das Land zurückführen, von dem Abraham „ausgezogen“ ist? Das darf auf keinen Fall geschehen! Es würde die Umkehrung des Heilsweges bedeuten, den Jahwe mit Abraham bis jetzt gegangen ist. „Hüte dich wohl, meinen Sohn dorthin zurückzubringen!“ – Mit der Wahl des Wortes „ausziehen“, wird die Exodustheologie in Erinnerung gerufen und so die Hoffnung geweckt, dass Jahwe den neuen Exodus aus Babylon ermöglichen wird. Die Adressaten der Priesterschrift sind ja dort im Exil, von wo Abraham einst ausgezogen ist.

Einerseits ist es ein völlig ungesicherter Weg, auf den der Knecht geschickt wird, andererseits versichert Abraham ihn der besonderen Zuwendung Jahwes. Er wird seinen Boten vor ihm herschicken und so das „Gelingen“ seines Auftrags bewirken. Der Knecht wird von dort eine Frau „nehmen“ können. Das Verb „nehmen“ wird hier in der Exposition der Erzählung zum dritten Mal wiederholt. Es vergegenwärtigt die souveräne Gebärde, mit der Jahwe Abraham aus dem Haus seines Vaters und dem Land seiner Sippe genommen hat. Sollte die Frau sich weigern, mit dem Knecht Abrahams ins Land Kanaan zu ziehen, ist er von seinem Eid entbunden. Auch wenn Abraham nicht damit rechnet, so offenbart diese Möglichkeit doch die Wehrlosigkeit, die zu seinem Vertrauen unaufhebbar gehört. Und dieses Vertrauen in Jahwes Führung übersetzt sich in den Knecht, der in seinem Tun und Lassen ganz für Abraham steht. So leistet er den Eid und bindet sich mit seiner ganzen Existenz an die Ausführung des Auftrags. Der urtümliche Schwurgestus, bei dem der Schwörende seine Hand unter die Lende, d.h. an das Zeugungsglied dessen legt, dem er schwört, begegnet uns nur noch in Gen 47,29 ff. Auch dort versichert der dem Tod Nahe seinen letzten Willen durch den „Eid bei der Quelle des Lebens" (O. Procksch). Wenn der Knecht zurückkehrt, wird Abraham nicht mehr sein.

2. *Gen 24,10-27*: Mit kostbaren Geschenken zieht der Knecht fort und gelangt nach Haran in Mesopotamien. Gegen Abend erreicht er mit seiner Karawane den Brunnen vor der „Stadt Nahors" und lässt die Kamele niederknien. Es ist die Zeit, da die Frauen und Mädchen aus der Stadt kommen, um Wasser für den häuslichen Bedarf zu schöpfen. Der Knecht verweilt und bittet Jahwe um ein Zeichen. Im Vertrauen auf den „Gott seines Herrn Abraham" überlässt er sich seiner „Huld" (*hesed*), d.h. er erwartet Jahwes solidarisches Verhalten. Der Knecht wird hier als ein Mensch geschildert, der sorgfältig überlegt und Jahwes Willen zu erkennen sucht. Kaum hat er sein Gebet beendet, als die Erhörung schon beginnt. Die Brunnenszene wird mit großem Einfühlungsvermögen bis ins Einzelne entfaltet. Schweigend schaut der Knecht zu, wie das Zeichen Gestalt annimmt und seine Bitte erfüllt wird – noch über das Erbetene hinaus. Als er von dem Mädchen ihre nahe Verwandtschaft zu Abraham erfährt, huldigt er Jahwe auf der Stelle mit Anbetung und Lobpreis.

3. *Gen 24,28-61*: Dann wechselt die Szene vom Brunnen in das Haus der Mutter Rebekkas. Das Mädchen *läuft* heim und erzählt, was ihr begegnet ist. Daraufhin *läuft* ihr Bruder Laban hinaus zum Brunnen, um den Fremden ins Haus zu bitten: „Komm herein, du *Gesegneter Jahwes...*" Damit erinnert der Erzähler an die Einleitung in V. 1.

Nach der gastlichen Aufnahme folgt die Bewirtung. Doch der Knecht will davon nichts anrühren bevor er sich seines Auftrages entledigt hat. Jetzt ist der Augenblick, auf den alles ankommt. Mit seiner weit ausholenden Rede verfolgt er die Absicht, auch die Angehörigen Rebekkas von der so deutlichen Führung Jahwes zu überzeugen und sie zu motivieren, sich für die Huld und Treue gegenüber seinem Herrn zu entscheiden. Dabei lässt er die materiellen Vorteile nicht unerwähnt und verschweigt auch nicht, dass Abraham bereits all seinen Besitz auf Isaak übertragen hat (V. 35 f.). Dann tritt der Knecht innerlich zurück und wartet auf die Antwort seiner Gastgeber. Sie können sich der Einsicht nicht entziehen, dass alles von Jahwe gefügt ist und er Rebekka „nehmen" kann wie es Jahwe bestimmt hat. Am Anfang und am Ende der Antwort Labans steht der Gottesname Jahwe, als wäre er ein echter Jahweverehrer (vgl. V. 31).

Als der Knecht diese Worte gehört hatte, wirft er sich vor Jahwe zur Erde nieder. Dann holt er seine kostbaren Geschenke hervor und gibt sie Rebekka. Auch ihr Bruder und ihre Mutter werden reichlich bedacht. Die Großzügigkeit des Gebens und Gewährens durchzieht die ganze Erzählung. Nun endlich hat der Knecht seinen riskanten Auftrag erfüllt. Jetzt kann er sich ausruhen und mit seinen Leuten das Mahl beginnen.

Dem äußeren Ablauf nach ist alles ganz „natürlich" zugegangen, aber Jahwe, der auf geheimnisvolle Weise die Geschichte der Menschen und die Bewegungen ihrer Herzen durchwaltet, hat den Weg von Abrahams Knecht „gelingen" lassen (V. 56).

Als der Knecht schon am nächsten Morgen zur Abreise drängt, wollen Rebekkas Bruder und ihre Mutter ihn noch eine Weile zum Bleiben nötigen. Doch der Knecht duldet keinen Aufschub: Wenn Jahwe seine Reise gelingen ließ, will er unverzüglich zurück zu seinem Herrn. Das Mädchen soll nun selbst entscheiden. Als es ohne Zögern seine Zustimmung gibt, kann der Abschied im Einvernehmen mit der Familie beginnen.

4. *Gen 24,62-66*: Der Schauplatz wechselt schnell vom „Haus Nahors" in den Negeb – irgendwo in der näheren oder weiteren Umgebung vom Brunnen „des Lebendigen, der mich schaut". Über die Rückreise selbst wird ebenso wenig berichtet wie vorher über die Hinreise.

Es ist zur Abendzeit, als Isaak von Ferne eine Karawane herannahen sieht. Wie er, so erhebt auch Rebekka ihre Augen und sieht in der Ferne einen Mann. In diesen beiden Sätzen kündigt sich die Begegnung zwischen zwei Menschen an. Die wenigen Worte lassen dem Leser und Hörer Raum, dass sich das Ungesagte entfalten kann. Rebekka gleitet von ihrem Reittier, um dem Mann, der ihnen entgegenkommt, mit Achtung zu begegnen. Als sie vom Knecht Abrahams erfährt, dass es Isaak ist, nimmt sie den Schleier und bedeckt ihr Antlitz. Der Sitte entsprechend begegnet die Braut dem Bräutigam verschleiert.

In vollendeter Loyalität gibt der Knecht seinem Herrn Isaak Rechenschaft und erzählt ihm alles, was er ausgerichtet hat. Abraham scheint also nicht mehr zu leben.

Die Erzählung endet mit der Eheschließung. Was Jahwe zusammen geführt hat, wächst zur Liebe. Er lässt auch die Beziehungen zwischen den Menschen „gelingen". Zur Kontinuität der Geschichte Gottes mit seinem Volk gehört auch diese Liebesgeschichte. Jahwe erweist sich als Garant für gelingendes Leben.

Die Geschichte von der Brautwerbung für Isaak will den Glauben an die führende Hand Jahwes mitten in konkreten Lebensentscheidungen stärken und das Vertrauen wecken, dass Er in die Zukunft einer neuen Generation hineinführt, in der seine göttliche Verheißung lebendig bleibt. Dem Vertrauen in Gottes Gegenwart und Wirken entspricht das spontane, aus dem Geschehen erwachsene Sprechen des Knechts zu Jahwe in Bitte und Dank. Es ist natürlicher Ausdruck eines Lebens in der Gegenwart Gottes.

So begegnet uns in Kap. 24 noch eine eigentümlich reife Abrahamsgeschichte. Sie erinnert an Gen 17,1: „Geh deinen Weg vor meinem Angesicht und sei ganz (mit mir)!"

Die Söhne Abrahams von der Nebenfrau Ketura: Gen 25,1-6

25[1] Und Abraham nahm wieder eine Frau, die hieß Ketura. [2] Und sie
gebar ihm Simran und Jokschan, Medan und Midian, Jischbak und
Schuach. [3] Jokschan aber zeugte Saba und Dedan; und die Söhne De-
dans waren die Aschuriter und Letuschiter und Leummiter. [4] Und die
Söhne Midians: Efa und Efer, Henoch, Abida und Eldaa. Diese alle sind
Söhne der Ketura. – [5] Und Abraham gab dem Isaak alles, was er hatte.
[6] Und den Söhnen der Nebenfrauen, die Abraham hatte, gab Abraham
Geschenke; und er schickte sie, während er noch lebte, von seinem
Sohn Isaak weg, nach Osten in das Land des Ostens.

Dieses Stück „Abrahamtradition“ überrascht an dieser Stelle und hat mehr den Charakter eines Nachtrags, der die vorhandene Überlieferung möglichst vollständig aufgreifen will. Die Redaktion nimmt dabei erhebliche Unebenheiten in Kauf und verzichtet auf eine schlüssige Gesamtkomposition. Bei der Genealogie (V. 2-5) handelt es sich vermutlich um eine nachträglich zusammengestellte Liste von Nomadenstämmen aus dem östlichen und südöstlichen arabischen Raum, denen sich das spätere Israel verwandtschaftlich näher verbunden wusste.

Abrahams Tod und Begräbnis: Gen 25,7-11

25[7] Und dies sind die Tage der Lebensjahre Abrahams, die er lebte:
175 Jahre. [8] Und Abraham verschied und starb in gutem Alter, alt und
lebenssatt, und wurde bei seinen Vorfahren versammelt. [9] Und seine
Söhne Isaak und Ismael begruben ihn in der Höhle Machpela, auf dem
Feld des Hetiters Efron, des Sohnes Zohars, das gegenüber Mamre liegt,
[10] auf dem Feld, das Abraham von den Söhnen Het gekauft hatte; dort
wurden Abraham und seine Frau Sara begraben. [11] Und es geschah nach
dem Tode Abrahams, da segnete Gott Isaak, seinen Sohn; und Isaak
wohnte bei dem Brunnen Lachai-Roi.

Der priesterschriftliche Abschluss des Abrahamzyklus (Gen 25,7-11) zeugt von einer großen Gelassenheit im Angesicht des Todes:

> „Er verschied und starb in gutem Alter,
> alt und lebenssatt
> und wurde bei seinen Vorfahren versammelt.
> Und seine Söhne Isaak und Ismael
> begruben ihn in der Höhe Machpela.“
>
> (Gen 25, 8.9a)

Beim Tod von Sara wurde noch berichtet, dass Abraham Totenklage hielt und seine Frau beweinte (Gen 23,2). Während dort Trauer und Schmerz über dieses äußerste Geschehen im Leben eines Menschen verhalten zum Ausdruck kommt, wird hier gelassen vom Tod Abrahams gesprochen. Auch sein Ende steht unter dem Segen Jahwes.

Mit der Feststellung, dass Jahwe seinen Sohn Isaak segnete, kommt die Abrahamgeschichte zum Abschluss. Die Geschichte des Segens, die mit der Berufung Abrahams ihren Anfang nahm (Gen 12,2 f) geht weiter...

Abraham und Sara sind Hoffnungsmotive für eine Generation, die von Jahwe nichts mehr zu erwarten wagt. Im Exil, in der Zeit tiefster religiöser Krise, ermöglicht der Blick auf diese religiösen Urgestalten neue Hoffnung.

Jakob-Esau-Zyklus

Einführung

Auch in den Geschichten, die von Jakob und Esau, Rachel und Lea erzählen, begegnen uns Menschen von gewöhnlichem Zuschnitt. Ihr Lebensweg verläuft in einem breiten Kontext gemeiner Menschlichkeit und ständiger Bedrohung, die bis an den Rand gewalttätiger Auseinandersetzungen führt. Versöhnung wird möglich, wenn Menschen mit Jahwes Gegenwart rechnen und sich von ihm aus Schuld und Verstrickung befreien lassen. Versöhnung ist auch da möglich, wo sie sich für die Trennung entscheiden.

In der Gestalt Jakobs, der in einem Dickicht von Intrige, List und Schurkerei sich mit Geschick und Raffinesse durchs Leben schlägt, in dieser Gestalt, die sich in der entscheidenden Schicksalsstunde verbissen an Gott festklammert und ihm unter Schmerzen den Segen abringt, hat Israel sich wieder erkannt. Es wollte ständig vor Augen haben, dass es ohne Gott, ohne seinen Segen kein Leben gibt. Alles kann Israel sich nehmen lassen, nur von Gott darf es nicht lassen, selbst wenn dieser es lebensgefährlich bedroht und verletzt. In dieser zwiespältigen und schillernden Figur, die im nächtlichen Kampf auf Leben und Tod ihr betrügerisches Wesen bekennt und sich vom Jakob zum Gotteskämpfer wandelt, wollte Israel festhalten, wie es seinen Gott erfahren hat. Die Geschichten dieses Zyklus „hat sich Israel in Demut und unter Schmerzen abgerungen“ (H. Spieckermann). Sie können helfen, wahrhaftig mit sich umzugehen und dennoch auf Gottes unverbrauchte Treue zu vertrauen, so zwiespältig der Mensch sich auch erfahren mag. So wird Jakob/Israel neben Abraham und Mose zur dritten Identifikationsfigur des exilisch-nachexilischen Gottesvolkes.

Die Priesterschrift hat die verschiedenen lokalen Einzeltraditionen von Israels Urzeit, die Geschichten von Abraham, Isaak und Jakob, zum ersten Mal in einen zusammenhängenden Erzählverlauf gebracht, sodass aus einem ursprünglich zeitlichen und geographischen Nebeneinander ein Nacheinander von Vater (Abraham), Sohn (Isaak) und Enkel (Jakob/Israel) wurde. Man kann davon ausgehen, dass die Überlieferungen der Erzeltern ihren Ursprung in bestimmten Gebieten Palästinas hatten und auf einen je eigenen Erzvater zurückgehen.

Übersicht

Der Zyklus der Jakob-Esau-Erzählungen: Gen 25-33

Gen 25,19-34	Der Anfang
Gen 26,1-11	*Die Gefährdung Rebekkas in Gerar*
Gen 26,12-33	*Von Brunnen zu Brunnen*
Gen 26,34-35	*Esau heiratet zwei Töchter Kanaans*
Gen 27,1-45	Jakob betrügt Esau um den Erstgeburtssegen
Gen 27,46-28,9	Jakob wird nach Aram geschickt
Gen 28,10-22	Jakob auf der Flucht vor Esau
Gen 29,1-30	Jakob heiratet Lea und Rachel
Gen 29,31-30,24	Jakobs Söhne mit Lea und Rachel
Gen 30,25-43	Jakob überlistet Laban
Gen 31,1-32,2a	Jakob auf der Flucht vor Laban und sein Aufbruch in das Land seiner Väter und Mütter
Gen 32,2b-22	Jakob bereitet seine Begegnung mit Esau vor
Gen 32,23-32 I-III	Jakobs Kampf am Jabbok
Gen 33,1-20	Jakobs Versöhnung mit Esau
Gen 34-35	„Dunkle Seiten der Familienchronik“

Der Anfang: Gen 25,19-34

25[19] Das ist die Geschlechterfolge Isaaks, des Sohnes Abrahams: Abraham zeugte Isaak. [20] Und Isaak war vierzig Jahre alt, als er sich Rebekka
zur Frau nahm, die Tochter des Aramäers Betuel aus Paddan-Aram, die
Schwester des Aramäers Laban.

[21] Und Isaak bat den HERRN für seine Frau, denn sie war unfruchtbar; da ließ der HERR sich von ihm erbitten, und Rebekka, seine Frau,
wurde schwanger. [22] Und die Kinder stießen sich in ihrem Leib. Da sagte sie: Wenn es so steht, warum trifft mich dies? Und sie ging hin, den
HERRN zu befragen. [23] Der HERR aber sprach zu ihr: Zwei Völker sind
in deinem Leib, und zwei Stämme trennen sich aus deinem Innern; und
ein Stamm wird stärker sein als der andere, und der Ältere wird dem
Jüngeren dienen. [24] Und als ihre Tage erfüllt waren, dass sie gebären
sollte, siehe, da waren Zwillinge in ihrem Leib. [25] Und der erste kam
heraus, rötlich, ganz und gar wie ein haariger Mantel; und man gab
ihm den Namen Esau. [26] Und danach kam sein Bruder heraus, und seine Hand hielt die Ferse Esaus. Da gab man ihm den Namen Jakob. Und
Isaak war sechzig Jahre alt, als sie geboren wurden.

[27] Und die Jungen wuchsen heran. Esau wurde ein jagdkundiger
Mann, ein Mann des freien Feldes; Jakob aber war ein ordentlicher
Mann, der bei den Zelten blieb. [28] Und Isaak hatte Esau lieb, denn Wild-
bret war nach seinem Mund; Rebekka aber hatte Jakob lieb.

[29] Einst kochte Jakob ein Gericht. Da kam Esau vom Feld, und er
war erschöpft. [30] Und Esau sagte zu Jakob: Lass mich doch schlingen
von dem Roten, dem Roten da, denn ich bin erschöpft! Darum gab
man ihm den Namen Edom. [31] Da sagte Jakob: Verkaufe mir heute dein
Erstgeburtsrecht! [32] Esau sagte: Siehe, ich gehe ja doch dem Sterben
entgegen. Was soll mir da das Erstgeburtsrecht? [33] Jakob aber sagte:
Schwöre mir heute! Da schwor er ihm und verkaufte sein Erstgeburtsrecht an Jakob. [34] Und Jakob gab Esau Brot und ein Gericht Linsen;
und er aß und trank und stand auf und ging davon. So verachtete Esau
das Erstgeburtsrecht.

Im Kontext von Gen 12-36 beginnt mit der Erzählung von der Geburt Esaus und Jakobs (Gen 25,19-26) der nächste große Abschnitt in den Väter- und Müttergeschichten. Es ist erstaunlich, wie aus so verschiedenartigem und z. T. disparatem Überlieferungsmaterial eine zusammenhängende Geschichte, das Gesamtbild eines Zyklus entstehen konnte. Obwohl in den Erzählungen auf weite Strecken hin Gott überhaupt nicht vorkommt und der Eigengesetzlichkeit der Geschehnisse wie dem Eigenwillen der handelnden Personen viel Spielraum gelassen wird, ist doch nicht zu übersehen, dass sich auf verborgene und geheimnisvolle Weise Gottes Plan verwirklicht: Die Entstehung des „Hauses Jakob", der Segen mit den zwölf Söhnen, in denen sich schon die Stämme des späteren Gottesvolkes ankündigen. Dieses theologische Gefälle verdankt der Zyklus vor allem der Erzählung von Jakobs Traum in Bethel (Gen 28,10-22) und seines Kampfes am Jabbok (Gen 32,23-32). „Hier steht Jakob ganz direkt unter der Offenbarung Jahwes" (G. v. Rad). Auch wenn der neue Zyklus unter der Überschrift steht: „Das ist die Geschlechterfolge Isaaks, des Sohnes Abrahams", so fällt doch auf, dass von Isaak und Rebekka verhältnismäßig wenig Geschichten überliefert sind. Fast könnte man von einem „Übergangspaar" in der Reihe der Stammeltern sprechen. Die wenigen erhaltenen Isaak-Überlieferungen sind in Kapitel 26 annähernd zu einer erzählerischen Einheit zusammengefasst worden.

1. *Gen 25,21-26*: Der erste Abschnitt des neuen Erzählkreises informiert uns über einige Gegebenheiten, deren Kenntnis zum Verstehen der folgenden Geschichten notwendig ist. Ähnlich wie Gen 11,27-32 dem Abraham-Sara-Zyklus, so geht dieser Abschnitt bis einschließlich V. 28 als Exposition dem Jakob-Esau-Zyklus voraus.

Isaak und Rebekka haben zwanzig Jahre auf die Geburt ihrer Kinder warten müssen. Rebekkas Unfruchtbarkeit wird schließlich durch Isaaks Fürbitte bei Jahwe beendet. Aber während ihrer Schwangerschaft kommt es zu Komplikationen, die sie nicht zu deuten weiß, denn – so wird der Leser informiert – „und die Kinder stießen sich in ihrem Leib" (V. 22). So geht Rebekka, um Jahwe zu befragen. Wo sie hingeht, wird nicht gesagt. Jahwe spricht unmittelbar zu ihr und offenbart ihr: „Zwei Völker sind in deinem Leib, und zwei Stämme trennen sich aus deinem Innern". Die Komplikationen kommen daher, dass die Zwillinge schon im Mutterleib miteinander rivalisieren. Der ältere Sohn wird dem jüngeren dienen müssen, verheißt ihr Jahwe. Noch ist alles offen, aber im Verhältnis der beiden Söhne zueinander kündigt sich bereits die Dramaturgie des Kommenden an. Schon beim Geburtsvorgang hält der Jüngere die Ferse des Erstgeborenen fest und wird deshalb *Jakob,*

Fersenhalter genannt. Die ursprüngliche Bedeutung von *Jakob* ist aber wahrscheinlich „Gott möge schützen". Der Ältere wird nach seinem Aussehen benannt: *Esau,* der Behaarte, Rötliche.

2. *Gen 25,27f*: Der nächste Abschnitt charakterisiert die beiden Brüder mit ihrer bevorzugten Lebensweise. Esau ist Jäger, ein Mann des freien Feldes, Jakob ein „ordentlicher", „anständiger" Mann, der bei den Zelten bleibt. Das hebr. Wort für „ordentlich" oder „anständig" (*tam*) „meint eigentlich das Hineingebundensein in ein Gemeinschaftsleben mit seinen moralischen Ordnungen, die das Leben des viel mehr auf sich allein gestellten Jägers nicht kennt" (G. v. Rad). Die beiden Brüder geraten auch dadurch weiter auseinander, dass Isaak den Esau bevorzugt, weil er gern Wildbret isst, und Rebekka den Jakob lieber hat – ohne Begründung. Sie weiß jedoch um das Geburtsorakel Jahwes.

3. *Gen 25,29-34*: Die kleine Erzählung vom Verkauf des Erstgeburtsrechts zeigt, wie Jakob Macht über seinen älteren Bruder gewinnt. Er nutzt den Erschöpfungszustand Esaus und lässt ihn mit einem Schwur sein Erstgeburtsrecht abtreten – alles für ein Linsengericht, das Jakob gerade zubereitet hat. Der geleistete Eid bedeutet absolute Bindung. Esau wird hier als ein Mann mit rohen Manieren geschildert. Er will auf der Stelle „schlingen". Für ihn zählt nur der Augenblick. Vom Erstgeburtsrecht kann er im Moment seinen Hunger nicht stillen und wieder zu Kräften kommen. In seinem Verhalten wird deutlich, was das Erstgeburtsrecht ihm wert ist. Er missachtet es.

Die äußere und innere Distanz zwischen den beiden Brüdern ist nicht mehr zu übersehen. Aber noch ist offen, wie sich das Geburtsorakel Jahwes erfüllen wird.

Kapitel 26 ist eine Komposition aus verschiedenen Traditionen. Sie fasst die wenigen erhaltenen *Isaak-Überlieferungen* zusammen. Für den Verfasser, der das Kapitel an dieser Stelle in die Väter- (und Mütter-)tradition eingefügt hat, war theologisch bedeutsam, dass Isaak Erbe der Verheißungen Abrahams ist. Darüber hinaus wollte er späteren Generationen zeigen, dass die aus dem Segen Jahwes erwachsene „Größe" Isaaks nicht zur Ausweitung seiner Macht und zum Sieg über seine Gegner führte, sondern zum Frieden mit ihnen.

Die Gefährdung Rebekkas in Gerar: Gen 26,1-11

26[1] Und es entstand eine Hungersnot im Lande, nach der vorigen Hungersnot, die in den Tagen Abrahams gewesen war. Da ging Isaak zu Abimelech, dem König der Philister, nach Gerar. [2] Und der HERR erschien ihm und sprach: Zieh nicht hinab nach Ägypten; bleibe in dem Land, das ich dir sage! [3] Halte dich als Fremdling auf in diesem Land! Und ich werde mit dir sein und dich segnen; denn dir und deinen Nachkommen werde ich alle diese Länder geben, und ich werde den Schwur aufrecht erhalten, den ich deinem Vater Abraham geschworen habe. [4] Und ich werde deine Nachkommen zahlreich machen wie die Sterne des Himmels und deinen Nachkommen alle diese Länder geben; und mit deinen Nachkommen werden sich segnen alle Nationen der Erde [5] dafür, dass Abraham meiner Stimme gehorcht und meine Vorschriften gehalten hat, meine Weisungen, meine Bestimmungen und meine Gesetze. [6] So blieb Isaak in Gerar. [7] Als nun die Männer des Ortes sich nach seiner Frau erkundigten, da sagte er: Sie ist meine Schwester. Denn er fürchtete sich zu sagen: meine Frau. Er dachte nämlich: Die Männer des Ortes könnten mich sonst wegen Rebekka erschlagen; denn sie ist schön von Aussehen. [8] Und es geschah, als er längere Zeit dort war, da blickte Abimelech, der König der Philister, durchs Fenster herab und er sah, und siehe, Isaak koste mit Rebekka, seiner Frau. [9] Da rief Abimelech den Isaak und sagte: Siehe, sie ist ja deine Frau! Wie konntest du sagen: Sie ist meine Schwester? Da sagte Isaak zu ihm: Weil ich mir sagte: Ich könnte sonst ihretwegen sterben. [10] Und Abimelech sprach: Was hast du uns da angetan! Wie leicht hätte einer aus dem Volk bei deiner Frau liegen können, und du hättest Schuld über uns gebracht. [11] Und Abimelech befahl allem Volk: Wer diesen Mann und seine Frau antastet, muss getötet werden.

Die Erzählung ist eine Parallele zu Gen 12,10-20 und Gen 20,1-18. Trotz der verschiedenen Personen und der unterschiedlichen Ausgestaltung im Detail haben wir es hier mit einer ganz ähnlichen Geschichte zu tun. Diese Version spricht *nur* von der Gefahr, in der Rebekka schwebte, und von dem Unheil, das hätte passieren können, wenn nicht Abimelech, der König von Gerar, zufällig der Lüge Isaaks auf die Spur gekommen wäre.

Ähnlich wie in Gen 12,10 ff. war eine Hungersnot über das Land gekommen und hatte Isaak gezwungen, mit seiner Familie Kanaan zu verlassen. Doch diesmal erscheint ihm Jahwe und verbietet ihm ausdrücklich, nach Ägypten weiter zu ziehen. Er sagt ihm seinen Beistand in der Fremde zu. Jahwe will seine Verheißungen mit Isaak weiterführen. Sie gehen auf ihn über aufgrund der Treue Gottes und der Treue seines Vaters Abraham, „dafür, dass Abraham auf meine Stimme gehört und meine Vorschriften gehalten hat: meine Weisungen, meine Bestimmungen und meine Gesetze“ (V. 5). Dass Isaak Erbe der Verheißungen wird kraft der Verdienste Abrahams ist ein neuer Gedanke in den Väter- und Müttergeschichten. Es fällt auf, dass im ganzen Kap. 26 das Gedenken des Vaters sich häufig wiederholt (V. 1.5.15.18.24). Abraham ist ständig gegenwärtig.

Die Betrugsaffäre um Rebekka geht nur deshalb so glimpflich aus, weil Jahwe seine schützende Hand über alle Beteiligten und Betroffenen hält.

Von Brunnen zu Brunnen: Gen 26,12-33

26[12] Und Isaak säte in diesem Land und gewann in jenem Jahr das Hun-
dertfache; so segnete ihn der HERR. [13] Und der Mann wurde reich und
wurde immer reicher, bis er sehr reich war. [14] Und er hatte Schafherden
und Rinderherden und viel Gesinde. Da beneideten ihn die Philister. [15]
Und alle Brunnen, die die Knechte seines Vaters in den Tagen seines
Vaters Abraham gegraben hatten, die verstopften die Philister und füllten sie mit Erde. [16] Und Abimelech sagte zu Isaak: Zieh weg von uns,
denn du bist uns viel zu mächtig geworden! [17] Da zog Isaak von dort
weg und schlug sein Lager im Tal Gerar auf und blieb dort. [18] Und Isaak
grub die Wasserbrunnen wieder auf, die sie in den Tagen seines Vaters
Abraham gegraben und die die Philister nach Abrahams Tod verstopft
hatten; und er gab ihnen dieselben Namen wie die Namen, die ihnen
sein Vater gegeben hatte. [19] Und die Knechte Isaaks gruben im Tal und
fanden dort einen Brunnen mit lebendigem Wasser. [20] Da stritten sich
die Hirten von Gerar mit den Hirten Isaaks und sagten: Uns gehört das
Wasser! Da gab er dem Brunnen den Namen Esek, weil sie mit ihm ge-
zankt hatten. [21] Dann gruben sie einen anderen Brunnen, aber auch
um den stritten sie sich. Da gab er ihm den Namen Sitna. [22] Und er
brach von dort auf und grub noch einen anderen Brunnen, und um den
stritten sie sich nicht. Da gab er ihm den Namen Rechobot und sagte:
Denn jetzt hat der HERR uns weiten Raum geschaffen, und wir werden
fruchtbar sein im Land.

23 Dann zog er von dort hinauf nach Beerscheba. 24 Und der HERR erschien ihm in jener Nacht und sprach: Ich bin der Gott deines Vaters Abraham. Fürchte dich nicht! Denn ich bin mit dir, und ich werde dich segnen und deine Nachkommen vermehren um meines Knechtes Abraham willen. 25 Und der baute dort einen Altar und rief den Namen des HERRN an und schlug dort sein Zelt auf. Und die Knechte Isaaks gruben dort einen Brunnen.

26 Und Abimelech kam zu ihm aus Gerar mit seinem Freund Ahusat und seinem Heerobersten Pichol. 27 Da sagte Isaak zu ihnen: Warum kommt ihr zu mir, da ihr mich doch hasst und mich von euch weggeschickt habt? 28 Sie aber sagten: Wir haben deutlich gesehen, dass der HERR mit dir ist; und wir haben uns gesagt: Es soll ein Schwur zwischen uns sein, zwischen uns und dir; wir wollen einen Bund mit dir schließen, 29 dass du uns nichts Böses antust, so wie wir dich nicht angetastet haben und wie wir dir nur Gutes erwiesen und dich haben in Frieden ziehen lassen. Du bist nun einmal ein Gesegneter des HERRN. 30 Da machte er ihnen ein Mahl, und sie aßen und tranken. 31 Und sie standen früh am Morgen auf und schworen einer dem andern. Dann entließ Isaak sie, und sie gingen in Frieden von ihm fort. – 32 Und es geschah an jenem Tag, da kamen Isaaks Knechte und berichteten ihm von dem Brunnen, den sie gegraben hatten, und sagten zu ihm: Wir haben Wasser gefunden. 33 Da nannte er ihn Schibea; daher lautet der Name der Stadt Beerscheba bis auf diesen Tag.

1. *Gen 26,12-22*: In dieser Geschichte ist von vielen Brunnen die Rede: Da sind zunächst die Brunnen, die Isaaks Vater Abraham gegraben und denen er einen Namen gegeben hatte. Brunnen bedeuten *Leben* im Steppengürtel zwischen Wüste und Kulturland. Die *alten Brunnen* wurden verstopft und unbrauchbar gemacht. Lebensmöglichkeiten wurden zugeschüttet. Die Brunnen Abrahams können für das Leben stehen, das aus der Tradition uns zufließt. Isaak gräbt die alten Brunnen wieder auf und gibt ihnen ihren alten Namen zurück. Die Brunnen Abrahams beginnen wieder zu fließen.

Aber offenbar reicht das nicht: Neue Brunnen müssen gegraben werden, damit die Isaaksippe weiter leben kann. Um diese neuen Brunnen lebendigen Wassers entsteht Hader und Fehde, Zank und Streit. Isaak verlässt diese Orte. Es scheint, dass das Bleiben mehr Verlust bringt als das Weitergehen.

Schließlich graben sie an anderer Stelle einen Brunnen, um den nicht mehr gestritten wird. Das Leben weitet sich – nach dem vielen Zank und Streit. „Und er gab ihm den Namen: Rechobot, Weite, denn er sprach: Jahwe hat uns weiten Raum geschaffen, und wir werden fruchtbar sein im Land."

Am Ende wird noch ein Brunnen gegraben, um den es auch keinen Streit mehr gibt.

2. *Gen 26,23-25*: Erst als die alten Brunnen wieder fließen und Isaak nach all den Auseinandersetzungen um Brunnenrechte schließlich eine Wasserstelle gefunden hat, die ihm niemand mehr streitig macht, erst dann erscheint ihm Jahwe und erinnert ihn an die ursprüngliche *Vision* seiner Sippe, an die Vision, mit der Abraham aufgebrochen war.

3. *Gen 26,26-33*: Am Beginn und am Ende unserer Geschichte ist vom *Segen Jahwes* die Rede, der auf Isaak ruht und sein Leben überreich macht. Am Anfang wird Isaak um seinen Segen beneidet: Abimelech sagt zu ihm: „Zieh von uns, denn du bist uns viel zu stark geworden!"

Am Ende erkennt Abimelech den Segen Jahwes über Isaak an: „Wir haben deutlich gesehen, dass der Herr mit dir ist ... du Gesegneter Jahwes ..."

Ich glaube, man kann ohne Anmaßung sagen, dass jeder Mensch ein „Gesegneter des Herrn" ist und dass Er unser Leben überreich machen will. Nur ist es nicht immer leicht, den Segen, den „Erfolg" des *anderen* als Segen Jahwes anzuerkennen.

Es braucht oft viel Zeit, zuzulassen, dass auch der andere ein Gesegneter des Herrn ist. Vielleicht kann dieser Hinweis eine Wende in den Beziehungen zu anderen ermöglichen.

Die innere Wende bei Abimelech führt zu einer neuen Begegnung mit Isaak. Diese Wende wird mit einer neuen Vereinbarung zwischen beiden besiegelt und mit einem Mahl, einem gemeinsamen Essen und Trinken abgeschlossen.

Nachdem sie „in Frieden" sich getrennt hatten, kommen Isaaks Knechte und sagen: „Wir haben Wasser gefunden!" Wenn man in Frieden auseinander geht, kann man die neuen Lebensquellen auch genießen.

Esaus Heirat mit zwei Töchtern Kanaans: Gen 26,34-35

26[34] Und Esau war vierzig Jahre alt, da nahm er Jehudit, die Tochter des
Hetiters Beeri, zur Frau und Basemat, die Tochter des Hetiters Elon. [35]
Und sie waren ein großer Kummer für Isaak und Rebekka.

Am Ende des Kapitels wird unvermittelt der Lieblingssohn Isaaks eingeblendet. Esau heiratet zwei Hethiterinnen und löst damit wohl den „großen Kummer" seiner Eltern aus. So disqualifiziert sich der Erstgeborene ein weiteres Mal. Damit wird die Suche nach einer Frau für Jakob vorbereitet (Gen 27,46 ff). Wie sein Vater Isaak darf er auf keinen Fall eine Einheimische heiraten.

Jakob betrügt Esau um den Erstgeburtssegen: Gen 27,1-45

27[1] Und es geschah, als Isaak alt geworden und seine Augen trübe waren,
so dass er nicht mehr sehen konnte, da rief er seinen älteren Sohn Esau
und sagte zu ihm: Mein Sohn! Und er sagte zu ihm: Hier bin ich! [2] Und er
sagte: Siehe doch, ich bin alt geworden, ich kenne nicht den Tag meines
Todes. [3] Und nun nimm doch dein Jagdgerät, deinen Köcher und deinen
Bogen, und gehe hinaus aufs Feld und erjage mir ein Wildbret; [4] und bereite mir einen Leckerbissen, wie ich ihn liebe, und bring ihn mir her, dass
ich esse, damit meine Seele dich segnet, bevor ich sterbe!

[5] Rebekka aber hatte gehört, wie Isaak zu seinem Sohn Esau redete. Und Esau ging aufs Feld, um ein Wildbret zu erjagen, um es heim-
zubringen. [6] Da sagte Rebekka zu ihrem Sohn Jakob: Siehe, ich habe
deinen Vater zu deinem Bruder Esau so reden hören: [7] Bring mir ein
Wildbret und bereite mir einen Leckerbissen, dass ich esse und dass ich
dich vor dem HERRN segne, bevor ich sterbe! [8] Und nun, mein Sohn,
höre auf meine Stimme in dem, was ich dir auftrage! [9] Geh doch zur
Herde, und hole mir von dort zwei gute Ziegenböckchen! Und ich will
sie zu einem Leckerbissen für deinen Vater zubereiten, wie er es liebt. [10]
Dann sollst du es deinem Vater bringen, dass er isst, damit er dich vor
seinem Tod segnet. [11] Da sagte Jakob zu Rebekka, seiner Mutter: Siehe,
mein Bruder Esau ist ein behaarter Mann, und ich bin ein glatter Mann.
[12] Vielleicht betastet mich mein Vater; dann wäre ich in seinen Augen
wie einer, der Spott mit ihm treibt, und würde Fluch auf mich bringen
und nicht Segen. [13] Seine Mutter aber sagte zu ihm: Dein Fluch komme

auf mich, mein Sohn! Höre nur auf meine Stimme, und geh, hole mir! [14] Und er ging und holte und brachte *sie* seiner Mutter. Und seine Mutter bereitete einen Leckerbissen, wie sein Vater es gern hatte. [15] Dann nahm Rebekka die guten Kleider ihres älteren Sohnes Esau, die bei ihr im Haus waren, und zog sie ihrem jüngeren Sohn Jakob an. [16] Die Felle der Ziegenböckchen aber zog sie über seine Hände und über die Glätte seines Halses, [17] und sie gab den Leckerbissen und das Brot, das sie bereitet hatte, in die Hand ihres Sohnes Jakob.

[18] So ging er zu seinem Vater hinein und sagte: Mein Vater! Und er sagte: Hier bin ich. Wer bist du, mein Sohn? [19] Da sagte Jakob zu seinem Vater: Ich bin Esau, dein Erstgeborener; ich habe getan, wie du zu mir geredet hast. Richte dich doch auf, setze dich, und iss von meinem Wildbret, damit deine Seele mich segnet! [20] Isaak aber sagte zu seinem Sohn: Wie hast du es denn so schnell gefunden, mein Sohn? Er sagte: Weil der HERR, dein Gott, es mir begegnen ließ. [21] Da sagte Isaak zu Jakob: Tritt doch heran, dass ich dich betaste, mein Sohn, ob du wirklich mein Sohn Esau bist oder nicht! [22] Und Jakob trat zu seinem Vater Isaak heran; und er betastete ihn und sagte: Die Stimme ist Jakobs Stimme, aber die Hände sind Esaus Hände. [23] Und er erkannte ihn nicht, weil seine Hände behaart waren wie die Hände seines Bruders Esau. Da segnete er ihn. [24] Und er sagte: Bist du wirklich mein Sohn Esau? Er aber sagte: Ich bin's. [25] Da sagte er: Reiche es mir her! Ich will von dem Wildbret meines Sohnes essen, damit meine Seele dich segnet. Und er reichte es ihm hin, so dass er aß. Auch brachte er ihm Wein, und er trank. [26] Dann sagte sein Vater Isaak zu ihm: Tritt doch heran und küss mich, mein Sohn! [27] Da trat er heran und küsste ihn. Und als er den Geruch seiner Kleider roch, da segnete er ihn und sprach: Siehe, der Geruch meines Sohnes ist wie der Geruch eines Feldes, das der HERR gesegnet hat. [28] So gebe dir Gott vom Tau des Himmels und vom Fett der Erde und von Korn und Most die Fülle! [29] Völker sollen dir dienen und Völkerschaften sich vor dir niederbeugen! Sei Herr über deine Brüder, und vor dir sollen sich niederbeugen die Söhne deiner Mutter! Die dir fluchen, seien verflucht, und die dich segnen, seien gesegnet!

[30] Und es geschah, sobald Isaak geendet hatte, Jakob zu segnen, ja, es geschah, als Jakob gerade eben von seinem Vater Isaak hinausgegangen war, da kam sein Bruder Esau von seiner Jagd. [31] Und auch *er* bereitete einen Leckerbissen, brachte ihn zu seinem Vater und sagte zu seinem Vater: Mein Vater richte sich auf und esse von dem Wildbret seines Sohnes, damit deine Seele mich segne! [32] Da sagte sein Vater Isaak

zu ihm: Wer bist du? Er sagte: Ich bin dein erstgeborener Sohn Esau.
33 Da erschrak Isaak mit großem Schrecken über alle Maßen und sagte:
Wer war denn der, der ein Wildbret erjagt und mir gebracht hat, dass ich
von allem gegessen habe, bevor du kamst, und ich ihn gesegnet habe?
Er wird auch gesegnet bleiben. 34 Als Esau die Worte seines Vaters hörte, da schrie er mit lautem und erbittertem Geschrei über alle Maßen
und sagte zu seinem Vater: Segne mich, auch mich, mein Vater! 35 Er
aber sagte: Dein Bruder ist mit Betrug gekommen und hat deinen Segen
weggenommen. 36 Da sagte er: Heißt er darum Jakob, weil er mich nun
schon zweimal betrogen hat? Mein Erstgeburtsrecht hat er genommen,
und siehe, jetzt hat er auch meinen Segen genommen! Und er sagte:
Hast du mir keinen Segen aufbehalten? 37 Da antwortete Isaak und sagte
zu Esau: Siehe, ich habe ihn zum Herrn über dich gesetzt und alle seine
Brüder ihm zu Knechten gegeben, und mit Korn und Most habe ich ihn
versehen, und nun, was kann ich da noch für dich tun, mein Sohn? 38 Da
sagte Esau zu seinem Vater: Hast du nur diesen einen Segen, mein Vater? Segne mich, auch mich, mein Vater! Und Esau erhob seine Stimme
und weinte. 39 Da antwortete sein Vater Isaak und sagte zu ihm: Siehe,
fern vom Fett der Erde wird dein Wohnsitz sein und fern vom Tau des
Himmels oben. 40 Von deinem Schwert wirst du leben, und deinem Bruder wirst du dienen. Doch wird es geschehen, wenn du dich losmachst,
wirst du sein Joch von deinem Hals wegreißen. 41 Und Esau war dem Jakob Feind wegen des Segens, mit dem sein Vater ihn gesegnet hatte; und
Esau sagte in seinem Herzen: Es nahen die Tage der Trauer um meinen
Vater, dann werde ich meinen Bruder Jakob erschlagen.

42 Als nun der Rebekka die Worte ihres älteren Sohnes Esau berichtet
wurden, da sandte sie hin, rief ihren jüngeren Sohn Jakob und sagte zu
ihm: Siehe, dein Bruder Esau will an dir Rache nehmen und dich erschlagen. 43 Und nun, mein Sohn, höre auf meine Stimme, und mache
dich auf, flieh zu meinem Bruder Laban, nach Haran; 44 und bleib einige Tage bei ihm, bis der Grimm deines Bruders sich wendet, 45 bis der
Zorn deines Bruders sich von dir abwendet und er vergisst, was du ihm
angetan hast! Dann will ich hinsenden und dich von dort holen lassen.
Warum sollte ich euch beide an einem Tag verlieren?

Diese Erzählung ist für den ganzen Jakob-Esau-Zyklus bestimmend. Sie ist nach dem Gesetz der Einstrangigkeit komponiert, wonach immer nur zwei Personen zugleich auftreten und miteinander reden: Isaak und Esau (V. 1-4), Rebekka und Jakob (V. 5-17), *Jakob-Isaak (V. 18-29)*, Esau-Isaak (V. 30-41) und Rebekka-Jakob (V. 42-45). Die Mitte der Komposition bilden die Verse

18-29. Das Dramatische konzentriert sich auf die betrügerische Identifikation Jakobs.

1. *Gen 27,1-4*: Isaak ist alt geworden und völlig erblindet. Er fühlt sich dem Tode nahe. So ist es Zeit, den Segen, der die Legitimität der Familie weiterführt, an seinen ältesten Sohn weiterzugeben. Noch einmal möchte er von Esau, was er an ihm so sehr schätzt (Gen 25,28), bevor er den Segen erteilt und sich in sein Schicksal fügt.

2. *Gen 27,5-17*: Rebekka aber hatte mitbekommen, was nun auf dem Spiel steht. Sie lehnt sich gegen das geltende Recht auf, wonach dem Erstgeborenen alles zufällt und für die anderen nichts bleibt. Mit dem ganzen Einsatz ihrer Person wehrt sie sich gegen das ausschließliche Vorrecht des älteren Sohnes, zumal doch beide fast zu gleicher Zeit geboren sind. Sie versucht, Jakob für ihren Plan zu gewinnen. Dabei fällt auf, dass Rebekka in ihrer Wortwahl jede Beziehung zwischen sich und den beiden, die sie überlisten will, meidet. Jakobs Einwände entkräftet sie mit mütterlicher Autorität. Ihre Entschlossenheit, alles Risiko auf sich zu nehmen, hat Jakob nichts entgegenzusetzen. Er gehorcht und willigt in das Betrugsmanöver ein. Dennoch: Beide müssen damit rechnen, dass der ganze Schwindel auffliegt. Was dann?

3. *Gen 27,18-29*: Jakob geht mit dem „Festessen" zu seinem blinden Vater und gibt sich vor ihm als Esau aus. Dem Erstaunen Isaaks über die unerwartet frühe Rückkehr begegnet er mit einer weiteren Lüge (V. 20b). Mit den Tricks seiner Mutter überwindet er das aufkommende Misstrauen seines Vaters und empfängt von ihm den Erstgeburtssegen. Damit ist Jakob das Land (Kanaan) mit seiner Fruchtbarkeit und seinen verschiedenen Völkern als Besitz wirkkräftig zugesagt. Wie Abraham und Isaak soll auch er ein Segensmittler für andere sein. Durch den Empfang des väterlichen Segens wird Jakob zugleich gegen jeden Fluch gefeit. Der Plan Rebekkas gelingt, doch mit welchen Folgen!

4. *Gen 27,30-41*: Als schließlich Esau mit seinem Wildbret zum Vater kommt, entdeckt Isaak den Betrug und erschrickt bis ins Mark. Esau erhebt laute und bittere Klage. Fassungslos fragt er, ob denn der Vater nur *einen* Segen habe. Doch der Segen für Esau fällt mager aus. Jedes Wort ist wie eine zugeschlagene Tür zum Reichtum der Erde, zum Tau

des Himmels, zum Frieden und zur Freiheit. Esau wird leben, aber es wird ein hartes Leben sein: „Von deinem Schwert wirst du leben und deinem Bruder dienen" (V. 40). Der einzige Lichtblick, der ihm bleibt, ist die Möglichkeit, dass das Joch des Jüngeren nicht für immer auf ihm lastet.

Gelungene Betrugsmanöver hinterlassen tiefe Wunden. Die beiden Betrogenen sind zugleich die Gedemütigten. Solche Verletzungen gehen an die Substanz einer Gemeinschaft und zerstören den Schalom zwischen Menschen. Von dieser Stunde an ist Esau seinem Bruder Feind. In seiner Verbitterung sinnt er auf Rache und will Jakob bei nächster Gelegenheit umbringen. Der alte Isaak ist, mehr noch als Esau, zu einer tragischen Figur geworden – durch die Intrigen seiner eigenen Familienangehörigen.

Am Ende haben Rebekka und Jakob mit ihrer trügerischen Strategie nichts gewonnen. Gegen den Hass Esaus kann auch der Segen des Vaters nichts ausrichten. Der Segen kann nur wirksam werden in einer Gemeinschaft, die in Frieden (Schalom) miteinander lebt.

5. *Gen 27,42-45*: Rebekka erkennt, dass sie mit ihrer Initiative vielleicht alles verloren hat. Sie kann nur noch versuchen, zu retten, was zu retten ist. Mit der gleichen mütterlichen Autorität weiht sie ihren Sohn in ihren neuen Plan ein, um die unausbleiblichen Folgen der Betrugsaffäre abzuwenden. Jakob gehorcht auch diesmal. Er hat keine andere Wahl. So macht er sich auf den Weg nach Haran und flieht zum Bruder seiner Mutter. Seine Abwesenheit wird nicht nur „einige Tage" dauern. Zwanzig Jahre werden vergehen, bis Jakob aus der Fremde heimkehrt. Rebekka wird ihren Sohn nicht wieder sehen. Die Ereignisse gehen über ihre Zukunftspläne hinweg.

Wozu sind Menschen fähig, wenn sie unmittelbar von den Auswirkungen eines sozialen Unrechts betroffen sind? Wie können sie sich gegen Privilegien wehren, die sie von den Lebenschancen anderer ausschließen? In Gen 27 ist es Rebekka, die sich gegen das überkommene Vorrecht ihres älteren Sohnes auflehnt. Ähnlich wie sich Hagar gegen die Unterdrückung durch Sara auflehnt. Hier zeigt sich schon das Zerbrechen einer alten Familienordnung an, die in der Josefsgeschichte dann zu einer neuen Form, der Gleichberechtigung von Brüdern untereinander, gefunden hat. Aber dort wie hier spielen auch Sympathie und Antipathie eine entscheidende Rolle: „Isaak hatte Esau lieber... Rebekka aber hatte Jakob lieber“ (Gen 25,28). Jakob wiederholt später die gleichen Sympathie-Fehler seiner Mutter.

In dem so menschlichen Kampf um den Segen des alten Isaak kommen letztlich Gottes Pläne zum Ziel. Darum kann Isaak den Segen auch nicht zurücknehmen, weil Gott selbst durch ihn gehandelt und seinen Willen durchgesetzt hat. Hier wird von einem Gotteshandeln geredet, das sich mit zweideutigem Menschenhandeln verbindet und seinen Plänen einordnet: Der Schuldige wird zum Träger der Verheißung.

Die Andersartigkeit dieser Erzählung gegenüber den Geschichten des Abraham-Sara-Zyklus zeigt sich vor allem darin, dass hier die Spannung nicht durch eine elementare Gegebenheit oder ein Geschehen (wie Unfruchtbarkeit einer Frau oder Hungersnot) entsteht, sondern durch die Tat eines Menschen, der in den vorgegebenen Verlauf eines Geschehens eingreift. Rebekka greift in den Vorgang der Segenshandlung ein, weil sie das Vorrecht des Erstgeborenen für den jüngeren Sohn sichern will. Aus diesem Eingreifen erwächst das Drama, das bis zum Mordplan des betrogenen Esau führt. Es ist die Absicht des Erzählers, die zielbewusste Initiative zum Betrug ganz Rebekka zuzuschreiben. Sie lehnt sich gegen das soziale Unrecht auf. Rebekka ist mit dieser Auflehnung ihrer Zeit voraus. Sie wehrt sich buchstäblich „mit allen Mitteln“ gegen das Privileg des „Großen“, das den „Kleinen“ ausschließt.

Die Erzählung setzt sich in Gen 28,10 ff. fort.

Jakob wird nach Aram geschickt: Gen 27,46–28,9

27[46] Und Rebekka sagte zu Isaak: Ich bin des Lebens überdrüssig wegen der Töchter Hets. Wenn Jakob auch eine Frau wie diese nimmt, von
den Töchtern Hets, von den Töchtern des Landes, was liegt mir dann
noch am Leben? 28[1] Da rief Isaak den Jakob und segnete ihn. Und er
befahl ihm und sagte zu ihm: Nimm dir nicht eine Frau von den Töchtern Kanaans! [2] Mache dich auf, geh nach Paddan-Aram zum Haus Betuels, des Vaters deiner Mutter, und nimm dir von dort eine Frau von
den Töchtern Labans, des Bruders deiner Mutter! [3] Gott, der Allmächtige, segne dich und mache dich fruchtbar und vermehre dich, dass du
zu einer Schar von Völkern werdest; [4] und er gebe dir den Segen Abrahams, dir und deiner Nachkommenschaft mit dir, damit du das Land
deiner Fremdlingschaft, das Gott dem Abraham gegeben hat, in Besitz
nehmest! [5] So entließ Isaak den Jakob, und er ging nach Paddan-Aram

zu Laban, dem Sohn des Aramäers Betuel, dem Bruder Rebekkas, der Mutter Jakobs und Esaus. 6 Und als Esau sah, dass Isaak den Jakob gesegnet und ihn nach Paddan-Aram entlassen hatte, sich von dort eine Frau zu nehmen, indem er ihn segnete und ihm gebot: Nimm ja nicht eine Frau von den Töchtern Kanaans! 7 und dass Jakob seinem Vater und seiner Mutter gehorchte und nach Paddan-Aram ging, 8 da sah Esau, dass die Töchter Kanaans übel waren in den Augen seines Vaters Isaak, 9 und Esau ging zu Ismael und nahm sich Mahalat zur Frau, die Tochter Ismaels, des Sohnes Abrahams, die Schwester Nebajots, zu seinen anderen Frauen hinzu.

Bei dieser Erzählung haben wir es mit einer völlig anderen Fassung der Jakob-Esau-Geschichte zu tun. Hier wird der Weg Jakobs zu den Verwandten Rebekkas ganz anders begründet: Er soll sich von dort eine Frau holen. Anlass war der „große Kummer", den Esau mit der Heirat zweiter Hethiterinnen bei seinen Eltern ausgelöst hatte (vgl. Gen 26,34 f). Auch hier ergreift Rebekka die Initiative – diesmal bei Isaak. Vehement äußert sie ihren Unmut auch über die Schwiegertöchter: Wenn Jakob auch eine solche Frau nehmen sollte, wäre das für sie eine Katastrophe: „Was liegt mir dann noch am Leben!" Daraufhin ruft Isaak seinen Sohn Jakob und gebietet ihm ausdrücklich, keine von den Töchtern Kanaans zu heiraten. Ähnlich wie Abraham seinen Knecht schickt er Jakob zur Verwandtschaft seines Vaters (vgl. Gen 24). Mit seinem Segen überträgt er ihm zum Abschied alle Verheißungen, die auf Abraham zurückgeführt werden. In dieser Szene hat Isaak nichts mehr von einem kraftlosen Greis an sich.

Als Esau nun erfährt, warum Jakob sich auf den Weg zur Verwandtschaft seiner Mutter macht, versucht auch er seine Eltern zu versöhnen. Er nimmt sich eine Frau aus der Verwandtschaft seines Vaters, eine Tochter Ismaels.

In diesen beiden Episoden schlägt die genealogische Position der Priesterschrift mit der Abgrenzung von Nichtjuden wieder durch.

Dieser ganz anders motivierte Abschied Jakobs lässt vermuten, dass spätere Generationen sich schwer taten, ihre Stammeltern mit dem ursprünglichen „schonungslosen Realismus" (G. v. Rad) zu betrachten und deshalb bemüht waren, die alte Tradition von allem Anstößigen zu reinigen.

Jakob auf der Flucht vor Esau: Gen 28,10–22

28[10] Und Jakob zog aus von Beerscheba und ging nach Haran. [11] Und
er gelangte an eine Stätte und übernachtete dort; denn die Sonne war
schon untergegangen. Und er nahm einen von den Steinen der Stätte
und legte ihn an sein Kopfende und legte sich nieder an jener Stätte. [12]
Und er träumte: und siehe, eine Leiter war auf die Erde gestellt, und ihre
Spitze berührte den Himmel; und siehe, Engel Gottes stiegen darauf auf
und nieder. [13] Und siehe, der HERR stand über ihr und sprach: Ich bin der
HERR, der Gott deines Vaters Abraham und der Gott Isaaks; das Land,
auf dem du liegst, dir will ich es geben und deiner Nachkommenschaft.
[14] Und deine Nachkommenschaft soll wie der Staub der Erde werden, und
du wirst dich ausbreiten nach Westen und nach Osten und nach Norden
und nach Süden hin; und in dir und in deiner Nachkommenschaft sollen
gesegnet werden alle Geschlechter der Erde. [15] Und siehe, ich bin mit dir,
und ich behüte dich überall, wohin du gehst, und ich bringe dich zurück
in dieses Land; denn ich verlasse dich nicht, bis ich getan, was ich dir
versprochen habe. [16] Da erwachte Jakob aus seinem Schlaf und sagte:
Fürwahr, der HERR ist an diesem Ort, und ich habe es nicht erkannt! [17]
Und er fürchtete sich und sagte: Wie schauerlich ist dieser Ort! Hier ist
nichts anderes als das Haus Gottes, und das Tor des Himmels.

[18] Und Jakob stand früh am Morgen auf und nahm den Stein, den er
an sein Kopfende gelegt hatte, und stellte ihn auf als Gedenkstein und
goss Öl auf seine Spitze. [19] Und er gab dieser Stätte den Namen Bethel.
Im Anfang jedoch war Lus der Name der Stadt. [20] Und Jakob legte ein
Gelübde ab und sagte: Wenn Gott mit mir ist und mich behütet auf diesem Weg, den ich gehe, und mir Brot zu essen und Kleidung anzuziehen
gibt [21] und ich in Frieden zurückkehre zum Haus meines Vaters, dann
soll der HERR mein Gott sein. [22] Und dieser Stein, den ich als Gedenkstein aufgestellt habe, soll ein Haus Gottes werden; und alles, was du
mir geben wirst, werde ich dir treu verzehnten.

Jakob ist auf der Flucht vor seinem Bruder Esau in das Land der „Söhne des Ostens“ nach Haran zu seinem Onkel Laban. Unterwegs wird er vom Einbruch der Nacht überrascht und muss im Freien übernachten. Er findet einen geeigneten Platz, legt sich einen Stein als Schutz für sein Haupt zurecht und schläft ein.

Im Traum sieht er eine Treppe, die von dem Ort, an dem er schläft, bis zum Himmel reicht. Auf der Treppe steigen himmlische Wesen auf und nieder. Jahwe erscheint und gibt sich als der Gott Abrahams und Isaaks zu erkennen. Zusammen mit einer Landverheißung wird Jakob eine unvorstellbar große Mehrung und Ausbreitung seiner Nachkommen vorausgesagt. Damit wird er in eine Reihe mit seinen „Vätern“ Abraham und Isaak gestellt. Zuletzt folgt die auf seine gegenwärtige Situation bezogene Verheißung:

„Ich bin mit dir,
ich behüte dich überall, wohin du gehst,
und bringe dich zurück in dieses Land.
Denn ich verlasse dich nicht,
bis ich getan, was ich dir versprochen habe.“ (Gen 28,15)

In der bisher dunkelsten Phase seines Lebens erfährt Jakob durch diesen Traum, dass Jahwe mit ihm Geschichte machen will und ihn im Drama seines Lebens nicht im Stich lässt. Das Bild der Treppe, die den Ort, auf dem er liegt, mit dem Himmel verbindet, und die Engel, die auf dieser Treppe auf- und niedersteigen, machen ihm deutlich, dass der Gott seiner Väter überall ihm nahe ist – so nahe, dass er beim Erwachen erschrickt, als er realisiert, was er im Traum geschaut hat. Ein Schaudern überkommt ihn und er stößt heraus: „Wie schauerlich ist dieser Ort! Hier ist nichts anderes als das Haus Gottes und das Tor des Himmels“, also ein Ort, wo der Himmel sich dem Menschen auftut.

Wo immer ein Mensch ist, gibt es diese Treppe, auf der Engel auf- und niedersteigen. Wo immer ein Mensch ist, gibt es dieses „Tor des Himmels“, ja, jeder Mensch ist ein Ort, über dem der Himmel sich öffnet, auch wenn wir es wie Jakob nicht „wussten“ (V. 16). Diese unheimliche Erfahrung sucht einen angemessenen Ausdruck: Früh am Morgen steht Jakob auf und richtet den Stein, den er sich zum Schutz für sein Haupt ausgesucht hatte, als Zeugen seines Traumes auf. Dann salbt er ihn und gibt dem Ort seinen Namen: Bet-El (Haus Gottes). Der Stein soll anderen diesen Ort als heilig, als Ort Jahwes kenntlich machen. Mit einem feierlichen Gelöbnis antwortet Jakob auf die Verheißungen Jahwes und setzt seine Flucht nach Haran fort.

Der Gesegnete ist auf Verheißung hin unterwegs. Zum ersten Mal in seinem Leben hat er eine persönliche Gotteserfahrung gemacht – völlig unerwartet.

Jakob heiratet Lea und Rachel: Gen 29,1-30

29[1] Und Jakob machte sich auf und ging in das Land der Söhne des
Ostens. [2] Und er sah, und siehe, da war ein Brunnen auf dem Feld; und
siehe, drei Schafherden lagerten dort an ihm, denn aus diesem Brunnen
tränkte man die Herden; und der Stein auf der Öffnung des Brunnens
war groß. [3] Und waren alle Herden dort versammelt, dann wälzte man
den Stein von der Öffnung des Brunnens und tränkte die Schafe; dann
brachte man den Stein wieder auf die Öffnung des Brunnens an seine
Stelle. [4] Und Jakob sagte zu ihnen: Meine Brüder, woher seid ihr? Und
Sie sagten: Wir sind von Haran. [5] Da sagte er zu ihnen: Kennt ihr Laban, den Sohn Nahors? Sie sagten: Wir kennen ihn. [6] Und er sagte zu
ihnen: Geht es ihm gut? Sie sagten: Es geht ihm gut; doch siehe, da
kommt seine Tochter Rahel mit den Schafen. [7] Da sagte er: Siehe, es ist
noch hoch am Tag, es ist nicht Zeit, das Vieh zu sammeln. Tränkt die
Schafe, und geht hin, weidet sie! [8] Sie aber sagten: Wir können nicht,
bis alle Herden sich versammelt haben; dann wälzt man den Stein von
der Öffnung des Brunnens und wir tränken die Schafe. [9] Noch redete
er mit ihnen, da kam Rahel mit den Schafen, die ihrem Vater gehörten;
denn sie war eine Hirtin. [10] Und es geschah, als Jakob die Rahel sah, die
Tochter Labans, des Bruders seiner Mutter, und die Schafe Labans, des
Bruders seiner Mutter, da trat Jakob hinzu und wälzte den Stein von
der Öffnung des Brunnens und tränkte die Schafe Labans, des Bruders
seiner Mutter. [11] Und Jakob küsste Rahel und erhob seine Stimme und
weinte. [12] Und Jakob berichtete Rahel, dass er ein Neffe ihres Vaters
und dass er der Sohn Rebekkas sei. Da lief sie und berichtete es ihrem
Vater. [13] Und es geschah, als Laban die Nachricht von Jakob, dem Sohn
seiner Schwester, hörte, da lief er ihm entgegen und umarmte ihn und
küsste ihn und führte ihn in sein Haus. Und er erzählte dem Laban alle
diese Dinge. [14] Und Laban sagte zu ihm: Fürwahr, du bist mein Bein
und mein Fleisch. Und er blieb bei ihm einen Monat lang. [15] Und Laban
sagte zu Jakob: Solltest du, weil du mein Neffe bist, mir umsonst dienen? Sag mir, was soll dein Lohn sein? [16] Laban aber hatte zwei Töchter; der Name der älteren war Lea und der Name der jüngeren Rahel. [17]
Leas Augen waren matt; Rahel aber war schön von Gestalt und schön
von Aussehen. [18] Und Jakob liebte Rahel; so sagte er: Ich will dir sieben
Jahre für deine jüngere Tochter Rahel dienen. [19] Da sagte Laban: Besser, ich gebe sie dir, als daß ich sie einem andern Mann gebe. Bleibe bei
mir! [20] So diente Jakob für Rahel sieben Jahre; und sie waren in seinen
Augen wie einige wenige Tage, weil er sie liebte.

21 Und Jakob sagte zu Laban: Gib mir nun meine Frau! Denn meine Tage sind erfüllt, dass ich zu ihr eingehe. 22 Da versammelte Laban
alle Männer des Ortes und veranstaltete ein Mahl. 23 Und es geschah
am Abend, da nahm er seine Tochter Lea und brachte sie zu ihm; und
er ging zu ihr ein. 24 Und Laban gab ihr, seiner Tochter Lea, seine Magd
Silpa als Magd. 25 Und es geschah am Morgen, siehe, da war es Lea. Da
sagte er zu Laban: Was hast du mir da angetan? Habe ich nicht für Rahel bei dir gedient? Warum hast du mich betrogen? 26 Laban aber sagte:
Das tut man an unserm Ort nicht, die Jüngere vor der Erstgeborenen
zu geben. 27 Vollende die Hochzeitswoche mit dieser! Dann wollen wir
dir auch jene geben, für den Dienst, den du bei mir noch weitere sieben
Jahre dienen sollst. 28 Und Jakob tat so und vollendete die Hochzeitswoche mit dieser. Dann gab er ihm seine Tochter Rahel zur Frau. 29 Und
Laban gab seiner Tochter Rahel seine Magd Bilha als ihre Magd. 30 Da
ging er auch zu Rahel ein. Und er liebte auch Rahel, mehr als Lea. Und
er diente bei ihm noch weitere sieben Jahre.

1. *Gen 29,1-20*: Als mittelloser Flüchtling erreicht Jakob schließlich Haran. Bei seiner ersten Begegnung mit Hirten aus dem Ort stößt er auf Zurückhaltung und vielleicht sogar auf Misstrauen. Sie antworten ihm recht einsilbig auf seine Fragen und scheinen froh zu sein, dass sie ihn bald wieder los sind: Da kommt gerade Labans Tochter Rachel mit der Herde. Ganz anders die Begegnung mit Rachel: Als sie mit der Herde ihres Vaters bei den anderen Hirten eintrifft, wälzt er den großen Stein vom Brunnen und tränkt ihr Vieh. Dann – noch bevor er ein Wort mit ihr gewechselt hat – begrüßt er Rachel mit einem Kuss, wie es unter Verwandten üblich ist und beginnt laut zu weinen. Jakob ist tief bewegt. Seine Flucht hat ein glückliches Ende gefunden. Die Begegnung mit Rachel überwältigt ihn. Erst jetzt findet er Worte und sagt dem Mädchen, wer er ist. Auch Rachel scheint von dieser ersten Begegnung mit Jakob ergriffen zu sein. Sie läuft nach Haus und erzählt ihrem Vater, wen sie am Brunnen draußen getroffen hat. So findet der Fremdling am Ende doch eine freudige Aufnahme im Land der „Söhne des Ostens“. Nachdem er sich durch seine Geschichte legitimiert hat, wird er von Laban als Verwandter anerkannt.

Doch wie kann Jakob, der mit leeren Händen zu Laban gekommen war, als ernstzunehmender Brautwerber angenommen werden? Aus Liebe zu Rachel macht er dem Brautvater ein unwahrscheinlich hohes

Angebot. Sieben Jahre will er ihm seine Arbeitskraft zur Verfügung stellen. Ohne Zögern geht Laban auf dieses Angebot ein. Weil Jakob Rachel liebt, kommen ihm die sieben Jahre wie wenige Tage vor (Gen 29,20). Für ihn waren sie das Kostbarste, womit er als heimat- und mittelloser Mann seine Braut ehren konnte. Doch wenn die beiden Liebenden Hochzeit feiern, werden ein gedemütigter Jakob und eine betrogene Rachel sich begegnen.

2. *Gen 29,21-30*: Sobald die sieben Jahre um sind, fordert Jakob von Laban sein Recht: Gib mir jetzt meine Frau! Und erst jetzt führt Laban den Plan aus, seinen Vorteil zu nutzen und Jakob hinters Licht zu führen. Damit endet das friedliche Verhältnis zwischen Jakob und Laban. Die Gegnerschaft beider Männer beginnt.

Als Jakob am Morgen nach der Hochzeit entdeckt, dass Laban ihm die Falsche zugeführt hat, verschlägt es ihm vor Schreck und Empörung die Sprache. Ihm ist geschehen, was er selber seinem Vater und vor allem seinem Bruder Esau angetan hat. Der Betrüger ist nun selbst der Betrogene. Jetzt kann er nachfühlen, wie tief er Esau verletzt hat.

Die Erzählung verschweigt, warum Lea eine ganze Nacht lang die Falsche gespielt und warum Jakob erst am nächsten Morgen den Betrug gemerkt hat. Sie geht auch nicht darauf ein, ob Rachel nicht die Möglichkeit gehabt hat, sich gegen ihren Vater aufzulehnen. Vielleicht hat Laban seine Töchter gezwungen, bei diesem bösen Spiel mitzumachen? Was ist in diesen Menschen vorgegangen, dass der Betrug so perfekt gelingen konnte?

Jakobs Anklagen und Vorwürfe gleiten an Laban ab. Jakob muss erkennen, dass er nichts machen kann. Er ist der heimatlose Fremde mit den leeren Händen. Hinter dem Familienoberhaupt Laban aber stehen seine Brüder und die Leute des Ortes, die weiter mit ihm feiern wollen.

Der Betrug hat Jakob in eine noch größere Abhängigkeit von Laban gebracht. Der fordert ihn auf, die Festwoche mit Lea nicht abzubrechen. Das würde beiden nur schaden. Dann soll er Rachel für weitere sieben Dienstjahre zur Frau erhalten. Jakob nimmt an. Er hat keine andere Wahl. Der Mächtigere hat sich zu seinem Vorteil auf ganzer Linie durchgesetzt. Laban hat nicht nur Jakob, sondern auch seine Tochter Rachel betrogen. Sie kann nur noch Jakobs zweite Frau werden. Dieser Eingriff in die Liebe zweier Menschen entfremdet auch Rachel von ihrem Vater. Als Jakob nach Haran kam, fragte er nach dem Frieden (shalom) Labans und seines Hauses. Mit seiner Hinterhältigkeit hat er diesen „Schalom“ zerstört und bedroht nun auch den „Schalom“ zwischen seinen beiden Töchtern.

In dieser für Jakob demütigenden und erzwungenen Lage wird Rachel seine Frau. Was einmal Glück und die Erfüllung einer großen Sehnsucht bedeutet hatte, ist nun ganz anders geworden. Doch die Liebe zwischen beiden ließ sich nicht zerstören. Sie überlebt den bösen Eingriff von außen. Jakob liebt Rachel mehr als Lea (Gen 29,30). Damit zeigt sich ein neuer Konflikt an: die Rivalität zwischen den beiden Frauen Jakobs.

Es muss aber auch erwähnt werden, dass Jakob Leas Recht als Ehefrau achtet und ihre Ehe zu wahren bereit ist. Auch sie wird sich am Ende gegen ihren Vater entscheiden. Beide Frauen werden gepriesen als „die zwei, die das Haus Israel aufgebaut haben“ (Rut 4,11).

Jakobs Söhne mit Lea und Rachel: Gen 29,31-30,24

29[31] Und als der HERR sah, dass Lea zurückgesetzt war, da öffnete
er ihren Mutterschoß; Rahel aber war unfruchtbar. [32] Und Lea wurde
schwanger und gebar einen Sohn, und sie gab ihm den Namen Ruben,
denn sie sagte: Ja, der HERR hat mein Elend angesehen. Denn jetzt wird
mein Mann mich lieben. [33] Und sie wurde wieder schwanger und gebar
einen Sohn; und sie sagte: Ja, der HERR hat gehört, dass ich zurückgesetzt bin, so hat er mir auch den gegeben. Und sie gab ihm den Namen
Simeon. [34] Und sie wurde wieder schwanger und gebar einen Sohn; da
sagte sie: Diesmal endlich wird sich mein Mann an mich anschließen,
denn ich habe ihm drei Söhne geboren. Darum gab man ihm den Namen Levi. [35] Dann wurde sie noch einmal schwanger und gebar einen
Sohn; und sie sagte: Diesmal will ich den HERRN preisen! Darum gab
sie ihm den Namen Juda. Und sie hörte auf zu gebären.

30[1] Und als Rahel sah, dass sie dem Jakob nicht gebar, da war Rahel auf ihre Schwester eifersüchtig und sagte zu Jakob: Gib mir Kinder!
Und wenn nicht, dann sterbe ich. [2] Da entbrannte Jakobs Zorn gegen
Rahel, und er sagte: Bin ich an Gottes Stelle, der dir Leibesfrucht vorenthalten hat? [3] Sie sagte: Siehe, da ist meine Magd Bilha. Geh zu ihr
ein, dass sie auf meinen Knien gebäre und auch ich aus ihr erbaut werde! [4] Und sie gab ihm ihre Magd Bilha zur Frau; und Jakob ging zu ihr
ein. [5] Da wurde Bilha schwanger und gebar Jakob einen Sohn. [6] Rahel
aber sagte: Gott hat mir Recht verschafft und auch auf meine Stimme

gehört und mir einen Sohn gegeben. Darum gab sie ihm den Namen Dan. 7 Und Rahels Magd Bilha wurde noch einmal schwanger und gebar dem Jakob einen zweiten Sohn. 8 Da sprach Rahel: Kämpfe Gottes habe ich mit meiner Schwester gekämpft, habe auch gesiegt. Und sie gab ihm den Namen Naftali. 9 Und als Lea sah, dass sie aufhörte zu gebären, da nahm sie ihre Magd Silpa und gab sie Jakob zur Frau. 10 Und Silpa, die Magd Leas, gebar dem Jakob einen Sohn. 11 Da sagte Lea: Zum Glück! Und sie gab ihm den Namen Gad. 12 Und Silpa, die Magd Leas, gebar dem Jakob einen zweiten Sohn. 13 Da sprach Lea: Zu meiner Glückseligkeit! Denn glückselig preisen mich die Töchter. Und sie gab ihm den Namen Asser.

14 Und Ruben ging aus in den Tagen der Weizenernte und fand Dudaim auf dem Feld; und er brachte sie seiner Mutter Lea. Da sagte Rahel zu Lea: Gib mir doch von den Dudaim deines Sohnes! 15 Sie aber sagte zu ihr: Ist es dir nicht genug, dass du mir meinen Mann genommen hast, dass du auch die Dudaim meines Sohnes nehmen willst? Da sagte Rahel: So mag er denn diese Nacht bei dir liegen als Entgelt für die Dudaim deines Sohnes. 16 Und als Jakob am Abend vom Feld kam, da ging Lea hinaus, ihm entgegen, und sagte: Zu mir sollst du eingehen, denn gekauft habe ich dich, gekauft mit den Dudaim meines Sohnes. Da lag er in dieser Nacht bei ihr. 17 Und Gott hörte auf Lea, so dass sie schwanger wurde und dem Jakob einen fünften Sohn gebar. 18 Da sagte Lea: Gott hat mir meinen Lohn gegeben dafür, dass ich meinem Mann meine Magd gegeben habe. Und sie gab ihm den Namen Issaschar. 19 Und Lea wurde noch einmal schwanger und gebar dem Jakob einen sechsten Sohn. 20 Da sagte Lea: Mir hat Gott ein schönes Geschenk geschenkt; diesmal wird mein Mann mich erheben, denn ich habe ihm sechs Söhne geboren. Und sie gab ihm den Namen Sebulon. 21 Und danach gebar sie eine Tochter und gab ihr den Namen Dina. 22 Und Gott dachte an Rahel, und Gott hörte auf sie und öffnete ihren Mutterleib. 23 Und sie wurde schwanger und gebar einen Sohn. Da sagte sie: Gott hat meine Schmach weggenommen. 24 Und sie gab ihm den Namen Joseph und sagte: Der HERR füge mir einen anderen Sohn hinzu!

1. *Gen 29,31-30,13*: Erst jetzt ist wieder von Jahwe die Rede. Das Gottesverhältnis der Väter war offenbar so natürlich, dass die alten Erzählungen nur da von ihm reden, wo sich das aus dem Ablauf der Ereignisse als notwendig ergab. „Als Jahwe sah, dass Lea zurückgesetzt wurde, öffnete er ihren Mutterschoß. Rachel aber war unfruchtbar" (Gen

29,31). Die beiden Motive der ungeliebten und der kinderlosen Frau bestimmen die Spannung der folgenden Ereignisse. Auf Jahwes Sehen folgt sein helfendes Eingreifen. Er steht auf Seiten der Benachteiligten. Gesegnet wird Jakob wegen einer Frau, die er gar nicht haben wollte. Nach dem Erstgeborenen folgen gleich drei weitere Söhne folgen. Der Segen, den Jakob sich von seinem Vater Isaak erschlichen hat, wird von Jahwe in Kraft gesetzt wegen einer Frau, die benachteiligt um die Liebe und Anerkennung ihres Mannes kämpfen muss.

Die Fruchtbarkeit Leas weckt Rachels Eifersucht. Die Heftigkeit ihres Ausbruchs offenbart den Schmerz und die Verzweiflung der kinderlosen Frau. Ohne Kinder hat sie keine Zukunft. Ebenso verständlich ist die von Zorn geladene Antwort Jakobs. Rachel verlangt Unmögliches von ihm. Nach der zarten Liebesgeschichte (Gen 29,1-20) ist dieser heftige Wortwechsel das einzige, was wir aus ihrer Ehe erfahren. Er macht deutlich, wie sehr ihre Beziehung unter Rachels Kinderlosigkeit leidet. In ihrer Verzweiflung wählt Rachel einen Ausweg, ähnlich wie Sara, und gibt Jakob ihre Magd Bilha zur Frau. Die nächsten vier Söhne werden geboren, weil Jakob nach der dramatischen Auseinandersetzung mit Rachel auf die Wünsche seiner Frauen eingeht.

Es fällt auf, dass die biblischen Autoren in diesem Zusammenhang für Gott das Wort „Elohim" wählen. Das kann vielleicht daraufhin deuten, dass sie in dem eigenmächtigen Handeln den Versuch sehen, in die Pläne des wahren Herrn über das Leben einzugreifen.

2. *Gen 30,14-24*: Die Rivalität zwischen Lea und Rachel kommt nur im Streit der beiden Frauen um die Liebesäpfel (Alraunen, Dudaim) zum Ausdruck, die Leas Sohn Ruben findet. Die Alraunen galten als ein Mittel, das die Fruchtbarkeit fördert. In dem Wortwechsel kommt heraus, dass Lea sich durch ihre Schwester in ihrer Stellung als Hauptfrau Jakobs bedroht fühlt: „Ist es dir nicht genug, dass du mir meinen Mann genommen hast...?" Der Streit endet schließlich mit einer Abmachung, von der beide Frauen profitieren: Lea bekommt eine Nacht mit Jakob, Rachel die Liebesäpfel. Endlich wird auch Rachels Lebenswunsch erfüllt. Gott erhört sie und öffnet ihren Schoß. Sie wird schwanger und bringt einen Sohn zur Welt, den sie Joseph nennt. An dieser Stelle wird Gott wieder „Jahwe" genannt.

Mit der Rivalität zwischen Rachel und Lea zeigen die biblischen Autoren einen tief greifenden Konflikt aus der Zeit der Erzeltern um die

Stellung und Geltung der Frau im Rahmen der Großfamilie. Hier wie an anderen Stellen ist es die Frau, die gegen ein Übergewicht von Gemeinschaftsinteressen die Interessen ihrer Person ins Spiel bringt.

Jakob überlistet Laban: Gen 30,25-43

30[25] Und es geschah, als Rahel den Joseph geboren hatte, da sagte Jakob zu Laban: Entlass mich, dass ich an meinen Ort und in mein Land
ziehe! [26] Gib mir meine Frauen und meine Kinder, für die ich dir gedient habe, damit ich weg ziehe! Du selbst kennst ja meinen Dienst, mit
dem ich dir gedient habe. [27] Laban aber sagte zu ihm: Wenn ich doch
Gunst gefunden habe in deinen Augen – ich habe durch Wahrsagung
erfahren, dass der HERR mich um deinetwillen gesegnet hat. [28] Und er
sagte: Bestimme mir deinen Lohn, so will ich ihn dir geben! [29] Da sagte er zu ihm: Du weißt ja selbst, wie ich dir gedient habe und was aus
deinem Vieh bei mir geworden ist. [30] Denn wenig war, was du vor mir
hattest, und es hat sich zu einer Menge ausgebreitet, und der HERR hat
dich gesegnet auf jedem meiner Tritte. Nun aber, wann soll ich auch für
mein Haus schaffen? [31] Da sagte er: Was soll ich dir geben? Und Jakob
sagte: Du sollst mir gar nichts geben; wenn du mir diese eine Sache
zugestehst, dann will ich wieder deine Schafe weiden und hüten. [32] Ich
will heute durch deine ganze Herde gehen und daraus aussondern jedes
gesprenkelte und gefleckte Tier und jedes dunkelfarbige Tier unter den
Schafen und das Gefleckte und Gesprenkelte unter den Ziegen: Das sei
mein Lohn! [33] Und meine Gerechtigkeit soll an einem künftigen Tag für
mich zeugen, wenn du herkommst wegen meines Lohnes vor dir: Alles,
was nicht gesprenkelt und gefleckt ist unter den Ziegen und dunkelfar-
big unter den Schafen, das gelte als gestohlen bei mir. [34] Da sagte Laban: Siehe, es geschehe nach deinem Wort! [35] So sonderte er an jenem
Tag die gestreiften und gefleckten Böcke aus und alle gesprenkelten
und gefleckten Ziegen, alles, woran etwas Weißes war, und alles Dunkelfarbige unter den Schafen, und gab sie in die Hand seiner Söhne. [36]
Und er legte einen Weg von drei Tagereisen zwischen sich und Jakob;
und Jakob weidete die übrige Herde Labans. [37] Und Jakob nahm sich
frische Stäbe von Storaxbaum, Mandelbaum und Platane und schälte
an ihnen weiße Streifen heraus, indem er das Weiße, das an den Stäben war, bloßlegte. [38] Und er legte die Stäbe, die er geschält hatte, in
die Tränkrinnen, in die Wassertränken, wohin die Tiere zum Trinken
kamen, vor die Tiere hin; und sie waren brünstig, wenn sie zum Trinken kamen. [39] So waren die Tiere vor den Stäben brünstig, und die Tie-

re warfen gestreifte, gesprenkelte und gefleckte Lämmer. [40] Und Jakob sonderte die Lämmer aus, und er richtete das Gesicht der Tiere auf das Gestreifte und alles Dunkelfarbige unter den Tieren Labans; und so legte er eigene Herden an für sich besonders und tat sie nicht zu den Tieren Labans. [41] Und es geschah, sooft die kräftigen Tiere brünstig waren, legte Jakob die Stäbe vor die Augen der Tiere in die Tränkrinnen, damit sie bei den Stäben brünstig würden; [42] wenn aber die Tiere schwächlich waren, legte er sie nicht hin. So wurden die schwächlichen dem Laban zuteil und die kräftigen dem Jakob. [43] Und der Mann breitete sich mehr und mehr aus, und er bekam viel Vieh, Mägde und Knechte, Kamele und Esel.

„Als Rachel den Joseph geboren hatte, da sagte Jakob zu Laban: Entlass mich, dass ich an meinen Ort und in mein Land ziehe!“ (Gen 30,25). Er spürt, dass er hier nicht zu „sich“ kommen kann. Im Land der „Söhne des Ostens“ wird er ein Fremdling bleiben und dazu ein abhängiger. Wenn die vierzehn Jahre seines Dienstes in der Fremde einen Sinn bekommen sollen, dann muss er mit seinen Frauen und Kindern von hier fortziehen und in seine Heimat zurückkehren. Hier wird er nicht zu seiner Identität finden. Er muss den Ort wieder finden, den Gott für ihn bestimmt hat. Sonst hat er keine Zukunft.

Die Bitte um Entlassung hat Laban überrascht und in Verlegenheit gebracht. Wenn Jakob wegzieht, kann das für sein Haus nur von Nachteil sein. In seiner Besorgnis stellt er es Jakob frei, seinen Lohn selbst zu bestimmen. Er weiß nur zu gut, dass dieser erst etwas aus seinem Besitz gemacht hat. Laban übergeht Jakobs Bitte und wiederholt sein Angebot. Es sieht so aus, als habe Jakob gespürt, dass Laban ihn nicht ziehen lassen will. Um kein Risiko einzugehen, macht er eine Wendung und bietet Laban an, weiterhin sein Hirte zu bleiben, und zwar unter einer Bedingung: künftig sollen die gefleckten und gesprenkelten Tiere ihm gehören und aus der Herde ausgesondert werden. Laban nimmt das Angebot ohne Zögern an, sondert aber selbst die Tiere aus und gibt sie in die Obhut seiner Söhne. Darüber hinaus legt er einen Sicherheitsabstand von drei Tagreisen zwischen diesen Tieren und der Herde, die Jakob zu hüten hat. Am Ende wird sich herausstellen, dass Jakob mit seiner Bedingung genau das erreicht, was er im Sinn hat: endlich für *sein eigenes Haus* zu sorgen. Gegenüber dem Mächtigeren hat er keine andere Wahl, als ihn zu überlisten. List hat in diesem Zusammenhang eine positive Bedeutung: den gesammelten Einsatz geistiger Kraft, um sich aus der Abhängigkeit zu befreien. Und Jahwe, der die Machtlosen beschützt, lässt Jakob die List gelingen. Mit einem Kunstgriff erreicht Jakob ein sehr vorteilhaftes Zuchtergebnis. „So breitete der Mann sich mehr und mehr aus, und er bekam viel Vieh, Mägde und Knechte, Kamele und Esel“ (Gen 30,43).

Jakob auf der Flucht vor Laban und sein Aufbruch in das Land seiner Väter und Mütter: Gen 31,1-32,1

31 1 Und er hörte die Reden der Söhne Labans, die sagten: Jakob hat alles an sich genommen, was unserem Vater gehörte; und von dem, was
unserem Vater gehört, hat er sich all diesen Reichtum verschafft. 2 Und
Jakob sah das Gesicht Labans, und siehe, es war ihm gegenüber nicht
wie früher. 3 Und der HERR sprach zu Jakob: Kehre zurück in das Land
deiner Väter und zu deiner Verwandtschaft! Ich werde mit dir sein. 4 Da
sandte Jakob hin und rief Rahel und Lea aufs Feld zu seinen Tieren. 5
Und er sagte zu ihnen: Ich sehe das Gesicht eures Vaters, dass es zu mir
nicht wie früher ist; aber der Gott meines Vaters ist mit mir gewesen.
6 Ihr selbst wisst ja, dass ich mit all meiner Kraft eurem Vater gedient
habe. 7 Und euer Vater hat mich betrogen und hat meinen Lohn zehnmal verändert; aber Gott hat ihm nicht gestattet, mir Böses zu tun. 8
Wenn er so sagte: Die Gesprenkelten sollen dein Lohn sein, dann gebaren alle Tiere Gesprenkelte; und wenn er so sagte: Die Gestreiften sollen dein Lohn sein, dann gebaren alle Tiere Gestreifte. 9 Und Gott hat
eurem Vater das Vieh entzogen und mir gegeben. 10 Und es geschah zur
Brunstzeit der Tiere, da erhob ich meine Augen und sah im Traum: und
siehe, die Böcke, die die Tiere besprangen, waren gestreift, gesprenkelt
und scheckig. 11 Und der Engel Gottes sprach im Traum zu mir: Jakob!
Und ich sagte: Hier bin ich! 12 Und er sprach: Erheb doch deine Augen
und sieh: alle Böcke, die die Tiere bespringen, sind gestreift, gesprenkelt
und scheckig; denn ich habe alles gesehen, was Laban dir antut. 13 Ich
bin der Gott von Bethel, wo du einen Gedenkstein gesalbt, wo du mir
ein Gelübde abgelegt hast. Mache dich jetzt auf, zieh aus diesem Land
und kehre zurück in das Land deiner Verwandtschaft! 14 Da antworteten
Rahel und Lea und sagten zu ihm: Haben wir noch einen Anteil und ein
Erbe im Haus unseres Vaters? 15 Haben wir ihm nicht als Fremde gegol-
ten? Denn er hat uns verkauft und hat sogar unseren Kaufpreis völlig

verzehrt. 16 Denn aller Reichtum, den Gott unserem Vater entzogen hat, uns gehört er und unseren Kindern. So tu nun alles, was Gott zu dir gesagt hat! 17 Da machte Jakob sich auf und hob seine Kinder und seine Frauen auf die Kamele 18 und trieb all sein Vieh weg und all seine Habe, die er erworben, das Vieh seines Eigentums, das er in Paddan-Aram erworben hatte, um zu seinem Vater Isaak in das Land Kanaan zu kommen. 19 Laban aber war gegangen, um seine Schafe zu scheren; da stahl Rahel den Teraphim, der ihrem Vater gehörte. 20 Und Jakob täuschte Laban, den Aramäer, weil er ihm nicht mitteilte, dass er fliehen wollte. 21 Und er floh, er und alles, was er hatte; und er machte sich auf und setzte über den Strom und richtete sein Gesicht auf das Gebirge Gilead.

22 Am dritten Tag aber wurde dem Laban berichtet, dass Jakob geflohen sei. 23 Da nahm er seine Brüder mit sich und jagte ihm sieben Tagereisen weit nach und holte ihn auf dem Gebirge Gilead ein. 24 Gott aber kam zu Laban, dem Aramäer, in einem Traum der Nacht und sprach zu ihm: Hüte dich davor, dass du mit Jakob Gutes oder Böses redest! 25 Und Laban erreichte Jakob, als Jakob sein Zelt auf dem Gebirge aufgeschlagen hatte; und auch Laban schlug es mit seinen Brüdern auf dem Gebirge Gilead auf. 26 Und Laban sagte zu Jakob: Was hast du getan, dass du mich getäuscht und meine Töchter wie Kriegsgefangene weggeführt hast? 27 Warum bist du heimlich geflohen und hast mich getäuscht und hast es mir nicht mitgeteilt? Ich hätte dich ja begleitet mit Freude und mit Gesängen, mit Tamburin und Zither! 28 Und du hast mich nicht einmal meine Söhne und meine Töchter küssen lassen! Nun, du hast töricht gehandelt. 29 Es stünde in der Macht meiner Hand, übel mit euch zu verfahren. Aber der Gott eures Vaters hat gestern Nacht zu mir geredet und gesagt: Hüte dich, mit Jakob Gutes oder Böses zu reden! 30 Nun denn – du bist nun einmal weggegangen, weil du dich so sehr nach dem Haus deines Vaters sehntest. Warum aber hast du meinen Gott gestohlen? 31 Da antwortete Jakob und sagte zu Laban: Ja, ich fürchtete mich; denn ich sagte mir, du würdest deine Töchter von mir reißen. 32 Doch bei wem du deinen Gott findest, der soll nicht am Leben bleiben. Untersuche hier vor unseren Brüdern, was bei mir ist, und nimm es dir! Jakob aber wusste nicht, dass Rahel ihn gestohlen hatte. 33 Da ging Laban in das Zelt Jakobs und in das Zelt Leas und in das Zelt der beiden Mägde und fand nichts; und er kam aus Leas Zelt und ging in das Zelt Rahels. 34 Rahel aber hatte den Teraphim genommen und ihn in den Kamelsattel gelegt und sich darauf gesetzt. Und Laban tastete das ganze Zelt ab und fand nichts. 35 Da sagte sie zu ihrem Vater: Mein Herr, zürne nicht, dass ich nicht vor dir aufstehen kann; denn es

geht mir nach der Weise der Frauen. Und er durchsuchte alles und fand den Teraphim nicht. [36] Da wurde Jakob zornig und stritt mit Laban. Und Jakob antwortete und sprach zu Laban: Was ist mein Verbrechen, was meine Sünde, dass du so hitzig hinter mir her bist? [37] Da du all meine Sachen durchtastet hast, was hast du gefunden von allen Sachen deines Hauses? Lege es hierher vor meine Brüder und deine Brüder, sie sollen zwischen uns beiden entscheiden! [38] Zwanzig Jahre bin ich nun bei dir gewesen; deine Mutterschafe und deine Ziegen haben nicht fehlgeboren, und die Widder deiner Herde habe ich nicht gegessen. [39] Das Zerrissene habe ich nicht zu dir gebracht, ich habe es ersetzen müssen; von meiner Hand hast du es gefordert, mochte es gestohlen sein bei Tag, mochte es gestohlen sein bei Nacht. [40] *So* erging es mir: Am Tag verzehrte mich die Hitze und der Frost in der Nacht, und mein Schlaf floh von meinen Augen. [41] Zwanzig Jahre bin ich nun in deinem Haus gewesen; vierzehn Jahre habe ich dir für deine beiden Töchter gedient und sechs Jahre für deine Herde, und du hast meinen Lohn zehnmal verändert. [42] Wenn nicht der Gott meines Vaters, der Gott Abrahams, und der Schrecken Isaaks für mich gewesen wäre, gewiss, du hättest mich jetzt mit leeren Händen entlassen. Mein Elend und die Arbeit meiner Hände hat Gott angesehen und hat gestern Nacht entschieden. [43] Da antwortete Laban und sagte zu Jakob: Die Töchter sind meine Töchter, und die Söhne sind meine Söhne, und die Tiere sind meine Tiere, und alles, was du hier siehst, mir gehört es! Aber meinen Töchtern gegenüber, was könnte ich ihnen heute tun, oder ihren Söhnen, die sie geboren haben? [44] Und nun komm, lass uns einen Bund schließen, ich und du, der sei zum Zeugnis zwischen mir und dir! [45] Da nahm Jakob einen Stein und richtete ihn als Gedenkstein auf. [46] Und Jakob sagte zu seinen Brüdern: Sammelt Steine! Da nahmen sie Steine und machten daraus einen Haufen und aßen dort auf dem Haufen. [47] Und Laban nannte ihn Jegar-Sahaduta, und Jakob nannte ihn Gal-Ed. [48] Und Laban sagte: Dieser Haufen sei heute Zeuge zwischen mir und dir! Darum gab man ihm den Namen Gal-Ed [49] und Mizpa, weil er sagte: Der HERR halte Wache zwischen mir und dir, wenn wir uns nicht mehr sehen! [50] Wenn du meine Töchter unterdrücken und wenn du noch andere Frauen zu meinen Töchtern hinzunehmen solltest, – kein Mensch ist bei uns, siehe, Gott ist Zeuge zwischen mir und dir. [51] Und Laban sagte zu Jakob: Siehe, dieser Haufen, und siehe, der Gedenkstein, den ich errichtet habe zwischen mir und dir, [52] dieser Haufen sei Zeuge und der Gedenkstein ein Zeugnis, dass ich nicht über diesen Haufen zu dir hinausgehe und dass du über diesen Haufen und diesen Gedenkstein nicht zu mir hi-

nausgehst zum Bösen. [53] Der Gott Abrahams und der Gott Nahors soll
zwischen uns richten, der Gott ihres Vaters! Da schwor Jakob bei dem
Schrecken seines Vaters Isaak. [54] Und Jakob opferte ein Schlachtopfer
auf dem Berg und lud seine Brüder ein zu essen; und sie aßen und übernachteten auf dem Berg. 32 [1] Und Laban stand früh am Morgen auf,
küsste seine Söhne und seine Töchter und segnete sie; und Laban ging
und kehrte an seinen Ort zurück.

1. *Gen 31,1-21*: Die Veränderung der materiellen Verhältnisse zwischen Laban und Jakob bleiben nicht ohne folgen: Als Jakob von den feindseligen Reden der Söhne Labans hört und sieht, dass sich dessen Miene verfinstert hat, weiß er, dass Gefahr im Verzug ist und er schnell handeln muss. Er entschließt sich zur Flucht, die er aber ohne das Einverständnis seiner beiden Frauen kaum in die Wege leiten kann, will er nicht alles aufs Spiel setzen. Um das Risiko möglichst gering zu halten, lässt er Rachel und Lea auf das Feld zu seiner Herde rufen. Er teilt ihnen mit, dass er ohne eigenes Verschulden in Gefahr geraten ist, weil ihr Vater seine Einstellung zu ihm geändert hat. Er beschuldigt Laban, der immer wieder versucht hat, ihn zu übervorteilen, obwohl er ihm „mit allen Kräften" gedient hat. Nur Gott hat verhindert, dass Laban ihm nicht schaden konnte. Jakob beschließt die Anrede an seine Frauen mit dem Hinweis, dass Gott ihm geboten habe, in seine Heimat zurückzukehren. Damit sind sie vor eine Entscheidung gestellt, die ihnen niemand abnehmen kann. Von ihrer Antwort hängt jetzt für Jakob alles ab.

Laban hatte seine beiden Töchter betrogen und sie schon längst nicht mehr wie Glieder seiner Familie behandelt. Sie entscheiden sich gegen ihren Vater. Indem sie sich vom Haus Labans lossagen, entsteht das Haus Jakobs. Mit der Zustimmung seiner Frauen kann Jakob zur Flucht aufbrechen. Mit allem, was ihm gehört, macht er sich auf und davon (Gen 31,21). Labans Abwesenheit von zuhause ermöglicht es Rachel noch, heimlich die Hausgötter ihres Vaters mitzunehmen. Sie kennt Jahwe noch nicht und vertraut auf den Schutz und Segen dieser Gottesbilder nach Menschengestalt.

Die Verheißung von einst (Gen 28,15) kommt wieder in Erinnerung: Jakob erfährt in dem Augenblick, da die Labansippe nicht mehr zu ihm steht, dass Jahwe ihm beisteht und ihn auffordert, nach Kanaan zurückzugehen, in das Land seiner Väter und Mütter und zu seiner Verwandtschaft.

2. *Gen 31,22-32,1*: Erst am dritten Tag danach wird Laban die Flucht Jakobs gemeldet. „Da nahm Laban seine Brüder mit sich und jagte ihm sieben Tage lang nach", bis er ihn im Gebirge von Gilead einholt. Wenn Laban „seine Brüder" mitnimmt, dann ist das ein Hinweis auf seine Überlegenheit. Diese immer wieder ins Spiel gebrachte Überlegenheit an Macht ist das eigentliche Motiv für die Flucht Jakobs. Nun hat sie ihn wieder eingeholt und wieder ist alles in Gefahr. Laban pocht auf seine Übermacht, aber Jahwe hat ihn gewarnt, sie gegen Jakob zu gebrauchen. Er beschuldigt ihn der heimlichen Flucht und des Diebstahls seiner Hausgötter, von deren Schicksal Jakob gar nichts weiß. Beide Anklagen werden abgewiesen. Rachel konnte die Entdeckung der Teraphim mit einer typisch weiblichen List verhindern. Im Zorn und mit Ironie hatte Jakob auf den Vorwurf des Diebstahls und die ergebnislose Untersuchung Labans geantwortet. Jetzt erhebt *er* Anklage gegen Laban. Sie ist der abschließende Höhepunkt in der Auseinandersetzung der beiden Männer: zwanzig Jahre lang hat er das harte Leben eines Hirten geführt und sich über seine Pflichten hinaus für den Besitz seines Herrn eingesetzt. Er war allem Unbill der Witterung ausgesetzt. „Wäre es nach Laban gegangen, wäre Jakob nach zwanzig Jahren schweren und treuen Dienstes leer ausgegangen" (C. Westermann). Wäre Jahwe nicht für den Schwächeren gegen den Mächtigen eingetreten, hätte Laban ihn um seinen Lohn betrogen.

Dieser schwere Vorwurf zeigt Wirkung. „Offiziell" hält Laban an seinem Besitzanspruch auf seine Töchter, deren Söhne und die Herden Jakobs fest, aber er macht ihn nicht mehr geltend. Seinen Rückzug kleidet er in die Fürsorge für seine Töchter und Enkel und verlangt von Jakob eine vertragliche Absicherung. So kann Laban sein Gesicht wahren. Jakob geht darauf ein und beide Parteien verpflichten sich zusätzlich, nicht in das Gebiet des anderen in feindlicher Absicht einzudringen. Mit einem Gemeinschaftsmahl wird besiegelt, dass der Streit beigelegt ist.

Für die biblischen Erzähler schließt der „Schalom" einer Gemeinschaft den Streit als Möglichkeit, Konflikte auszutragen, durchaus ein, solange der Wille zu einer friedlichen Vereinbarung bleibt. Gefährdet wird ein solcher Ausgang – wie hier in Gen 31 – durch ein zu starkes Machtgefälle zwischen den Parteien. Angesichts dieser Bedrohung bringt Jahwe sich ins Spiel, der für den Schwächeren eintritt.

Am nächsten Morgen kann Laban sich von seinen Töchtern und Enkeln verabschieden und wieder heimkehren. Auch Jakob kann weiterziehen, aber jetzt nicht mehr als Flüchtling. Dennoch: die gefährlichste Auseinandersetzung seines Lebens, ein Kampf auf Leben und Tod, steht ihm noch bevor.

3. Unter psychologischer Rücksicht betrachtet, kann diese Geschichte uns einen Weg zeigen, wie ein Mensch zu seiner Identität findet: Das soziale Umfeld, die gesellschaftlichen, familiären Verhältnisse und Machtstrukturen (symbolisiert in Laban mit seinen Brüdern und Söhnen), will Jakob nicht zu seiner Identität kommen lassen. Seine wachsende materielle Stärke und Unabhängigkeit wird als Bedrohung empfunden und löst Neid und Aggression aus. Wiederholt nimmt Jakob den Impuls wahr, dass es für ihn Zeit ist, wegzugehen, um „heimzukehren" (Gen 30,25; 31,3.13). Unter den gegebenen Umständen ist Flucht die einzige Möglichkeit, zu sich zu kommen, seine Identität zu finden. Die alte Machtinstanz lässt aber nicht locker. Sie wittert Machtverlust, verfolgt den Flüchtigen und holt ihn ein. Es kommt zur Begegnung und Auseinandersetzung, *und es muss dazu kommen.* Die alte Machtinstanz spürt, dass sie den Flüchtigen nicht mehr integrieren kann, wahrt aber den Schein. Dabei muss sie den Flüchtigen als Partner anerkennen und mit ihm einen Kontrakt schließen. Das neue Verhältnis von Rechtspartnerschaft zwischen beiden wird symbolisiert und gefeiert. Beide trennen sich: Jakob ist eine entscheidende Etappe auf seinem Weg zur Selbstwerdung weitergekommen. Aber Wesentliches steht noch aus.

Jakob bereitet seine Begegnung mit Esau vor: Gen 32,2-22

32[2] Und Jakob zog seiner Wege. Da begegneten ihm Engel Gottes. [3] Und
Jakob sagte, als er sie sah: Das ist das Heerlager Gottes. Und er gab dieser Stätte den Namen Mahanajim. [4] Und Jakob sandte Boten vor sich
her zu seinem Bruder Esau in das Land Seir, das Gebiet Edom. [5] Und er
befahl ihnen: So sollt ihr zu meinem Herrn, zu Esau, sagen: So spricht
dein Knecht Jakob: Bei Laban habe ich mich als Fremder aufgehalten
und bin bis jetzt geblieben; [6] und ich habe Rinder und Esel, Schafe

und Knechte und Mägde; und ich sende Boten, es meinem Herrn mitzuteilen, um Huld zu finden in deinen Augen. 7 Und die Boten kehrten zu Jakob zurück und sagten: Wir sind zu deinem Bruder, zu Esau, gekommen, und er zieht dir auch schon entgegen und vierhundert Mann mit ihm. 8 Da fürchtete sich Jakob sehr, und ihm wurde angst; und er teilte das Volk, das bei ihm war, die Schafe, die Rinder und die Kamele in zwei Lager. 9 Er sagte sich nämlich: Wenn Esau über das eine Lager kommt und es schlägt, dann wird das übrig gebliebene Lager entkommen können. 10 Und Jakob sprach: Gott meines Vaters Abraham und Gott meines Vaters Isaak, HERR, du hast zu mir gesagt: «Kehre zurück in dein Land und zu deiner Verwandtschaft, und ich will dir Gutes tun!» 11 Ich bin zu gering für alle Wohltaten und all die Treue, die du deinem Knecht erwiesen hast; denn mit meinem Stab bin ich über diesen Jordan gegangen, und nun bin ich zu zwei Lagern geworden. 12 Rette mich doch vor der Hand meines Bruders, vor der Hand Esaus – denn ich fürchte ihn –, dass er nicht etwa komme und mich schlage, die Mutter samt den Kindern! 13 Du hast doch selbst gesagt: Gutes, ja Gutes will ich dir tun und deine Nachkommenschaft zahlreich machen wie den Sand des Meeres, den man vor Menge nicht zählen kann.

14 Und er übernachtete dort in jener Nacht; und er nahm von dem, was in seine Hand gekommen war, ein Geschenk für seinen Bruder Esau: 15 Zweihundert Ziegen und zwanzig Böcke, zweihundert Mutterschafe und zwanzig Widder, 16 dreißig säugende Kamele mit ihren Fohlen, vierzig Kühe und zehn Stiere, zwanzig Eselinnen und zehn Eselhengste. 17 Und er gab sie in die Hand seiner Knechte, Herde für Herde besonders, und sagte zu seinen Knechten: Zieht vor mir her, und lasst einen Abstand zwischen Herde und Herde! 18 Und er befahl dem ersten und sagte: Wenn mein Bruder Esau dir begegnet und dich fragt: „Wem gehörst du an, und wohin gehst du, und wem gehören diese da vor dir?“, 19 dann sollst du sagen: „Deinem Knecht Jakob; es ist ein Geschenk, gesandt an meinen Herrn, an Esau; und siehe, er selbst ist hinter uns.“ 20 Und auch dem zweiten, auch dem dritten, auch allen, die hinter den Herden hergingen, befahl er: Nach diesem Wort sollt ihr zu Esau reden, wenn ihr ihn trefft, 21 und sollt sagen: „Siehe, dein Knecht Jakob ist selbst hinter uns.“ Denn er sagte sich: Ich will ihn versöhnen durch das Geschenk, das vor mir hergeht, danach erst will ich sein Gesicht sehen; vielleicht wird er mich annehmen. 22 So zog das Geschenk vor ihm her, er aber blieb jene Nacht im Lager.

1. *Gen 32,2-13*: Wie bei seiner Flucht vor Esau, steht am Beginn seiner Rückkehr eine Gottesbegegnung. Hier wie dort gibt er dem Ort einen Namen: Heerlager Gottes, d.h. Macht Gottes. Doch in seiner Angst vor Esau versteht er das Zeichen der Engel Gottes nicht. Vor dem Wiedersehen mit seinem Bruder und dem unerwarteten Gotteskampf bekräftigen die Engel das Heilszeichen von Bethel.

Er schickt Boten in das Land Edom, um „Huld zu finden" in den Augen Esaus. In der Sprache seiner Botschaft gibt Jakob zu erkennen, dass er darauf angewiesen ist, eine wohlwollende Aufnahme bei seinem Bruder zu finden, und dass er willens ist, sich ihm unterzuordnen. Auch nach zwanzigjähriger Abwesenheit ist keineswegs verjährt, was er Esau angetan hat. Wenn Jakob seiner Sippe eine Überlebenschance sichern will, kommt er nicht daran vorbei, seine Schuld einzugestehen und seine erschlichenen Vorrechte an seinen Bruder abzutreten.

Statt einer Antwort Esaus kommen die Boten mit der Nachricht zurück, dass dieser mit vierhundert Mann Jakob schon entgegen zieht. Ihm wird angst und bange. Wie er die verheißungsvolle Begegnung mit den Engeln nicht versteht, so missversteht er auch das Aufgebot seines Bruders. Sofort trifft er die notwendigen Vorsichtsmaßnahmen und teilt seine Familie und seinen Viehbestand in zwei Lager auf. Aber wenn Esau in feindlicher Absicht unterwegs ist, hat er gegen eine solche Übermacht kaum eine Chance. Die begrenzte Beweglichkeit seines Zuges mit Frauen, Kindern und Herden macht eine Flucht unmöglich. Sein Gebet in der Nacht vor Penuel offenbart, wie sehr Jakob sich bedroht fühlt:

> „Gott meines Vaters Abraham, Gott meines Vaters Isaak,
> Jahwe, du hast zu mir gesagt:
> Kehre zurück in dein Land
> und zu deiner Verwandtschaft.
> Ich will dir Gutes tun.
> Ich bin zu gering für all deine Wohltaten
> und für deine Treue, die du deinem Knecht erwiesen hast.
> Denn nur mit meinem Stab überschritt ich diesen Jordan hier,
> und nun bin ich zu zwei Lagern geworden.
> Ach, errette mich vor der Hand meines Bruders,
> vor der Hand Esaus,
> denn ich fürchte ihn,
> er könnte kommen und mich,

die Mutter samt ihren Kindern erschlagen.
Du hast mir doch gesagt:
Gutes, ja Gutes will ich dir tun
und deine Nachkommen so zahlreich machen
wie den Sand am Meer,
den man vor Menge nicht zählen kann“ (Gen 32,10-13).

2. *Gen 32,14-22*: Doch trotz seiner Angst lässt Jakob sich nicht lähmen. Mit aller geistigen Energie sucht er nach einem Ausweg, um das drohende Unheil abzuwenden. Von allen Tieren seines Viehbestands stellt er Herden zusammen und schickt sie seinem Bruder entgegen. Seine Knechte bekommen genaue Anweisungen, wie sie sich verhalten sollen, um dem Geschenk eine möglichst wohlwollende Annahme zu sichern. Er will Esau erst unter die Augen treten, wenn er ihn mit seinem Geschenk versöhnt hat. Das hebr. Wort für versöhnen heißt „bedecken“ und hat immer etwas mit Schuld zu tun. Jakob will also mit diesem großen Auftrieb das Gesicht Esaus so bedecken, dass der seine Schuld nicht mehr sieht. Dann will er ihm von Angesicht zu Angesicht begegnen in der Hoffnung, dass Esau sein „Gesicht aufhebt“, d.h. sich ihm vergebend zuwendet. Jakob vertraut letztlich nur seiner eigenen Vorsorge. Mit seinen großzügigen Geschenkkarawanen will er „nur“ sein Leben und sein „Haus“ retten. Es ist seine Raffinesse und sein Geschick, auf die er immer wieder zurückgreift. Doch diesmal muss er zu einem ganz anderen werden, bevor er die Grenze zum Land der Verheißung überschreiten kann. „So zog das Geschenk vor ihm her. Er aber blieb jene Nacht im Lager“ (Gen 32,22). Der Ausgang bleibt ungewiss und die Spannung steigt.

Jakobs Kampf am Jabbok: Gen 32,23-32

32[23] Und er stand in jener Nacht auf, nahm seine beiden Frauen, seine
beiden Mägde und seine elf Söhne und zog über die Furt des Jabbok;
[24] und er nahm sie und führte sie über den Fluss und führte hinüber,
was er hatte. [25] Und Jakob blieb allein zurück. Da rang ein Mann mit
ihm, bis die Morgenröte heraufkam. [26] Und als er sah, dass er ihn nicht
überwältigen konnte, berührte er sein Hüftgelenk; und das Hüftgelenk
Jakobs wurde verrenkt, während er mit ihm rang. [27] Da sagte er: Lass
mich los, denn die Morgenröte ist aufgegangen! Er aber sagte: Ich lasse
dich nicht los, es sei denn, du hast mich vorher gesegnet. [28] Da sprach

er zu ihm: Was ist dein Name? Er sagte: Jakob. [29] Da sprach er: Nicht
mehr Jakob soll dein Name heißen, sondern Israel; denn du hast mit
Gott und mit Menschen gekämpft und hast überwältigt. [30] Und Jakob
fragte und sagte: Teile mir doch deinen Namen mit! Er aber sagte: Warum fragst du denn nach meinem Namen? Und er segnete ihn dort.
[31] Und Jakob gab der Stätte den Namen Pnuel: denn ich habe Gott
von Angesicht zu Angesicht geschaut, und bin am Leben geblieben.
[32] Und die Sonne ging ihm auf, als er an Pnuel vorüber kam; und er
hinkte an seiner Hüfte. [33] Darum essen die Söhne Israel bis zum heutigen Tag nicht den Hüftmuskel, der über dem Hüftgelenk ist, weil er das
Hüftgelenk Jakobs, den Hüftmuskel, berührt hat.

Die Erzählung vom nächtlichen Ringen (Gen 32,23-33) reicht bis in vorisraelitische Zeiten zurück. Viele Generationen haben daran geformt und gedeutet. Jahrhunderte lang war sie in Bewegung, bis der Text die Gestalt erhielt, in der er uns heute vorliegt. Angesichts der langen Geschichte und der Wandlungen des inneren Gehalts im Verständnis vieler Generationen, ist es nicht verwunderlich, dass nicht alle Einzelelemente einer solchen Erzählung ein organisches Ganzes bilden und man den Text nicht auf *einen* Sinn hin eingrenzen kann. Es bleibt ein Rest des nicht mehr Deutbaren. Das liegt auch daran, dass die biblischen Verfasser überkommenes Material gebrauchen, ohne es jeweils ganz neu durchzukomponieren. Auf jeden Fall sprechen sich in dieser Geschichte menschliche Grunderfahrungen und Glaubenserfahrungen aus, die von der ältesten Zeit bis in die Gegenwart des Erzählers reichen. Wegen ihrer Vielschichtigkeit werden drei Auslegungsversuche des Textes unternommen I-III.

Jakobs Kampf am Jabbok I

1. *Gen 32,23-30*: Jakob hat den Grenzfluss erreicht, der ihn noch vom Land seiner Väter und Mütter trennt. Bevor er heimkehren kann, muss er eine Grenze überschreiten, die mitten durchs eigene Leben verläuft – und das im Dunkel der Nacht.

Was treibt Jakob dazu, „in jener Nacht" seine ganze Familie und all seinen Besitz über den Fluss zu bringen, selbst aber allein zurückzubleiben? Ist es Kalkül oder innere Notwendigkeit, ein starker seelischer Impuls, dem er sich nicht entziehen kann? Plötzlich wird er überfallen und in einen Kampf auf Leben und Tod verwickelt. Jakob leistet zähen Widerstand.

Man kann in dem Angriff des Fremden aus dem Dunkel der Nacht wohl nicht nur die Auseinandersetzung mit dem eigenen Schatten sehen. Hier ist mehr im Spiel. Die Erzählung lässt am Ende keinen Zweifel daran, dass Gott der Angreifer ist. Aber warum braucht Gott für seinen Überfall auf Jakob die Nacht? Was soll da im Dunklen bleiben?

Als der Angreifer schließlich einsehen muss, dass er Jakob nicht niederzwingen kann, verrenkt er ihm die Hüfte. Aber der verletzte Jakob gibt nicht auf. Warum hält er so verbissen an seinem Angreifer fest, der doch bei heraufziehender Dämmerung von ihm lassen will?

In diesem entschlossenen Sich-Festklammern Jakobs an seinen Angreifer gibt es einen kurzen Wortwechsel zwischen beiden, der Aufschluss geben kann. Jakob will nicht von seinem Gegner lassen, es sei denn, er segnet ihn. Es sieht so aus, als habe er längst gespürt, dass Gott sein Angreifer ist und dass er am Ende dieses nächtlichen Ringens und Kämpfens nur noch ihn hat. Was ist Jakob ohne Gott?

Vielleicht hat Jakob erkannt, dass er alles loszulassen vermag – nicht freiwillig und nicht ohne Widerstand, möglicherweise auch nur, weil er von Gott so schmerzlich berührt wurde. Aber auf keinen Fall darf er von seinem Gott lassen, selbst wenn der ihn lebensgefährlich bedroht. Jakob hat in dieser Nacht das Kämpfen gelernt mit einem Gott, dem man den Segen abringen kann. Im Kampf ist er ein anderer geworden. Deshalb bekommt er einen neuen Namen: Israel (Gotteskämpfer). Der Name steht hier für das innerste Wesen der Person. Zuvor muss er sich aber zu seinem betrügerischen Wesen in der Vergangenheit bekennen: Jakob, der Betrüger.

Jakobs Frage nach dem Namen seines Angreifers bleibt unbeantwortet und doch wieder nicht: „Und er segnete ihn dort“. Der Segen steht anstelle des Namens. „Gott und sein Segen sind in ihrer Erfahrbarkeit für den Menschen identisch ... Name und Segen stehen für Gott – sind Gott selbst“ (H. Spieckermann).

2. *Gen 32,31-33*: Gott so unmittelbar zu begegnen wie Jakob ist für den Menschen lebensbedrohlich. Deshalb wird die Erfahrung Jakobs an der Grenze zum Land seiner Verheißung ausdrücklich als Ausnahme gesehen: „Ich habe Gott von Angesicht zu Angesicht geschaut und bin am Leben geblieben“ (V. 31). Er ist noch einmal davon gekommen. Auf diesem Hintergrund kann man Jakobs Kampf am Jabbok auch als Gottesschau verstehen.

Die Berührung durch Gott hat bleibende Folgen. Er wird zeitlebens ein von IHM Gezeichneter: „Er aber hinkte an seiner Hüfte", als er in der Morgensonne den Ort des nächtlichen Kampfes verlässt. Die Verletzung ist Zeichen des Gott abgerungenen Segens. Einen solchen Segen kann man sich nicht erschleichen, und er bleibt nicht ohne Spuren des Kampfes. Er wird dem Menschen nur zuteil, wenn er von Gott nicht ablässt, selbst wenn dieser ihn attackiert und verletzt.

Was ist das für ein Gott? Viel gibt „jene Nacht" nicht preis. Das Geschehen am Jabbok bleibt geheimnisvoll. In den Väter- und Müttergeschichten zeigt sich Jahwe auch von seiner dunklen, dem Menschen widersprüchlichen Seite. Eines aber dürfte sichtbar geworden sein: Die Wandlung von Jakob zu Israel war nur möglich aufgrund des Gotteskampfes, bei dem Jakobs überkommenes Gottesverständnis buchstäblich ausgerenkt wurde, und er so zu einer persönlichen Gottesbeziehung fand. So kann er im Licht eines neuen Morgens als ein wahrhaft Gesegneter den Boden der Verheißung betreten.

Der letzte Vers erinnert an einen Brauch, mit dem die Ehrfurcht vor dem Geheimnis jener Nacht in der Erinnerung wach gehalten wird.

Wenn man vom bisherigen Erzählverlauf her die Listen und Tücken Jakobs betrachtet, dann kann man zu dem Schluss kommen, dass er seine Familie und seinen gesamten Besitz über den Fluss gebracht hat und selbst allein zurückgeblieben ist, weil er *so* seine eigene Haut am besten in Sicherheit bringen konnte. Es wäre also ein letzter geschickter Schachzug, um der befürchteten Rache Esaus zu entkommen. So arbeitet Jakob mit seiner realistischen Einstellung und seiner Raffinesse den Plänen zu, die Gott als Verheißung über sein Leben gelegt hat (Gen 28,13-15).

Jakobs Kampf am Jabbok II

Es gibt Nachtstunden des Lebens, durch die wir hindurch müssen; Zeiten einsamen Ringens und Kämpfens auf Leben und Tod. Es gibt Augenblicke des Schicksals, die uns zum Segen werden oder zum Verderben. Jeder von uns hat seine dunkle Seite, seinen Schatten und irgendwann einmal versperrt er uns den Weg und fordert uns heraus – bis aufs Äußerste. In jedem von uns wohnt eine Art Gegenbild zu unserem bewussten Leben, das dann aus dem Dunkel aufsteigt – und wieder verschwindet, sobald es Tag wird. Aber der

Ausgang jenes nächtlichen Kampfes entscheidet darüber, welche Bedeutung dieses Schattenwesen für uns hat. Auch wenn wir hinkend aus dieser Auseinandersetzung herauskommen, gesegnet sind wir, wenn wir unseren Widersacher fest umklammert halten bis zum Morgengrauen; und wehe uns, wenn wir vor Angst dem Kampf ausweichen oder mittendrin aus Schwäche oder Feigheit unterliegen. Je mehr unser Leben dem des Jakob gleicht, desto sicherer wird ein solcher Entscheidungskampf auf uns zukommen.

Jakob ist ein gewiefter, lebenstüchtiger Mann. Seine Geschichte verläuft in einem weiten Dickicht gemeiner Menschlichkeit, wo einer den anderen übervorteilt und hintergeht, wo einer den anderen um seine angestammten Rechte betrügt, wo einer mit List und Schurkerei obenauf bleibt und Erfolg hat. Jakob hat es zu etwas gebracht und doch ist dieses so erfolgreiche Leben zerrissen. All das, was er sich erworben hat, bekam er um den Preis, dass er sich immer weiter von seiner Heimat entfernte. Und er hatte Heimweh nach seinem Vaterhaus. Wenn das, was er sich errungen und angeeignet hat, für ihn überhaupt einen Sinn erhalten soll, dann muss er nach Hause zurückfinden. Aber das kann er erst, wenn er sich mit Esau versöhnt und ihm Anteil an seinem erworbenen Besitz gegeben hat.

Esau ist der haarige, wilde Zwillingsbruder Jakobs. Er verkörpert all die Züge seines Wesens, die primitiv und roh erscheinen und doch zu ihm gehören, die mit ihm auf die Welt gekommen sind. In Esau lebt all das, was Jakob von Anfang an um seines Erfolges willen überlistet und hintergangen hat. Esau ist gewissermaßen die verdrängte Seite Jakobs, sein dunkles Gegenbild.

Jakob ist klug und gerissen, Esau sinnlich und vital. Er ist der Mensch, der essen will und schlafen, jagen und kämpfen, lieben und rein naturhaft einfach leben. Jakob ist voller Pläne, Hoffnungen und Verheißungen. Er hat Esau nie anerkannt. Er hat ihn mit allen Mitteln ausgespielt. Er hat ihn gefürchtet und ist vor ihm geflohen, aber ernst genommen als seinen Bruder, als etwas, das zu ihm gehört, hat er nie.

Erst jetzt, als Jakob zurückkehrt, als er mit allem, was er sich in langen Jahren und unter großen Strapazen angeeignet hat, nach Hause will, da spürt er, dass er an Esau nicht mehr vorbeikommt. Er muss sich ihm stellen. Jakob fürchtet: wenn er Esau nicht Anteil gibt an seinem erfolgreichen Leben, wird dieser es zerstören. So kommt jetzt alles darauf an, Esau zu versöhnen, ehe er gewalttätig wird und ihn überfällt.

Jakob kann sich nicht damit begnügen, seinen überlisteten Zwillingsbruder mit Geschenken zu versöhnen. Ehe es zur Begegnung mit diesem verdrängten Teil seiner selbst kommen kann, muss eine geistige Auseinandersetzung auf Leben und Tod vorausgehen. Es muss „ein Fluss durchschritten" werden, soll sein Leben für ihn und seine Sippe noch Zukunft haben.

1. *Gen 32,23-26*: Es beginnt damit, dass Jakob seine Frauen, Mägde und Kinder mit allem, was ihm gehört, durch den Fluss bringt und dann allein zurückkehrt. Das ist der erste Schritt. Er muss sich einmal von allem, was er bis jetzt erreicht hat, resolut trennen – und mit seinen Kindern auch von seiner Zukunft. Er muss einmal die unmittelbare Sorge um seine Familie, seine Sippe vorübergehend aufgeben. Jetzt geht es einzig und allein um ihn. Etwas Unheimliches und Drohendes liegt über diesem Augenblick. Was sich hier anbahnt, ist die angsterfüllte, geistige Seite der Auseinandersetzung mit seinem „anderen Ich". Jakob erfährt sie wie einen Überfall aus dem Dunkel; überraschend und unausweichlich, irgendwie erahnt, aber doch unvorbereitet. Ein bedingungsloser Kampf mit einem Unbekannten, ein dramaisches Ringen mit einer Schattengestalt beginnt. Je länger die Auseinandersetzung dauert, desto deutlicher offenbaren sich Esaus Züge, die so lange übergangenen und gemiedenen, verachteten und gehassten, gefürchteten und überlisteten Anteile seines Zwillingsbruders. Je länger das nächtliche Ringen mit seinem geheimnisvollen Gegenüber sich hinzieht, desto unausweichlicher wird es für Jakob, seinen Namen zu sagen, d.h. er muss bekennen, *wer* er ist: Jakob, der Betrüger – der Mensch, der mit der Lebenslüge lebt. Jakob hat lange Lebens*erfolg* mit Lebens*erfüllung* gleichgesetzt. Es kann die letzten Kräfte kosten, sich einzugestehen, sein Leben auf Täuschung und Betrug aufgebaut zu haben.

2. *Gen 32,27-30*: An dieser Stelle wird auch deutlich, was der Kampf in jener schicksalhaften Nacht mit Gott zu tun hat. Vordergründig sieht es so aus, als kämpfe Jakob gegen eine Macht, die das Unerlöste seines Wesens zum Vorschein kommen lässt. Gleichzeitig spürt er, dass er sich in diese Auseinandersetzung auf Leben und Tod einlassen und sie „um Gottes Willen" bestehen muss. Sonst würde er der Verheißung, die Gott über sein Leben gelegt hat, nicht entsprechen. Er würde nicht nur

sich selbst, sondern Gottes Verheißung verlieren, wollte er sich diesem Zweikampf nicht stellen.

Jakob will von seinem geheimnisvollen Gegenüber nicht lassen, bis dieser ihn gesegnet hat. Es ist eine letzte, verzweifelte Anstrengung, auch das Göttliche in den Griff zu bekommen. So hat Jakob es in seinem Leben immer wieder versucht. Wie er zu sich selbst, zu der dunklen Seite seines Wesens noch keine rechte Beziehung gefunden hat, so scheint er hier auch zum Göttlichen noch kein personales Verhältnis zu haben. Doch der Unbekannte entzieht sich der Zudringlichkeit Jakobs. Er lässt seine Freiheit und sein Geheimnis nicht antasten. Damit ist Jakob endgültig an seine Grenze gestoßen. Die ihm bekannten Mittel zum Erfolg versagen. Er kann nicht mehr vor sich selbst, vor der Wahrheit seines Lebens ausweichen. Er muss erkennen und annehmen, dass er sich dem „je größeren Gott" verdankt. Das ist eine schmerzliche Erfahrung, die erst zur Befreiung wird, als Jakob seine Lebenslüge fallen lässt. Allein vermag er nicht, die auseinanderstrebenden Lebenskräfte auszugleichen und zu integrieren. Diese Wende in seiner *Lebenseinstellung* wurde durch die Erfahrung möglich, dass er das Göttliche nicht mehr in seine Verfügung zwingen und sein Leben nicht eigenhändig zur Erfüllung bringen kann. Erst danach wird Jakob gesegnet.

Unter ganz anderen Umständen als in der Betrugsaffäre (vgl. Gen 27) wird ihm der Segen zuteil. Die ganze Nacht hindurch musste er auf Leben und Tod ringen, seinen Namen und sein betrügerisches Wesen bekennen. Erst als er in die schmerzliche und zugleich befreiende Erfahrung geriet, dass er sich nicht selbst verdankt, wird es ihm gegeben, den neuen Namen „Israel" als Verheißung und Orientierung, als Ermöglichung eines neuen Anfangs für sich anzunehmen. Gott hat sein Leben eingeschmolzen und in eine neue Form gegossen.

3. *Gen 32,31–33*: Mit dem Empfang des Segens ist die (tödliche) Anfechtung von ihm gewichen. Er benennt den Ort der Begegnung mit einem Namen, der das enthalten soll, was in seinen Augen das Entscheidende war: Er hat die Macht des Göttlichen erfahren, ohne sterben zu müssen. Jahwe hat ihm aus Lebenslüge, Angst und Ausweglosigkeit heraus einen neuen Weg in der Geschichte ermöglicht, eine neue Zukunft verheißen. Nun ist er fähig zur *heilenden Selbstbegegnung*. Nun kann er sich von Esau als seinen Bruder umarmen und küssen lassen. Nun kann er ihm Anteil geben am eigenen Leben.

Jakob ging aus dieser Begegnung als Gezeichneter hervor: er *hinkte,* als er sich bei Tagesanbruch auf den Weg machte. Er ist von nun an „behindert". Er kann nicht mehr alle ihm verfügbaren Möglichkeiten ausschließlich in die Perspektive seines persönlichen Lebenserfolges zwingen. So umschreibt dieses zähe, unnachgiebige Ringen eine lange, endlos scheinende Nacht hindurch die innere Läuterung Jakobs, das „Einbringen der früheren Form in eine reifere Gestalt": Aus Kampf und Verwundung zu Segen und neuem Namen, zu neuer Zukunft. Die biblische Erzählung sagt, dass nach dem Kampf die Sonne über Jakob aufstrahlt – so als sei ihm das Leben neu geschenkt worden.

Jakobs Kampf am Jabbok III

Jakob ist dabei, den Grenzfluss zu überschreiten und das Land seiner Väter und Mütter wieder zu betreten. Ihn packt die Angst vor der Strafe seines betrogenen Vaters Isaak und vor allem vor der Rache seines Bruders Esau. Diese Angst wird in Gen 32,8-12 ausdrücklich zur Sprache gebracht. All jene Aktivitäten, die er in Erwartung der Begegnung mit seinem Bruder entwickelt, zielen darauf, diese Angst zu bannen und seinen Bruder milde zu stimmen.

1. Jakob hat Angst vor Esau, vor Isaak und vor Gott. Mit allen drei muss er ins Reine kommen. Durch seine Angst werden diese drei zu einer einzigen Figur. Der „Mann" (V. 25) scheint als eine solche Verdichtung, also als eine aus Isaak, Esau und Gott zusammen gesetzte Person zu sein, wie das im Traum geschehen kann. Der Text hat dazu folgenden Hinweis.

Der „Mann" kann *Esau* verkörpern, der ihm nach dem doppelten Betrug mit vierhundert Mann entgegenkommt. Unmittelbar nach dem nächtlichen Ringkampf erscheint dann auch Esau tatsächlich.

Der „Mann" kann *Isaak* verkörpern. Jakob hatte seinen Vater betrogen, um dessen Segen zu erhalten. Um den Segen geht es auch in diesem Kampf. Isaak hatte damals zweimal nach Jakobs Namen gefragt und zweimal hatte dieser mit einer Lüge geantwortet. An diesen Augenblick wird erinnert, als der „Mann" Jakob nach seinem Namen fragt.

Der „Mann" kann schließlich *Jahwe* verkörpern. Jakob hatte Gott selbst in seinen Betrug miteinbezogen, als Isaak ihn fragte: „Wie hast du das Wildbret so bald gefunden?“ antwortete Jakob: „Jahwe, dein Gott, hat es mir entgegenlaufen lassen“ (Gen 27,20). Jakob hat also allen Grund, neben seinem Vater und Bruder auch Jahwe zu fürchten. Alle drei waren von seinem früheren Betrug betroffen. Dass Gott hier mit im Spiel ist, zeigt sich auch daran, dass Jakob den Ort nach Jahwe benennt: *Penuel*. Denn, so sagt er, ich habe Gott von Angesicht zu Angesicht geschaut, „und bin am Leben geblieben“.

Später im Text zeigt sich sogar, dass sich das Angesicht Esaus und das Angesicht Jahwes überlagern: Jakob sagt zu seinem Bruder: „Ich habe dein Angesicht gesehen, wie man das Angesicht Jahwes sieht“ (Gen 33,10).

Zudem macht der „Mann“ in der Nacht eine Äußerung, die auf eine Verdichtung hinweist: Er sagt zu Jakob: „Du hast mit Gott und mit Menschen gekämpft.“

Oft fühlen sich Söhne und Töchter von Gott auf die gleiche Art angeschaut wie von ihrem Vater oder ihrer Mutter und dann reagieren sie auf Gott auch wie auf ihren Vater oder ihre Mutter, z. B. vertrauen sie ihm oder sie weichen ihm aus. Hier reagiert Jakob mit Angst.

2. Dass sein Leben für ihn und für andere zum Segen wird, hat zur Voraussetzung, dass er sich mit sich und mit ihnen versöhnt. Die Versöhnung ist ein Kampf, den Jakob eine ganze Nacht hindurch bis zum Morgengrauen durchkämpft. Ein solcher Kampf hinterlässt körperliche Spuren. Künftig hinkt er, denn er ist an seiner Hüfte verletzt worden. Am Punkt des geringsten Widerstandes somatisiert sich die Anspannung. So einen Punkt gibt es bei jedem Menschen.

Nach dem Kampf mit dem „Mann“ ist Jakob ein anderer Mensch geworden. Er bekommt sogar einen anderen Namen. Wegen der Umbenennung (Namensänderung) können wir hier auch von einer *Bekehrung* sprechen. Jakob ist nun mit Gott, mit den Menschen und mit sich versöhnt.

Normalerweise ist eine solche Bekehrung ein längerer innerer Prozess. Es muss viel geschehen, bis der Moment der Bekehrung erreicht ist. Und danach muss noch einmal viel geschehen, bis die Bekehrung im Alltag ausbuchstabiert ist. So einfach wird man kein anderer Mensch. Für Jakob ist der Wendepunkt die überraschend positive Begegnung mit seinem Bruder Esau.

Jakobs Versöhnung mit Esau: Gen 33

33[1] Und Jakob erhob seine Augen und sah: und siehe, Esau kam und mit ihm vierhundert Mann. Da verteilte er die Kinder auf Lea und auf Rahel und auf die beiden Mägde; [2] und er stellte die Mägde und ihre Kinder vornan und Lea und ihre Kinder dahinter und Rahel und Joseph zuletzt. [3] Er selbst aber ging vor ihnen her und warf sich siebenmal zur Erde nieder, bis er nahe an seinen Bruder herangekommen war. [4] Esau aber lief ihm entgegen, umarmte ihn und fiel ihm um den Hals und küsste ihn; und sie weinten. [5] Und er erhob seine Augen und sah die Frauen und die Kinder und sagte: Wer sind diese bei dir? Er sagte: Die Kinder, die Gott deinem Knecht aus Gnaden geschenkt hat. [6] Da traten die Mägde heran, sie und ihre Kinder, und verneigten sich. [7] Und auch Lea trat heran und ihre Kinder, und sie verneigten sich. Und danach traten Joseph und Rahel heran und verneigten sich. [8] Und er sagte: Was willst du mit diesem ganzen Lager, dem ich begegnet bin? Er sagte: Um Gunst zu finden in den Augen meines Herrn. [9] Da sagte Esau: Ich habe genug, mein Bruder; es sei dein, was du hast. [10] Jakob aber sagte: Nicht doch; wenn ich überhaupt Gunst gefunden habe in deinen Augen, dann nimm mein Geschenk aus meiner Hand! Denn ich habe ja doch dein Angesicht gesehen, wie man das Angesicht Gottes sieht, und du hast mich freundlich angenommen.[11] Nimm doch mein Geschenk, das dir überbracht worden ist! Denn Gott hat es mir aus Gnaden geschenkt, und ich habe alles. Und als er in ihn drang, da nahm er es. [12] Und Esau sagte: Lass uns aufbrechen und weiterziehen, und ich will vor dir herziehen. [13] Er aber sagte zu ihm: Mein Herr weiß, dass die Kinder zart sind und dass säugende Schafe und Kühe bei mir sind; wenn man sie nur einen Tag zu schnell triebe, so würde die ganze Herde sterben. [14] Mein Herr ziehe doch vor seinem Knecht hin! Ich aber, ich will einher ziehen nach meiner Gemächlichkeit, nach dem Schritt des Viehs, das vor mir ist, und nach dem Schritt der Kinder, bis ich zu meinem Herrn nach Seir komme. [15] Da sagte Esau: Ich will doch von dem Volk, das bei mir ist, einige bei dir zurücklassen. Er aber sagte: Wozu das? Möchte ich nur Gunst finden in den Augen meines Herrn! [16] So kehrte Esau an diesem Tag auf seinem Weg nach Seir zurück. [17] Und Jakob brach auf nach Sukkot und baute sich ein Haus, und seinem Vieh machte er Hütten; darum gab er dem Ort den Namen Sukkot. [18] Und Jakob kam wohlbehalten zur Stadt Sichem, die im Land Kanaan ist, als er aus Paddan-Aram kam, und lagerte vor der Stadt. [19] Und er kaufte das Stück Feld, wo er sein Zelt aufgeschlagen hatte, von der Hand der Söhne Hamors, des Vaters Sichems, für hundert Kesita. [20] Und er richtete dort einen Altar auf und nannte ihn: Gott, der Gott Israels.

1. *Gen 33,1-11*: Jakob sieht Esau auf sich zukommen und „mit ihm vierhundert Mann". Noch immer ist er im Ungewissen, wie sein Bruder ihm begegnen wird. Er verteilt seine Kinder auf seine beiden Frauen und stellt die ganze Sippe so auf, dass die Mägde mit ihren Kindern ganz vorn und Rachel mit Josef am weitesten von Esau entfernt platziert werden. Es fällt auf, dass Joseph hier als einziger Sohn ausdrücklich genannt wird. Damit kündigt sich schon die Geschichte seines Lieblingssohnes an. Nun aber benutzt Jakob seine Familie nicht mehr als Vorhut für seine eigene Sicherheit, sondern er zieht vor seinen Frauen und Kindern Esau entgegen. So nähert er sich seinem Bruder wie ein schuldig gewordener Vasall seinem Lehnsherrn in einem Zeremoniell wie am Hofe eines Königs. Ganz anders verhält sich Esau. Er begrüßt Jakob wie einer, der seinen Bruder nach langer Trennung wieder sieht in aller Natürlichkeit und Herzlichkeit: Er läuft ihm entgegen, fällt ihm um den Hals, umarmt und küsst ihn. Endlich löst sich die angstvolle Spannung von Jakob und beide weinen. In der herzlichen Begrüßung hat Esau seinem Bruder die Schuld vergeben. Mit großem Einfühlungsvermögen, das von einer tiefen Menschenkenntnis zeugt, vermeiden es die biblischen Erzähler, ausdrücklich vom Eingeständnis der Schuld und von Vergebung zu sprechen.

Dann erkundigt sich Esau, in welchem Verhältnis die Frauen mit den Kindern zu ihm stehen. Jakobs Antwort ist hier von großem Gewicht, weil es die ersten Worte sind, die er zu seinem Bruder spricht. Bislang hatte er sich nur schweigend vor ihm verneigt. Mit diesen Kindern, will Jakob sagen, hat Gott ihn in einer langen und harten Geschichte „begnadet". Das hebr. Verb *hanan* kann auch die vergebende Gnade im Sinne von „begnadigt" einschließen. Das ist wiederum nur eine Andeutung, aber sie besagt viel.

Gefragt, was er mit dem großen Auftrieb an Herden im Sinn gehabt habe, antwortet Jakob seinem Bruder: „Um Gunst zu finden in den Augen meines Herrn" (Gen 33,8). Nachdem er Gnade in den Augen Jahwes gefunden hat, sucht er die Vergebung beim Bruder. Mit dieser tiefsinnigen Entsprechung weist die biblische Erzählen auf einen inneren Zusammenhang hin.

Esaus kurze Antwort offenbart, dass der verlorene Erstgeburtssegen ihm materiell keine Verluste gebracht hat. Er lehnt das Geschenk ab. Doch Jakob nimmt die Abweisung nicht an. Zu viel bedeutet ihm dieses Geschenk. Nur wenn Esau es annimmt, weiß er sich auch von ihm angenommen. Darüber hinaus führt er den Zusammenhang zwischen Jahwes vergebender Gnade und der herzlichen Aufnahme bei seinem Bruder weiter: „Ich habe dein Angesicht gesehen, wie man das Angesicht Gottes sieht, und du hast mich freundlich angenommen“ (Gen 30,10). Auf einer tieferen Ebene bedeutet dieses Wort, dass Jakob in seiner *Schattengestalt* das Antlitz Jahwes hat aufleuchten sehen.

2. *Gen 33,12-20*: Nun kann Esau das Geschenk annehmen. Für ihn ist es selbstverständlich, dass die Brüder von jetzt an zusammen weiterziehen und am gleichen Ort wohnen. Doch Jakob will nicht mit ihm ziehen. Auffällig ist, dass er die Anrede „mein Herr“ beibehält, nachdem Esau ihn mit „mein Bruder“ angesprochen hat. Diese Anrede deutet auf einen bleibenden Abstand. Auf überzeugende Weise macht Jakob seinem Bruder klar, dass sie beide ein verschiedenes Leben führen, einen anderen Rhythmus haben und deshalb besser nicht beisammen bleiben. Die Schlussbemerkung „bis ich zu meinem Herrn nach Seir komme“ ist nur eine höfliche Redewendung, um Esau nicht zu widersprechen. Damit wollen die biblischen Erzähler sagen, eine Versöhnung zwischen Brüdern kann auch dahin führen, dass beide im Frieden auseinander gehen und „jeder in seiner Welt und auf seine Weise lebt“ (C. Westermann). Das großzügige Angebot Esaus, wenigstens einige von seinen Leuten als Begleitschutz bei Jakob zu belassen, gibt diesem noch einmal die Gelegenheit, seinem Bruder zu sagen, dass es ihm allein darauf ankommt, wieder von ihm angenommen zu sein.

Nun zieht *jeder* seines Weges. Das Entscheidende ist, dass Jakob jetzt „nach Hause“ kann, dass er in Zukunft dort leben kann, wo Gott es für ihn bestimmt hat. Endlich weiß er wieder, wo er hingehört und was sein Eigen ist. Wie einst Abraham baut Jakob bei Sichem einen Altar für seinen Gott und nennt ihn „El, Gott Israels“.

Mit der Bemerkung, dass Jakob sich ein Haus baute und Hütten für sein Vieh, kommen die Wanderungen der Väter und Mütter in Kanaan zum Ende. Haus und Stall sind die Urform der festen Siedlung, ein Bild für das sesshafte Leben.

Gen 34-35 bringen „dunkle Seiten der Familienchronik“ (I. Fischer). Gewalttätigkeit und Betrügereien setzen sich im „Haus Jakob“ fort. Simeon und Levi, der zweite und dritte Sohn Leas, disqualifizieren sich für die Erbfolge durch ihr heimtückisches und brutales Vorgehen gegen Sichem. Ruben verliert sein Erstgeburtsrecht durch den Ehebruch mit Bilha, der Nebenfrau seines Vaters. Er verletzt damit nicht nur die Integrität der Frau, sondern zerstört den sozialen Zusammenhalt in der Familie. So gehen die Rechte des Erstgeborenen auf Leas vierten Sohn, Juda, über, dessen Geschichte sich auch nicht wie eine Hagiographie liest (vgl. Gen 38).

Nach der Rache von Simeon und Levi an den Leuten von Sichem zieht Jakob mit seiner Sippe nach Beth-El. Noch einmal erscheint ihm Jahwe und bestätigt alle Verheißungen, auch die Namensänderung. Der Priesterschrift kam es offenbar darauf an, dass an dieser Stätte die Verheißung an Abraham in vollem Umfang über Jakob erneuert wurde.

Auf dem Weg von Beth-El nach Süden überkommen Rachel die Wehen. Sie hatte sich so sehr nach Kindern gesehnt und muss nun in der Erfüllung ihres Lebenswunsches bei der Geburt ihres zweiten Sohnes sterben. Noch bevor sie stirbt, gibt sie ihrem Kind einen Namen, dessen Deutung unklar geblieben ist. Jakob aber gibt dem Neugeborenen im Angesicht der sterbenden Mutter einen anderen Namen: Benjamin, „Sohn des Glücks“. Möglicherweise ist das ein letzter Liebesbeweis für seine Rachel. Das Kind geht mit einem Namen, der klanglich an das letzte Wort seiner geliebten Frau erinnert, durchs Leben.

Schließlich kehrt Jakob zu seinem Vater nach Mamre zurück. Als Isaak hoch betagt und lebenssatt stirbt, begraben ihn seine beiden Söhne in der Höhle Machpela. Beim Tod des Vaters treffen sich noch einmal die Wege Jakobs und Esaus. Der Ältere wird Kanaan verlassen und in ein anderes Land ziehen „fort von seinem Bruder Jakob“ (Gen 36,6).

Josefsgeschichte

Einführung

Im letzten Teil des Buches Genesis geht die Geschichte Jakobs und seiner Söhne weiter. Auf der anderen Seite wird das Geschick jenes Sohnes erzählt, der von seinen Brüdern gewaltsam aus der Familie gestoßen wurde und später in Ägypten die ganze Jakobsippe vor dem Hungertod bewahren kann. Die Josefsgeschichte ist die erzählerische Verbindung zwischen den Väter- und Müttergeschichten und der Geschichte Israels in „Ägypten".

In dieser längsten aller bisherigen Erzählungen wird von Gott und den Dingen des Glaubens nur selten gesprochen. Gotteserscheinungen fehlen gänzlich, abgesehen von der Begegnung mit *Jakob* bei Beerscheba nach seinem Aufbruch nach Ägypten (Gen 46,2-6). Doch die wenigen Stellen, wo Josef von Gott spricht, haben für das Verständnis der ganzen Josefsgeschichte eine zentrale theologische Bedeutung: Gen 45,5-7 und 50,20f „weisen auf das in tiefer Weltlichkeit verborgene Heilswalten Gottes hin. Dieses Walten Gottes zum Heile der Menschen durchzieht kontinuierlich alle Lebensbereiche und es umgreift sogar das Böse des Menschen, indem es die Planungen des Menschenherzens, ohne sie zu hemmen oder zu entschuldigen, seinen göttlichen Zielen dienstbar macht" (G. von Rad). Die Verhaltenheit, mit der die Josefsgeschichte von Gott spricht, deutet darauf hin, dass der Erzähler in einer anderen religiösen Welt zuhause ist als frühere Generationen. „Das Flair des Säkularen" (W. Jüngling) ist unserem religiösen Empfinden wohl näher. Die Aufnahme der Josefsgeschichte in den Corpus der Väter- und Müttergeschichten ist theologisch insofern von großer Bedeutung, als ihr allgemeiner Vorsehungsglaube dadurch zum Zeugnis des besonderen heilsgeschichtlichen Handelns Gottes geworden ist (G. von Rad).

Übersicht

Die Josefsgeschichte: Gen 37. 39-45

Gen 37	Die Exposition der Josefsgeschichte
Gen 39-41	Von ganz unten nach ganz oben – oder: vom hebräischen Sklaven zum ägyptischen Herrscher neben dem Pharao
Gen 42	Der Unterdrückte wird zum Unterdrücker
Gen 43-45	Der Unterdrücker wird zum Bruder
	Epilog
Gen 46-50	Das Ende der Geschichte von Jakob und Josef

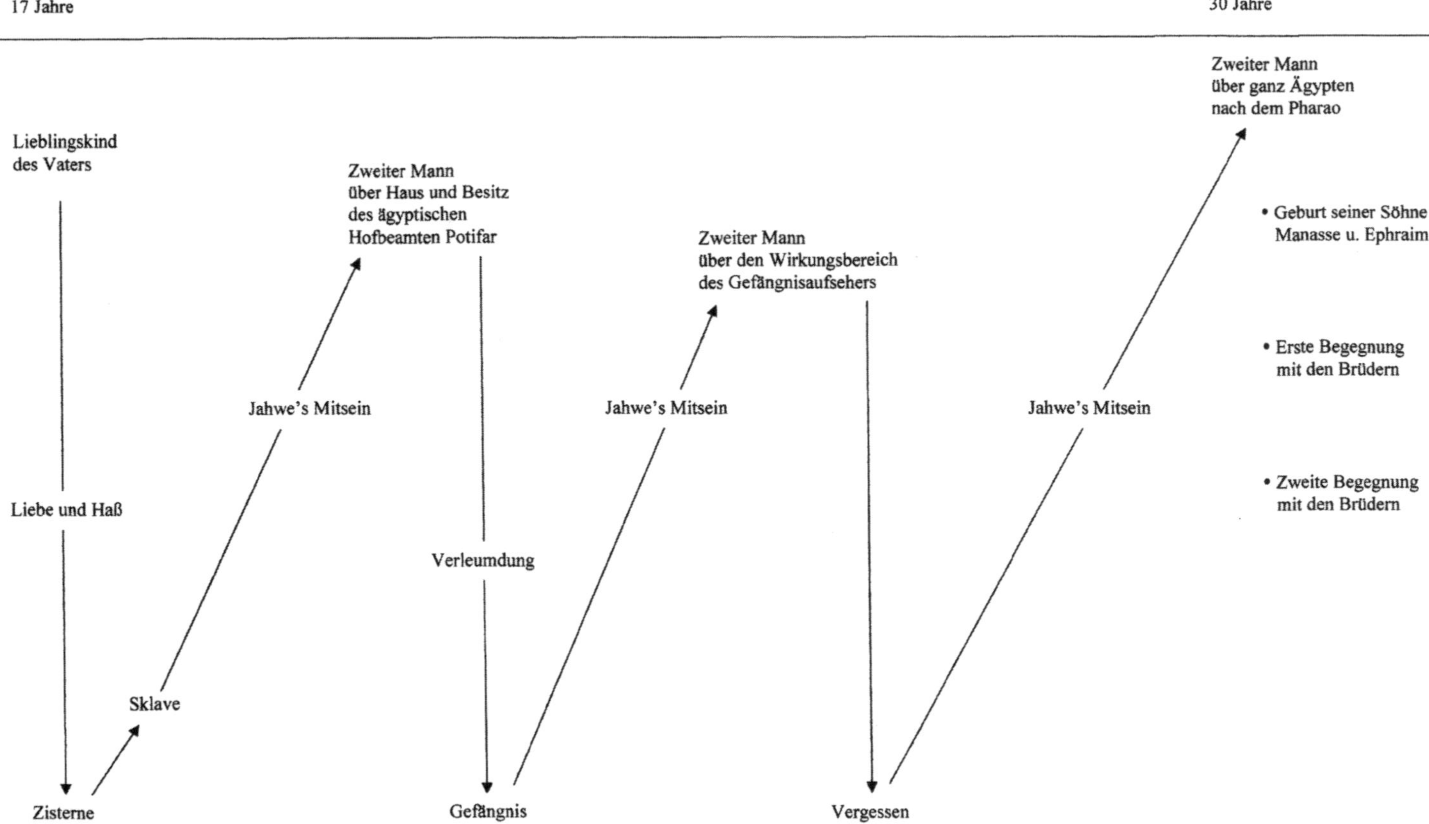
Josefsgeschichte Gen 37.39 – 45
17 Jahre
30 Jahre
Lieblingskind des Vaters
Liebe und Haß
Zisterne
Sklave
Jahwe's Mitsein
Zweiter Mann über Haus und Besitz des ägyptischen Hofbeamten Potifar
Verleumdung
Gefängnis
Jahwe's Mitsein
Zweiter Mann über den Wirkungsbereich des Gefängnisaufsehers
Vergessen
Jahwe's Mitsein
Zweiter Mann über ganz Ägypten nach dem Pharao
• Geburt seiner Söhne Manasse u. Ephraim
• Erste Begegnung mit den Brüdern
• Zweite Begegnung mit den Brüdern

Die Exposition der Josefsgeschichte: Gen 37

37[1] Und Jakob wohnte im Land der Fremdlingsschaft seines Vaters, im Land Kanaan. [2] Dies ist die Geschichte Jakobs: Joseph, siebzehn Jahre alt, war als Hirte mit seinen Brüdern bei den Schafen – als er noch ein Junge war –, mit den Söhnen Bilhas und mit den Söhnen Silpas, der Frauen seines Vaters. Und Joseph hinterbrachte ihrem Vater die üble Nachrede über sie. [3] Und Israel liebte Joseph mehr als all seine Söhne, weil er der Sohn seines Alters war; und er machte ihm einen bunten Leibrock. [4] Als aber seine Brüder sahen, dass ihr Vater ihn mehr liebte als alle seine Brüder, da hassten sie ihn und konnten ihn nicht mehr grüßen. [5] Und Joseph hatte einen Traum, den erzählte er seinen Brüdern; da hassten sie ihn noch mehr. [6] Und er sagte zu ihnen: Hört doch diesen Traum, den ich gehabt habe: [7] Siehe, wir banden Garben mitten auf dem Feld, und siehe, meine Garbe richtete sich auf und blieb auch aufrecht stehen; und siehe, eure Garben stellten sich ringsum auf und verneigten sich vor meiner Garbe. [8] Da sagten seine Brüder zu ihm: Willst du etwa König über uns werden, willst du gar über uns herrschen? Und sie hassten ihn noch mehr wegen seiner Träume und wegen seiner Reden.[9] Und er hatte noch einen anderen Traum, auch den erzählte er seinen Brüdern und sagte: Siehe, noch einen Traum hatte ich, und siehe, die Sonne und der Mond und elf Sterne beugten sich vor mir nieder. [10] Und er erzählte es seinem Vater und seinen Brüdern. Da schalt ihn sein Vater und sagte zu ihm: Was ist das für ein Traum, den du gehabt hast? Sollen wir etwa kommen, ich und deine Mutter und deine Brüder, um uns vor dir zur Erde niederzubeugen? [11] Und seine Brüder waren eifersüchtig auf ihn; aber sein Vater bewahrte das Wort.

[12] Und seine Brüder gingen fort, um die Schafe ihres Vaters bei Sichem zu weiden. [13] Da sagte Israel zu Joseph: Weiden nicht deine Brüder bei Sichem? Komm, ich will dich zu ihnen senden! Er aber sagte zu ihm: Hier bin ich. [14] Da sagte er zu ihm: Geh doch hin, sieh nach dem Wohlergehen deiner Brüder und nach dem Wohlergehen der Schafe, und bring mir Antwort. So sandte er ihn aus dem Tal von Hebron, und er kam nach Sichem. [15] Da fand ihn ein Mann, und siehe, er irrte auf dem Feld umher; und der Mann fragte ihn: Was suchst du? [16] Und er sagte: Ich suche meine Brüder. Teile mir doch mit, wo sie weiden! [17] Da sagte der Mann: Sie sind von hier aufgebrochen, denn ich hörte sie sagen: «Lasst uns nach Dotan gehen!» Da ging Joseph seinen Brüdern nach und fand sie bei Dotan. [18] Als sie ihn von ferne sahen und bevor er sich ihnen genähert hatte, da ersannen sie gegen ihn den Anschlag,

ihn zu töten. [19] Und sie sagten einer zum andern: Siehe, da kommt dieser Träumer! [20] So kommt nun und lasst uns ihn erschlagen und ihn
in eine der Zisternen werfen, und wir wollen sagen: Ein böses Tier hat
ihn gefressen! Dann werden wir sehen, was aus seinen Träumen wird.
[21] Als Ruben *das* hörte, wollte er ihn aus ihrer Hand retten und sagte:
Wir schlagen kein Leben! [22] Und Ruben sagte zu ihnen: Vergießt nicht
Blut, werft ihn in diese Zisterne, die in der Wüste ist, aber legt nicht
Hand an ihn! Das sagte er, damit er ihn aus ihrer Hand errettete, um
ihn zu seinem Vater zurückzubringen. [23] Und es geschah, als Joseph
zu seinen Brüdern kam, da zogen sie Joseph seinen Leibrock aus, den
bunten Leibrock, den er anhatte. [24] Und sie nahmen ihn und warfen ihn
in die Zisterne; die Zisterne aber war leer, es war kein Wasser darin. [25]
Dann setzten sie sich, um zu essen. Und sie erhoben ihre Augen und
sahen: und siehe, eine Karawane von Ismaelitern kam von Gilead her;
und ihre Kamele trugen Tragakant und Balsamharz und Ladanum; sie
zogen hin, um es nach Ägypten hinab zu bringen. [26] Da sagte Juda zu
seinen Brüdern: Was für ein Gewinn ist es, dass wir unseren Bruder erschlagen und sein Blut zudecken? [27] Kommt, lasst uns ihn an die Ismaeliter verkaufen; aber unsere Hand sei nicht an ihm, denn unser Bruder, unser Fleisch ist er! Und seine Brüder hörten darauf. [28] Da kamen
midianitische Männer vorüber, Händler, und sie zogen ihn heraus und
holten Joseph aus der Zisterne herauf. Und sie verkauften Joseph an
die Ismaeliter für zwanzig Silberschekel. Und sie brachten Joseph nach
Ägypten. [29] Als nun Ruben zur Zisterne zurückkam, und siehe, Joseph
war nicht in der Zisterne, da zerriss er seine Kleider. [30] Und er kehrte
zu seinen Brüdern zurück und sagte: Der Junge ist nicht mehr da! Ich
aber, wohin soll ich jetzt gehen? [31] Da nahmen sie den Leibrock Josephs und schlachteten einen Ziegenbock und tauchten den Leibrock in
das Blut. [32] Dann schickten sie den bunten Leibrock hin und ließen ihn
ihrem Vater bringen und sagen: Das haben wir gefunden. Untersuche
doch, ob es der Leibrock deines Sohnes ist oder nicht! [33] Da untersuch-
te er ihn und sagte: Der Leibrock meines Sohnes! Ein böses Tier hat
ihn gefressen; zerrissen, zerrissen ist Joseph! [34] Und Jakob zerriss seine
Kleider und legte Sacktuch um seine Hüften, und er trauerte um seinen
Sohn viele Tage. [35] Und alle seine Söhne und alle seine Töchter machten
sich auf, um ihn zu trösten; er aber weigerte sich, sich trösten zu lassen,
und sagte: Nein, sondern in Trauer werde ich zu meinem Sohn in den
Scheol hinabfahren. So beweinte ihn sein Vater. [36] Und die Midianiter
verkauften ihn nach Ägypten, an Potifar, einen Kämmerer des Pharao,
den Obersten der Leibwächter.

Die ersten elf Verse der „Josefsgeschichte“ schildern das ständig wachsende Zerwürfnis in der Großfamilie.

1. *Gen 37,1-11*: Als Josef siebzehn Jahre zählte, also noch jung war, weidet er mit vier seiner älteren Halbbrüder die Schafe und Ziegen seines Vaters. Ihm hinterbringt er, was man Schlimmes ihnen nachsagte. Das Wort, das dafür im hebräischen Text steht, ist *dabah* und bedeutet verleumden, beschuldigen, übles Nachreden, Gerüchte ausstreuen. *dabah* markiert in der Priesterschrift eine der Ursünden Israels. Das Zutragen von üblen Geschichten über die Brüder wird also hier als ein Missbrauch von Sprache verstanden, als das wirksamste Mittel, den Schalom zwischen Menschen zu zerstören. Das Zerwürfnis zwischen Josef und seinen Brüdern entzündet sich also an dem ungezügelten Gebrauch der Sprache.

An dem Zerwürfnis ist der Vater nicht unschuldig. Er liebt Josef mehr als alle seine übrigen Söhne, ist er doch der Erstgeborene seiner so lange unfruchtbaren Lieblingsfrau Rachel. Seiner besonderen Zuneigung gibt Jakob dadurch einen sichtbaren Ausdruck, dass er ihm ein besonderes Kleidungsstück nähen lässt und ihn so aus der Schar seiner Söhne heraushebt. Damit provoziert er den *Neid* und *Hass* der Brüder gegen Josef, so dass sie nicht mehr zum Frieden mit ihm reden können. Der Hass verschlägt ihnen die Sprache.

Die Bevorzugung Josefs ist möglicherweise auch aus der Angst Jakobs zu verstehen, selbst als jüngerer Bruder zu kurz zu kommen. So ist die Geschichte Josefs hinein verwoben in die Schuldgeschichte seines Vaters.

Als Josef ihnen seinen ersten Traum erzählt, der ihm einen Vorrang gegenüber seinen Brüdern anzeigt, hassen sie ihn noch mehr. Stärker kann die Gegnerschaft der Brüder zu Josef kaum ausgesagt werden. In der Großfamilie gibt es keinen Vorrang des einen vor dem anderen, es gibt nur die Autorität des „Vaters“. Die Antwort der Brüder auf den Traum Josefs scheint die Empfindlichkeit gegenüber jeglicher Herrschaft von Menschen über Menschen zu artikulieren. Interessanterweise wird hier noch einmal betont, dass der Hass der Brüder auch wegen der „Reden“ des Josef wächst.

Der zweite Traum Josefs zeigt ihm nicht nur einen Vorrang gegenüber seinen Brüdern, sondern auch gegenüber seinen Eltern an. Jakob reagiert scharf. Er fährt Josef an und bringt ihn so zum Schweigen. Seine Brüder reagieren auf diesen Vorfall mit *Eifersucht*.

Neid, Eifersucht und Hass entwickeln ihre zerstörerische Rivalität. Sie sind im tiefsten der Wunsch, ein anderer zu sein als man ist. Neid hindert einen Menschen daran, mit sich selbst einverstanden zu sein. Eifersucht folgt aus der Kränkung, nicht der einzig wichtige Mensch im Leben eines anderen zu sein. Hass ist bitter enttäuschte Liebe. Er wächst aus dem Gefühl, von jemandem abgewiesen zu sein, den man für sich haben will oder dem man sich zugehörig fühlt. Wer sich in diese destruktiven Gefühle verfängt, wird unglücklich und gewalttätig.

2. *Gen 37,12-36*: Als die Brüder schon längere Zeit mit den Herden unterwegs sind, wird Josef von seinem Vater zu ihnen geschickt, um nach deren Wohlergehen zu sehen. Kaum haben sie den verhassten Bruder in der Ferne wahrgenommen, da entsteht unter ihnen eine Atmosphäre aufgeregter Gewalttätigkeit. Sie verstricken sich in heimtückische Pläne mit dem Ziel, Josef zu töten. Erst wollen sie ihn umbringen, dann in eine der Zisternen werfen und schließlich die Tat auf ein „böses Tier" abwälzen.

Ruben, der älteste unter ihnen, reagiert äußerst erregt und gebieterisch: „Wir schlagen kein Leben." Sein Alternativvorschlag zielt darauf ab, Josef ihren Händen zu entreißen und dem Vater zurückzubringen.

Als Josef bei seinen Brüdern ankommt, packen sie ihn wortlos, ziehen ihm den verhassten Ärmelrock vom Leib und werfen ihn in eine Zisterne. Eine heranziehende Karawane bringt Juda auf die Idee, Josef zu verkaufen. So können sie sein Leben schonen und sich dennoch des gehassten Bruders entledigen. Nach Ex 21,16 ist der Verkauf eines Bruders ein ebenso todeswürdiges Verbrechen wie wenn man ihn erschlägt.

Das Auftreten der ismaelitischen Handelskarawane ruft das für den weiteren Handlungsablauf nötige Getümmel hervor, in dem das Auftauchen der Midianiter untergeht. Von den Brüdern unbemerkt, ziehen sie Josef aus der Grube und verkaufen ihn (auch) an die Ismaeliter. So ist Rubens Schreck verständlich, als er Josef nicht in der Zisterne findet. Die Brüder bleiben im Ungewissen über sein Schicksal. Dann treffen sie die notwendigen Vorbereitungen, um den Vater zu täuschen. Ihre Rede ist voller Tücke. Sie fordern Jakob auf, das blutige Kleidungsstück zu prüfen und aus der Erkenntnis, ob es der Rock Josefs ist, die Folgerungen zu ziehen. So brauchten sie nicht einmal zu lügen. Jakob hatte seinen Vater mit den Kleidern seines Bruders Esau betrogen. Nun wird er selbst betrogen mit dem Kleid seines Sohnes. Jakob ist untröstlich über den Verlust seines geliebten Sohnes. Er hält Totenklage und klagend will er in die Unterwelt (scheol) hinabsteigen.

Am Ende dieser Erzählung liegt alles im Argen. Das Leben der Jakobsfamilie ist ohne Schalom. Alle haben sich schuldig gemacht. Alle stehen in der verzweifelten Nähe zur Unterwelt. Niemand weiß, wie es weitergehen soll.

Von ganz unten nach ganz oben oder: vom hebräischen Sklaven zum ägyptischen Herrscher neben dem Pharao: Gen 39-41

39[1] Und Joseph war nach Ägypten hinabgeführt worden. Und Potifar, ein Kämmerer des Pharao, der Oberste der Leibwächter, ein Ägypter, kaufte ihn aus der Hand der Ismaeliter, die ihn dorthin hinabgeführt hatten. [2] Der HERR aber war mit Joseph, und er war ein Mann, dem alles gelang; und er blieb im Haus seines ägyptischen Herrn. [3] Als nun sein Herr sah, dass der HERR mit ihm war und dass der HERR alles, was er tat, in seiner Hand gelingen ließ, [4] da fand Joseph Gunst in seinen Augen, und er bediente ihn persönlich. Und er bestellte ihn über sein Haus, und alles, was er besaß, gab er in seine Hand. [5] Und es geschah, seitdem er ihn über sein Haus bestellt hatte und über alles, was er besaß, da segnete der HERR das Haus des Ägypters um Josephs willen; und der Segen des HERRN war auf allem, was er hatte, im Haus und auf dem Feld. [6] Und er überließ alles, was er hatte, der Hand Josephs und kümmerte sich bei ihm um gar nichts, außer um das Brot, das er aß. Joseph aber war schön von Gestalt und schön von Aussehen.

[7] Und es geschah nach diesen Dingen, da warf die Frau seines Herrn ihre Augen auf Joseph und sagte: Liege bei mir! [8] Er aber weigerte sich und sagte zu der Frau seines Herrn: Siehe, mein Herr kümmert sich um nichts bei mir im Haus; und alles, was er besitzt, hat er in meine Hand gegeben. [9] Er selbst ist in diesem Haus nicht größer als ich, und er hat mir gar nichts vorenthalten als nur dich, weil du seine Frau bist. Wie sollte ich dieses große Unrecht tun und gegen Gott sündigen? [10] Und es geschah, obwohl sie Tag für Tag auf Joseph einredete, hörte er nicht auf sie, bei ihr zu liegen, mit ihr zusammen zu sein. [11] Da geschah es an einem solchen Tag, dass er ins Haus kam, um sein Geschäft zu besorgen, als gerade kein Mensch von den Leuten des Hauses dort im Haus war, [12] da ergriff sie ihn bei seinem Kleid und sagte: Liege bei mir! Er aber ließ sein Kleid in ihrer Hand, floh und lief hinaus. [13] Und es geschah, als sie sah, dass er sein Kleid in ihrer Hand gelassen hatte und hinaus geflohen

war, [14] da rief sie die Leute ihres Hauses und sagte zu ihnen: Seht, er hat
uns einen hebräischen Mann hergebracht, Mutwillen mit uns zu treiben.
Er ist zu mir gekommen, um bei mir zu liegen, aber ich habe mit lauter
Stimme gerufen. [15] Und es geschah, als er hörte, dass ich meine Stimme
erhob und rief, da ließ er sein Kleid neben mir und floh und lief hinaus. [16]
Und sie ließ sein Kleid neben sich liegen, bis sein Herr nach Hause kam.
[17] Da redete sie zu ihm mit denselben Worten: Der hebräische Sklave, den
du uns hergebracht hast, ist zu mir gekommen, um Mutwillen mit mir zu
treiben; [18] und es geschah, als ich meine Stimme erhob und rief, da ließ
er sein Kleid neben mir und floh hinaus. [19] Und es geschah, als sein Herr
die Worte seiner Frau hörte, die sie zu ihm redete, indem sie sagte: Nach
diesen Worten hat mir dein Sklave getan, da entbrannte sein Zorn. [20] Und
Josephs Herr nahm ihn und legte ihn ins Gefängnis, an den Ort, wo die
Gefangenen des Königs gefangen lagen; und er war dort im Gefängnis.

[21] Der HERR aber war mit Joseph und wandte sich ihm in Treue
zu und gab ihm Gunst in den Augen des Obersten des Gefängnisses.
[22] Und der Oberste des Gefängnisses übergab alle Gefangenen, die im
Gefängnis waren, der Hand Josephs; und alles, was man dort tat, das
veranlasste er. [23] Der Oberste des Gefängnisses sah nicht nach dem Geringsten, das unter seiner Hand war, weil der HERR mit ihm war; und
was er tat, ließ der HERR gelingen. 40[1] Und es geschah nach diesen
Dingen, da versündigten sich der Mundschenk des Königs von Ägypten
und der Bäcker gegen ihren Herrn, den König von Ägypten. [2] Und der
Pharao wurde zornig über seine beiden Kämmerer, über den Obersten
der Mundschenke und über den Obersten der Bäcker; [3] und er gab sie in
Gewahrsam, in das Haus des Obersten der Leibwächter, ins Gefängnis,
an den Ort, wo Joseph gefangen lag. [4] Und der Oberste der Leibwächter
gab ihnen Joseph bei, und er bediente sie; und sie waren eine Zeitlang
in Gewahrsam. [5] Und sie hatten beide einen Traum, jeder seinen Traum
in einer Nacht, jeder mit einer besonderen Deutung seines Traumes, der
Mundschenk und der Bäcker des Königs von Ägypten, die im Gefängnis gefangen lagen. [6] Als Joseph am Morgen zu ihnen kam und sie sah,
siehe, da waren sie traurig. [7] Und er fragte die Kämmerer des Pharao,
die mit ihm im Haus seines Herrn in Gewahrsam waren: Warum sind
eure Gesichter heute so traurig? [8] Da sagten sie zu ihm: Wir haben einen Traum gehabt, aber es gibt keinen, der ihn deute. Da sagte Joseph
zu ihnen: Sind die Deutungen nicht Gottes Sache? Erzählt mir doch!
[9] Da erzählte der Oberste der Mundschenke dem Joseph seinen Traum
und sagte zu ihm: In meinem Traum, siehe, da war ein Weinstock vor
mir [10] und an dem Weinstock drei Ranken; und sowie er Knospen trieb,

kam sein Blütenstand hervor und seine Traubenkämme reiften zu Trauben. 11 Und der Becher des Pharao war in meiner Hand, und ich nahm
die Trauben und presste sie in den Becher des Pharao aus und gab den
Becher in die Hand des Pharao. 12 Da sagte Joseph zu ihm: Das ist seine Deutung: Die drei Ranken, sie bedeuten drei Tage. 13 Noch drei Tage,
dann wird der Pharao dein Haupt erheben und dich wieder in deine
Stellung einsetzen, und du wirst den Becher des Pharao in seine Hand
geben nach der früheren Weise, als du sein Mundschenk warst. 14 Aber
denke an mich bei dir, wenn es dir gut geht, und erweise doch Treue an
mir, und erwähne mich beim Pharao, und bring mich aus diesem Haus
heraus! 15 Denn gestohlen bin ich aus dem Land der Hebräer, und auch
hier habe ich gar nichts getan, dass sie mich in den Kerker gesetzt haben. 16 Als nun der Oberste der Bäcker sah, dass er gut gedeutet hatte, sagte er zu Joseph: Auch ich sah in meinem Traum, und siehe, drei
Körbe mit Weißbrot waren auf meinem Kopf 17 und im obersten Korb
allerlei Esswaren des Pharao, Backwerk, und die Vögel fraßen sie aus
dem Korb auf meinem Kopf weg. 18 Da antwortete Joseph und sagte:
Das ist seine Deutung: Die drei Körbe, sie bedeuten drei Tage. 19 Noch
drei Tage, dann wird der Pharao dein Haupt erheben und dich an ein
Holz hängen, und die Vögel werden dein Fleisch von dir wegfressen. 20
Und es geschah am dritten Tag, dem Geburtstag des Pharao, da machte
er für all seine Knechte ein Mahl; und er erhob das Haupt des Obersten
der Mundschenke und das Haupt des Obersten der Bäcker unter seinen
Knechten. 21 Und er setzte den Obersten der Mundschenke wieder in
sein Schenkamt ein, dass er den Becher in die Hand des Pharao gab. 22
Den Obersten der Bäcker aber ließ er hängen, so wie es ihnen Joseph
gedeutet hatte. 23 Aber der Oberste der Mundschenke dachte nicht mehr
an Joseph und vergaß ihn.

41 1 Es geschah aber am Ende von zwei vollen Jahren, da träumte
der Pharao: und siehe, er stand am Strom. 2 Und siehe, aus dem Strom
stiegen sieben Kühe herauf, schön von Aussehen und fett an Fleisch,
und sie weideten im Riedgras. 3 Und siehe, sieben andere Kühe stiegen
nach ihnen aus dem Strom herauf, hässlich von Aussehen und mager
an Fleisch, und sie stellten sich neben die Kühe ans Ufer des Stromes. 4
Und die Kühe, die hässlich von Aussehen und mager an Fleisch waren,
fraßen die sieben Kühe, die schön von Aussehen und fett waren. Da erwachte der Pharao. 5 Und er schlief wieder ein und träumte zum zweiten Mal: und siehe, sieben Ähren wuchsen auf an einem Halm, fett und
schön. 6 Und siehe, sieben Ähren, mager und vom Ostwind versengt,
sprossten nach ihnen auf. 7 Und die mageren Ähren verschlangen die

sieben fetten und vollen Ähren. Da erwachte der Pharao, und siehe, es
war ein Traum.

8 Und es geschah am Morgen, da war sein Geist voller Unruhe, und
er sandte hin und ließ alle Wahrsagepriester Ägyptens und alle seine
Weisen rufen; und der Pharao erzählte ihnen seine Träume, aber da war
keiner, der sie dem Pharao deutete. 9 Da redete der Oberste der Mundschenke den Pharao an: Ich bringe heute meine Sünde in Erinnerung.
10 Der Pharao war einst sehr zornig über seine Knechte und gab mich
in Gewahrsam in das Haus des Obersten der Leibwächter, mich und den
Obersten der Bäcker. 11 Da hatten wir einen Traum in einer Nacht, ich
und er; wir träumten jeder mit einer besonderen Deutung seines Traumes. 12 Aber dort bei uns war ein junger Hebräer, ein Sklave des Obersten der Leibwächter, und wir erzählten ihm die Träume. Da deutete er
uns unsere Träume, jeden deutete er nach seinem Traum. 13 Und es geschah, wie er uns deutete, also ist es geschehen: mich hat man wieder
in meine Stellung eingesetzt, und ihn hat man gehängt.

14 Da sandte der Pharao hin und ließ Joseph rufen; da ließen sie ihn
schnell aus dem Kerker holen. Und er schor sich, wechselte seine Kleider
und kam zum Pharao. 15 Und der Pharao sprach zu Joseph: Ich habe einen Traum gehabt, aber es gibt keinen, der ihn deute; ich habe nun von
dir sagen hören, du verstehst es, einen Traum zu deuten. 16 Da antwortete Joseph dem Pharao: Das steht nicht bei mir; Gott wird antworten, was
dem Pharao zum Heil ist. 17 Da redete der Pharao zu Joseph: In meinem
Traum, siehe, da stand ich am Ufer des Stromes. 18 Und siehe, aus dem
Strom stiegen sieben Kühe herauf, fett an Fleisch und schön von Gestalt,
und sie weideten im Riedgras. 19 Und siehe, sieben andere Kühe stiegen
nach ihnen herauf, dürr und sehr hässlich von Gestalt und mager an
Fleisch; ich habe im ganzen Land Ägypten nie so hässliche gesehen wie
diese. 20 Und die mageren und hässlichen Kühe fraßen die sieben ersten
fetten Kühe. 21 Und als sie in ihren Bauch gekommen waren, da merkte
man nichts davon, dass sie in ihren Bauch gekommen waren, sondern
ihr Aussehen war hässlich wie im Anfang. Und ich erwachte. 22 Dann
sah ich in meinem zweiten Traum, und siehe, sieben Ähren wuchsen auf
an einem Halm, voll und schön. 23 Und siehe, sieben Ähren, dürr, mager
und vom Ostwind versengt, sprossten nach ihnen auf; 24 und die mageren Ähren verschlangen die sieben schönen Ähren. Und ich habe es
den Wahrsagepriestern gesagt; aber es gibt keinen, der es mir erklärt. 25
Da sprach Joseph zum Pharao: Der Traum des Pharao ist einer. Gott hat
dem Pharao mitgeteilt, was er tun will. 26 Die sieben schönen Kühe sind
sieben Jahre, und die sieben schönen Ähren sind sieben Jahre; nur ein

Traum ist es. 27 Und die sieben mageren und hässlichen Kühe, die nach
ihnen heraufstiegen, auch sie sind sieben Jahre, so auch die sieben leeren, vom Ostwind versengten Ähren: es werden sieben Jahre der Hungersnot sein. 28 Das ist das Wort, das ich zu dem Pharao geredet habe:
Gott hat den Pharao sehen lassen, was er tun will. 29 Siehe, sieben Jahre
kommen, großer Überfluss wird herrschen im ganzen Land Ägypten. 30
Nach ihnen aber werden sieben Jahre der Hungersnot aufkommen, und
aller Überfluss wird im Land Ägypten vergessen sein, und die Hungersnot wird das Land erschöpfen. 31 Und man wird nichts mehr von dem
Überfluss im Land erkennen angesichts dieser Hungersnot danach, denn
sie wird sehr schwer sein. 32 Und dass der Traum sich für den Pharao
zweimal wiederholte, bedeutet, dass die Sache bei Gott fest beschlossen
ist und dass Gott eilt, sie zu tun. 33 Und nun sehe der Pharao nach einem
verständigen und weisen Mann und setze ihn über das Land Ägypten.
34 Dies tue der Pharao, dass er Aufseher über das Land bestelle und den
Fünften vom Land Ägypten erhebe in den sieben Jahren des Überflusses. 35 Und sie sollen alle Nahrungsmittel dieser kommenden guten Jahre einsammeln und unter der Obhut des Pharao Getreide aufspeichern
als Nahrungsmittel in den Städten und es dort aufbewahren. 36 So soll
die eingesammelte Nahrung zum Vorrat für das Land dienen für die sieben Jahre der Hungersnot, die im Land Ägypten sein werden, damit das
Land durch die Hungersnot nicht zugrunde geht.

37 Und das Wort war gut in den Augen des Pharao und in den Augen
aller seiner Diener. 38 Und der Pharao sagte zu seinen Dienern: Werden
wir einen finden wie diesen, einen Mann, in dem der Geist Gottes ist?
39 Und zu Joseph sagte der Pharao: Nachdem dich Gott dies alles hat
erkennen lassen, ist keiner so verständig und weise wie du. 40 Du sollst
über mein Haus sein, und deinem Mund soll mein ganzes Volk sich fügen; nur um den Thron will ich größer sein als du. 41 Und der Pharao
sagte zu Joseph: Siehe, ich habe dich über das ganze Land Ägypten gesetzt. 42 Und der Pharao nahm seinen Siegelring von seiner Hand und
steckte ihn an Josephs Hand, und er kleidete ihn in Kleider aus Byssus
und legte die goldene Kette um seinen Hals. 43 Und er ließ ihn auf dem
zweiten Wagen fahren, den er hatte, und man rief vor ihm her: Werft
euch nieder! So setzte er ihn über das ganze Land Ägypten. 44 Und der
Pharao sprach zu Joseph: Ich bin der Pharao, aber ohne dich soll kein
Mensch im ganzen Land Ägypten seine Hand oder seinen Fuß erheben!
45 Und der Pharao gab Joseph den Namen: Zafenat-Paneach, und gab
ihm Asenat, die Tochter Potiferas, des Priesters von On, zur Frau. Dann
zog Joseph aus über das ganze Land Ägypten.

[46] Und Joseph war dreißig Jahre alt, als er vor dem Pharao, dem König von Ägypten, stand. Und Joseph ging vom Pharao weg und zog durch das ganze Land Ägypten. [47] Und das Land trug in den sieben Jahren des Überflusses haufenweise. [48] Und er sammelte alle Nahrungsmittel der sieben Jahre, in denen im Land Ägypten Überfluss war, und brachte die Nahrungsmittel in die Städte; die Nahrungsmittel der Felder, die im Umkreis der Stadt lagen, brachte er in sie hinein. [49] Und Joseph speicherte Getreide auf wie Sand des Meeres, über die Maßen viel, bis man aufhörte zu zählen, denn es war ohne Zahl. [50] Und dem Joseph wurden zwei Söhne geboren, ehe das Jahr der Hungersnot kam, die Asenat ihm gebar, die Tochter Potiferas, des Priesters von On. [51] Und Joseph gab dem Erstgeborenen den Namen Manasse: Denn Gott hat mich vergessen lassen all meine Mühsal und das ganze Haus meines Vaters. [52] Und dem zweiten gab er den Namen Ephraim: Denn Gott hat mich fruchtbar gemacht im Land meines Elends.

[53] Und die sieben Jahre des Überflusses, der im Land Ägypten gewesen war, gingen zu Ende, [54] und die sieben Jahre der Hungersnot begannen zu kommen, so wie es Joseph gesagt hatte. Und in allen Ländern war Hungersnot, aber im ganzen Land Ägypten war Brot. [55] Als nun das ganze Land Ägypten hungerte und das Volk zum Pharao um Brot schrie, da sagte der Pharao zu allen Ägyptern: Geht zu Joseph; tut, was er euch sagt! [56] Und die Hungersnot war auf der ganzen Erde; und Joseph öffnete alles, worin Getreide war, und verkaufte den Ägyptern Getreide; und die Hungersnot war stark im Land Ägypten. [57] Und alle Welt kam nach Ägypten zu Joseph, um Getreide zu kaufen; denn die Hungersnot war stark auf der ganzen Erde.

1. *Gen 39. 41,1–45*: Josef wurde von den Ismaeliten *nach Ägypten hinuntergebracht* wie eine Ware und wie eine Ware von einem ägyptischen Hofbeamten gekauft. Die sprachliche Gestalt verdeutlicht, wie ein Mensch in seinem Leben so weit hinuntergebracht wird, dass sein Leben gar kein Leben mehr ist. Doch der Herr war mit Josef und so glückte ihm alles – bis die Frau seines Herrn auf ihn aufmerksam wurde und er sich weigerte, ihren Verführungskünsten zu entsprechen. Das brachte ihn schließlich *ins Gefängnis – ein weiterer Abstieg*! Dort wird er *vergessen*. Wieder klingt an, dass der Herr mit ihm ist und alles gelingen lässt, was er unternimmt. Seine Traumdeutungen treffen ein, aber der rehabilitierte Mundschenk vergisst Josef, bis er mit zwei beunruhigenden Träumen des Pharao konfrontiert wird. Da erinnert er

sich des jungen Hebräers. Schnell wird Josef aus dem Gefängnis geholt und salonfähig gemacht, um im Palast des Pharao dessen Träume zu deuten. „Josef war dreißig Jahre alt, als er vor dem Pharao, dem König von Ägypten, stand."

Der Pharao ist so beeindruckt von Josef, dass er ihn binnen kurzem als Wesir über ganz Ägypten einsetzt.

2. *Gen 41,46-57*: Fast zwanzig Jahre nach seiner gewaltsamen Verschleppung werden ihm zwei Söhne geboren. Sie bekommen Namen, die Josefs Erfahrungen „im Land seines Elends" auf neue Weise wiedergeben. Erst jetzt versteht Josef seinen Weg als einen von Gott geführten und gesegneten. Mit der Geburt seiner Kinder wächst er aus seiner bisherigen Geschichte heraus. Er wird fähig, durch alle Leiderfahrungen hindurch wieder mit sich in Einklang zu kommen. Damit ist die Voraussetzung für den Weg der Versöhnung mit seinen Brüdern, mit seiner Familie gegeben. *Die drei Verse (Gen 41,50-52) sind gleichsam die geheime Mitte der Josefsgeschichte.*

Josef nannte seinen Erstgeborenen *Manasse* (Vergessling), denn er sagte: „Gott hat mich vergessen lassen all meine Mühsal und das ganze Haus meines Vaters." Josef hat im Namen seines Erstgeborenen alles Leid und Elend zusammen gefasst, das er durchlitten hat: der Riss in seinem Leben, von der Familie getrennt zu werden, die Todesängste, der Verlust seiner Heimat, die Demütigungen und Verleumdungen, denen er als Sklave ausgesetzt war, schließlich das Verlassen- und Vergessensein in der Fremde. Nach fast zwanzig Jahren ... Vergessen heißt hier nicht, all das aus dem Gedächtnis löschen, als sei nichts gewesen. Denn etwas, das vergessen ist, kann nicht geheilt werden, und was nicht geheilt wird, kann die Ursache für größeres Unheil werden. Vielmehr gibt Josef zu erkennen: Gott hat ihm ermöglicht, seinen Verlust und seine Verletzungen loszulassen und sich wieder auf das Leben einzulassen.

Seinen zweiten Sohn nannte er *Efraim* (Fruchtbringer), denn er sagte: „Gott hat mich fruchtbar gemacht im Land meines Elends." Josef verschweigt nicht, dass er in der Fremde ist, dass ihm etwas Wesentliches fehlt. Aber das neu geschenkte Vertrauen ins Leben hat Früchte gebracht. Josef sieht in Efraim die Gabe und Geste eines Größeren. Er weiß sich von Gott gehalten und geführt zum Segen für viele. Josef kann das Leben nicht nur von Neuem bejahen. Er kann es auch genießen. Geboren werden beide Söhne *nach*einander. Zuerst Manasse, dann

Efraim. Mit den Erfahrungen, die sich in der Namengebung seiner Kinder verdichtet, kann Josef weiter vordringen zum Kern der Versöhnung mit seinen Brüdern, mit seiner Familie.

Der Unterdrückte wird zum Unterdrücker: Gen 42

42 1 Als Jakob sah, dass Getreide in Ägypten war, da sagte Jakob zu
seinen Söhnen: Was seht ihr einander an? 2 Und er sagte: Siehe, ich
habe gehört, dass es in Ägypten Getreide gibt. Zieht hinab und kauft
uns von da Getreide, damit wir am Leben bleiben und nicht sterben! 3
Da zogen die zehn Brüder Josephs hinab, um Getreide aus Ägypten zu
kaufen. 4 Aber Benjamin, Josephs Bruder, sandte Jakob nicht mit seinen Brüdern; denn er sagte: Dass ihm nicht etwa ein Unfall begegne!
5 Und so kamen die Söhne Israels unter den Ankommenden, um Getreide zu kaufen; denn die Hungersnot war auch im Land Kanaan. 6
Und Joseph, er war der Machthaber über das Land, er war es, der allem
Volk des Landes Getreide verkaufte. Als nun die Brüder Josephs kamen, beugten sie sich vor ihm nieder, mit dem Gesicht zur Erde. 7 Als
Joseph seine Brüder sah, da erkannte er sie; aber er stellte sich fremd
gegen sie und redete hart mit ihnen und sagte zu ihnen: Woher kommt
ihr? Sie sagten: Aus dem Land Kanaan, um Nahrungsmittel zu kaufen.
8 Und Joseph hatte seine Brüder erkannt, sie aber erkannten ihn nicht.
9 Da dachte Joseph an die Träume, die er von ihnen gehabt hatte, und
er sagte zu ihnen: Ihr seid Kundschafter; die Blöße des Landes auszu-
spähen, seid ihr gekommen. 10 Sie aber sagten zu ihm: Nein, mein Herr;
sondern deine Knechte sind gekommen, um Nahrungsmittel zu kaufen. 11 Wir alle – Söhne eines Mannes sind wir! Redliche Männer sind
wir! Deine Knechte sind keine Kundschafter. 12 Er aber sagte zu ihnen:
Nein, sondern die Blöße des Landes zu erspähen, seid ihr gekommen.
13 Da sagten sie: Zwölf an der Zahl sind deine Knechte, Brüder sind
wir, Söhne *eines* Mannes im Land Kanaan; und siehe, der jüngste ist
heute bei unserm Vater geblieben, und der eine – er ist nicht mehr. 14
Joseph aber sagte zu ihnen: Das ist es, was ich zu euch gesagt habe:
Kundschafter seid ihr! 15 Daran sollt ihr geprüft werden: So wahr der
Pharao lebt! Ihr werdet von hier nicht weggehen, es sei denn, dass euer
jüngster Bruder hierher kommt! 16 Sendet einen von euch hin, dass er
euren Bruder hole! Ihr aber bleibt gefangen, und eure Worte sollen geprüft werden, ob Wahrheit bei euch ist; und wenn nicht, – so wahr der
Pharao lebt! – dann seid ihr Kundschafter. 17 Und er setzte sie zusammen drei Tage in Gewahrsam. 18 Am dritten Tag aber sagte Joseph zu

ihnen: Tut folgendes! Dann sollt ihr leben; ich fürchte Gott: 19 Wenn
ihr redlich seid, so bleibe einer eurer Brüder gefangen im Haus eures
Gewahrsams; ihr aber, zieht hin, bringt Getreide für den Hunger eurer
Häuser! 20 Euren jüngsten Bruder aber sollt ihr zu mir bringen, dass
eure Worte sich als zuverlässig erweisen und ihr nicht sterbt! Und sie
taten so. 21 Da sagten sie einer zum anderen: Ach, ja, wir sind schuldbeladen wegen unseres Bruders, wir haben gesehen die Angst um sein
Leben, als er uns um Gnade anflehte, wir aber nicht hörten. Darum ist
diese Not über uns gekommen. 22 Und Ruben antwortete ihnen: Habe
ich nicht zu euch gesagt: Versündigt euch nicht an dem Jungen? Aber
ihr habt nicht gehört; nun seht, sein Blut wird gefordert! 23 Sie aber
erkannten nicht, dass Joseph es verstand, denn der Dolmetscher war
zwischen ihnen. 24 Und er wandte sich von ihnen ab und weinte. Dann
kehrte er zu ihnen zurück und redete zu ihnen; und er nahm von ihnen
Simeon und band ihn vor ihren Augen.

25 Und Joseph befahl, dass man ihre Gefäße mit Getreide fülle und
ihr Geld jedem in seinen Sack zurücklege und ihnen Wegzehrung auf
den Weg mitgebe. Und man tat ihnen so. 26 Dann luden sie ihr Getreide
auf ihre Esel und zogen davon. 27 Als nun einer seinen Sack öffnete, um
seinem Esel in der Herberge Futter zu geben, da sah er sein Geld, und
siehe, es war oben in seinem Sack. 28 Und er sagte zu seinen Brüdern:
Mein Geld ist zurückgegeben worden, siehe, da ist es in meinem Sack.
Da schwand ihnen das Herz, und sie sahen einander erschrocken an
und sagten: Was hat Gott uns da angetan! 29 Und sie kamen in das Land
Kanaan zu ihrem Vater Jakob und berichteten ihm alles, was ihnen wi-
derfahren war, und sagten: 30 Der Mann, der Herr des Landes, redete
hart mit uns und behandelte uns wie Kundschafter des Landes. 31 Wir
sagten zwar zu ihm: Redliche Männer sind wir, wir sind keine Kundschafter; 32 zwölf Brüder sind wir, Söhne unseres Vaters; der eine ist
nicht mehr, und der jüngste ist heute bei unserem Vater im Land Kanaan geblieben. 33 Aber der Mann, der Herr des Landes, sagte zu uns: «Daran werde ich erkennen, dass ihr redlich seid: Einen eurer Brüder lasst
bei mir, nehmt das Getreide für den Hunger eurer Häuser, und zieht
hin; 34 aber bringt euren jüngsten Bruder zu mir, so werde ich erkennen,
dass ihr nicht Kundschafter, sondern redliche Männer seid! Dann werde
ich euch euren Bruder wiedergeben, und ihr könnt das Land durchziehen.» 35 Und es geschah, als sie ihre Säcke leerten, siehe, da hatte jeder
sein Geldbündel in seinem Sack; und sie sahen ihre Geldbündel, sie
und ihr Vater, und sie fürchteten sich. 36 Ihr Vater Jakob aber sagte zu
ihnen: mich macht ihr kinderlos: Joseph ist nicht mehr, und Simeon ist

nicht mehr; und Benjamin wollt ihr wegnehmen! Über mich kommt all das! [37] Da sagte Ruben zu seinem Vater: Meine beiden Söhne darfst du töten, wenn ich ihn dir nicht wiederbringe. Gib ihn in meine Hand, und ich werde ihn zu dir zurückbringen. [38] Er aber sagte: Mein Sohn zieht nicht mit euch hinab; denn sein Bruder ist tot, und er allein ist übrig geblieben. Begegnete ihm ein Unfall auf dem Weg, auf dem ihr zieht, so würdet ihr mein graues Haar mit Kummer in den Scheol hinab bringen.

1. *Gen 42,1-24*: Als die im Traum des Pharao vorausgesehene Dürre über die Region kommt, schickt Jakob seine Söhne nach Ägypten, um dort Getreide zu kaufen. Nur Benjamin lässt er nicht mitziehen, damit dem geliebten Sohn kein Unheil zustößt.

Bei der ersten Begegnung erkennt Josef seine Brüder. Er selbst aber stellt sich fremd und gibt sich ihnen nicht zu erkennen. Wie ein Despot fährt er sie barsch an, verleumdet sie als Spione und nimmt sie für drei Tage in Haft. Da die Anklage falsch ist und keine Gründe für sie angegeben werden, kann sie auch von den Brüdern nicht begründet zurückgewiesen werden. Wie sie einst mit ihm nicht in Schalom reden konnten, so redet er jetzt hart mit ihnen. Sie sind seiner Willkür auf Gedeih und Verderb ausgeliefert. Er macht ihnen Todesangst und nimmt einen von ihnen als Geisel, bis sie ihren jüngsten Bruder herbeigeschafft haben. Er lässt sie spüren, was sie ihm angetan haben. Seine Aggressionen, seine Rachegefühle bringen seine Brüder dazu, *sich* einzugestehen, was sie Josef und ihrem Vater angetan haben. „Ach ja, wir sind schuldbeladen wegen unseres Bruders. Wir haben gesehen die Angst („Enge“) um sein Leben. Als er zu uns um Gnade flehte, haben wir nicht gehört. Darum ist diese Not („Enge“) über uns gekommen ... Nun, seht ihr, wird sein Blut gefordert (Gen 42,21f.).

2. *Gen 42,25-38*: Josef war für Geld verkauft worden. Jetzt gibt er ihnen Geld zurück, aber so, dass keiner weiß, woher es kommt. Dadurch wird es zu einem Faktor ständiger Angst und Verunsicherung. Die Szene in Gen 42,6-25 ist ein Kontrapunkt zu Gen 37,18-27. Wie die Aggressionen der Brüder vor dem Äußersten, dem Mord an Josef, zurückschrecken, so lässt Josef von der Gefangenschaft der Neun ab und behält nur einen von ihnen zurück. Josef zahlt also mit gleicher Münze heim.

Das „Schenken" des Geldes ist in Wirklichkeit eine Wiedervergeltung. Als nämlich einer von ihnen unterwegs in der Herberge sein Getreidegeld wiederentdeckt, „da schwand ihnen das Herz (Mut) und sie sahen einander erschrocken an und sagten: Was hat Gott uns da angetan!"

Mit ihrer Heimkehr hat sich die Krise in der Familie noch verschärft. Beim Leeren der Getreidesäcke stellen sie fest, dass jeder sein Geld zurückbekommen hat. Das macht ihre Lage noch bedrohlicher. Sie können nicht mehr als freie Menschen nach „Ägypten" gehen. Die von Angst bestimmte Situation wird von ihrem Vater ins Wort gebracht: „Mich macht ihr kinderlos ... über mich kommt all das". Jakob lehnt die Reise Benjamins kategorisch ab. Wenn er vom toten Josef spricht und das Totenreich heraufbeschwört, dann hat der Tod das letzte Wort über die Menschen. Schärfer kann die Krise in der Familie kaum geschildert werden, trotz der Rettung vor dem Hungertod.

Der Unterdrückte wird zum Bruder: Gen 43-45

43[1] Die Hungersnot aber war schwer im Land. [2] Und es geschah, als sie
das Getreide völlig aufgezehrt hatten, das sie aus Ägypten gebracht
hatten, da sagte ihr Vater zu ihnen: Geht zurück, kauft uns ein wenig
Nahrung! [3] Da sagte Juda zu ihm: Der Mann hat uns nachdrücklich
gewarnt und gesagt: Ihr sollt mein Gesicht nicht sehen, es sei denn
euer Bruder bei euch. [4] Wenn du unseren Bruder mit uns senden willst,
dann wollen wir hinabziehen und dir Nahrung kaufen; [5] wenn du ihn
aber nicht sendest, ziehen wir nicht hinab; denn der Mann hat zu uns
gesagt: Ihr sollt mein Gesicht nicht sehen, es sei denn euer Bruder bei
euch. [6] Da sagte Israel: Warum habt ihr mir das Leid angetan, dem
Mann zu berichten, dass ihr noch einen Bruder habt? [7] Sie aber sagten:
Der Mann erkundigte sich genau nach uns und unserer Verwandtschaft
und sagte: Lebt euer Vater noch? Habt ihr noch einen Bruder? Da berichteten wir ihm, wie es sich verhält. Konnten wir denn wissen, dass
er sagen würde: Bringt euren Bruder herab? [8] Da sagte Juda zu seinem
Vater Israel: Schicke den Jungen mit mir, so wollen wir uns aufmachen und hinziehen, dass wir leben und nicht sterben, sowohl wir als
du als auch unsere Kinder. [9] Ich will Bürge für ihn sein, von meiner
Hand sollst du ihn fordern; wenn ich ihn nicht zu dir bringe und ihn
vor dein Gesicht stelle, will ich alle Tage vor dir schuldig sein. [10] Denn
hätten wir nicht gezögert, gewiss, wir wären jetzt schon zweimal zu-

rückgekehrt. 11 Da sagte ihr Vater Israel zu ihnen: Wenn es denn so ist,
dann tut folgendes: Nehmt vom besten Ertrag des Landes in eure Gefäße, und bringt dem Mann ein Geschenk hinab: ein wenig Balsamharz
und ein wenig Traubenhonig, Tragakant und Ladanum, Pistazien und
Mandeln! 12 Und nehmt doppeltes Geld in eure Hand, und bringt das
Geld, das oben in eure Säcke zurückgegeben worden ist, in eurer Hand
zurück! Vielleicht war es ein Irrtum. 13 Und nehmt euren Bruder und
macht euch auf, kehrt zu dem Mann zurück! 14 Und Gott, der Allmächtige, gebe euch Barmherzigkeit vor dem Mann, dass er euch euren andern Bruder und Benjamin wieder mit zurückschicke. Und ich, wie ich
die Kinder verlieren soll, muss ich die Kinder verlieren! 15 Da nahmen
die Männer dieses Geschenk und nahmen doppeltes Geld in ihre Hand
und Benjamin, und machten sich auf und zogen nach Ägypten hinab.

Und sie traten vor Joseph. 16 Als Joseph den Benjamin bei ihnen sah,
sagte er zu dem, der über sein Haus war: Führe die Männer ins Haus,
und schlachte Schlachtvieh und richte zu! Denn die Männer sollen mit
mir zu Mittag essen. 17 Und der Mann tat, wie Joseph gesagt hatte; und
der Mann führte die Männer in Josephs Haus. 18 Da fürchteten sich die
Männer, dass sie in Josephs Haus geführt wurden, und sagten: Um des
Geldes willen, das im Anfang wieder in unsere Säcke gekommen ist,
werden wir hineingebracht; man will über uns herstürzen und über uns
herfallen und uns als Sklaven nehmen, samt unseren Eseln. 19 Und sie
traten zu dem Mann, der über Josephs Haus war, und redeten zu ihm
am Eingang des Hauses; 20 und sie sagten: Bitte, mein Herr! Wir sind
im Anfang wirklich nur herabgezogen, um Nahrung zu kaufen. 21 Es
geschah aber, als wir in die Herberge kamen und unsere Säcke öffneten, siehe, da war das Geld eines jeden oben in seinem Sack, unser Geld
nach seinem Gewicht. Das haben wir in unserer Hand zurückgebracht.
22 Auch anderes Geld haben wir in unserer Hand herab gebracht, um
Nahrungsmittel zu kaufen. Wir wissen nicht, wer unser Geld in unsere
Säcke gelegt hat. 23 Und er sprach: Friede euch! Fürchtet euch nicht!
Euer Gott und der Gott eures Vaters hat euch einen Schatz in eure Säcke gegeben; euer Geld ist mir zugekommen. Und er führte Simeon zu
ihnen heraus. 24 Und der Mann führte die Männer in Josephs Haus und
gab ihnen Wasser, und sie wuschen ihre Füße; und er gab ihren Eseln
Futter. 25 Und sie bereiteten das Geschenk zu, bis Joseph am Mittag
käme; denn sie hatten gehört, dass sie dort essen sollten.

26 Als Joseph nach Hause kam, da brachten sie ihm das Geschenk,
das in ihrer Hand war, ins Haus und warfen sich vor ihm zur Erde nieder. 27 Er aber fragte nach ihrem Wohlergehen und sagte: Geht es eu-

rem alten Vater wohl, von dem ihr spracht? Lebt er noch? 28 Sie sagten: Es geht deinem Knecht, unserem Vater, wohl; er lebt noch. Und sie
verneigten sich und warfen sich nieder. 29 Und er erhob seine Augen
und sah seinen Bruder Benjamin, den Sohn seiner Mutter, und sagte:
Ist das euer jüngster Bruder, von dem ihr zu mir gesprochen habt? Und
er sprach: Gott sei dir gnädig, mein Sohn! 30 Und Joseph eilte hinaus,
denn sein Innerstes wurde erregt über seinen Bruder, und er suchte einen Ort, zu weinen. Und er ging in das innere Gemach und weinte dort.
31 Dann wusch er sein Gesicht und kam heraus, bezwang sich und sagte: Tragt das Essen auf! 32 Da trug man für ihn besonders auf und für
sie besonders und für die Ägypter, die mit ihm aßen, besonders; denn
die Ägypter können nicht mit den Hebräern essen, denn ein Greuel ist
das für Ägypter. 33 Und sie saßen vor ihm, der Erstgeborene nach seiner
Erstgeburt und der Jüngste nach seiner Jugend. Da sahen die Männer
einander staunend an. 34 Und er ließ ihnen von den Ehrengerichten vor
ihm auftragen. Das Ehrengericht Benjamins aber war fünfmal größer
als die Ehrengerichte von ihnen allen. Und sie tranken mit ihm und be-
rauschten sich.

44 1 Dann befahl er dem, der über sein Haus war: Fülle die Säcke der
Männer mit Nahrungsmitteln, soviel sie tragen können, und lege das
Geld eines jeden oben in seinen Sack! 2 Meinen Kelch aber, den silber-
nen Kelch, sollst du oben in den Sack des Jüngsten legen mit dem Geld
für sein Getreide! Und er tat nach Josephs Wort, das er geredet hatte. 3
Der Morgen wurde hell, da entließ man die Männer, sie und ihre Esel.
4 Sie waren eben zur Stadt hinausgegangen und noch nicht weit gekommen, da sagte Joseph zu dem, der über sein Haus war: Mache dich
auf, jage den Männern nach, und hast du sie erreicht, so sage zu ihnen:
Warum habt ihr Gutes mit Bösem vergolten? 5 Ist es nicht der, aus dem
mein Herr trinkt und aus dem er zu wahrsagen pflegt? Ihr habt schlecht
daran getan, dass ihr *so* gehandelt habt! 6 Und er erreichte sie und redete diese Worte zu ihnen. 7 Da sagten sie zu ihm: Warum redet mein
Herr solche Worte? Fern sei es von deinen Knechten, eine solche Sache
zu tun! 8 Siehe, das Geld, das wir oben in unseren Säcken fanden, haben wir dir aus dem Land Kanaan zurückgebracht! Und wie sollten wir
aus dem Haus deines Herrn Silber oder Gold stehlen? 9 Derjenige von
deinen Knechten, bei dem er gefunden wird, der soll sterben; und dazu
wollen wir meinem Herrn zu Knechten werden. 10 Da sagte er: Nun gut,
nach euren Worten, so sei es: Bei wem er gefunden wird, der sei mein
Knecht, ihr aber sollt schuldlos sein. 11 Darauf hoben sie schnell jeder
seinen Sack auf die Erde herab und öffneten jeder seinen Sack. 12 Und

er durchsuchte: Beim Ältesten fing er an, und beim Jüngsten hörte er
auf. Und der Kelch fand sich im Sack Benjamins. 13 Da zerrissen sie ihre
Kleider, jeder belud seinen Esel, und sie kehrten in die Stadt zurück.
14 Und Juda und seine Brüder kamen in das Haus Josephs; und er war
noch dort. Und sie fielen vor ihm nieder zur Erde. 15 Joseph sagte zu
ihnen: Was ist das für eine Tat, die ihr getan habt! Wusstet ihr nicht,
dass ein Mann wie ich wahrsagen kann? 16 Da sagte Juda: Was sollen
wir meinem Herrn sagen? Was sollen wir reden und wie uns rechtfertigen? Gott hat die Schuld deiner Knechte gefunden; so sind wir also
Sklaven unseres Herrn, sowohl wir als auch der, in dessen Hand der
Kelch gefunden worden ist. 17 Er aber sagte: Fern sei es von mir, so etwas zu tun! Der Mann, in dessen Hand der Kelch gefunden worden ist,
der soll mein Knecht sein. Ihr aber zieht in Frieden hinauf zu eurem Vater. 18 Da trat Juda zu ihm und sagte: Bitte, mein Herr, lass doch deinen
Knecht ein Wort reden zu den Ohren meines Herrn, und es entbrenne
nicht dein Zorn gegen deinen Knecht, denn du bist dem Pharao gleich.
19 Mein Herr fragte seine Knechte: „Habt ihr noch einen Vater oder einen Bruder?“ 20 Und wir sagten zu meinem Herrn: „Wir haben einen
alten Vater und einen kleinen Jungen, der ihm im Alter geboren wurde;
dessen Bruder aber ist tot. So ist er allein von seiner Mutter übrig geblieben, und sein Vater liebt ihn. 21 Da sagtest du zu deinen Knechten:
„Bringt ihn zu mir herab, dass ich mein Auge auf ihn richte!“ 22 Wir
aber sagten zu meinem Herrn: «Der Junge kann seinen Vater nicht verlassen; verließe er seinen Vater, so würde der sterben.» 23 Da sprachst
du zu deinen Knechten: „Wenn euer jüngster Bruder nicht mit euch herabkommt, dann sollt ihr mein Gesicht nicht mehr sehen.“ 24 Und es geschah, als wir hinaufgezogen waren zu deinem Knecht, meinem Vater,
da berichteten wir ihm die Worte meines Herrn. 25 Als nun unser Vater
sagte: „Kehrt zurück, kauft uns ein wenig Nahrung!“26 da sagten wir:
„Wir können nicht hinabziehen. Wenn unser jüngster Bruder bei uns
ist, dann ziehen wir hinab. Denn wir können das Gesicht des Mannes
nicht sehen, ohne dass unser jüngster Bruder bei uns ist.“ 27 Da sagte
dein Knecht, mein Vater, zu uns: „Ihr wisst, dass meine Frau mir zwei
geboren hat. 28 Der eine ist von mir weggegangen, und ich sagte: Fürwahr, er ist wirklich zerrissen worden; und ich habe ihn bis jetzt nicht
mehr wieder gesehen. 29 Und nehmt ihr auch den von mir weg und es
begegnet ihm ein Unfall, dann bringt ihr mein graues Haar mit Unglück
in den Scheol hinab.“ 30 Und nun, wenn ich zu deinem Knecht, meinem
Vater, käme und der Junge wäre nicht bei uns – hängt doch seine Seele
an dessen Seele –, 31 dann würde es geschehen, dass er stirbt, wenn er

sähe, dass der Junge nicht da ist. Dann hätten deine Knechte das graue Haar deines Knechtes, unseres Vaters, mit Kummer in den Scheol hinab gebracht. 32 Denn dein Knecht ist für den Jungen Bürge geworden bei meinem Vater und hat gesagt: „Wenn ich ihn nicht zu dir bringe, will ich alle Tage vor meinem Vater schuldig sein." 33 Und nun, lass doch deinen Knecht anstelle des Jungen hier bleiben als Knecht meines Herrn, der Junge aber ziehe hinauf mit seinen Brüdern! 34 Denn wie könnte ich zu meinem Vater hinaufziehen, ohne dass der Junge bei mir ist? – Dass ich nicht das Unglück mit ansehen muss, das meinen Vater dann trifft.

45 1 Da konnte Joseph sich nicht mehr bezwingen vor all denen, die um ihn her standen, und er rief: Lasst jedermann von mir hinausgehen! So stand niemand bei ihm, als Joseph sich seinen Brüdern zu erkennen gab. 2 Und er erhob seine Stimme mit Weinen, dass die Ägypter es hörten, und auch das Haus des Pharao hörte es. 3 Und Joseph sagte zu seinen Brüdern: Ich bin Joseph. Lebt mein Vater noch? Seine Brüder aber konnten ihm nicht antworten, denn sie waren bestürzt vor ihm. 4 Da sagte Joseph zu seinen Brüdern: Tretet doch zu mir heran! Und sie traten heran. Und er sagte: Ich bin Joseph, euer Bruder, den ihr nach Ägypten verkauft habt. 5 Und nun seid nicht bekümmert, und werdet nicht zornig auf euch selbst, dass ihr mich hierher verkauft habt! Denn um Leben zu erhalten, hat Gott mich vor euch her gesandt. 6 Denn schon zwei Jahre ist die Hungersnot im Land, und *es* dauert noch fünf Jahre, dass es kein Pflügen und Ernten gibt. 7 Doch Gott hat mich vor euch her gesandt, um von euch im Land einen Rest zu erhalten und viele von euch eine große Rettungstat erleben zu lassen. 8 Und nun, nicht ihr habt mich hierher gesandt, sondern Gott; und er hat mich zum Vater des Pharao gemacht und zum Herrn seines ganzen Hauses und zum Herrscher über das ganze Land Ägypten. 9 Eilt und zieht hinauf zu meinem Vater, und sagt zu ihm: „So spricht dein Sohn Joseph: Gott hat mich zum Herrn von ganz Ägypten gemacht. Komm zu mir herab, zögere nicht! 10 Du sollst im Land Goschen wohnen und nahe bei mir sein, du und deine Söhne und die Söhne deiner Söhne, deine Schafe und deine Rinder und alles, was du hast. 11 Und ich will dich dort versorgen – denn noch fünf Jahre dauert die Hungersnot –, dass du nicht verarmst, du und dein Haus und alles, was du hast." 12 Und siehe, eure Augen und die Augen meines Bruders Benjamin sehen es, dass mein Mund es ist, der zu euch redet. 13 Und berichtet meinem Vater alle meine Herrlichkeit in Ägypten und alles, was ihr gesehen habt; und eilt und bringt meinen Vater hierher herab! 14 Und er fiel seinem Bruder Benjamin um den

Hals und weinte; und Benjamin weinte an seinem Hals. [15] Und herzlich küsste er alle seine Brüder und weinte an ihnen. Danach redeten seine Brüder mit ihm. [16] Und das Gerücht wurde im Haus des Pharao gehört, dass man sagte: Josephs Brüder sind gekommen. Und es war gut in den Augen des Pharao und in den Augen seiner Diener. [17] Und der Pharao sprach zu Joseph: Sage deinen Brüdern: „Tut dies: Beladet eure Tiere, und zieht hin, geht ins Land Kanaan, [18] und nehmt euren Vater und eure Familien, und kommt zu mir! Ich will euch das Beste des Landes Ägypten geben, und ihr sollt das Fett des Landes essen." [19] Du aber hast den Befehl zu sagen: „Tut dies: Nehmt euch aus dem Land Ägypten Wagen für eure Kinder und für eure Frauen, und holt euren Vater und kommt! [20] Und seid nicht betrübt wegen eures Hausrates, denn das Beste des ganzen Landes Ägypten soll euch gehören." [21] Da taten die Söhne Israels so. Und Joseph gab ihnen auf den Befehl des Pharao Wagen und gab ihnen Wegzehrung mit auf den Weg. [22] Er gab ihnen allen, einem jeden, Wechselkleider, aber Benjamin gab er dreihundert Silberschekel und fünf Wechselkleider. [23] Ebenso sandte er seinem Vater zehn Esel, beladen mit dem Besten Ägyptens, und zehn Eselinnen, beladen mit Getreide und Brot und Nahrung für seinen Vater auf den Weg. [24] Und er entließ seine Brüder, und sie zogen hin, und er sagte zu ihnen: Ereifert euch nicht auf dem Weg! [25] So zogen sie aus Ägypten hinauf, und kamen ins Land Kanaan zu ihrem Vater Jakob. [26] Und sie berichteten ihm: Joseph lebt noch, ja, er ist Herrscher über das ganze Land Ägypten. Aber sein Herz blieb kalt, denn er glaubte ihnen nicht. [27] Da redeten sie zu ihm alle Worte Josephs, die er zu ihnen geredet hatte. Und als er die Wagen sah, die Joseph gesandt hatte, um ihn zu holen, da lebte der Geist ihres Vaters Jakob auf. [28] Und Israel sprach: Genug! Mein Sohn Joseph lebt noch! Ich will hinziehen und ihn sehen, bevor ich sterbe.

1. *Gen 43,1-44,34*: Als das Getreide aus Ägypten aufgebraucht ist und neues beschafft werden muss, kommt es erneut zu einem Konflikt in der Jakobsfamilie. Die Beziehungen untereinander sind gespannt. Aus der Gruppe der Brüder ragt diesmal Juda heraus. Er kann integrieren. Er geht auf den Vater ein, indem er entschieden und verständnisvoll zugleich ist. Er übernimmt persönliche Verantwortung. So gelingt es ihm, dass Jakob die Trennung vom jüngsten Sohn auf sich nimmt.

Bei ihrem zweiten Aufenthalt in Ägypten macht Josef seinen Brüdern noch einmal Todesangst. Er lässt sie spüren, was es bedeutet, rechtlos der Willkür von Menschen ausgesetzt zu sein. Diese „Behandlung" bringt sie dazu, *vor Josef* einzugestehen: „Gott hat die Schuld deiner Knechte gefunden. So sind wir also Sklaven unseres Herrn" (Gen 44,16). Es ist ein langer Prozess, bis sie fähig werden, *vor anderen* zu ihrer Schuld zu stehen. Die Gemeinschaft der Brüder ist nun so fest, dass auch der in ihr geborgen ist, in dessen Hand das angebliche Diebesgut gefunden wurde. Juda steht zu seiner eingegangenen Verantwortung. Seine Bitte, an die Stelle Benjamins als Sklave dableiben zu dürfen, bildet den Höhepunkt seiner langen Rede. Sie zieht alle emotionalen Register und verfehlt nicht ihre Wirkung auf Josef. In dem Augenblick, da die Brüder füreinander eintreten, geschieht Versöhnung.

2. *Gen 45,1-28*: Josef kann sich nicht mehr beherrschen. Tief bewegt gibt er sich schließlich seinen Brüdern zu erkennen: „Ich bin Josef, euer Bruder, den ihr nach Ägypten verkauft habt" (Gen 45,4). In seiner Selbstvorstellung erinnert er an die Tat der zehn Brüder. Er ist wirklich der Mensch, der Sünde sucht und in Erinnerung bringt. Es war ein langer Prozess, bis er fähig war, sich mit seiner Geschichte, mit seinen Brüdern, mit dem Unrecht und dem Schmerz, den sie ihm zugefügt hatten, auszusöhnen: „Und nun seid nicht bekümmert, und werdet nicht zornig auf euch selbst, weil ihr mich hierher verkauft habt". Es war ein langer, innerer Kampf, bis Josef erkannte: „Um Leben zu erhalten, hat mich Gott vor euch hergeschickt ..., um von euch im Land einen Rest zu erhalten und viele von euch eine große Rettungstat erleben zu lassen. Also nicht ihr habt mich hierher geschickt, sondern Gott. Er hat mich zum Vater für den Pharao gemacht, zum Herrn über sein ganzes Haus und zum Herrscher über ganz Ägypten" (Gen 45, 5.7-8).

Indem Josef die Schuld der Brüder und damit sein Schicksal in den größeren Zusammenhang des Leben erhaltenden Gotteswirkens stellt, gibt er seinen Brüdern zu verstehen, dass er ihnen verziehen hat. Er vermeidet es, die Vergebung ausdrücklich ins Wort zu bringen und erspart damit seinen Brüdern die Beschämung. Derselbe Gott, der im Reich des Pharao Leben bewahrt, heilt den Bruch in der Großfamilie Jakobs. Das Nicht-reden-können der Brüder zum Frieden (Gen 37,4) und das absolute Nicht-reden-können aus Fassungslosigkeit (Gen 45,3b) hat sich in das Reden der Brüder mit Josef gewandelt (Gen 45,15).

Wie zerbrechlich die Solidarität ist, zeigt die Fortsetzung der Josefsgeschichte. Als die Brüder nach Kanaan zurückkommen und ihrem Vater sagen, dass Josef noch lebt, heißt es: „Jakobs Herz aber blieb kalt, denn er glaubte ihnen nicht“ (Gen 45,26). Offenbar hat er sich mit dem Scheitern seiner Hoffnungen auf seine Söhne abgefunden. Es braucht einige Zeit, bis er wieder vertrauen kann und auflebt. In Gen 43,27 war die eigenartige Frage Josefs – wörtlich übersetzt: „Ist Frieden euer alter Vater?“ Damit sind Frieden und Vater miteinander identifiziert.

Was geschieht, wenn der Vater tot ist? Schon Josef hatte Zweifel an dem Ausgleich unter den Brüdern (Gen 45,24b), auch die Brüder äußern Zweifel an diesem Ausgleich. Nach dem Tod des Vaters steigen alte Ängste in ihnen auf. Die Frage nach der Vergeltung meldet sich von Neuem. (Gen 50,15). Doch die Brüder können auf das Wort ihres Vaters zurückgreifen: „Dein Vater hat uns, bevor er starb, aufgetragen: So sagt zu Josef: vergib doch deinen Brüdern ihre Untat und Sünde, denn Schlimmes haben sie dir angetan“ (Gen 50,16.17a). Jakob hat seinen Söhnen einen Weg gewiesen, indem er ihnen die Sprache gegeben hat. Sie hilft ihnen, vor Josef zum ersten Mal selbst ihre Schuld auszusprechen: „Nun, vergib doch die Untat der Knechte des Gottes deines Vaters“ (Gen 50,17b). Josef antwortet: „Fürchtet euch nicht. Bin ich denn an Gottes Stelle? Ihr *gedachtet* mir Böses zu tun, aber Gott *gedachte* es zum Guten zu wenden, um das zu vollbringen, was jetzt am Tage ist, nämlich viele Menschen am Leben zu erhalten“ (Gen 50,19 f). Josef verschleiert nichts. Doch er bannt die Angst der Brüder und verspricht ihnen das Durchbringen in der Hungersnot – genau die Frage nach der Vergebung. Er überlässt sie also nicht ihrem Schicksal, sondern setzt sich fürsorgend für sie ein. Die Schuld der Brüder kann letztlich nur Gott vergeben. Er hat das Böse unter ihnen zum Guten hin gedacht.

Epilog

Die Josefsgeschichte führt uns Menschen einer Familie vor. Sie zeigt, wie in dieser Familie Hass, Eifersucht, Mordlust aufkommen, wie Konflikt und Zerwürfnis das Klima untereinander ruinieren. Sie zeigt das „wie Du mir, so ich Dir“. Sie offenbart die Verweigerung des Miteinandersprechens. Sie enthüllt Bosheit, die durch nichts zu beschönigen ist. Sie zeigt die Neigung und Absicht, über andere groß sein zu wollen. Mit großem Realitätssinn schildert uns diese biblische Geschichte Menschen aus Fleisch und Blut.

Andererseits zeigt die Josefserzählung auch das „gute Reden“, das Knochen bricht (Spr 25,15). Es ist ein weiter Weg mit vielen Umwegen, der aus der Verweigerung des Sprechens über das harte Reden zur Aussprache und zum Sprechen führt, das den Schalom zwischen den Menschen bewirkt.

Vielleicht kann diese so „menschliche“ Geschichte eine Anregung sein, zu erspüren, ob es in meiner eigenen Lebensgeschichte etwas gibt, womit ich mich noch nicht aussöhnen konnte. Vielleicht gibt es bestimmte Gefühle wie Hass und Rachegelüste, tiefen Groll und Lebensneid o. ä., die ich mir einfach verbiete. Vielleicht hat erlittenes Unrecht in mir ein „Gift“ zurückgelassen, das meiner körperlichen, emotionalen und spirituellen Gesundheit (schwer) schadet. Vielleicht werden bestimmte Lebensimpulse von meinem inneren Normen- und Wertekodex abqualifiziert, dass sie einfach nicht da sein dürfen.

Wie viel Zeit brauchen die *Brüder Josefs* und wie viel äußere und innere „Enge“ müssen sie erfahren, bis sie fähig werden, *sich* ihren Schuldanteil einzugestehen (Gen 42,21)! Zur Erinnerung: Sie waren eifersüchtig auf Josef und haben ihn gehasst. Sie haben ihn in die Zisterne geworfen und dem Tod ausgeliefert. In seiner Todesangst hat er sie vergeblich um Erbarmen angefleht. Sie haben ihn für zwanzig Silberstücke an fremde Kaufleute verkauft. Und so haben sie aus einem Freien einen Sklaven gemacht. Für ihren Bruder haben sie Geld genommen. In der Fremde brachte ihn die Verleumdung der Frau seines Herrn für Jahre ins Gefängnis. Als Sklave hatte er keine Rechte.

Wie viel Zeit brauchen die Brüder Josefs noch einmal und in welche äußere und innere Not müssen sie noch einmal geraten, um *vor anderen* ihre Schuld einzugestehen (Gen 44,16)!

Wie viel Zeit brauchen sie schließlich, um *vor Josef* ihre Schuld zu bekennen (Gen 50,17b)!

Wie viel Zeit braucht *Josef*, um sich mit seinen Brüdern auszusöhnen! Als er seine Brüder erkennt, gibt er sich nicht zu erkennen. Er fährt sie barsch an, verleumdet sie als Spione und nimmt sie für drei Tage in Haft. Er macht ihnen Todesangst und behält einen von ihnen als Geisel zurück. Er lässt sie spüren, was sie ihm angetan haben und verschärft mit seinen versteckten „Geldgeschenken“ die Krise in seiner Familie. Bei ihrem zweiten Aufenthalt in Ägypten lässt er erneut spüren, was es bedeutet, rechtlos der Willkür von Menschen ausgesetzt zu sein.

Es war ein langer innerer Prozess, bis Josef fähig wurde, sein Schicksal und die Schuld seiner Brüder in den größeren Zusammenhang von Gottes Leben erhaltenden Wirken zu sehen. Diese Erkenntnis war mit einer tiefen inneren Erschütterung verbunden. Erst sie ermöglichte ihm, sich mit seiner Geschichte, mit seinem Schicksal, mit seinen Brüdern und wohl auch mit Gott auszusöhnen.

Der Aussöhnung mit der eigenen Familie, mit der eigenen Lebensgeschichte geht meist ein langer innerer Kampf voraus und braucht oft die Erschütterung darüber, dass „Gott größer ist als unser Herz und alles weiß".

Das Ende der Erzählungen von Jakob und Josef: Gen 46-50

Mit Kap. 45 ist der Höhepunkt der Josefsgeschichte überschritten. Kap 46-50 beschließen die Erzählungen über Jakob und Josef; die meisten davon sind wieder Jakobsgeschichten.

Zunächst wollte der alttestamentliche Erzähler festhalten, dass der Aufbruch Jakobs nach Ägypten letztlich auf göttliche Weisung hin erfolgte. Das Land der Verheißung durfte nicht aufgrund menschlicher Initiative verlassen werden. Nach dem bewegenden Wiedersehen mit Josef und seiner Audienz beim Pharao kann Jakob sich mit seiner ganzen Sippe in Goschen ansiedeln (Gen 47,27).

In den Geschichten von Jakobs Vermächtnis und Tod und seinem Begräbnis in Kanaan (Gen 47,29-50,12) werden mehrere Erzählfäden zusammengebunden. Dabei nimmt die Redaktion für den Erzählverlauf z. T. erhebliche Unebenheiten in Kauf.

Dem Tod nahe lässt Jakob seinen Sohn Josef mit demselben urtümlichen Gestus wie einst Abraham seinen Knecht (Gen 24,2-9) schwören, dass dieser ihn nicht in Ägypten, sondern in der Grabstätte seiner Väter beisetze. Die beiden Söhne Josefs nimmt er als vollbürtige Nachkommen an, wobei er trotz Josefs Einspruch dem Jüngeren den Vorzug gibt – ein möglicher Hinweis auf die spätere Größe des Stammes Ephraim. In den Stammessprüchen (Gen 49,1-28), die meist unzutreffend „Segen Jakobs" genannt werden, finden sich Verurteilung, Lob und Tadel, Fluch über Vergangenes und Weissagung über Kommendes. Die Sprüche über Juda und Josef sind besonders ausführlich gestaltet.

Seine Erfahrungen mit Gott fasst Jakob vor seinem Tod in das Bekenntnis: „Gott war mein Hirte mein Leben lang bis auf den heutigen Tag“ (Gen 48,15c).

Josef erfüllt den letzten Willen seines Vaters und zieht mit seinen Brüdern und großem Gefolge vom Hof des Pharao nach Kanaan, um Jakob in der Höhle Machpela bei seinen Vätern und Müttern zu begraben.

Von Josef werden noch drei Begebenheiten in den Abschlusskapiteln erzählt: Als die Hungersnot in Ägypten immer drückender wurde, ergreift er wirtschaftliche Maßnahmen, die das Überleben des Volkes sichern – eine ungeheure Aufgabe. Das Volk dankt ihm diesen Ausweg aus der Katastrophe: „Du hast uns am Leben erhalten“ (Gen 47,25a).

Nach ihrer Rückkehr aus Kanaan bestätigt Josef gegen wieder auflebende Ängste die Versöhnung mit seinen Brüdern und seine Absicht, für sie und ihre Kinder zu sorgen (Gen 50,15-21). Vor seinem Tod erinnert er seine Brüder an die Verheißung, dass Gott sich ihrer annehmen und aus Ägypten in das Land zurückführen werde, das er Abraham, Isaak und Jakob eidlich zugesichert hat. Dann lässt er sie schwören, seine Gebeine mit nach Kanaan zu nehmen (Gen 50,24f).

Die Erzählungen des Buches Exodus

Hört auf mich,
In jeder Generation ist jedermann verpflichtet, sich selbst so anzusehen,
als wäre er aus Ägypten ausgezogen; denn es heißt:
Erzähle deinem Sohn (deiner Tochter) an jenem Tag:
Deswegen ist der Herr für mich eingetreten,
als ich aus Ägypten auszog.
Darum sind wir verpflichtet,
zu danken, zu preisen, zu loben, zu verherrlichen,
zu erheben, zu rühmen, zu segnen, zu erhöhen und zu besingen
Den,
der für unsere Väter (und Mütter) und für uns all diese Wunder getan hat,
der uns herausgeführt hat
aus der Knechtschaft zur Freiheit,
aus dem Kummer zur Freude,
aus der Trauer zum Festtag,
aus dem Dunkel zu großem Licht
und aus der Unterdrückung zur Erlösung,
und wir wollen vor IHM das Hallelujah anstimmen.

Aus dem Mischna-Traktat Pessachims 10,5

„Man fragte Rabbi Bunam: Es steht geschrieben: ‚Ich bin der Herr, dein Gott, der dich aus Ägypten führte'. Warum heißt es nicht: ‚Ich bin der Herr, dein Gott, der Himmel und Erde schuf?' Rabbi Bunam erklärte: ‚Himmel und Erde' – dann hätte der Mensch gesagt: Das ist mir zu groß, da traue ich mich nicht hin. Gott aber sprach zu ihm: Ich bin's, der ich dich aus dem Dreck geholt habe, nun komm heran und hör, und hilf mit, andere aus dem Dreck zu ziehen.

Martin Buber, Die Erzählungen der Chassidim

Der Gott dieses Volkes Israel
hat unsere Väter erwählt
und das Volk erhöht in der Fremde,
im Land Ägypten;
mit hocherhobenem Arm
hat er sie von dort herausgeführt.

Apg 13,17

Einführung in die Erzählungen der Exodustradition

1. Im jüdischen und im christlichen Glauben nimmt das Buch Exodus eine Schlüsselrolle ein. Seine theologischen Aussagen sind das „Prinzip und Fundament" des Glaubens an den Gott der Bibel. „Die Geschichte von der Versklavung in Ägypten und den durch Gott ermöglichten Auszug in die Freiheit prägt das Selbst- und Gottesverständnis des Judentums bis heute zutiefst. Erst durch den Auszug und die Wüstenwanderung wurde das Volk Israel zum Volk Gottes" (B. Schmitz). Wer Jahwe ist, zeigt sich in diesem Buch auf ganz neue Weise, aber auch, wer Israel ist: Jahwes persönliches Eigentum unter den Völkern, ein Kleinod von außergewöhnlicher Kostbarkeit: ein heiliges und priesterliches Volk, das unter allen Menschen und Völkern Jahwes Nähe zum Menschen und seine befreiende Macht von pharaonischen Mächten und Zwängen bezeugen soll (Ex 19,5). Das ist die Urbestimmung des Gottesvolkes, seine Identität, an der wir teilhaben:

- Gottes Gegenwart, seine Nähe zum Menschen zu bezeugen,
- und seine befreiende Macht, sich von dem zu lösen, was unsere Menschwerdung entstellt und verbiegt.

Von allen großen Propheten wurde der Exodus aufgegriffen (z.B. Jesaja 43,14.21; 48,20f.; 52,11f.; 55,12; Ezechiel 20,33-38; Jeremia 16,14f.) und im Blick auf die gegenwärtige Situation bzw. auf kommende Zeiten weitererzählt. Die wahrscheinlich ältesten literarischen Belege finden sich bei Hosea (8,8-14; 9,3-6; 11,1-11) und Amos (2,10; 3,1f.; 9,7). Auch in einer ganzen Reihe von Psalmen finden sich Exodus-Motive, vor allem in den Psalmen 77f; 80f; 105f; 114; 135f.

Jahrhundertelang war die Exodustradition in Bewegung, bis sie etwa um 400 v. Chr. ihre jetzige Gestalt gefunden hat. Immer wieder hat das alttestamentliche Gottesvolk im Verlauf seiner Geschichte versucht, die seinen Glauben stiftende Anfangserfahrung lebendig zu erhalten. In bestimmten Situationen musste das Alte neu weiter gesagt werden, damit sein bleibender Sinn und seine unverbrauchte Aktualität nicht verloren gehen. So darf es nicht verwundern, wenn in einem solchen Überlieferungsprozess über viele Generationen hin die unterschiedlichen Deutungsversuche kein einheitliches Bild zurückgelassen haben. Aber allen Schichten ist als zentrale Aussage gemeinsam: *Israel hat zu seinem Gott gefunden und sich von ihm aus der Todesmacht des*

„Pharao" befreien lassen. Die Exodusgeschichten erzählen also von den Grunderfahrungen, die Israel als Volk überhaupt erst konstituiert haben. Sie sind Gründungsgeschichte.

Die im Buch Exodus geschilderten Ereignisse haben eine tiefe symbolische Bedeutung. Sie sind ein *Paradigma* von bleibender Gültigkeit und gehören zu den Kernerfahrungen der Menschheit.

Alles, was Israel auf seinem Weg in die Freiheit durchgemacht hat, sind *auch* Bilder und Stationen eines Prozesses, „typische Marksteine auf dem inneren Weg" einer Gemeinschaft, will sie Gott begegnen und damit zu ihrer eigenen Identität finden. Das gilt auch für jeden einzelnen Menschen. Dabei ist zu berücksichtigen, dass es auf diesem Weg keine Abkürzungen gibt. Keine Entwicklungsphase kann einfach übergangen werden, jede für sich ist typisch. Die einzelnen Etappen dieses Weges sind, wie beim mythischen Lebenslauf-Schema, unterschiedlich lang. Sie lösen einander oft ab, existieren aber auch nebeneinander und treten durchaus nicht immer in derselben „klassischen" Reihenfolge auf. Ein Paradigma darf nicht „mechanistisch" missverstanden werden.

2. Wenn man nun die bedeutsamen Szenen, wie Israel zu seiner Freiheit aus dem Haus der Knechtschaft und schließlich zum Land der Verheißung als den Ort seiner Bestimmung gelangt, *auch* als innere Bilder, als wichtige Stationen eines Menschwerdungsprozesses versteht, dann ist das (nur) *ein* möglicher Zugang zum Verständnis des biblischen Exodusgeschehens. Dieser Zugang erschließt wiederum nur einen Teil des Reichtums, den uns diese Texte bereithalten.

Die Erzählungen, die in paradigmatischer Weise auch Stationen eines solchen Entwicklungsprozesses symbolisieren, sind in der Übersicht unter den anderen Geschichten der Exodustradition *kursiv* hervorgehoben.

Die drei bedeutsamen Szenen an der Grenze zum gelobten Land, zwei aus dem Buch Numeri und eine aus dem Buch Deuteronomium, vervollständigen die wichtigen Stationen des Weges, auf dem ein Mensch bzw. eine Gemeinschaft Gott begegnet und zu seiner Identität finden kann.

3. Wenn man sich am objektiven Textbefund des Buches Exodus orientiert, kann die von E. Zenger erarbeitete und von J. Scharbert mit einigen

Änderungen übernommene Gliederung eine hilfreiche Übersicht bieten. Nach inhaltlichen und formalen Kriterien ergeben sich dann sieben Teile:

1	*Ex 1,1-6,27* **Israel unter dem Pharao im Sklavenhaus Ägyptens** *Ankündigung der Befreiung*
2	*Ex 6,28-11,10* *Ägyptische Plagen*
3	*Ex 12,1-19,2a* *Ausführung der Befreiung:* *Aufbruch und Rettung am Schilfmeer, Wüstenwanderung zum Sinai*
4	*Ex 19,2b-24,11* **Israel am Sinai:** *Theophanie mit Gesetzgebung und Bundesschluss*
5	*Ex 24,12-31,18* *Auftrag zum Bau des Heiligtums*
6	*Ex 32,1-34,35* *Bundesbruch und Bundeserneuerung*
7	*Ex 35,1-40,38* *Bau und Ausstattung des Heiligtums* **Jahwe inmitten seines Volkes**

Nach dieser Kompositionsstruktur entsprechen einander jeweils der 1. und 7. Teil, sowie der 2. und 6. Teil. Die theologische Mitte bildet der im Zentrum stehende 4. Teil. Diese konzentrische Gliederung darf jedoch nicht den Eindruck erwecken, als sei das Buch Exodus eine durchkomponierte und in sich abgeschlossene Größe. Es ist mit seinen vielen Unebenheiten und Spannungen in der Abfolge des Geschehens, im Sprachgebrauch und in der Darstellung seiner Motive vielmehr das Ergebnis eines längeren Entstehungsprozesses. Gegen eine einheitliche Komposition sprechen auch eine Reihe von Geschichten, die doppelt überliefert sind, aber „mit so bezeichnenden Unterschieden, dass man sie kaum ein und demselben Erzähler zuschreiben kann" (E. Zenger).

Historisch betrachtet können die biblischen Texte nicht aus der Zeit des erzählten Exodus (13. oder 12. Jh. v. Chr.) stammen. Sie sind erst viel später entstanden. Vermutlich waren Erfahrungen aus der Zeit

Hoseas und Amos mit der imperialen Politik der Großmacht Assur der Anlass. In den Texten der beiden „kleinen Propheten" wird *Ägypten* mehrfach in Parallele zu *Assur* gesetzt. „Ägypten" ist eine Chiffre für Erfahrungen von Fremdherrschaft und Unterdrückung, von Ausbeutung und Unfreiheit. Auf einem Tonprisma aus dem Jahr 673 wird berichtet, dass der assyrische König Asarhaddon (681-669 v. Chr.) sich das Material für sein Vorratshaus in der Hauptstadt Ninive von seinen Vasallen liefern und von deren Untertanen erbauen ließ. Zu den Vasallen gehörte auch König Manasse von Juda (698-642 v. Chr.). So kann man davon ausgehen, dass viele Leute aus dem Vasallenstaat Juda als rechtlose Arbeitskräfte für Großbauten fremder Herrscher herangezogen wurden.

4. Was hat die Theologen und Redaktoren der Exoduserzählungen motiviert, diese Geschichten der *Mose*gruppe aus der Frühzeit zu sammeln, zu redigieren und weiter zu geben?

Nach der Zerstörung Jerusalems und seines Tempels, nach dem Untergang Judas und dem Ende der Daviddynastie, als ein großer Teil der Jerusalemer Mittel- und Oberschicht deportiert oder umgebracht war, hatte das Volk seine institutionellen Ordnungen und seinen geografischen Zusammenhalt verloren. Bei der Neubestimmung der theologischen und institutionellen Grundlagen des Gottesvolkes im Exil und danach fanden die Priesterschrift und die Autoren des Deuteronomiums über alle ideologischen Differenzen hinweg in Mose eine Identifikationsfigur, die im Wesentlichen alle Funktionen der untergegangenen Institutionen Judas und Israels in sich vereinte: Nach den priesterschriftlichen Autoren lässt Mose im Auftrag Jahwes das Heiligtum bauen und übergibt an Aaron und seine Söhne die priesterlichen Rituale. Damit legitimiert er die Wiedererrichtung des Tempels und des Opferkultes. Nach den Deuteronomisten vereinigt Mose die Funktionen des Gesetzgebers und des Mittlers zwischen Gott und dem Volk in seiner Person. Alle Sammlungen von Gesetzen und Vorschriften der Tora werden zunächst dem Mose übergeben, der sie dann an die Israeliten weitergibt. Nur der Dekalog wird von Gott direkt zum Volk gesprochen. Die deuteronomistischen Autoren sehen in Mose auch den ersten Propheten und gestalten seine Berufung in einigen Punkten ähnlich wie die des Propheten Jeremia. So finden sich alle großen religiösen und politischen Institutionen in der Gestalt des Mose wieder.

„Die letzten Verse des Pentateuch markieren einen klaren Einschnitt zwischen diesem Werk und nachfolgenden Büchern: Nie wieder ist in Israel ein Prophet aufgestanden wie Mose, der Jahwe von Angesicht zu Angesicht gekannt hat (Dtn 34,10-12). Der Tod des Mose entspricht gleichzeitig der Geburt der Tora. Von da an beginnt die Geschichte Israels als Religion der Tora" (Thomas Römer).

Das Leben des Mose, wie es im Pentateuch erzählt wird, vereinigt in sich verschiedene „Gedächtnisspuren" (Jan Assmann), die Ereignisse und Personen aus verschiedenen Epochen mit dieser *einen* Gestalt in Zusammenhang bringen und eins werden lassen. Man kann davon ausgehen, „dass die Geschichte des Mose zum ersten Mal im Verlauf des 8. bzw. 7. Jh. v. Chr. schriftlich aufgezeichnet wurde, d.h. zur Zeit der assyrischen Vorherrschaft im Vorderen Orient." Es finden sich z. B. in der Erzählung von der Geburt des Mose und vom Ende seines Lebens assyrische Einflüsse. Darüber hinaus übernimmt das Deuteronomium „die Struktur und das Vokabular der assyrischen Vasallenverträger, in denen der assyrische Großkönig von seinen Vasallen eine absolute Bundestreue verlangt. Mit ganz ähnlichen Redewendungen ermahnt Mose Israel, ausschließlich seinem Gott zu dienen" (Thomas Römer).

Der Mose der biblischen Texte ist eine facettenreiche und vielschichtige Gestalt. Er wird von Gott berufen und befähigt, die Israeliten aus Ägypten bis an die Grenze zum verheißenen Land zu führen. Zweimal durch das Feuer göttlicher Nähe geläutert (Ex 24,18; 34,28), ist er ein von Jahwe ganz Ergriffener. Zwischen Jahwe und ihm besteht ein unmittelbarer Kontakt, eine außergewöhnliche Vertrautheit: Sie sprechen miteinander „von Angesicht zu Angesicht, wie ein Mann mit seinem Freund" (Ex 33,11). Mose steht als Mittler zwischen Gott und dem Volk, das die Gottesnähe nicht erträgt. Seine Mittlerfunktion kommt auch dadurch zum Ausdruck, dass er immer wieder Fürbitte für sein Volk einlegen muss (z. B. Ex 32,11-13; Ex 32,30-32). Dabei geht er bis an die Grenze des Möglichen, wenn er Gott sagt, dass er lieber sterben will, sollte er die Sünde des Volkes nicht vergeben (Ex 32,32).

Neben diesen idealisierenden Zügen zeigt die Tradition auch einen Mose, der schwach ist und an seinem Führungsanspruch zweifelt (Ex 5,22f.), der seine Berufung in Frage stellt, sodass Jahwe ihn in seiner Vision und seiner Berufung immer wieder stützen muss. Er überfordert sich und braucht Hilfe (Ex 18,13-27). In seiner Führungsrolle ist er oft angefochten (besonders dramatisch in Ex 17,2-4 und Num 14,1-4.10).

Auch bei Mose wird die ganze Fragwürdigkeit eines Menschen deutlich, auf den Gott seine Verheißung gelegt hat. Er nimmt ihm weder seine Schwachheit noch seine Berufung. Der Weg des Glaubens ist eine Suchbewegung, die Irrwege und Versagen mit einschließt. Wie bei Abraham kommt schließlich auch Gottes Weg mit Mose an sein Ziel. Die allzu menschlichen Seiten der biblischen Hauptgeatalten machen es uns leichter, sich mit ihnen zu identifizieren und sich von ihnen mitnehmen zu lassen auf den Weg des Glaubens an den „Ich-bin-der-ich-bin-da-für-dich".

Übersicht

Die Erzählungen des Buches Exodus

Ex 1,1-2,25	Zur Exposition
Ex 3,1-4,17	Gottesbegegnung am Horeb; Ankündigung der Befreiung: *Vision*
Ex 3,18-31	Rückkehr nach Ägypten
Ex 5,1-6,1	1. *Israel unter dem Pharao – im Sklavenhaus Ägypten* Unterdrückung – Angst, Abhängigkeit, Erniedrigung – Verlust an Selbstvertrauen, Zukunftslosigkeit, Ohnmacht
	2. *Der Gang zum Pharao* – Bitte um Erlaubnis, das Sklavenhaus zu verlassen
	3. *Kein Kompromiss zwischen Pharao und Jahwe, zwischen Menschenfurcht und Gottesfurcht*
	4. *Verschärfung der bestehenden Situation* – härtere Unterdrückung
Ex 6,2-27	– Heilszusage Jahwes und ihre Ablehnung
Ex 7,1-11,10	– Gottes Zeichen und Wunder an Ägypten: Die Plagen
	5. *Aufbruch und Rettung am Schilfmeer*: Der Exodus
Ex 12,1-14	– Die Feier des Paschamahles
Ex 12,15-13,22	– Weitere Ereignisse und Vorschriften
Ex 14,1-31	– Die Rettung am Schilfmeer
Ex 15,1-1	– „Das Siegeslied am Schilfmeer“
Ex 15,22-16,36	6. *Der Weg durch die „Wüste“* – Bitterwasser, Manna und Sabbat: Murren, Sehnsucht nach Ägypten, Zweifel am Sinn der Freiheit
Ex 17,1-8	– Das Wasser aus dem Felsen: Zweifel an Gottes Mitsein
Ex 17,8-13	7. *Kampf mit Amalek* – Der „Platz“, den Israel zum Leben braucht, wird verteidigt
Ex 18,1-27	Die Begegnung mit Jitro am Gottesberg

Ex 19-40	Israel am Gottesberg
Ex 19,1-31,17	Gottes neue Lebensordnung für Israel und der Auftrag zum Bau des Heiligtums
Ex 19,1-25	Das Bundesangebot Jahwes
Ex 20,1-17	Der Dekalog – die *Zehn Worte*
Ex 20,18-24,11	Die Reaktion des Volkes, das Bundesbuch und der Bundesschluss
Ex 24,12-18	Mose vierzig Tage und vierzig Nächte auf dem Gottesberg – Entgegennahme der von Jahwe geschriebenen Lebensordnung für Israel (auf Steintafeln)
Ex 31,18-32,25	8. *Das goldene Stierbild* – Versuchung, die eigene Lebenskraft und -tüchtigkeit zu vergötzen (Selbstüberschätzung): Abfall von Jahwe (Bundesbruch)
Ex 32,26-33,6	Die Folgen des Bundesbruchs
Ex 33,12-23	Das Ringen um die Gegenwart Gottes
Ex 34,1-10	Erneute Gottesbegegnung auf dem Berg
Ex 34,11-35	Das „Privilegrecht Jahwes“ und das strahlende Antlitz des Mose
Ex 35-40	Ausführung und Vollendung des Heiligtums und Aufbruch vom Gottesberg Israel an der Grenze zum Gelobten Land:
Num 13,25-14,10	9. *Die Angst, dem Neuen nicht gewachsen zu sein*
Num 22,21-34	10. *Balak und Bileam oder wichtige Reifungsschritte im Leben eines Menschen*
Dtn 3,23-28; 4,22	11. *Der unerbittliche Gott oder „der Tod am Grenzfluss“*
Dtn 34,1-7	Der Tod des Mose
	12. *Die Vision bleibt: Das Gelobte Land* Freiheit: – Würde – Selbstvertrauen, Identität, Zukunft – Glück

Zur Exposition: Ex 1,1-2,25

1 1 Und dies sind die Namen der Söhne Israels, die nach Ägypten kamen – mit Jakob kamen sie, jeder mit seinem Haus: 2 Ruben, Simeon, Levi und Juda; 3 Issaschar, Sebulon und Benjamin; 4 Dan und Naftali, Gad und Asser. 5 Und die Zahl aller Seelen, die von Jakob abstammten, betrug siebzig Seelen. Joseph aber war schon in Ägypten. 6 Und Joseph starb und alle seine Brüder und jene ganze Generation. 7 Die Söhne Israel aber waren fruchtbar und wimmelten und mehrten sich und wurden sehr, sehr stark, und das Land wurde voll von ihnen.

8 Da trat ein neuer König die Herrschaft über Ägypten an, der Joseph nicht mehr kannte. 9 Der sagte zu seinem Volk: Siehe, das Volk der Söhne Israel ist zahlreicher und stärker als wir. 10 Auf, lasst uns klug gegen es vorgehen, damit es sich nicht noch weiter vermehrt! Sonst könnte es geschehen, wenn Krieg ausbricht, dass es sich auch noch zu unseren Feinden schlägt und gegen uns kämpft und dann aus dem Land hinaufzieht. 11 Daher setzten sie Arbeitsaufseher über es, um es mit ihren Lastarbeiten zu drücken. Und es baute für den Pharao Vorratsstädte: Pitom und Ramses. 12 Aber je mehr sie es bedrückten, desto mehr nahm es zu; und so breitete es sich aus, so dass sie ein Grauen erfasste vor den Söhnen Israel. 13 Da zwangen die Ägypter die Söhne Israel mit Gewalt zur Arbeit 14 und machten ihnen das Leben bitter durch harte Arbeit an Lehm und an Ziegeln, und durch allerlei Arbeit auf dem Feld, mit all ihrer Arbeit, zu der sie sie mit Gewalt zwangen.

15 Und der König von Ägypten sprach zu den hebräischen Hebammen, von denen die eine Schifra und die andere Pua hieß, 16 und sagte: Wenn ihr den Hebräerinnen bei der Geburt helft und bei der Entbindung seht, dass es ein Sohn ist, dann tötet ihn, wenn es aber eine Tochter ist, dann mag sie am Leben bleiben. 17 Aber weil die Hebammen Gott fürchteten, taten sie nicht, wie ihnen der König von Ägypten gesagt hatte, sondern ließen die Jungen am Leben. 18 Da rief der König von Ägypten die Hebammen zu sich und sagte zu ihnen: Warum habt ihr das getan, dass ihr die Jungen am Leben gelassen habt? 19 Die Hebammen antworteten dem Pharao: Ja, die hebräischen Frauen sind nicht wie die ägyptischen, denn sie sind kräftig; ehe die Hebamme zu ihnen kommt, haben sie *schon* geboren. 20 Und Gott tat den Hebammen Gutes, und das Volk vermehrte sich und wurde sehr stark. 21 Und weil die Hebammen Gott fürchteten, geschah es, dass er ihnen Nachkommen schenkte.

22 Da gebot der Pharao seinem ganzen Volk: Jeden Sohn, der geboren wird, sollt ihr in den Nil werfen, jede Tochter aber sollt ihr am Le-

ben lassen! 2[1] Und ein Mann vom Haus Levi ging hin und nahm eine Tochter Levi zur Frau. [2] Und die Frau wurde schwanger und gebar einen Sohn. Als sie sah, dass er schön war, verbarg sie ihn drei Monate lang. [3] Und als sie ihn nicht länger verbergen konnte, nahm sie für ihn ein Kästchen aus Schilfrohr und verklebte es mit Asphalt und Pech, legte das Kind hinein und setzte es in das Schilf am Ufer des Nil. [4] Seine Schwester aber stellte sich in einiger Entfernung hin, um zu erfahren, was mit ihm geschehen würde. [5] Und die Tochter des Pharao ging hinab, um am Nil zu baden, während ihre Dienerinnen am Ufer des Nil hin und her gingen. Und sie sah das Kästchen mitten im Schilf und sandte ihre Magd hin und ließ es holen. [6] Und als sie es geöffnet hatte, sah sie das Kind, und siehe, ein weinender Junge *lag darin*. Da hatte sie Mitleid mit ihm und sagte: Das ist *eins* von den Kindern der Hebräer. [7] Und seine Schwester sagte zur Tochter des Pharao: Soll ich hingehen und dir eine stillende Frau von den Hebräerinnen herbeirufen, damit sie das Kind für dich stillt? [8] Die Tochter des Pharao antwortete ihr: Geh hin! Da ging das Mädchen hin und rief die Mutter des Kindes herbei. [9] Und die Tochter des Pharao sagte zu ihr: Nimm dieses Kind mit und stille es für mich, dann werde ich dir deinen Lohn geben! Da nahm die Frau das Kind und stillte es. [10] Als aber das Kind groß geworden war, brachte sie es der Tochter des Pharao, und es wurde ihr zum Sohn. Und sie gab ihm den Namen Mose, indem sie sagte: Ich habe ihn ja aus dem Wasser gezogen.

[11] Und es geschah in jenen Tagen, als Mose groß geworden war, da ging er zu seinen Brüdern hinaus und sah bei ihren Lastarbeiten zu. Da sah er, wie ein ägyptischer Mann einen hebräischen Mann, einen von seinen Brüdern, schlug. [12] Und er wandte sich hierhin und dorthin, und als er sah, dass niemand in der Nähe war, erschlug er den Ägypter und verscharrte ihn im Sand. [13] Als er aber am Tag darauf wieder hinausging, siehe, da rauften sich zwei hebräische Männer, und er sagte zu dem Schuldigen: Warum schlägst du deinen Nächsten? [14] Der aber antwortete: Wer hat dich zum Aufseher und Richter über uns gesetzt? Gedenkst du etwa, mich umzubringen, wie du den Ägypter umgebracht hast? Da fürchtete sich Mose und sagte sich: Also ist die Sache doch bekannt geworden! [15] Und der Pharao hörte diese Sache und suchte, Mose umzubringen. Mose aber floh vor dem Pharao und hielt sich im Land Midian auf. Und er setzte sich an einen Brunnen. [16] Nun hatte der Priester von Midian sieben Töchter; die kamen, schöpften *Wasser* und füllten die Tränkrinnen, um die Herde ihres Vaters zu tränken. [17] Aber die Hirten kamen und trieben sie weg. Da stand Mose auf, half ihnen

und tränkte ihre Herde. [18] Als sie nun zu ihrem Vater Reguel kamen, sagte er: Warum seid ihr heute so früh gekommen? [19] Sie antworteten: Ein ägyptischer Mann hat uns aus der Gewalt der Hirten befreit, und er hat sogar eifrig für uns geschöpft und die Herde getränkt. [20] Da sagte er zu seinen Töchtern: Und wo ist er? Warum habt ihr denn den Mann draußen gelassen? Ladet ihn doch ein, damit er Brot mit uns ißt! [21] Und Mose willigte ein, bei dem Mann zu bleiben. Und er gab Mose seine Tochter Zippora zur Frau. [22] Die gebar einen Sohn, und er gab ihm den Namen Gerschom, indem er sagte: Ein Fremder bin ich in einem fremden Land geworden.

[23] Und es geschah während jener vielen Tage, da starb der König von Ägypten. Und die Söhne Israel seufzten wegen ihrer Arbeit und schrieen um Hilfe. Und ihr Geschrei wegen der Arbeit stieg auf zu Gott. [24] Da hörte Gott ihr Ächzen, und Gott dachte an seinen Bund mit Abraham, Isaak und Jakob. [25] Und Gott sah nach den Söhnen Israel, und Gott kümmerte sich um sie.

1. *Ex 1,1-2,10*: Der Anfang des Buches Exodus schildert, wie die Israeliten aus einem Zustand überreichen Segens in einen Zustand äußerster Lebensminderung geraten. In den „Söhnen (und Töchtern) Israels" hatte sich Gottes Lebens- und Segenskraft in ihrer ganzen Fülle gezeigt. Für die ungewöhnliche Vermehrung der Jakobssippe stehen fünf Verben: *„Die Söhne (und Töchter) Israels aber waren fruchtbar und wimmelten, sie mehrten sich und sie wurden sehr, sehr stark, und das Land wurde voll von ihnen"* (Ex 1,7). Die starke Vermehrung der Nachkommen Jakobs-Israels in Ägypten führt schließlich zu einem Konflikt auf Leben und Tod. Der neue König bekommt Angst vor dem immer stärker werdenden Gastvolk und will die Israeliten „klein kriegen". Seine Angstphantasien treiben ihn zu einem immer härteren Vorgehen. In drei aufeinander folgenden Erzählungen wird die sich steigernde Brutalität des Pharao entfaltet:

(1) Er zwingt die Israelsöhne unter das Joch harter Fronarbeit. Doch je massiver er seine Unterdrückungsmechanismen einsetzt, desto zahlreicher werden sie und desto mehr breiten sie sich aus, sodass die Ägypter in Furcht und Schrecken geraten. „Es graut ihnen vor den Söhnen Israels" (Ex 1,12). Unterdrückung und geistiges Niederhalten lösen ja oft einen verstärkten Lebens- und Widerstandswillen aus. Besonders krass wird die Zwangsarbeit in den Versen 13 und 14 geschildert. Mit

Gewalt und Schinderei, mit Misshandlung und Demütigung werden die Menschen unter Kontrolle gehalten. Diese ständige Belastung macht das Leben bitter.

(2) Als mit allen Zwangsmaßnahmen das fremde Volk nicht „klein zu kriegen" ist, verschärft der Pharao seine Ausrottungspolitik und befiehlt den beiden hebräischen Hebammen Schifra (*Schönheit*) und Pua (*Glanz*), jeden neugeborenen Jungen umzubringen. Doch die Hebammen widersetzen sich dem Befehl des Königs, denn sie „fürchteten Gott", d.h. im Gehorsam gegen Gott finden sie die Freiheit, sich gegenüber pharaonischen Zwängen zu behaupten *„und Gott tat den Hebammen Gutes... und machte ihnen Häuser"*, d.h. er schenkte ihnen eine ansehnliche Nachkommenschaft. Gottesfurcht bedeutet Leben. Das Gedächtnis der beiden Frauen ist für immer mit der Befreiungsgeschichte Israels verbunden. Das Volk der Israeliten aber wird noch zahlreicher und noch bedrohlicher für die Ägypter (Ex 1,20).

(3) Schließlich weitet der Pharao das Tötungsedikt auf sein ganzes Volk aus, sodass jeder Ägypter einen neugeborenen Israeliten in den Nil werfen soll, sobald er eines solchen Knaben habhaft wird. Nun steht Volk gegen Volk. Das Ungeheuerliche dieser Vernichtungsstrategie von oben liegt darin, dass der „Fremde" nicht mehr als Mitmensch gesehen wird und so die natürliche Hemmung vor dem Töten wegfallen soll.

Doch welche Ironie des Schicksals: Die Tochter des Pharao missachtet den allgemeinen Ausrottungsbefehl und lässt Mose, den von Gott bestimmten Retter Israels, aus dem Nil holen und erzieht ihn sogar noch am Hof des Pharao (Ex 1,21-2,10).

In den drei Geschichten wird also eine immer stärker werdende Gegenbewegung sichtbar, an der die zerstörerische Macht des Pharao ihre Grenze findet. In dieser Gegenbewegung spielen vor allem Frauen die entscheidende Rolle. Neben den beiden Geburtshelferinnen Schifra und Pua sind es die Mutter und Schwester des Mose und die Tochter des Pharao. Beim Anblick des weinenden Kindes im Schilfkasten (im Hebräischen dasselbe Wort wie *Arche,* Gen 6,14) handelt die Prinzessin nach ihrem mütterlichen Instinkt, und so wird dies eine „von den Kindern der Hebräer" ihr zum Sohn (Ex 2,10). Die Schwester sieht in der Tochter des Pharao nicht die Repräsentantin der todbringenden Macht, sondern die Frau mit ihren urmenschlichen Regungen gegenüber einem hilflosen Kind. „Wäre dieser Moment der Menschlichkeit ungenutzt geblieben, wäre alles verloren gewesen“ (I. Willi-Plein). Die Mutter muss schließlich ihren Sohn hergeben, damit er in die Aufgabe hineinwächst, die Gott für ihn bestimmt hat.

Zu ergänzen ist noch, dass „ein Mann aus dem Hause Levi“ sich von dem Tötungsedikt des Pharao nicht abschrecken lässt und eine Frau aus dem gleichen Stamm heiratet. Aus ihrer Ehe wird ein Kind geboren, das die Tochter des Pharao aus dem Nil rettet und adoptiert. So trägt dieser Mann dazu bei, dass Gottes Pläne mit seinem Volk verwirklicht werden.

Alle Personen dieser Erzählung sind Randfiguren der Geschichte. Sie tun nur das, was in der jeweiligen Situation ihre Aufgabe ist und erfüllen so ihre Rolle im Heilsplan Gottes. Die beiden Hebammen helfen, dass Kinder geboren werden; der Mann heiratet eine Frau; die Mutter umsorgt und schützt den Neugeborenen; das Mädchen, die Schwester des Jungen, sieht das Mitleid der Prinzessin und trägt dazu bei, dass der Kleine bis zur Entwöhnung bei seiner Mutter aufwachsen kann. Die Tochter des Pharao lässt sich von dem Weinen des Kindes rühren.

2. *Ex 2,11-22*: Der folgende Abschnitt bringt im Blick auf die erhoffte Befreiung aus dem Sklavenhaus Ägypten eine dreifache dramatische Zuspitzung:

(1) Als Mose eines Tages sieht, wie ein ägyptischer Aufseher einen hebräischen Sklaven schlägt, wird er aus spontaner Solidarität selbst zum Täter. Er erschlägt den Ägypter. Es scheint so, als sei Mose vom Ausgang seines aggressiven Handelns überrascht und entsetzt.

(2) Am nächsten Tag muss er feststellen, dass die unmenschlichen Arbeits- und Lebensbedingungen die Hebräer so weit voneinander entfremdet haben, dass sie sich gegenseitig Gewalt antun. Als Mose den Schuldigen zur Rede stellt, stößt er auf gehässige Ablehnung. Hier wird schon etwas von dem Widerstand und der offenen Auflehnung spürbar, die Mose als Befreier von den Befreiten zu gewärtigen hat. Mose handelt noch aus eigenem Impuls. Sein solidarisches Handeln an seinen Brüdern übersieht, dass Gott selbst die Stunde des Eingreifens bestimmt.

(3) So wird er zum politischen Flüchtling. Er muss das Land verlassen, in dem sein Volk erniedrigt und gedemütigt wird. An einem Brunnen im Land Midian erlebt er wieder Unrecht auf Kosten der Schwächeren. Wieder schreitet er ein und hilft den Hirtenmädchen zu ihrem Recht. Er findet Gastfreundschaft und Bleibe beim Vater der Mädchen,

Reguel (*Freund Gottes* oder *Gott ist Gefährte*), dem Priester von Midian und heiratet seine Tochter Zippora. So ist er weit ab vom Geschehen seines Volkes im Sklavenhaus Ägypten.

Seinem ersten Sohn gibt er den Namen Gerschom (*Gast/Fremder*) und bringt damit zum Ausdruck, dass er auch dort, wo er eine Bleibe gefunden und eine Familie gegründet hat, sich als Fremder, als Vertriebener, als Außenseiter fühlt, als einer, der nicht ganz dazu gehört. In keiner menschlichen Bindung ist er wirklich zuhause:

- Er ist Sohn *hebräischer* Sklaven aus dem Stamm Levi.
- Er ist Adoptivsohn einer *ägyptischen* Prinzessin, die ihm einen ägyptischen Namen gibt. Seine Erziehung am Hof des Königs, seine gesellschaftliche Stellung ermöglichen ihm später, Verhandlungen mit dem Pharao zu führen.
- Er ist Schwiegersohn des *midianitischen* Priesters Reguel/Jitro. Sein Aufenthalt bei dem nomadischen Wüstenvolk war eine wichtige Voraussetzung für die lange Wüstenwanderung zum gelobten Land.

Mose wird also als ein Mensch geschildert, der nirgendwo ganz hingehört. Vielleicht ist von daher sein stark ausgebildetes Gerechtigkeitsempfinden zu verstehen, seine Solidarität mit den Schwächeren. Und doch ist es der Mann ohne Heimat, der das Volk der Hebräer zu einer neuen Heimat führen wird. Vielleicht ist seine Heimatlosigkeit auch eine Voraussetzung dafür, dass er ein von Gott ganz Ergriffener wird. Jahwe schenkt ihm seine Nähe „von Angesicht zu Angesicht" (Ex 33,11).

3. *Ex 2,23–25*: „Viele Tage", d.h. eine lange Zeit vergeht, ohne dass sich am Schicksal der Hebräer etwas ändert. Noch einmal, wie eine Reaktion auf die voraus geschilderten Leiden, wird die Unterdrückung der Israeliten in Erinnerung gebracht. Sie stöhnen und schreien ihre Not heraus, zunächst ganz elementar – bis ihr Schreien eine Richtung findet: „Und es stieg auf ihr Hilfeschrei zu Gott von ihrer Sklavenarbeit" (Ex 2,23).

Fünfmal steht in diesen drei Versen das Wort Gott (*elohim*). Er *hört* ihr Seufzen und Wehklagen, ihr Schreien und Stöhnen. Er *gedenkt* des Bundes, den er mit Abraham, Isaak und Jakob eingegangen ist. Was er vor Jahrhunderten zugesagt hat, gilt noch immer. Er *sieht* und *nimmt zur Kenntnis,* d.h. Gott ergreift die Initiative. Jetzt ist der Kairos gekommen, seine Verpflichtung gegenüber den Söhnen und Töchtern Israels einzulösen.

Gottesbegegnung am Horeb: Ex 3,1-4,17

3 1 Mose aber weidete die Herde Jitros, seines Schwiegervaters, des Priesters von Midian. Und er trieb die Herde über die Wüste hinaus und kam an den Berg Gottes, den Horeb. 2 Da erschien ihm der Engel des HERRN in einer Feuerflamme mitten aus dem Dornbusch. Und er sah hin, und siehe, der Dornbusch brannte im Feuer, und der Dornbusch wurde nicht verzehrt. 3 Und Mose sagte sich: Ich will dorthin gehen und mir diese seltsame Erscheinung ansehen. Warum verbrennt denn der Dornbusch nicht 4 Als aber der HERR sah, dass er herzu trat, um zu sehen, da rief ihm Gott mitten aus dem Dornbusch zu und sprach: Mose! Mose! Er antwortete: Hier bin ich. 5 Und er sprach: Komm nicht näher heran! Zieh deine Sandalen von deinen Füßen, denn der Ort, wo du stehst, ist heiliger Boden! 6 Dann sprach er: Ich bin der Gott deines Vaters, der Gott Abrahams, der Gott Isaaks und der Gott Jakobs. Da verhüllte Mose sein Gesicht, denn er fürchtete sich, Gott anzuschauen.

7 Der HERR aber sprach: Gesehen habe ich das Elend meines Volkes in Ägypten, und sein Geschrei wegen seiner Antreiber habe ich gehört; ja, ich kenne seine Schmerzen. 8 Und ich bin herabgekommen, um es aus der Gewalt der Ägypter zu erretten und es aus diesem Land hinaufzuführen in ein gutes und weites Land, in ein Land, das von Milch und Honig überfließt, an den Ort der Kanaaniter, Hetiter, Amoriter, Perisiter, Hewiter und Jebusiter. 9 Und nun siehe, das Geschrei der Söhne Israel ist vor mich gekommen; und ich habe auch die Bedrängnis gesehen, mit der die Ägypter sie quälen. 10 Nun aber geh hin, denn ich will dich zum Pharao senden, damit du mein Volk, die Söhne Israel, aus Ägypten herausführst! 11 Mose aber antwortete Gott: Wer bin ich, dass ich zum Pharao gehen und die Söhne Israel aus Ägypten herausführen sollte? 12 Da sprach er: Ich werde ja mit dir sein. Und dies sei dir das Zeichen, dass ich dich gesandt habe: Wenn du das Volk aus Ägypten herausgeführt hast, werdet ihr an diesem Berg Gott dienen.

13 Mose aber antwortete Gott: Siehe, wenn ich zu den Söhnen Israel komme und ihnen sage: Der Gott eurer Väter hat mich zu euch gesandt, und sie mich fragen: Was ist sein Name?, was soll ich dann zu ihnen sagen? 14 Da sprach Gott zu Mose: *Ich bin, der ich bin.* Dann sprach er: So sollst du zu den Söhnen Israel sagen: *Der «Ich bin»* hat mich zu euch gesandt. 15 Und Gott sprach weiter zu Mose: So sollst du zu den Söhnen Israel sagen: Jahwe, der Gott eurer Väter, der Gott Abrahams, der Gott Isaaks und der Gott Jakobs, hat mich zu euch gesandt. Das ist mein Name in Ewigkeit, und das ist meine Benennung von Generation zu Generation.

16 Geh hin, versammle die Ältesten Israels und sprich zu ihnen:
Jahwe, der Gott eurer Väter, ist mir erschienen, der Gott Abrahams,
Isaaks und Jakobs, und hat gesagt: Ich habe genau achtgehabt auf euch
und auf das, was euch in Ägypten angetan worden ist, 17 und habe ge-
sagt: Ich will euch aus dem Elend Ägyptens hinaufführen in das Land
der Kanaaniter, Hetiter, Amoriter, Perisiter, Hewiter und Jebusiter, in ein
Land, das von Milch und Honig überfließt. 18 Und sie werden auf deine
Stimme hören. Und du sollst zum König von Ägypten hineingehen, du
und die Ältesten Israels, und ihr sollt zu ihm sagen: Jahwe, der Gott der
Hebräer, ist uns begegnet. So lass uns nun drei Tagereisen weit in die
Wüste ziehen, damit wir Jahwe, unserm Gott, opfern! 19 Aber ich weiß
wohl, dass der König von Ägypten euch nicht ziehen lassen wird, auch
nicht durch eine starke Hand gezwungen. 20 Deshalb werde ich meine
Hand ausstrecken und Ägypten schlagen mit all meinen Wundern, die
ich in seiner Mitte tun werde. Danach erst wird er euch ziehen lassen. 21
Und ich werde diesem Volk Gunst geben in den Augen der Ägypter, und
es wird geschehen, wenn ihr auszieht, sollt ihr nicht mit leeren Händen
ausziehen: 22 *Jede* Frau soll von ihrer Nachbarin und von ihrer Hausge-
nossin silberne Schmuckstücke und goldene Schmuckstücke und Kleidung fordern. Die sollt ihr euren Söhnen und Töchtern anlegen und so
die Ägypter ausplündern!

4 1 Da antwortete Mose und sagte: Und wenn sie mir nicht glauben
und nicht auf meine Stimme hören, sondern sagen: Der HERR ist dir
nicht erschienen? 2 Da sprach der HERR zu ihm: Was ist das da in deiner
Hand? Er sagte: Ein Stab. 3 Und er sprach: Wirf ihn auf die Erde! Da warf
er ihn auf die Erde, und er wurde zu einer Schlange, und Mose floh vor
ihr. 4 Der HERR aber sprach zu Mose: Strecke deine Hand aus und fasse
sie beim Schwanz! Da streckte er seine Hand aus und ergriff sie, und sie
wurde in seiner Hand zum Stab: 5 Damit sie glauben, dass dir der HERR
erschienen ist, der Gott ihrer Väter, der Gott Abrahams, der Gott Isaaks
und der Gott Jakobs. 6 Und der HERR sprach weiter zu ihm: Stecke doch
deine Hand in deinen Gewandbausch! Da steckte er seine Hand in seinen Gewandbausch. Und als er sie herauszog, siehe, da war seine Hand
weiß von Aussatz, wie Schnee. 7 Und er sprach: Tu deine Hand wieder in
deinen Gewandbausch! Da tat er seine Hand wieder in seinen Gewandbausch. Und als er sie aus seinem Gewand bausch herauszog, da war sie
wieder wie sein übriges Fleisch. 8 Und es wird geschehen, wenn sie dir
nicht glauben und nicht auf die Stimme des ersten Zeichens hören, dann
werden sie doch wegen der Stimme des zweiten Zeichens glauben. 9 Und
es wird geschehen, wenn sie selbst diesen beiden Zeichen nicht glauben

und nicht auf deine Stimme hören, dann nimm vom Wasser des Nil und gieße es auf das trockene Land! Dann wird das Wasser, das du aus dem Nil nehmen wirst, auf dem trockenen Land zu Blut werden.

10 Mose aber antwortete dem HERRN: Ach, Herr! Ich bin kein redegewandter Mann, weder seit gestern noch seit vorgestern, noch seitdem du zu deinem Knecht redest; denn unbeholfen ist mein Mund und unbeholfen meine Zunge. 11 Da sprach der HERR zu ihm: Wer hat dem Menschen den Mund gemacht? Oder wer macht stumm oder taub, sehend oder blind? Nicht ich, der HERR? 12 Und nun geh hin! Ich will mit deinem Mund sein und dich unterweisen, was du reden sollst. 13 Er aber erwiderte: Ach, Herr! Sende doch, durch wen du senden willst! 14 Da entbrannte der Zorn des HERRN gegen Mose, und er sprach: Ist nicht dein Bruder Aaron da, der Levit? Ich weiß, dass er reden kann. Und siehe, er geht auch schon aus, dir entgegen. Und wenn er dich sieht, wird er sich freuen in seinem Herzen. 15 Dann sollst du zu ihm reden und die Worte in seinen Mund legen, und ich will mit deinem Mund und mit seinem Mund sein und will euch unterweisen, was ihr tun sollt. 16 Er aber soll für dich zum Volk reden. Und es wird geschehen, er wird für dich zum Mund sein, und du wirst für ihn zum Gott sein. 17 Und diesen Stab sollst du in deine Hand nehmen; damit sollst du die Zeichen tun.

1. *Ex 3,1-6*: Mose weidet die Schafe und Ziegen seines Schwiegervaters im Lande Midian – weit ab von der Not und dem Elend seines Volkes in Ägypten. Das geht schon lange Zeit so, ohne dass sich in seinem Leben als Fremdling etwas Besonderes ereignet. Im Leben eines Menschen können Jahre so „gewöhnlich“ dahingehen.

Eines Tages führt er die Herde „über die Steppe hinaus“ (wörtlich: „hinter die Wüste“). „Über die Steppe hinaus“ kann ein Hinweis dafür sein, dass Mose hier über Bekanntes und Vertrautes hinausgeht, dass er sich in unbekanntes Gebiet vorwagt und so, ohne es zu wissen, zum Gottesberg findet. Irgendetwas muss ihn dazu bewegt haben.

Da sieht er auf einmal einen Dornbusch, aus dem eine Flamme hervorlodert, ohne den Strauch zu verbrennen. Das weckt seine Aufmerksamkeit: „Ich will dorthin gehen und mir diese seltsame Erscheinung ansehen. Warum verbrennt denn der Dornbusch nicht?“ Mose folgt seiner Wahrnehmung und will ihr auf den Grund gehen. Es braucht Achtsamkeit und Verweilen für Lebensimpulse dieser leisen und eindrücklichen Art.

Als er näher kommt, wird er aus dem brennenden Dornbusch heraus bei seinem Namen gerufen: „Mose, Mose!“ Dieser Einbruch des Göttlichen in sein so alltägliches Leben kommt für ihn völlig überraschend. Mose erfährt, dass er persönlich von Gott angesprochen und mit seiner ganzen Person gemeint ist. Augenblicklich ist er ganz „da“: „Hier bin Ich!“

Ein doppelter Namensanruf kommt in der hebräischen Bibel nur an ganz wenigen Stellen vor (in Gen 22,11 an Abraham, in Gen 46,2 an Jakob und in Sam 3,10 an Samuel). Jedes Mal kündigt sich eine Lebenswende an.

Es berührt uns schon tief, wenn wir spüren, dass ein Mensch uns persönlich meint, einfach, weil er uns schätzt und uns für liebenswert hält, weil er an uns glaubt und uns nicht verändern möchte. Dann kann ich mich erfassen lassen von der Schwingung des Lebens, die vom anderen mir entgegenkommt. Mose lässt sich erfassen von der Schwingung des Numinosen, die ihm aus dem brennenden Dornbusch entgegenlodert und ihn bei seinem Namen ruft. Er hört: *„Komm nicht näher heran! Zieh deine Sandalen von den Füßen, denn der Ort, wo du stehst, ist heiliger Boden.“*

Wo immer ein Mensch davon überrascht wird, dass Gott ihn bei seinem Namen ruft, da darf er nicht einfach weitergehen – wie bisher. Da ist „heiliger Boden“, Gegenwart Gottes. Da muss er innehalten, seine Sandalen ablegen, um den Boden zu spüren, auf dem er steht, und alles ablegen, was ihn daran hindert, sich diesem unverfügbaren Augenblick zu überlassen.

Mose muss sich lösen von seinem Wissen und Wollen, von den Festlegungen seines Denkens und Wertens, seiner Vorentscheidungen und Vorurteile. Er muss sich lösen von den Gefühlen, in denen er sich eingerichtet hat, und – was noch schwieriger ist – von den Enttäuschungen und Verletzungen, die das Leben ihm geschlagen hat.

Es kann bedeuten, dass er seine *Selbst*bestimmung aufgibt und Abschied nimmt von seinem bisherigen Lebenskonzept. Im Laufe unseres Lebens bilden wir alle so etwas aus – mehr oder weniger bewusst. Wir kommen damit immer wieder mal an Grenzen oder in Krisen, wenn es mit dem Lebenssinn, den Gott uns eingestiftet hat, in Widerspruch gerät.

Das Ablegen der Sandalen ist auch eine symbolische Geste, die einerseits eine Haltung der Geschöpflichkeit und Demut, andererseits

Vertrauen und Hingabe ausdrückt. An einem heiligen Ort, in Gottes Gegenwart braucht Mose nichts zu verbergen und sich nicht zu verstecken. Vor Gottes Augen kann er sich sehen lassen, so wie er ist – wie der gewöhnliche Dornbusch in der Wüste, aus dem heraus Gott aufleuchtet wie eine Feuerflamme, ohne ihn zu vernichten.

Als Mose seine Sandalen abgelegt hat, hört er: „*Ich bin der Gott* (elohim) *Deines Vaters, der Gott Abrahams, der Gott Isaaks und der Gott Jakobs*". Jeder Mensch braucht immer wieder die Grunderfahrung, dass sein Leben eine innere Kontinuität hat – trotz aller Unwägbarkeiten und Überraschungen. Wer sein Leben als Ganzheit erfährt, für den wird es verstehbar und mit Sinn erfüllt. So verwundert es nicht, dass Gott sich dem Mose zunächst als der Gott seines Vaters und dann als der Gott seiner Glaubensväter (und -mütter) bekannt macht. Seit seiner frühesten Jugend war er seiner Ursprungsfamilie entfremdet und lebte als Adoptivsohn einer ägyptischen Prinzessin nicht mehr in der Traditionsgemeinschaft Israels. Gott bringt seinen Vater und damit seine Familie, seinen Ursprung und den Anfang der Glaubensgeschichte seines Volkes wieder in Erinnerung. Die Geschichte des Weges mit Gott, die mit Abraham und Sara begann, geht weiter. Er lässt nicht davon ab, Menschen frei zu setzen, damit sie anderen zum Segen werden (vgl. Gen 12,3). Mose erfährt hier in der reinigenden Kraft der Wüste, dass sein Leben in einem großen Sinnzusammenhang steht, der ihn weit über das hinausführen wird, was ihm im Augenblick möglich erscheint.

Da verbirgt Mose sein Gesicht. Im Bild des brennenden Dornbuschs begegnet er dem Gott seiner Väter und Mütter und zugleich sich selbst.

Dieser Abschnitt ist geprägt von dem Leitwortwort oder den Schlüsselverben „sehen". Gott lässt sich sehen an einem bestimmten Ort. Er zeigt sich in bestimmten Ereignissen. Der Gott der Bibel bleibt nicht abstrakt.

2. *Ex 3,7-12*: Die drei Verben „sehen", „hören", „kennen" in Vers 7 greifen die Situation von Ex 2,24f. wieder auf: Gott hat die Unterdrückung *seines* Volkes gesehen. Er hat ihr Schreien gehört. Er kennt ihre Leiden. Er will sie herausführen „in ein Land gut und weit", d.h. aus entwürdigender Abhängigkeit in die Weite seiner Freiheit. Mose soll zu seinem Volk gehen und es auf den Weg mit Gott bringen. Gott gibt seine *Vision* vom Menschen, ihn in „*ein Land gut und weit*" zu führen, nicht auf. Er will, dass diese Vision sich tief im Menschen, in Mose verwurzelt.

Wo immer ein Mensch sich von Gott bei seinem Namen rufen lässt, um andere in die Freiheit mit Gott zu führen, wird er aber wie Mose erschrecken: „Wer bin ich?"

Es gibt Situationen im Leben eines Menschen, wo er die ganze Wahrheit seines Lebensauftrags vor sich sieht, aber daran zweifelt, jemals dafür geeignet zu sein. Mose sehnt die Befreiung Israels herbei, aber er seine Ängste und Selbstzweifel sind so groß, dass er von sich aus keine Möglichkeit sieht, daran mitzuwirken. Und jetzt beginnt der langwierige und schmerzliche Prozess, die Vision Gottes vom Menschen durch alle Schichten von Verweigerung hindurch in Mose zu verankern. Es ist zugleich ein Läuterungsprozess von Menschenfurcht zu Gottesfurcht.

„*Wer bin ich*, dass ich zum Pharao gehen und die Söhne Israels aus Ägypten herausgehen lassen soll!" Mose hat Angst vor dem Pharao und Angst vor den Israeliten. Wie soll er zum Verhandlungspartner des Pharao und zum Befreier Israels werden. Mose hört: ‚*Ich werde mit dir sein!*' Auch ein Zeichen für die Bestätigung seiner Sendung wird ihm gegeben, ein Zeichen, das sich aber erst erfüllt, wenn er das Volk aus dem Sklaven*dienst* zum Gottes*dienst* an diesem Gottesberg geführt hat. Erst im Nachhinein aus der Rückschau auf die Ereignisse wird er zu der Gewissheit kommen, die er jetzt so fürchtet.

3. *Ex 3,13-15*: Doch Mose weiß nicht, wie er sich als Fremder vor seinen Landsleuten legitimieren kann. Er ist fern von der Überlieferung seines Volkes aufgewachsen. Wie sollen sie ihm glauben, dass der Gott ihrer Väter ihn beauftragt hat: Was soll er ihnen antworten, wenn sie ihn nach dem Namen Gottes fragen?

Nach dem Einwand: Wer bin ich? kommt nun als zweiter Einwand: „Wer bist Du?" Die Antwort ist zunächst rätselhaft: „*Ich bin der Ich-bin-da*". Das ist sein Name. So will Er gerufen sein. Ein Gott des Weges mit den Menschen – für immer. Wer dieser Gott ist, und in welche Freiheit er führt, das erfahre ich erst, wenn ich mit ihm gehe. Die Gegenwart Jahwes umfasst vom hebräischen Verständnis her drei spannungsvolle Aspekte: Er ist verlässlich und zugleich unverfügbar mit dem Anspruch der Ausschließlichkeit. Es ist etwas Geheimnisvolles um diesen Namen. Man muss ihn in Verbindung sehen mit den vier anderen Bestimmungen: „*der Gott eurer Väter, der Gott Abrahams, der Isaaks und der Gott Jakobs*" (vgl. Ex 3,6). Die Kontinuität über Generationen und Jahrhunderte hinweg ist ein Zeichen seiner ununterbrochenen Nähe und Treue. Die Offenbarung des Namens ist die Bundeszusage Gottes, die Israel überhaupt erst zu seinem Volk macht.

4. *Ex 3,16-22*: Jahwes erneute Aufforderung (vgl. Ex 3,10) wird jetzt konkreter. Mose soll die Vision Gottes vom Menschen zu den Ältesten der Israeliten bringen und erst mit dieser Vision im Herzen sollen sie zum Pharao gehen. Gemeinsam sollen sie den Pharao um eine Auszeit bitten, um Jahwe, *ihrem* Gott in der Wüste ein Fest zu feiern. Doch der Pharao wird schon die Bitte um eine zeitliche begrenzte Auszeit zurückweisen. Deshalb muss er mit Jahwes „fester Hand" (Gewalt) und mit dem endgültigen Auszug der Israeliten rechnen.

Die letzten beiden Verse von Ex 3 sprechen von einem harmonischen Abschied der Israeliten aus Ägypten, bei dem die Frauen eine wichtige Rolle spielen werden. Dieser Abschied „befreit" Ägypten von der Schuldenlast, die es mit der Unterdrückung auf sich geladen hat.

5. *Ex 4,1-9*: Doch mangelndes Selbstvertrauen, Zweifel und Angst sind im Menschen oft schwer zu überwinden: „Was aber, wenn sie mir nicht glauben und nicht auf mich hören, sondern sagen: Jahwe ist dir nicht erschienen?" So der dritte Einwand des Mose. Er fürchtet, dass die Ältesten Israels nicht auf ihn hören werden, vor allem, weil er selbst noch an seinem eigenen Hören zweifelt. Jahwes Gegenfrage und die Verwandlung von Stab und Schlange machen ihm deutlich: Wenn du das, was du in der Hand hast, vor lauter Angst zu Boden wirfst, m. a. W.: wenn du dich deinem Lebensauftrag entziehst, wenn du deine Vision aufgibst, wird deine Angst noch größer werden. Was du ein für allemal los sein wolltest, wird sich für dich in etwas Gefährliches verwandeln, vor dem du ständig auf der Flucht sein wirst. Packst du aber die Schlange am Schwanz, d.h. nimmst du deine Sendung an im Vertrauen auf den Gott deines Lebens, dann wird er dich stützen und stärken. Mose muss wählen zwischen Angst und Vertrauen.

Im Bild von der aussätzigen und wieder gesunden Hand sagte Jahwe dem Mose noch einmal dasselbe: Wenn du deine Hand in deinem Gewandbausch versteckst, d.h. wenn du dich aus Angst mit deinen Fähigkeiten und Möglichkeiten nicht ins Spiel bringst, wirst du wie ein Aussätziger am lebendigen Leib verfaulen und für andere zur Gefahr oder gar zum Unheil werden. Doch wenn du dein Leben im Vertrauen auf Jahwe in die Hand nimmst, wirst du dir und dem unterdrückten

Volk zum Segen werden. Menschen ohne Vision können andere nicht in die Freiheit führen.

Beide Male hört also Mose auf die konkreten Anweisungen Jahwes, überwindet seine Angst und seinen Widerwillen und kann so erfahren, wie sich die Bedrohung verliert. Nur wenn Mose seinem eigenen Hören traut, werden die anderen auf ihn hören und ihm glauben.

Die erste Phase des Auszugs aus dem Land der Unterdrückung besteht also darin, die Menschen durch eine gemeinsame Vision zu einen, zu einem *Wir* zusammenzuschließen.

6. *Ex 4,10-17*: Doch selbst diese beiden eindrucksvollen Zeichen können ihm seine Selbstzweifel und das Gefühl der Überforderung nicht nehmen. Mose verweigert sich. Er will nicht glauben, dass Gott in einem Menschen wie ihm „aufleuchten" könne. Das Gefühl der eigenen Unzulänglichkeit ist stärker als seine Sehnsucht, sich von Gott in Dienst nehmen zu lassen. Lange genug hat er an sich erfahren müssen, „seit gestern und vorgestern", so sein vierter Einwand, wie wenig wortgewandt, wie schwerfällig seine Zunge ist.

Gottes Antwort auf diese Verweigerung ist von ungeheurer Wucht: *„Wer hat dem Menschen den Mund gegeben, und wer macht taub oder stumm, sehend oder blind? Doch wohl ich, der Herr!"*, d.h. Gott will den Menschen so wie er ist, und selbst seine Mängel und Unzulänglichkeiten tragen noch die Abdrücke seiner Schöpferhand. Gott braucht Mose nicht neu zu schaffen. „Wenige Menschen ahnen, was Gott aus ihnen machen würde, wenn sie sich seiner Führung rückhaltlos anvertrauten" (Ignatius v. Loyola). Mose soll lernen, sein Unvermögen aus Gottes Hand anzunehmen, und aufhören, sich selbst und seiner eigentlichen Bestimmung im Weg zu stehen.

Wenn er es wagt, sich selbst von Gott her zu sehen und anzunehmen, braucht er sich nicht mehr ängstlich darum zu sorgen, was er in Gottes Auftrag sagen soll. Das wird sich nach und nach wie von selbst zeigen. *„Und nun geh! Und ich werde in deinem Munde sein und dich lehren, was du sagen sollst."*

Nach dieser dritten Aufforderung Jahwes (nach Ex 3,10.16), nun endlich zu seinem Volk zu gehen, zeigt sich, dass alle bisher vorgebrachten Einwände von Mose nur vorgeschoben waren. Mit seiner ganzen Person widersetzt er sich dem Auftrag Gottes. Aus dem „ich kann nicht" ist ein „ich will nicht" geworden: „Schick doch einen anderen!" „*Da entbrannte der Zorn Jahwes*". Diesmal ist Mose zu weit gegangen. Doch Jahwe geht auch hier auf die innere Not des Mose ein. Er überwindet seine Angst vor der Isolation, die ihm mit diesem Auftrag droht, und gibt ihm in Aaron einen Gefährten. Aaron kann reden. Aber die einzigartige Gabe und Aufgabe des Mose liegt im Hören. Diese Fähigkeit hat sich auch in dem langen Gespräch mit Jahwe immer wieder gezeigt. Erst aus dem Hören auf Jahwes Wort (*Tora*) kommt es zum Glauben und zum Handeln nach seiner Weisung.

Aaron hat die Aufgabe, die vorher von Mose empfangenen Worte und Weisungen Jahwes an das Volk und später an den Pharao weiter zu geben. Mose hat ihm gegenüber göttliche Autorität: „ *Er wird für dich Mund sein und du wirst für ihn Gott sein*" (Ex 14,16).

7. Mose wird sein, was er ist und war, und Gott wird sein der *Ich-bin-da*. Das Wunder dieser Begegnung offenbart sich darin, dass Gott und Mensch einander berühren, ohne dass Gott den Träger seines „Aufleuchtens" neu schaffen oder gar vernichten müsste, dass Gott also in einem „Dornbusch brennen" kann, ohne ihn zu verbrennen. Es gibt keinen anderen Weg der Berufung eines Menschen zu seiner eigentlichen Bestimmung, zu der Vision, die Gott von ihm hat, als den inneren Reifungsprozess von Anruf und Angst, von Auftrag und Zweifel zu Selbstannahme und Erfüllung. Wer diesen Weg meidet, verfehlt das „*gute weite Land*", verrät seine Vision, kann Menschen nicht freisetzen.

Ohne Vision, ohne eine Perspektive für sein Leben, kann kein Mensch wachsen und reifen. Und es kommt sehr darauf an, was wir „im Auge haben". Heinrich Spaemann hat einmal gesagt: „Was wir im Auge haben, das prägt uns, dahinein werden wir verwandelt, und wir kommen, wohin wir schauen."

In der Erzählung von der Gottesbegegnung am brennenden Dornbusch, in diesem „Dialog von Zumutung und Verweigerung" zeigt sich, wie sehr Gott daran liegt, dass die Vision von „*einem Land, gut und weit*" im menschlichen Verlangen wirklich aufgenommen wird, und wie sehr es ihm darauf ankommt, dass aller Widerstand gegenüber den Konsequenzen der Vision sichtbar werden kann. In dieser Geschichte wird das menschliche Verlangen konkret mit den Lebensabsichten Gottes verbunden und bekommt die Zeichen seines „Gesichtes", seiner Führung. Die neue von Jahwe eröffnete Perspektive ist spannungsvoll:

sie ist nicht nur gegeben und aufgegeben. Sie kann als solche auch durch menschliches *Ver*-sagen scheitern.

Es ist dann auch zu fragen, ob meine Vision, meine Lebensperspektive eine „dunkle", schmerzliche Seite hat, ob ich damit rechne, dass die Vision meines Herzens sich erfüllen kann – abseits von dem, was in den Augen der Menschen groß und erstrebenswert ist, so wie es auch im Leben des Mose geschah, der in seiner Führungsrolle oft angefochten und bedroht war und der außerhalb des gelobten Landes starb.

Die Vision, die wir in uns tragen, offenbart sich in unserer Einstellung zum Leben. Sie zeigt sich darin, wie wir mit uns selbst, mit anderen, mit der Welt, in der wir leben, mit Gott umgehen.

Es gibt wenige Texte in der Bibel, die so gewichtig sind wie diese Berufungserzählung in Ex 3 und 4. Sie offenbart, wie Gott zu den Menschen steht, und sie ist paradigmatisch für die Art, wie er Menschen für andere in seinen Dienst nimmt.

Rückkehr nach Ägypten: Ex 4,18-31

4[18] Darauf ging Mose hin und kehrte zu seinem Schwiegervater Jitro
zurück und sagte zu ihm: Ich möchte gern gehen und zu meinen Brüdern zurückkehren, die in Ägypten sind, um zu sehen, ob sie noch am
Leben sind. Und Jitro sagte zu Mose: Geh hin in Frieden! [19] Und der
HERR sprach zu Mose in Midian: Geh hin, kehre nach Ägypten zurück!
Denn alle Männer sind gestorben, die dir nach dem Leben trachteten.
[20] Da nahm Mose seine Frau und seine Söhne mit sich, ließ sie auf dem
Esel reiten und kehrte in das Land Ägypten zurück. Und Mose nahm
den Stab Gottes in seine Hand. [21] Und der HERR sprach zu Mose: Wenn
du hinziehst, um nach Ägypten zurückzukehren, sieh zu, dass du all die Wunder, die ich in deine Hand gelegt habe, vor dem Pharao tust! Und ich, ich will sein Herz verstocken, so dass er das Volk nicht ziehen lassen wird. [22] Und du sollst zum Pharao sagen: So spricht der HERR: Mein
erstgeborener Sohn ist Israel, – [23] und ich sage dir: Lass meinen Sohn
ziehen, damit er mir dient! Wenn du dich aber weigerst, ihn ziehen zu lassen, siehe, dann werde ich deinen erstgeborenen Sohn umbringen.

[24] Und es geschah auf dem Weg, in der Herberge, da trat der HERR
ihm entgegen und wollte ihn töten. [25] Da nahm Zippora einen scharfen
Stein, schnitt ihrem Sohn die Vorhaut ab, berührte damit seine Füße
und sagte: Wahrhaftig, du bist mir ein Blutbräutigam! [26] Da ließ er von
ihm ab. Damals sagte sie „Blutbräutigam" wegen der Beschneidung.

[27] Und der HERR sprach zu Aaron: Geh Mose entgegen in die Wüste! Da ging er hin und traf ihn am Berg Gottes und küsste ihn. [28] Und Mose teilte Aaron alle Worte des HERRN mit, der ihn gesandt, und all die Zeichen, die er ihm aufgetragen hatte. [29] Da gingen Mose und Aaron hin und versammelten alle Ältesten der Söhne Israel. [30] Und Aaron redete *zu ihnen* alle Worte, die der HERR zu Mose geredet hatte, und tat die Zeichen vor den Augen des Volkes. [31] Und das Volk glaubte. Und als sie hörten, dass der HERR die Söhne Israel heimgesucht und ihr Elend gesehen habe, da warfen sie sich nieder und beteten an.

1. *Ex 4,18-23*: Nach der Gottesbegegnung am Horeb geht Mose zu seinem Schwiegervater *zurück* und bittet ihn um seine Zustimmung, nach Ägypten *zurück*zukehren. Jitro lässt ihn in Frieden gehen. Der Segenswunsch „Geh in Frieden!" beinhaltet im Hebräischen auch Glück, Gelingen, Heil. Die Verbindung zwischen beiden Gottesmännern bleibt bestehen und wird sich später noch vertiefen (Ex 18).

Erst jetzt gibt Jahwe das Zeichen zum Aufbruch: „denn alle, die dir nach dem Leben trachteten, sind gestorben." Die Verwirklichung des göttlichen Auftrags braucht eine wache Sensibilität für die rechte Form und den Kairos des Abschieds und den Ablauf der einzelnen Schritte. So wird Mose immer wieder Geduld aufbringen müssen und warten, bis er Jahwes Stimme hört. Wie Gott ihm geboten hat (Ex 4,17), nimmt er seinen (Hirten-)Stab mit. Hier in Ex 4,19 wird er Gottesstab genannt, weil die Zeichen, die er damit „vor dem Angesicht Pharaos" wirkt, göttliche Macht offenbaren.

Aber warum will der Herr das Herz des Pharao verstocken? Was bedeutet diese geheimnisvolle Sprache? Das Herz *verstocken* oder *verhärten, festmachen* oder *stark machen* – diese Worte haben nichts mit göttlicher Willkür zu tun. Vielmehr bedeuten sie, dass Gott die Freiheit des Menschen, hier: des Pharao, so sehr respektiert, dass er ihm seinen Willen lässt, auch wenn das verheerende Auswirkungen haben kann. Diese Formulierungen bedeuten in anthropomorpher Sprechweise also nicht die Unfreiheit, sondern die Freiheit des Pharao vor Gott. Jahwe spricht die Sprache der Menschen.

So lässt er dem Pharao durch Mose ausrichten, dass Israel sein „Erstgeborener" ist. Das bezieht sich auf die Gemeinschaft als ganzer und bedeutet eine einmalige unveränderliche Bindung an sie. Zugleich liegt in der „Erstgeburt“ Israels die Aussage, dass alle Menschen zur Gotteskindschaft berufen sind. Wenn aber der Pharao Israel dieses Erstgeburtsrecht verweigert und es nicht ziehen lässt, um Jahwe zu dienen, muss er damit rechnen, selbst seinen Erstgeborenen zu verlieren (Ex 12,29).

2. *Ex 4,24-26*: Die nächste Szene erinnert an das Geschehen in der Nacht am Jabbok (Gen 32,23-33). Für Mose ist es auch die letzte Nacht vor seiner Rückkehr in das Land, aus dem er gekommen ist, „an den Ort früherer Verschuldung und neuer Bestimmung“ (I. Willi-Plein). Er kehrt zurück an den Ort, wo er einen Menschen erschlagen hat. Im Nachtlager am Weg „trifft“” ihn der Herr und „sucht, ihn sterben zu lassen.“ Was soll das bedeuten, dass Jahwe seinem Berufenen nach dem Leben trachtet? Es sieht so aus, als habe das Getroffensein von Jahwe Mose in einen Zustand versetzt, der zum Tode führen muss. Vielleicht liegt – ähnlich wie bei Jakob – der Sinn dieser nächtlichen Bedrohung auf Leben und Tod darin, dass die Schuld des Mose in ihrer ganzen Wucht gegenwärtig wird. So wird deutlich, dass ein Mensch Geschehenes nicht ungeschehen machen kann. Nur wenn begangenes Unrecht in seiner Ungeheuerlichkeit zugelassen wird, kann der Mensch von seiner Schuld freigesetzt werden.

Zippora sieht, dass Mose dem Tode nahe ist und greift ein. Sie bringt ihn wieder mit Leben in Berührung, mit Blut, das Lebenskraft ist (vgl. Dtn 12,23). Sie beschneidet ihr Kind, berührt mit dem frischen Blut ihres gemeinsamen Sohnes die Beine oder das Glied des Mose und erinnert so an das Blut der Hochzeitsnacht. Nach der Berührung mit dem Blut kommt Mose zurück ins Leben. Die tödliche Bedrohung „flaut ab“. Mit der Aussage „ein Blutsbräutigam bist du mir“ bekennt sich Zippora zu ihrem Mann und steht für ihn ein.

Die kleine Erzählung bleibt eine rätselhafte Geschichte und hat noch keine allgemein akzeptierte Deutung gefunden.

3. *Ex 4,27-31*: Begangenes Unrecht, unverarbeitete Schuld bindet viele Energien. Davon ist Mose nun befreit und kann sich mit allen Kräften seiner Berufung widmen. Unterwegs „trifft“ er seinem Bruder. Die Begegnung ereignet sich am Gottesberg, wo Jahwe sich dem Mose zum ersten Mal geoffenbart hatte (Ex 3,1). Aaron war ihm auf Gottes Wort hin entgegengekommen. Er soll dem Mose als Sprecher und Organi-

sator zur Seite stehen. Gemeinsam versammeln sie alle Ältesten und das Volk. „Und da redete Aaron alle Worte, die Jahwe zu Mose gesprochen hatte, und er wirkte die Zeichen vor den Augen des Volkes. Und da glaubte das Volk, und sie hörten darauf, dass Jahwe sich der Söhne Israels angenommen und ihre Unterdrückung gesehen habe. Und sie warfen sich nieder und huldigten“ (Ex 4,30f). Diese wenigen Verse bilden den ersten Höhepunkt auf dem langen Weg in die Freiheit. Die „Söhne Israels“ werden durch Jahwes Wort zu seinem Volk. Sie glauben und bekennen, dass Jahwe zu ihnen herabgestiegen ist, um sie aus der Hand Ägyptens zu reißen und sie hinaufzuführen in ein gutes weites Land (Ex 3,8). Wie ein Paradigma steht diese „Berufungsszene“ am Anfang eines langwierigen und schmerzhaften Prozesses.

Das verweigerte Fest: Ex 5,1-6,1

5[1] Danach gingen Mose und Aaron hinein und sagten zum Pharao: So spricht der HERR, der Gott Israels: Lass mein Volk ziehen, damit sie mir in der Wüste ein Fest feiern! [2] Der Pharao aber antwortete ihnen: Wer ist der HERR, dass ich auf seine Stimme hören sollte, Israel ziehen zu lassen? Ich kenne den HERRN nicht und werde Israel auch nicht ziehen lassen.

[3] Und sie sagten: Der Gott der Hebräer ist uns begegnet. Lass uns doch drei Tagereisen weit in die Wüste ziehen und dem HERRN, unserm Gott, opfern, damit er uns nicht mit der Pest oder dem Schwert schlägt! [4] Der König von Ägypten antwortete ihnen: Wozu, Mose und Aaron, wollt ihr das Volk von seinen Arbeiten abhalten? Geht an eure Lastarbeiten! [5] Weiter sagte der Pharao: Siehe, das Volk des Landes ist jetzt schon zahlreich, und ihr wollt sie mit ihren Lastarbeiten aufhören lassen!

[6] Und der Pharao befahl am gleichen Tag den Antreibern des Volkes und seinen Aufsehern: [7] Ihr sollt dem Volk nicht mehr wie bisher Häcksel zur Anfertigung der Ziegel liefern! Sie sollen selbst hingehen und sich Häcksel sammeln! [8] Aber ihr sollt ihnen dieselbe Anzahl Ziegel auferlegen, die sie bisher angefertigt haben; ihr sollt nichts daran kürzen! Denn sie sind faul; darum schreien sie: Wir wollen hinziehen, wir wollen unserm Gott opfern! [9] Die Arbeit soll schwer auf den Männern lasten, damit sie daran zu schaffen haben und nicht auf trügerische Reden achten. [10] Da gingen die Antreiber des Volkes und seine Aufseher hinaus, redeten zum Volk und sagten: So spricht der

Pharao: Ich gebe euch kein Häcksel mehr. [11] Geht selbst hin, holt euch Häcksel, wo ihr es findet; doch von eurer Arbeit wird nichts gekürzt. [12] Darauf zerstreute sich das Volk im ganzen Land Ägypten, um Strohstoppeln für Häcksel zu sammeln. [13] Und die Antreiber drängten sie und sagten: Vollendet eure Arbeiten, die Tagesleistung an ihrem Tag wie früher, als noch Häcksel da war! [14] Dazu wurden die Aufseher der Söhne Israel, die die Antreiber des Pharao über sie gesetzt hatten, geschlagen, indem man sagte: Warum habt ihr weder gestern noch heute euer Maß an Ziegeln erfüllt wie bisher? [15] Da gingen die Aufseher der Söhne Israel hinein und schrieen zum Pharao: Warum verfährst du so mit deinen Knechten? [16] Häcksel wird deinen Knechten nicht gegeben, und doch sagt man zu uns: Stellt Ziegel her! Und siehe, deine Knechte werden geschlagen, und dein Volk wird schuldig. [17] Er antwortete: Faulenzer seid ihr, Faulenzer! Darum sagt ihr: Wir wollen hinziehen, wir wollen dem HERRN opfern. [18] Und jetzt geht, arbeitet! Häcksel wird euch nicht gegeben, aber die bestimmte Anzahl Ziegel sollt ihr abliefern! [19] Da sahen sich die Aufseher der Söhne Israel in einer üblen Lage, weil man sagte: Ihr sollt nichts an euren Ziegeln kürzen: die Tagesleistung an ihrem Tag! [20] Als sie nun vom Pharao herauskamen, trafen sie Mose und Aaron; die traten ihnen entgegen. [21] Und sie sagten zu ihnen: Der HERR sehe auf euch und halte Gericht darüber, dass ihr unseren Geruch beim Pharao und bei seinen Hofbeamten stinkend gemacht habt, indem ihr ihnen das Schwert in die Hand gegeben habt, uns umzubringen. [22] Da wandte sich Mose an den HERRN und sagte: Herr, warum hast du *so* übel an diesem Volk gehandelt? Wozu hast du mich denn gesandt? [23] Seitdem ich nämlich zum Pharao hineingegangen bin, um in deinem Namen zu reden, hat er an diesem Volk übel gehandelt, aber errettet hast du dein Volk keineswegs. 6[1] Der HERR jedoch sprach zu Mose: Jetzt wirst du sehen, was ich dem Pharao antun werde. Denn durch eine starke Hand gezwungen, wird er sie ziehen lassen, ja, durch eine starke Hand gezwungen, wird er sie aus seinem Land hinausjagen.

In den beiden ersten Kapiteln (Ex 1,8-2,15) werden die sozialen und religiösen Bedingungen geschildert, unter denen das Gottesvolk in Ägypten, dem „Haus der Knechtschaft", leben musste. Aus dieser Welt voller Angst und Abhängigkeit, aus dieser Ohnmacht und Erniedrigung musste Israel sich lösen, um zu *seiner* Freiheit und zum Ort *seiner* Bestimmung zu gelangen.

„Ein gutes, weites Land, ein Land, in dem Milch und Honig fließen" (Ex 3,8.17), hatte Jahwe ihnen verheißen, d.h. ein Land, in dem ein jeder genü-

gend Raum hat zum Atmen, zum Leben und Glücklichsein. Der massive Arbeitsdruck und die schweren Arbeitsbedingungen machen die Sklavenarbeiter zu Rivalen im täglichen Kampf ums Überleben und zerstören so ihre Solidargemeinschaft. Sie machen aus dem „Volk der Israel-Söhne“ einen Haufen sich gegenseitig schlagender und erschlagender Brüder. Im Folgenden wird deutlich, dass die aufgezwungene Fron Israel zugleich in seinem innersten Kern, seiner Jahwebeziehung, trifft.

1. *Ex 5,1-2*: Mose und Aaron gehen, wie Jahwes geboten, zum Pharao und sagen: *„So spricht Jahwe, der Gott Israels: Lass mein Volk ziehen, damit sie mir in der Wüste ein Fest feiern.“* Die Gestalt des Pharao ist hier der Inbegriff für alles, was Menschen daran hindert, menschlich zu leben. Er ist das Symbol, das die Israeliten ständig daran erinnert, dass sie Sklaven sind, Menschen ohne eigenes Leben, ohne Freiheit, ohne Glück. Der Pharao beraubt sie der Frucht ihres eigenen Lebens und macht sie zu Menschen ohne Selbstvertrauen. Aus der Begegnung am brennenden Dornbusch hatte Mose gelernt, dass es nur *einen* Herrn gibt, der vom Menschen Besitz ergreifen kann, ohne ihn zu vernichten. Erst als er Jahwe erfahren hatte, den Gott, der seinem eigenen Wesen entspricht, konnte er seine Angst überwinden und der Macht des Pharao entgegentreten: *„Lass mein Volk ziehen, damit sie mir in der Wüste ein Fest feiern!“* Das Fest in der Wüste ist die Sehnsucht für die Armen, die man um ihr eigenes Leben betrogen hat. Entfernt von dem Ort ihrer täglichen Fron sollen sie aufatmen und auf den Geschmack der Freiheit kommen. Der Gang zum Pharao ist nur zu verständlich. Wer einmal wie Mose seinem Gott begegnet und auf den Geschmack von Freiheit und Würde gekommen ist, den eine solche Begegnung hinterlässt, der kann sich nicht mehr wie vorher im „Haus der Knechtschaft“ aufhalten. Er wird versuchen, von den Mächten, die ihn bis dahin niedergehalten haben, die Erlaubnis zu erhalten, auszuziehen. Ein offener Bruch mit den alten Autoritäten wird noch nicht gewagt. Sie erscheinen noch als zu bedrohlich.

Da sagte der Pharao: „Wer ist denn Jahwe, dass ich auf seine Stimme hören und Israel ziehen lassen sollte? Ich kenne Jahwe nicht, und Israel werde ich nicht ziehen lassen.“ Wer Jahwe nicht kennt, wer keine persönliche Beziehung zu ihm hat, wird Menschen „niederhalten“. Er wird das Fest verhindern wollen, den Ort der Sehnsucht und des Glücks zerstören. Der Pharao beurteilt den „Gott der Hebräer“ nach dem sozialen Status seiner Verehrer: ein Gott der Armen und Rechtlosen, ein ohnmächtiger Gott. Wer Jahwe nicht kennt, hat auch keine Ahnung von der Leid verwandelnden Solidarität dieses Gottes mit seinem Volk.

2. *Ex 4,3-5*: Mose und Aaron wiederholen und verdeutlichen ihr Anliegen vor dem Pharao: Dabei wechseln sie von der Forderung zur Bitte um Erlaubnis: Sie wollen doch bitte einen Weg von drei Tagen in die Wüste ziehen und Jahwe, ihrem Gott, Schlachtopfer darbringen, damit er sie nicht mit Pest oder Schwert schlage. Beide Plagen stehen für Seuche und bewaffnete Auseinandersetzung. Wenn Menschen körperlich oder geistig niedergehalten werden, dann nehmen Krankheiten überhand. Wenn sie durch das Übermaß an Arbeit sich selbst fremd werden und sich so auch voneinander und von Gott entfremden, dann entstehen Unzufriedenheit und Zwietracht, die sich in Gewalttätigkeiten entladen. Wenn Menschen nicht mehr die Möglichkeit haben, ein Fest zu feiern, dann werden sie sich selbst und den anderen zur Plage. Manche lassen den Aufbruch erst zu, wenn die Plagen unerträglich werden.

Der Wunsch nach Veränderung der bestehenden Verhältnisse findet beim Pharao kein Gehör. Er unterstellt ihnen böse Absichten und wittert Machtverlust: „Warum wollt ihr die Leute zum Nichtstun verleiten? Geht an eure Fronarbeiten! ... So zahlreich ist das Volk schon im Lande." Der Pharao bekommt Angst vor den Armen. Er ahnt vielleicht, wie gefährlich es für ihn ist, wenn er diese Leute hinausziehen lässt zu einem Fest. Dort werden sie Zeit haben, auf ihren Gott zu hören. Dort werden sie auch füreinander Zeit haben. Dort können sie wieder Selbstvertrauen gewinnen und neu ihre Freiheit entdecken. Mit diesen Unterstellungen und Vorwürfen ist die Unterredung beendet. Mose hatte offenbar den Widerstand des Pharao unterschätzt, obwohl Jahwe ihn vorher wiederholt darauf hingewiesen hatte (Ex 3,19f.; 4,21).

Die Erfahrung Israels zeigt, dass es einen „Kompromiss zwischen Menschenfurcht und Gottesfurcht nicht gibt. Denn solange man um Erlaubnis bittet, erkennt man die fremden und verinnerlichten Instanzen als entscheidend an". Erst wenn wir den anderen und uns selbst immer mehr zur Plage werden – bis zur Unerträglichkeit, dann ist der Aufbruch nicht mehr zu vermeiden. Die ersten Schritte in die Freiheit gleichen dann meist einer Flucht. Das ist psychologisch gar nicht anders möglich. Aus einer tief eingefleischten Sklavenmentalität wird so schnell kein Selbstbewusstsein.

3. *Ex 5,6-6,1*: Die erste Intervention gegenüber dem Pharao führt zu einer Verschlimmerung der gegenwärtigen Verhältnisse... (Ex 5,6-23). Gerade die Initiative Jahwes zum Fest in der Wüste, bei dem sich Israel als Volk Jahwes darstellen und erfahren soll, hat das Volk in eine ausweglose Situation gebracht: Noch am selben Tag gibt der Pharao den ägyptischen Antreibern und den hebräischen Listenführern den Befehl, den Arbeitsdruck zu erhöhen, damit das Volk nicht auf dumme Gedanken kommt (wörtlich: auf Lügenworte achtet). Da die Israeliten das tägliche Plansoll nicht erfüllen können, werden ihre Listenführer von den Antreibern geschlagen. Als die Geschlagenen sich beim Pharao mit unterwürfigen Worten beschweren, werden sie brüsk hinausgewiesen. Ihre Lage ist aussichtslos geworden. Sie stehen unter dem Druck von oben und können andererseits das geforderte Arbeitssoll nicht eintreiben. In dieser inneren Verfassung stoßen sie auf Mose und Aaron, in denen sie die eigentlich Schuldigen an der ganzen Misere sehen. Mit harten Vorwürfen und Verwünschungen entlädt sich ihre ganze Wut und Empörung gegenüber den beiden: „Ihr habt unseren Geruch in den Augen des Pharao ... stinkend gemacht". So ist es dem Pharao gelungen, die Unterdrückten untereinander zu entzweien.

Die Verschärfung der Lage und die Ohnmacht von Mose und Aaron fallen schließlich auf Jahwe selbst zurück. „Warum hast du mich überhaupt gesandt?" fragt Mose vorwurfsvoll. „Seit ich zum Pharao gegangen bin, um in deinem Namen zu reden, behandelt er dieses Volk noch schlechter, aber herausgerissen hast du dein Volk nicht". Die Antwort Jahwes gibt dem weiteren Geschehen eine neue Dramatik: *„Jetzt wirst du sehen, was ich dem Pharao antun werde..."* Doch erst mit der letzten Plagengeschichte rückt das ersehnte Ziel und das Ende der auf Israel lastenden Unterdrückung näher.

Heilszusage Jahwes und ihre Ablehnung: Ex 6,2-27

6[2] Und Gott redete zu Mose und sprach zu ihm: Ich bin Jahwe. [3] Ich bin
Abraham, Isaak und Jakob erschienen als Gott, der Allmächtige; aber
mit meinem Namen Jahwe habe ich mich ihnen nicht zu erkennen gegeben. [4] Auch habe ich meinen Bund mit ihnen aufgerichtet, ihnen das
Land Kanaan zu geben, das Land ihrer Fremdlingschaft, in dem sie sich
als Fremdlinge aufgehalten haben. [5] Und ich habe auch das Ächzen
der Söhne Israel gehört, die die Ägypter zur Arbeit zwingen, und ich
habe an meinen Bund gedacht. [6] Darum sage zu den Söhnen Israel: Ich
bin der HERR; Ich will ich euch ausziehen lassen von den Fronlasten
Ägyptens weg und will euch herausretten aus ihrem Sklavendienst und
will euch auslösen mit erhobenem Arm und in großen Rechtserweisen
[7] und will euch mir als Volk nehmen und will euch zum Gott sein, und
ihr sollt erkennen, dass ich der HERR bin, euer Gott, der euch ausziehen lässt von den Fronlasten Ägyptens weg. [8] Und ich will euch zu dem
Land hineingehen lassen, das Abraham, Isaak und Jakob zu geben, ich
meine Hand aufgehoben habe, und will es euch zum Besitz geben, ich,
der HERR.

[9] Mose nun redete so zu den Söhnen Israel. Aber aus Verzagtheit und
wegen ihrer schweren Arbeit hörten sie nicht auf Mose. [10] Da redete der
HERR zu Mose und sprach: [11] Geh hinein, sage dem Pharao, dem König
von Ägypten, er soll die Söhne Israel aus seinem Land ziehen lassen! [12]
Mose aber redete vor dem HERRN und sagte: Siehe, die Söhne Israel haben nicht auf mich gehört, wie sollte da der Pharao mich anhören, zumal ich unbeschnittene Lippen habe! [13] Aber der HERR redete zu Mose
und zu Aaron und beauftragte sie als Gesandte an die Söhne Israel und
an den Pharao, den König von Ägypten, die Söhne Israel aus dem Land
Ägypten hinauszuführen.

[14] Dies sind die Häupter ihrer Vaterhäuser: Die Söhne Rubens, des
Erstgeborenen Israels: Henoch, Pallu, Hezron und Karmi; das sind die
Sippen Rubens.[15] Und die Söhne Simeons: Jemuel, Jamin, Ohad, Ja-
chin, Zohar und Schaul, der Sohn der Kanaaniterin; das sind die Sip-
pen Simeons. [16] Und dies sind die Namen der Söhne Levis nach ihrer
Geschlechterfolge: Gerschon, Kehat und Merari; und die Lebensjahre
Levis betrugen 137 Jahre. [17] Die Söhne Gerschons waren: Libni und
Schimi nach ihren Sippen. [18] Und die Söhne Kehats: Amram, Jizhar,
Hebron und Usiel; und die Lebensjahre Kehats betrugen 133 Jahre. [19]
Und die Söhne Meraris: Machli und Muschi; das sind die Sippen Le-
vis nach ihrer Geschlechterfolge. [20] Und Amram nahm sich Jochebed,

die Schwester seines Vaters, zur Frau; die gebar ihm Aaron und Mose; und die Lebensjahre Amrams betrugen 137 Jahre. [21] Die Söhne Jizhars aber waren Korach, Nefeg und Sichri, [22] und die Söhne Usiels Mischael, Elizafan und Sitri. [23] Aaron aber nahm sich Elischeba, die Tochter Amminadabs, die Schwester Nachschons, zur Frau; die gebar ihm Nadab, Abihu, Eleasar und Itamar. [24] Und die Söhne Korachs waren Assir, Elkana und Abiasaf; das sind die Sippen der Korachiter. [25] Eleasar aber, der Sohn Aarons, nahm sich eine von den Töchtern Putiels zur Frau; die gebar ihm Pinhas; dies sind die Familienhäupter der Leviten nach ihren Sippen. [26] Dieser Aaron und dieser Mose sind es, zu denen der HERR gesprochen hat: Führt die Söhne Israel aus dem Land Ägypten hinaus nach ihren Heerscharen geordnet! [27] Diese sind es, die zum Pharao, dem König von Ägypten, redeten, um die Söhne Israel aus Ägypten hinauszuführen: das sind Mose und Aaron.

1. *Ex 6,2-8*: Jahwe bestätigt die Berufung des Mose und betont, wie in Ex 3,6 seine Kontinuität mit dem Gott Abrahams, Isaaks und Jakobs. Doch von jetzt an will er sich den Israeliten auf ganz neue Weise erfahrbar machen: Mose soll ihnen sagen:

„Ich bin Jahwe.
Ich will ich euch ausziehen lassen von den Fronlasten Ägyptens weg
und will euch herausretten aus ihrem Sklavendienst
und will euch auslösen mit erhobenem Arm und in großen Rechtserweisen
[7] *und will euch mir als Volk nehmen und will euch zum Gott sein,*
und ihr sollt erkennen, dass ich Jahwe bin, euer Gott,
der euch ausziehen lässt von den Fronlasten Ägyptens weg.
[8] *Und ich will euch zu dem Land hineingehen lassen,*
das Abraham, Isaak und Jakob zu geben, ich meine Hand aufgehoben habe,
und will es euch geben, ein Eigentum –
ich bin Jahwe“ (Ex 6,6-8).

Diese große Heilszusage deutet den Auszug aus Ägypten als Selbstverpflichtung Jahwes. Wie man als naher Verwandter verpflichtet ist, mittellose, in Not oder Abhängigkeit geratene Angehörige loszukaufen (wörtlich: auszulösen), so befreit der Herr sein Volk. Wie zur Bekräftigung steht in dem kurzen Abschnitt (Ex 6,2-8) viermal „Ich bin Jahwe“.

Zugleich wird die Herausführung als Prozess verstanden, durch den Jahwe zum Gott Israels wird. So ist die Geschichte des Gottesvolkes ein

Aspekt der Geschichte dieses Gottes selbst. Diese Zusage gibt Jahwe nach der Priesterschrift außer in Gen 17,7 f. nur noch in Ex 29,45: *„Ich werde mitten unter den Israeliten wohnen und ihnen zum Gott werden."* Das Gottsein Jahwes für Israel ist das eigentliche Ziel des Exodus: *„Sie werden erkennen, dass ich Jahwe, ihr Gott, bin, der sie herausgeführt hat aus dem Land Ägypten, um mitten unter ihnen zu wohnen"* (Ex 29,46). Jahwe ist von seinem innersten Wesen her ein Gott, der aus pharaonischen Zwängen in die Freiheit führt, um Leben zu ermöglichen. Überall, wo Menschen auf den Geschmack dieses Lebens kommen, wird Gott offenbar.

2. *Ex 6,9-13*: Diese grandiose Heilsankündigung stößt bei den Betroffenen auf taube Ohren. Die Israeliten hören nicht auf Mose. Der tägliche Kampf ums Überleben, die unmenschlichen Arbeitsbedingungen nehmen ihnen alle Kraft. Die Bereitschaft, auf Gottes Wort zu hören, hängt oft auch von den konkreten Lebensumständen ab.

Die Weigerung löst bei Mose Zweifel an sich selbst und seiner Sendung aus. Ohne die Solidarität seines Volkes ist er hilflos (Ex 6,12). Die nicht aufgelöste Spannung zwischen der Heilszusage Jahwes und ihrer Ablehnung gibt dem ersten Teil des Buches Exodus einen offenen Schluss. Ist Jahwe ohnmächtig gegenüber dem Pharao?

3. *Ex 6,14-27*: Die Genealogie zeigt, dass Mose und sein Bruder Aaron über Generationen hinweg eine Abstammung aufweisen, die sie in hervorragender Weise innerhalb der „Söhne Israels" legitimieren. Gottes Geschichte geschieht durch Menschen. In der Kette der Generationen wurde sein Weg mit den Vätern und Müttern des Glaubens bewahrt bis zu Mose und Aaron, bis zum Auszug aus Ägypten und darüber hinaus. Alles, was später im Dienst des Heiligtums von Bedeutung sein wird, ist hier schon vorbereitet.

Mit der Heilsankündigung wendet sich die Priesterschrift an die Menschen im babylonischen Exil, deren Glaube an Jahwes Wirken erschüttert ist. Sie haben begonnen, sich in der Fremde eine neue Heimat aufzubauen und haben das Land Jahwes aus den Augen verloren.

Die Priesterschrift bringt die drei Grundpfeiler in Erinnerung, auf denen das Gottesvolk ruht: die ununterbrochene Kette der Überlieferung, in der die Väterverheißung bewahrt wurde (Ex 6,14-25), das Bundesgedenken Gottes als Kernsatz der Geschichte Israels (Ex 6,7) und vor allem die Zusage „Ich bin der Herr" (Ex 6,2.6.7.8.28).

Gottes Zeichen und Wunder an Ägypten (Die Ägyptischen Plagen): Ex 7,1-11,10

7 1 Und der HERR sprach zu Mose: Siehe, ich habe dich für den Pharao
zum Gott eingesetzt, und dein Bruder Aaron soll dein Prophet sein. 2
Du sollst alles reden, was ich dir befehlen werde, und dein Bruder Aaron soll zum Pharao reden, dass er die Söhne Israel aus seinem Land
ziehen lassen soll. 3 *Ich* aber will das Herz des Pharao verhärten und
meine Zeichen und Wunder im Land Ägypten zahlreich machen. 4 Und
der Pharao wird nicht auf euch hören. Dann werde ich meine Hand an
Ägypten legen und meine Heerscharen, mein Volk, die Söhne Israel,
durch große Gerichte aus dem Land Ägypten herausführen. 5 Und die
Ägypter sollen erkennen, dass ich der HERR bin, wenn ich meine Hand
über Ägypten ausstrecke und die Söhne Israel aus ihrer Mitte heraus-
führe. 6 Da handelten Mose und Aaron, wie ihnen der HERR befohlen
hatte, so handelten sie.

7 Mose aber war 80 Jahre alt und Aaron 83 Jahre, als sie zum Pharao redeten. 8 Und der HERR sprach zu Mose und Aaron: 9 Wenn der
Pharao zu euch reden und sagen wird: Weist euch durch ein Wunder
aus! – dann sollst du zu Aaron sagen: Nimm deinen Stab und wirf ihn
vor dem Pharao hin! – er wird zu einer Schlange werden. 10 Da gingen
Mose und Aaron zum Pharao hinein und machten es so, wie der HERR
geboten hatte: Aaron warf seinen Stab vor dem Pharao und vor seinen
Hofbeamten hin, und er wurde zur Schlange. 11 Da rief auch der Pharao
die Weisen und Zauberer; und auch sie, die Wahrsagepriester Ägyptens,
machten es ebenso mit ihren Zauberkünsten, 12 sie warfen jeder seinen
Stab hin, und es wurden Schlangen daraus. Aber Aarons Stab verschlang ihre Stäbe. 13 Doch das Herz des Pharao wurde verstockt, und
er hörte nicht auf sie, wie der HERR geredet hatte.

14 Und der HERR sprach zu Mose: Das Herz des Pharao ist verstockt.
Er weigert sich, das Volk ziehen zu lassen. 15 Geh morgen früh zum
Pharao – siehe, er wird ans Wasser hinausgehen –, tritt ihm entgegen
am Ufer des Nil, nimm den Stab, der sich in eine Schlange verwandelt
hat, in deine Hand 16 und sage zu ihm: Der HERR, der Gott der Hebräer, hat mich zu dir gesandt und gesagt: Lass mein Volk ziehen, damit
sie mir in der Wüste dienen! Aber siehe, du hast bisher nicht gehört.
17 Darum, so spricht der HERR: Daran sollst du erkennen, dass ich der
HERR bin: Siehe, ich will mit dem Stab, der in meiner Hand ist, auf das
Wasser im Nil schlagen, und es wird sich in *Blut* verwandeln. 18 Dann
werden die Fische im Nil sterben, und der Nil wird stinken, so dass es

die Ägypter ekeln wird, Wasser aus dem Nil zu trinken. 19 Und der HERR sprach zu Mose: Sage zu Aaron: Nimm deinen Stab und strecke deine Hand aus über die Gewässer Ägyptens, über seine Flüsse, Nilarme, Sümpfe und all seine Wasserstellen, so dass sie zu Blut werden! Und im ganzen Land Ägypten wird Blut sein, selbst in Gefäßen aus Holz und Stein. 20 Da taten Mose und Aaron, wie der HERR geboten hatte; und er erhob den Stab und schlug vor den Augen des Pharao und vor den Augen seiner Hofbeamten *auf* das Wasser im Nil. Da wurde alles Wasser, das im Nil war, in Blut verwandelt. 21 Die Fische im Nil starben, und der Nil wurde stinkend, und die Ägypter konnten das Wasser aus dem Nil nicht trinken; und das Blut war im ganzen Land Ägypten. 22 Aber die Wahrsagepriester Ägyptens machten es ebenso mit ihren Zauberkünsten. Da blieb das Herz des Pharao verstockt, und er hörte nicht auf sie, wie der HERR geredet hatte. 23 Da wandte sich der Pharao um, ging in sein Haus und nahm auch dies nicht zu Herzen. 24 Alle Ägypter aber gruben in der Umgebung des Nil nach Wasser zum Trinken, denn vom Wasser des Nil konnten sie nicht trinken. 25 Und es wurden sieben Tage erfüllt, nachdem der HERR den Nil geschlagen hatte.

26 Darauf sprach der HERR zu Mose: Geh zum Pharao hinein und sage zu ihm: So spricht der HERR: Lass mein Volk ziehen, damit sie mir dienen! 27 Wenn du dich aber weigerst, es ziehen zu lassen, siehe, so will ich dein ganzes Gebiet mit *Fröschen* schlagen. 28 Und der Nil wird von Fröschen wimmeln, und sie werden heraufsteigen und in dein Haus kommen, in dein Schlafzimmer und auf dein Bett, in die Häuser deiner Hofbeamten und unter dein Volk, in deine Backöfen und in deine Backtröge. 29 Und die Frösche werden heraufkommen über dich, über dein Volk und über all deine Hofbeamten. 8 1 Und der HERR sprach zu Mose: Sage zu Aaron: Strecke deine Hand mit deinem Stab aus über die Flüsse, die Nilarme und die Sümpfe, und lass die Frösche über das Land Ägypten heraufkommen! 2 Da streckte Aaron seine Hand aus über die Gewässer in Ägypten, und die Frösche kamen herauf und bedeckten das Land Ägypten. 3 Aber die Wahrsagepriester machten es ebenso mit ihren Zauberkünsten und ließen die Frösche über das Land Ägypten heraufkommen. 4 Da rief der Pharao Mose und Aaron zu sich und sagte: Betet zum HERRN, dass er die Frösche von mir und meinem Volk wegschafft! Dann will ich das Volk ziehen lassen, und sie mögen dem HERRN opfern. 5 Und Mose sagte zum Pharao: Verfüge über mich, auf wann ich für dich, für deine Hofbeamten und für dein Volk beten soll zur Ausrottung der Frösche von dir und aus deinen Häusern, *so dass* sie nur im Nil übrig bleiben! 6 Er antwortete: Auf morgen. Da sagte er:

Nach deinem Wort soll es geschehen, damit du erkennst, dass niemand
ist wie der HERR, unser Gott. [7] Und die Frösche werden von dir, aus deinen Häusern, von deinen Hofbeamten und von deinem Volk weichen;
nur im Nil sollen sie übrig bleiben. [8] Nachdem nun Mose und Aaron
vom Pharao hinausgegangen waren, schrie Mose zum HERRN wegen
der Frösche, die er über den Pharao gebracht hatte. [9] Und der HERR tat
nach dem Wort des Mose, und die Frösche starben weg aus den Häusern, aus den Gehöften und von den Feldern. [10] Und man schüttete sie
haufenweise zusammen, so dass das Land davon stank. [11] Als aber der
Pharao sah, dass die versprochene Erleichterung eingetreten war, da
verstockte er sein Herz, und er hörte nicht auf sie, wie der HERR geredet hatte.

[12] Und der HERR sprach zu Mose: Sage zu Aaron: Strecke deinen
Stab aus und schlage den Staub auf der Erde! Dann wird er im ganzen
Land Ägypten zu *Mücken* werden. [13] Sie machten es so: Aaron streckte
seine Hand mit seinem Stab aus und schlug den Staub auf der Erde. Da
kamen die Mücken über die Menschen und über das Vieh; aller Staub
der Erde wurde zu Mücken im ganzen Land Ägypten. [14] Die Wahrsagepriester aber machten es ebenso mit ihren Zauberkünsten, um die
Mücken hervorzubringen; aber sie konnten es nicht. Und die Mücken
kamen über die Menschen und über das Vieh. [15] Da sagten die Wahrsagepriester zum Pharao: Das ist der Finger Gottes! Aber das Herz des
Pharao blieb verstockt, und er hörte nicht auf sie, wie der HERR geredet hatte.

[16] Und der HERR sprach zu Mose: Mach dich morgen früh auf, tritt
vor den Pharao – siehe, er wird ans Wasser hinausgehen – und sage zu
ihm: So spricht der HERR: Lass mein Volk ziehen, damit sie mir dienen!
[17] Denn wenn du mein Volk nicht ziehen lässt, siehe, so werde ich die
Stechfliegen ziehen lassen über dich, deine Hofbeamten, dein Volk und
deine Häuser. Und die Häuser der Ägypter werden voll von Stechfliegen
sein, ja sogar der Erdboden, auf dem sie stehen. [18] Ich werde aber an
jenem Tag das Land Goschen, in dem sich mein Volk aufhält, besonders
behandeln, so dass dort keine Stechfliegen sein werden, damit du erkennst, dass ich, der HERR, mitten im Land bin. [19] Und ich werde einen
Unterschied setzen zwischen meinem Volk und deinem Volk; morgen
wird dieses Zeichen geschehen. [20] Und der HERR machte es so: Es kamen Stechfliegen in Menge in das Haus des Pharao und in die Häuser
seiner Hofbeamten und ins ganze Land Ägypten. So wurde das Land
von den Stechfliegen verheert. [21] Da rief der Pharao Mose und Aaron
und sagte: Geht hin und opfert eurem Gott hier im Land! [22] Mose erwi-

derte: Es ist nicht statthaft, es zu tun; denn wir würden dem HERRN,
unserem Gott, opfern, was den Ägyptern ein Greuel ist. Siehe, wenn wir
vor den Augen der Ägypter opferten, was ihnen ein Greuel ist, würden
sie uns dann nicht steinigen? 23 Drei Tagereisen weit wollen wir in die
Wüste ziehen und dem HERRN, unserem Gott, opfern, wie er uns befiehlt. 24 Da sagte der Pharao: Ich will euch ziehen lassen, damit ihr
dem HERRN, eurem Gott, in der Wüste opfert. Nur entfernt euch nicht
zu weit! Betet für mich! 25 Mose antwortete: Siehe, wenn ich von dir
hinausgegangen bin, will ich zum HERRN beten, und morgen werden
die Stechfliegen vom Pharao, von seinen Hofbeamten und von seinem
Volk weichen. Nur möge der Pharao uns nicht noch einmal täuschen,
so dass er das Volk nicht ziehen lässt, damit es dem HERRN opfert! 26
Darauf ging Mose vom Pharao hinaus und betete zum HERRN. 27 Und
der HERR tat nach dem Wort des Mose und schaffte die Stechfliegen
weg vom Pharao, von seinen Hofbeamten und von seinem Volk. Nicht
eine blieb übrig. 28 Aber der Pharao verstockte sein Herz auch diesmal
und ließ das Volk nicht ziehen.

9 1 Da sprach der HERR zu Mose: Geh zum Pharao hinein und sage
zu ihm: So spricht der HERR, der Gott der Hebräer: Lass mein Volk ziehen, damit sie mir dienen! 2 Denn wenn du dich weigerst, sie ziehen zu
lassen, und sie noch länger festhältst, 3 siehe, dann wird die Hand des
HERRN über dein *Vieh* kommen, das auf dem Feld ist, über die Pferde, über die Esel, über die Kamele, über die Rinder und über die Schafe – eine sehr schwere Pest. 4 Aber der HERR wird einen Unterschied
machen zwischen dem Vieh Israels und dem Vieh der Ägypter, so dass
von allem, was den Söhnen Israel gehört, nicht ein Stück sterben wird.
5 Auch setzte der HERR eine bestimmte Zeit fest, indem er sprach: Morgen wird der HERR dies im Lande tun. 6 Und der HERR tat es am Tag
darauf, da starb alles Vieh der Ägypter, aber von dem Vieh der Söhne
Israel starb kein einziges Stück. 7 Und der Pharao sandte hin, und siehe, von dem Vieh Israels war auch nicht ein Stück gestorben. Aber das
Herz des Pharao blieb verstockt, und er ließ das Volk nicht ziehen.

8 Da sprach der HERR zu Mose und Aaron: Nehmt euch beide Hände voll Ofenruß, und Mose soll ihn vor den Augen des Pharao gegen
den Himmel streuen. 9 Dann wird er über dem ganzen Land Ägypten zu
Staub werden, und es werden daraus an den Menschen und am Vieh im
ganzen Land Ägypten *Geschwüre* entstehen, die in Blasen aufbrechen.
10 Und sie nahmen den Ofenruß und traten vor den Pharao, und Mose
streute ihn gegen den Himmel; so wurde er zu Geschwüren von Blasen,
die an den Menschen und am Vieh aufbrachen. 11 Die Wahrsagepries-

ter aber konnten wegen der Geschwüre nicht vor Mose treten; denn die
Geschwüre waren an den Wahrsagepriestern wie an allen Ägyptern. 12
Doch der HERR verstockte das Herz des Pharao, und er hörte nicht auf
sie, wie der HERR zu Mose geredet hatte.

13 Da sprach der HERR zu Mose: Mach dich früh am Morgen auf,
tritt vor den Pharao und sage zu ihm: So spricht der HERR, der Gott der
Hebräer: Lass mein Volk ziehen, damit sie mir dienen! 14 Denn diesmal
will ich all meine Plagen in dein Herz, unter deine Hofbeamten und unter dein Volk senden, damit du erkennst, dass keiner ist wie ich auf der
ganzen Erde. 15 Denn schon jetzt hätte ich meine Hand ausstrecken und
dich und dein Volk mit der Pest schlagen können, so dass du von der
Erde ausgetilgt worden wärst. 16 Aber eben deshalb habe ich dich bestehen lassen, um dir meine Macht zu zeigen, und um auf der ganzen Erde
meinen Namen bekannt zu machen. 17 Doch du verhältst dich noch immer hochmütig gegen mein Volk, dass du sie nicht ziehen lässt. 18 Siehe,
ich will morgen um diese Zeit einen sehr schweren *Hagel* regnen lassen,
wie es in Ägypten noch keinen gegeben hat vom Tag seiner Gründung
an bis jetzt. 19 Und nun sende hin und bring dein Vieh in Sicherheit und
alles, was du auf dem Feld hast! Alle Menschen und Tiere, die sich auf
dem Feld befinden und nicht ins Haus gebracht werden, auf die wird
der Hagel fallen, und sie werden sterben. 20 Wer nun unter den Dienern
des Pharao das Wort des HERRN fürchtete, der ließ seine Knechte und
sein Vieh in die Häuser flüchten. 21 Wer aber das Wort des HERRN nicht
zu Herzen nahm, der ließ seine Knechte und sein Vieh auf dem Feld. 22
Und der HERR sprach zu Mose: Strecke deine Hand gegen den Himmel
aus, dann wird im ganzen Land Ägypten Hagel fallen auf die Menschen
und auf die Tiere und auf alles Gewächs des Feldes im Land Ägypten!
23 Da streckte Mose seinen Stab gegen den Himmel aus, und der HERR
sandte Donner und Hagel; und Feuer fuhr zur Erde nieder. So ließ der
HERR Hagel auf das Land Ägypten regnen. 24 Und mit dem Hagel kam
Feuer, das mitten im Hagel hin und her zuckte; und der Hagel war sehr
schwer, wie es im ganzen Land Ägypten noch keinen gegeben hat,
seitdem dieses Land ein Volk geworden ist. 25 Und der Hagel schlug im
ganzen Land Ägypten alles, was auf dem Feld war, vom Menschen bis
zum Vieh; auch alles Gewächs des Feldes zerschlug der Hagel, und alle
Bäume des Feldes zerbrach er. 26 Nur im Land Goschen, wo die Söhne
Israel waren, fiel kein Hagel. 27 Da sandte der Pharao hin, ließ Mose und
Aaron rufen und sagte zu ihnen: Diesmal habe ich gesündigt. Der HERR
ist der Gerechte, ich aber und mein Volk sind die Schuldigen. 28 Betet
zum HERRN, dass es nun genug sei mit dem Donner Gottes und dem

Hagel! Dann will ich euch ziehen lassen, und ihr braucht nicht länger zu bleiben. [29] Da sagte Mose zu ihm: Sobald ich zur Stadt hinausgehe, will ich meine Hände zum HERRN ausbreiten: der Donner wird aufhören, und der Hagel wird nicht mehr fallen, damit du erkennst, dass die Erde dem HERRN gehört. [30] Du aber und deine Hofbeamten – das habe ich erkannt, dass ihr euch immer noch nicht vor Gott, dem HERRN fürchtet. [31] Der Flachs und die Gerste zwar waren zerschlagen; denn die Gerste stand in Ähren und der Flachs in Blüte. [32] Aber der Weizen und das Korn waren nicht zerschlagen, weil sie später reif werden. [33] So ging nun Mose vom Pharao zur Stadt hinaus und breitete seine Hände zum HERRN aus; da hörte der Donner und der Hagel auf, und der Regen ergoss sich nicht mehr auf die Erde. [34] Als aber der Pharao sah, dass der Regen, der Hagel und der Donner aufgehört hatten, da sündigte er weiter und verstockte sein Herz, er und seine Hofbeamten. [35] So blieb das Herz des Pharao verstockt, und er ließ die Söhne Israel nicht ziehen, wie der HERR durch Mose geredet hatte.

10[1] Danach sprach der HERR zu Mose: Geh zum Pharao hinein, denn ich habe sein Herz und das Herz seiner Hofbeamten verstockt, um diese meine Zeichen mitten unter ihnen zu tun, [2] und damit du vor den Ohren deiner Kinder und Kindeskinder erzählst, wie ich den Ägyptern mitgespielt habe, und meine Zeichen, die ich unter ihnen getan habe. So werdet ihr erkennen, dass ich der HERR bin. [3] Da gingen Mose und Aaron zum Pharao hinein und sagten zu ihm: So spricht der HERR, der Gott der Hebräer: Bis wann willst du dich noch weigern, dich vor mir zu demütigen? Lass mein Volk ziehen, damit sie mir dienen! [4] Denn wenn du dich weigerst, mein Volk ziehen zu lassen, siehe, dann will ich morgen *Heuschrecken* in dein Gebiet bringen. [5] Die werden den Boden des Landes bedecken, so dass man das Land nicht mehr sehen kann. Und sie werden den Rest fressen, was gerettet *und* euch vom Hagel übrig gelassen worden ist; auch werden sie alle Bäume fressen, die euch auf dem Feld wachsen. [6] Und sie werden deine Häuser füllen und die Häuser all deiner Hofbeamten und die Häuser aller Ägypter, wie es deine Väter und die Väter deiner Väter nicht gesehen haben seit dem Tag, an dem sie auf dem Land sesshaft wurden, bis auf den heutigen Tag. Darauf wandte er sich um und ging vom Pharao hinaus. [7] Da sagten die Hofbeamten des Pharao zu ihm: Wie lange noch soll uns dieser Mann zur Falle sein? Lass die Leute ziehen, damit sie dem HERRN, ihrem Gott, dienen! Erkennst du denn noch nicht, dass Ägypten verloren ist? [8] Darauf wurden Mose und Aaron wieder zum Pharao gebracht, und er sagte zu ihnen: Zieht hin, dient dem HERRN, eurem Gott! Wer alles soll

denn mitgehen? [9] Mose antwortete: Mit unsern Jungen und mit unsern
Alten wollen wir gehen, mit unsern Söhnen und mit unsern Töchtern,
mit unsern Schafen und mit unsern Rindern wollen wir gehen; denn
wir haben ein Fest des HERRN zu feiern. [10] Er aber sagte zu ihnen: So
gewiss möge der HERR mit euch sein, wie ich euch mit euren Kindern
ziehen lasse! Seht doch selbst, dass ihr Böses vorhabt! [11] So nicht! Zieht
doch hin, ihr Männer, und dient dem HERRN! Denn das ist es, was ihr
begehrt. Und man jagte sie vom Pharao hinaus. [12] Da sprach der HERR
zu Mose: Strecke deine Hand aus über das Land Ägypten wegen der
Heuschrecken, damit sie über das Land Ägypten heraufkommen und
alles Gewächs des Landes fressen, alles, was der Hagel übrig gelassen hat! [13] Und Mose streckte seinen Stab über das Land Ägypten aus;
da trieb der HERR jenen ganzen Tag und die ganze Nacht einen Ostwind ins Land; *und* als es Morgen geworden war, hatte der Ostwind die
Heuschrecken herbei getragen. [14] So kamen die Heuschrecken über das
ganze Land Ägypten herauf und ließen sich im ganzen Gebiet Ägyptens in gewaltiger Menge nieder. Vor ihnen hat es keinen solchen Heu-
schreckenschwarm wie diesen gegeben, und nach ihnen wird es keinen
solchen mehr geben. [15] Und sie bedeckten die Oberfläche des ganzen
Landes, so dass es finster im Land wurde; und sie fraßen alles Gewächs
des Landes und alle Früchte der Bäume, die der Hagel übrig gelassen
hatte. So blieb im ganzen Land Ägypten an den Bäumen und Gewäch-
sen des Feldes nichts Grünes übrig. [16] Da rief der Pharao schnell Mose
und Aaron herbei und sagte: Ich habe gesündigt gegen den HERRN,
euren Gott, und gegen euch! [17] Und nun vergib doch meine Sünde nur
noch diesmal und betet zum HERRN, eurem Gott, dass er nur diesen
Tod von mir wegnimmt! [18] Darauf ging er von dem Pharao hinaus und
betete zum HERRN. [19] Und der HERR verwandelte den Ostwind *in* einen
sehr starken Westwind; der hob die Heuschrecken auf und warf sie ins
Schilfmeer. Es blieb nicht *eine* Heuschrecke übrig in dem ganzen Gebiet
Ägyptens. [20] Aber der HERR verstockte das Herz des Pharao, und er ließ
die Söhne Israel nicht ziehen.

[21] Da sprach der HERR zu Mose: Strecke deine Hand gegen den Himmel aus! Dann wird eine *solche* Finsternis über das Land Ägypten kommen, dass man die *Finsternis* greifen kann. [22] Und Mose streckte seine
Hand gegen den Himmel aus: Da entstand im ganzen Land Ägypten
eine dichte Finsternis drei Tage lang. [23] Man konnte einander nicht sehen, und niemand stand von seinem Platz auf drei Tage lang; aber alle
Söhne Israel hatten Licht in ihren Wohnsitzen. – [24] Da rief der Pharao
Mose herbei und sagte: Zieht hin, dient dem HERRN! Nur eure Scha-

fe und Rinder sollen zurückbleiben; auch eure Kinder mögen mit euch
ziehen! 25 Mose aber sagte: Gäbest du selber in unsere Hände Schlachtopfer und Brandopfer, damit wir *sie* dem HERRN, unserem Gott, zubereiten – 26 unser Vieh zieht dennoch mit uns, nicht eine Klaue darf zurückbleiben; denn davon werden wir nehmen, um dem HERRN, unserm
Gott, zu dienen. Wir wissen ja nicht, womit wir dem HERRN dienen
sollen, bis wir dorthin kommen. 27 Aber der HERR verstockte das Herz
des Pharao, so dass er nicht bereit war, sie ziehen zu lassen. 28 Und der
Pharao sagte zu ihm: Geh weg von mir! Hüte dich, mir nochmals unter
die Augen zu treten! Denn an dem Tag, an dem du mir wieder unter die
Augen trittst, musst du sterben. 29 Darauf sagte Mose: Du hast recht geredet, ich werde dir nicht mehr unter die Augen treten.

11 1 Und der HERR sprach zu Mose: Noch eine Plage will ich über
den Pharao und über Ägypten bringen; danach wird er euch von hier
wegziehen lassen. Wenn er euch endgültig ziehen lässt, wird er euch
sogar völlig von hier fortjagen. 2 Rede doch zu den Ohren des Volkes:
Jeder soll sich von seinem Nachbarn und jede von ihrer Nachbarin silberne Schmuckstücke und goldene Schmuckstücke erbitten. 3 Und der
HERR gab dem Volk Gunst in den Augen der Ägypter. Der Mann Mose
war sogar sehr angesehen im Land Ägypten, in den Augen der Hofbeamten des Pharao und in den Augen des Volkes. 4 Mose nun sagte zum
Pharao: So spricht der HERR: Um Mitternacht will ich ausgehen und
mitten durch Ägypten schreiten. 5 Dann wird alle *Erstgeburt* im Land
Ägypten sterben, von dem Erstgeborenen des Pharao, der auf seinem
Thron sitzt, bis zum Erstgeborenen der Sklavin hinter der Handmühle,
sowie alle Erstgeburt des Viehs. 6 Da wird es ein großes Jammergeschrei
im ganzen Land Ägypten geben, wie es noch keines gegeben hat und
es auch keines mehr geben wird. 7 Aber gegen keinen von den Söhnen
Israel wird auch nur ein Hund seine Zunge spitzen, vom Menschen bis
zum Vieh, damit ihr erkennt, dass der HERR einen Unterschied macht
zwischen den Ägyptern und den Israeliten. 8 Dann werden diese deine
Hofbeamten alle zu mir herabkommen, sich vor mir niederbeugen und
sagen: Zieh aus, du und das ganze Volk, das in deinem Gefolge ist! Und
danach werde ich ausziehen. – Und er ging in glühendem Zorn vom
Pharao hinaus. 9 Der HERR hatte nämlich zu Mose gesagt: Der Pharao
wird nicht auf euch hören, damit meine Wunder im Land Ägypten zahlreich werden. 10 Und Mose und Aaron haben alle diese Wunder vor dem
Pharao getan. Aber der HERR hatte das Herz des Pharao verstockt, so
dass er die Söhne Israel nicht aus seinem Land ziehen ließ.

Das Wort „Plage" oder „Schlag" steht erst im Zusammenhang mit der Ankündigung vom Sterben jeder Erstgeburt in Ex 11,1. Die Ereignisse vorher werden als „Zeichen und Wunder" Jahwes verstanden, die auch im Zusammenhang mit Naturphänomenen stehen können.

	1. Schlange/Echse	(5)	6. *Viehpest*
(1)	2. *Nilseuche*	(6)	7. Geschwüre
(2)	3. Frösche	(7)	8. Hagel
(3)	4. (Stech-)Mücken	(8)	9. Heuschrecken
(4)	5. Fliegen/Ungeziefer	(9)	10. Finsternis
		(10)	11. *Tod der Erstgeburt*
			12. Vernichtung im Schilfmeer

Die Tradition der „Plagen"-geschichten weist eine Vielzahl von Motiven und Szenen auf, die von der Endredaktion zu einer großartigen Komposition gestaltet wurden.

1. Von jetzt an bestimmt Jahwe das Gesetz des Handelns. Der Satz „Schicke mein Volk los, damit sie mir dienen" zieht sich wie ein unüberhörbarer Imperativ durch alle „Plagen"-geschichten (7,10.26; 8,16: 9,1.13; 10,3). Die große Zahl der Zeichen weist auf den unvorstellbar hartherzigen Widerstand des Pharao hin, der mit allen Mitteln seine Machtposition zu erhalten versucht. Gott lässt ihm seinen Willen (Ex 7,13.22; 8,15; 9,2.12.35; 10,20.27; 11,10). Zu dieser Motivkette gehört auch, dass sein Herz „schwerfällig" ist (Ex 7,14; 8,11.28; 9,7.34). Hier wird ein politisches System geschildert, das ohne Rücksicht auf das eigene Volk nur um seinen Selbsterhalt besorgt ist. Am Ende hat der Pharao die Verbindung zu seinem Volk verloren und steht ganz isoliert da (Ex 11,3).

Es fällt auch auf, dass hier nie von den Ägyptern, also von den Menschen, sondern immer vom Land Ägypten gesprochen wird, d.h. von einer politischen Macht und Größe, die allein unter der Einfluss des Pharao steht. Anders ist das bei den Israeliten. Für Jahwe sind sie „mein Volk", das er aus dem Sklavenhaus Ägypten in die Freiheit führen will. Mose sieht das Volk als eine Einheit von Männern und Frauen, von jung und alt, von Söhnen und Töchtern. Ihm geht es also um eine Gemeinschaft von Menschen, von denen auch nicht einer oder eine unter der Herrschaft des Pharao bleiben soll.

In immer neuen, sich steigernden Variationen wird die Entmachtung des Pharao beschrieben. Die Plagen verwandeln seinen Herrschaftsbereich von einem *Lebens*raum in ein Gebiet unbewohnbarer Erde, über die sich dann eine undurchdringliche Finsternis legt. Es beginnt mit dem Nil als dem Lebensnerv Ägyptens und endet mit dem Tod jeder Erstgeburt, den Lebensträgern. Dauerten die Plagen zunächst nur drei Tage oder so lange, bis Mose auf Bitten des Pharao bei Jahwe ein Ende der Plage erwirkte, so holt Jahwe mit der Tötung aller Erstgeborenen ohne Vorankündigung zum entscheidenden Schlag aus. Nicht mehr der Aufschrei der Söhne Israels, sondern der Aufschrei Ägyptens wird das Land erschüttern. Schließlich wird am Schilfmeer die pharaonische Todesmacht endgültig vernichtet.

Aus der Sicht der Pentateuchredaktion wollen die Plagengeschichten Jahwes Macht und Einzigartigkeit gegenüber dem Pharao herausstellen: *„Damit du erkennst, dass keiner ist wie ich auf der ganzen Erde... und um meinen Namen bekannt zu machen“* (Ex 9,14-16). Die Zeichen/Plagen sind die Antwort Jahwes auf die selbstsichere Frage des Pharao: „Wer ist denn Jahwe, dass ich auf seine Stimme hören sollte, Israel zu entlassen? Ich kenne Jahwe nicht, und Israel werde ich nicht entlassen.“ (Ex 5,2). Das alle Erzählungen durchziehende Motiv und Ziel ist die Erkenntnis Gottes (Ex 7,5; 8,6.18; 9,14.29; 11,7).

Jahwe war für den Pharao ein Unbekannter, weil er durch keinen Herrscher und keinen Adel, durch keinen Tempel und keine Priesterschaft repräsentiert wurde. Dieser Gott gibt sich – und das ist das umwerfend Neue – als Bündnispartner rechtloser Sklaven zu erkennen. Statt im Bündnis mit irdischen Machthabern Unterwerfung unter die Obrigkeit einzufordern, gibt er Anweisungen, das Joch der Unterdrückung abzuschütteln.

2. Durch die Zeichen/Plagen wird der Prozess der inneren Ablösung Israels in Gang gesetzt und die innere Einheit des Volkes für den Exodus vorbereitet. Der Pharao erkennt das und versucht mit den Konzessionen, die er sich nach und nach abringen lässt, diesen Prozess aufzuhalten. Erst sagt er: „geht, schlachtet eurem Gott Opfer *im Lande!*“ (Ex 8,21), dann: „geht, dient Jahwe eurem Gott..., aber *nur die Männer*“ (Ex 10,8.11) und schließlich: „geht, dient Jahwe, aber *ohne das Vieh!*“ (Ex 10,24). Mose hält dagegen, dass *ganz* Israel zum Dienst an seinem Gott bestimmt ist: „Mit unseren Jungen und mit unseren Alten wollen wir gehen, mit unseren Söhnen und unseren Töchtern, mit unserem Kleinvieh und mit unserem Großvieh wollen wir gehen. Denn

ein Jahwefest wollen wir feiern" (Ex 10,9). Am Ende bricht der Pharao die Beziehung ab. Die innere Trennung ist vollzogen und Israel bereit für die Nacht der Befreiung.

So sind diese Erzählungen Hoffnungsgeschichten für das erniedrigte und gedemütigte Israel: *„Damit du deinen Kindern und deinen Enkeln erzählen kannst, wie ich mit den Ägyptern umgegangen bin und was für Zeichen ich an ihnen gesetzt habe, und ihr werdet erkennen, dass ich Jahwe bin."* (Ex 10,2). Im Erzählen bildet sich das kollektive Gedächtnis und die Identität einer Gemeinschaft. Dadurch wächst im Volk die Gotteserkenntnis. Solches Erzählen ist die Grundform von Glaubensweitergabe bis auf den heutigen Tag.

3. Verstehen wir den äußeren Geschehensablauf der Plagengeschichten, diesen Lösungsprozess Israels aus dem Sklavenhaus Ägypten auch als *innere Bilder*, als wichtige Schritte eines inneren Ablösungs- und Reifungsprozesses, dann zeigt sich, dass die Auseinandersetzung mit dem „Pharao" (Symbol für alles, was den Menschen daran hindert, seinem Wesen gemäß zu leben) in der Entwicklungsgeschichte eines Menschen eine besonders schwierige und langwierige Aufgabe darstellt. Nicht von ungefähr sind die Plagengeschichten einer der längsten Abschnitte im Buch Exodus. Wenn die Wesensimpulse dem Leben eine neue Richtung anzeigen und sich nicht mehr verdrängen lassen, beginnt oft „eine Zeit schrecklicher innerer Zerrissenheit". Denn die gewachsenen Strukturen unserer Persönlichkeit und die Instanzen des Über-Ich sind nach wie vor wirksam. Wie Fronvögte mobilisieren sie alte Ängste, Zwänge und Schuldgefühle. Es ist wie „ein ständiges Hin und Her und Auf und Ab, bei dem der „Pharao" mal zu einer Entlassung bereit ist und sobald der Druck etwas nachlässt, auch wieder nicht" (H. Fischedick) – bis in einer letzten Zuspitzung der „Pharao" dem Veränderungswillen schließlich nachgibt und kapituliert. Es ist erstaunlich, wie viel Menschen ertragen, ehe sie sich dem Unerträglichen entziehen. „Wirkliche Veränderung im Leben eines Menschen trägt nicht die Züge mutiger Entschlossenheit, sondern die Anzeichen einer schmerzlichen Geburt, die Angst macht" (H. Fischedick).

Was hindert daran, in den immer wiederkehrenden Wesens-Impulsen die Stimme Gottes zu verstehen?

Der Exodus: Ex 12,1–13,22

12[1] Und der HERR sprach zu Mose und Aaron im Land Ägypten: [2] Dieser Monat soll für euch der Anfangsmonat sein, er sei euch der erste von den Monaten des Jahres! [3] Redet zur ganzen Gemeinde Israel und sagt: Am zehnten dieses Monats, da nehmt euch ein jeder ein Lamm für ein Vaterhaus, je ein Lamm für das Haus! [4] Wenn aber das Haus für ein Lamm nicht zahlreich genug ist, dann nehme er es mit seinem Nachbarn, der seinem Haus am nächsten wohnt, nach der Zahl der Seelen; nach dem Maß dessen, was jeder isst, sollt ihr ihn auf das Lamm anrechnen. [5] Ein Lamm ohne Fehler, ein männliches, einjähriges, soll es für euch sein; von den Schafen oder von den Ziegen sollt ihr es nehmen. [6] Und ihr sollt es bis zum vierzehnten Tag dieses Monats aufbewahren. Dann soll es die ganze Versammlung der Gemeinde Israel zwischen den zwei Abenden schlachten. [7] Und sie sollen von dem Blut nehmen und es an die beiden Türpfosten und die Oberschwelle streichen an den Häusern, in denen sie es essen. [8] Das Fleisch aber sollen sie noch in derselben Nacht essen, am Feuer gebraten, und dazu ungesäuertes Brot; mit bitteren Kräutern sollen sie es essen. [9] Ihr dürft nichts davon roh oder etwa im Wasser gekocht essen, sondern am Feuer gebraten sollt ihr es essen: seinen Kopf samt seinen Unterschenkeln und Eingeweiden. [10] Und ihr dürft nichts davon bis zum Morgen übriglassen! Was aber davon bis zum Morgen übrig bleibt, sollt ihr mit Feuer verbrennen. [11] So aber sollt ihr es essen: eure Lenden gegürtet, eure Schuhe an euren Füßen und euren Stab in eurer Hand; und ihr sollt es essen in Hast. Ein Passah für den HERRN ist es. [12] Und ich werde in dieser Nacht durch das Land Ägypten gehen und alle Erstgeburt im Land Ägypten erschlagen vom Menschen bis zum Vieh. Auch an allen Göttern Ägyptens werde ich ein Strafgericht vollstrecken, ich, der HERR. [13] Aber das Blut soll für euch zum Zeichen an den Häusern werden, in denen ihr seid. Und wenn ich das Blut sehe, dann werde ich an euch vorübergehen: so wird keine Plage, die Verderben bringt, unter euch sein, wenn ich das Land Ägypten schlage. [14] Und dieser Tag soll euch eine Erinnerung sein, und ihr sollt ihn feiern als Fest für den HERRN. Als ewige Ordnung für all eure Generationen sollt ihr ihn feiern.

[15] Sieben Tage sollt ihr ungesäuertes Brot essen; ja, gleich am ersten Tag sollt ihr den Sauerteig aus euren Häusern wegtun; denn jeder, der Gesäuertes isst, diese Seele soll aus Israel ausgerottet werden – das gilt vom ersten Tag bis zum siebten Tag. [16] Und am ersten Tag sollt ihr eine heilige Versammlung halten und ebenso am siebten Tag eine heili-

ge Versammlung. An diesen Tagen darf keinerlei Arbeit getan werden; nur was von jeder Seele gegessen wird, das allein darf von euch zubereitet werden. [17] So haltet denn das Fest der ungesäuerten Brote! Denn an eben diesem Tag habe ich eure Heerscharen aus dem Land Ägypten herausgeführt. Darum sollt ihr diesen Tag halten als ewige Ordnung für all eure Generationen. [18] Im ersten Monat, am 14. Tag des Monats, am Abend, sollt ihr ungesäuertes Brot essen bis zum 21. Tag des Monats, am Abend. [19] Sieben Tage darf kein Sauerteig in euren Häusern gefunden werden; denn jeder, der Gesäuertes isst, diese Seele soll aus der Gemeinde Israel ausgerottet werden, er sei ein Fremder oder Einheimischer des Landes. [20] Nichts Gesäuertes dürft ihr essen; in all euren Wohnsitzen sollt ihr ungesäuertes Brot essen!

[21] Und Mose berief alle Ältesten Israels und sagte zu ihnen: Macht euch daran und nehmt euch nach der Größe eurer Sippen Schafe und schlachtet das Passah. [22] Dann nehmt ein Büschel Ysop und taucht es in das Blut im Becken und streicht etwas von dem Blut, das in dem Becken ist, an die Oberschwelle und an die beiden Türpfosten. Ihr aber – von euch darf bis zum Morgen keiner zur Tür seines Hauses hinausgehen. [23] Und der HERR wird durch das Land gehen, um die Ägypter zu schlagen. Sieht er dann das Blut an der Oberschwelle und an den beiden Türpfosten, wird der HERR an der Tür vorübergehen und wird dem Verderber nicht erlauben, in eure Häuser zu kommen, *euch* zu schlagen. [24] Darum sollt ihr dieses Wort ewig halten als Ordnung für dich und deine Kinder. [25] Und es soll geschehen, wenn ihr in das Land kommt, das euch der HERR geben wird, wie er geredet hat, dann sollt ihr diesen Dienst ausüben. [26] Und es soll geschehen, wenn euch eure Kinder fragen: Was bedeutet dieser Dienst für euch ?, [27] dann sollt ihr sagen: Es ist ein Passahopfer für den HERRN, der an den Häusern der Söhne Israel in Ägypten vorüberging, als er die Ägypter schlug, unsere Häuser aber rettete. Da warf sich das Volk nieder und betete an. [28] Und die Söhne Israel gingen hin und machten es, wie der HERR Mose und Aaron geboten hatte, so machten sie es.

[29] Und es geschah um Mitternacht, da erschlug der HERR alle Erstgeburt im Land Ägypten vom Erstgeborenen des Pharao, der auf seinem Thron saß, bis zum Erstgeborenen des Gefangenen im Kerker, auch alle Erstgeburt des Viehs. [30] Da stand der Pharao nachts auf, er und alle seine Hofbeamten und alle Ägypter, und es entstand ein großes Jammergeschrei in Ägypten, denn es gab kein Haus, in dem nicht ein Toter war. [31] Und er rief Mose und Aaron nachts herbei und sagte: Macht euch auf, zieht weg aus der Mitte meines Volkes, sowohl ihr als auch die Söhne

Israel, und geht hin, dient dem HERRN, wie ihr gesagt habt! [32] Auch eure Schafe und Rinder nehmt mit, wie ihr gesagt habt, und geht hin und erwirkt Segen auch für mich! [33] Und die Ägypter bedrängten das Volk, um sie möglichst schnell aus dem Land schicken zu können, denn sie sagten sich: Wir alle sind sonst des Todes! [34] Das Volk nun hob seinen Teig auf, ehe er gesäuert war; ihre Backschüsseln trugen sie, in ihre Kleidung gewickelt, auf ihren Schultern. [35] Und die Söhne Israel hatten nach dem Wort des Mose getan und sich von den Ägyptern silberne Schmuckstücke und goldene Schmuckstücke und Kleidung erbeten. [36] Dazu hatte der HERR dem Volk in den Augen der Ägypter Gunst gegeben, so dass sie auf ihre Bitte eingegangen waren. So plünderten sie die Ägypter aus.

[37] Nun brachen die Söhne Israel auf und *zogen* von Ramses nach Sukkot, etwa 600000 Mann zu Fuß, die Männer ohne die Kinder. [38] Es zog aber auch viel Mischvolk mit ihnen hinauf, dazu Schafe und Rinder, sehr viel Vieh. [39] Und sie backten den Teig, den sie aus Ägypten gebracht hatten, zu ungesäuerten Brotfladen; denn er war nicht gesäuert, weil sie aus Ägypten weggetrieben worden waren und nicht länger hatten warten können; so hatten sie sich auch keine Wegzehrung bereitet. [40] Die Zeit des Aufenthaltes der Söhne Israel aber, die sie in Ägypten zugebracht hatten, betrug 430 Jahre. [41] Und es geschah am Ende der 430 Jahre, ja, es geschah an eben diesem Tag, dass alle Heerscharen des HERRN aus dem Land Ägypten auszogen.

[42] Eine Nacht des Wachens war dies für den HERRN, damit er sie aus dem Land Ägypten herausführen konnte; das ist diese dem HERRN geweihte Nacht, ein Wachen für alle Söhne Israel in all ihren Generationen. [43] Und der HERR sprach zu Mose und Aaron: Dies ist die Ordnung des Passah: Kein Fremder soll davon essen. [44] Jeder um Geld gekaufte Sklave eines Mannes aber – wenn du ihn beschneidest, dann darf er davon essen. [45] Ein Beisasse oder Lohnarbeiter darf nicht davon essen. [46] In einem Haus soll es gegessen werden; du sollst nichts von dem Fleisch aus dem Haus hinausbringen, und ihr sollt kein Bein an ihm zerbrechen. [47] Die ganze Gemeinde Israel soll es feiern. [48] Wenn sich aber ein Fremdling bei dir aufhält und dem HERRN das Passah feiern will, so soll *bei* ihm alles Männliche beschnitten werden, und dann komme er herbei, um es zu feiern; und er soll wie ein Einheimischer des Landes gelten. Es darf jedoch kein Unbeschnittener davon essen. [49] Ein Gesetz soll gelten für den Einheimischen und für den Fremdling, der sich mitten unter euch aufhält. [50] Darauf machten es alle Söhne Israel, wie der HERR Mose und Aaron geboten hatte; so machten sie es. [51] Und

es geschah an eben diesem Tag, da führte der HERR die Söhne Israel, nach ihren Heerscharen geordnet, aus dem Land Ägypten heraus.

13[1] Danach redete der HERR zu Mose und sprach: [2] Heilige mir alle Erstgeburt! Alles bei den Söhnen Israel, was zuerst den Mutterschoß durchbricht unter den Menschen und unter dem Vieh, mir gehört es. [3] Und Mose sagte zum Volk: Gedenkt dieses Tages, an dem ihr aus Ägypten gezogen seid, aus dem Sklavenhaus! Denn mit starker Hand hat euch der HERR von dort herausgeführt. Darum soll kein gesäuertes Brot gegessen werden. [4] Heute zieht ihr aus im Monat Abib. [5] Und es soll geschehen, wenn der HERR dich in das Land der Kanaaniter, Hetiter, Amoriter, Hewiter und Jebusiter bringt, das dir zu geben er deinen Vätern geschworen hat, ein Land, das von Milch und Honig überfließt, dann sollst du diesen Dienst in diesem Monat ausüben. [6] Sieben Tage sollst du ungesäuertes Brot essen, und am siebten Tag ist ein Fest für den HERRN. [7] Während der sieben Tage soll man ungesäuertes Brot essen, und kein gesäuertes Brot soll bei dir gesehen werden, noch soll Sauerteig in all deinen Grenzen bei dir gesehen werden. [8] Und du sollst dies deinem Sohn an jenem Tag so erklären: Es geschieht um dessetwillen, was der HERR für mich getan hat, als ich aus Ägypten zog. [9] Und es sei dir ein Zeichen auf deiner Hand und ein Gedenkzeichen zwischen deinen Augen, damit das Gesetz des HERRN in deinem Mund sei; denn mit starker Hand hat dich der HERR aus Ägypten herausgeführt. [10] So sollst du denn diese Ordnung zu ihrer bestimmten Zeit von Jahr zu Jahr halten. [11] Und es soll geschehen, wenn dich der HERR in das Land der Kanaaniter bringt, wie er dir und deinen Vätern geschworen hat, und es dir gibt, [12] dann sollst du dem HERRN alles darbringen, was zuerst den Mutterschoß durchbricht. Auch jeder erste Wurf des Viehs, der dir zuteil wird, gehört, soweit er männlich ist, dem HERRN. [13] Jede Erstgeburt vom Esel aber sollst du mit einem Lamm auslösen! Wenn du sie jedoch nicht auslösen willst, dann brich ihr das Genick! Auch alle menschliche Erstgeburt unter deinen Söhnen sollst du auslösen. [14] Und es soll geschehen, wenn dich künftig dein Sohn fragt: Was bedeutet das?, dann sollst du zu ihm sagen: Mit starker Hand hat uns der HERR aus Ägypten herausgeführt, aus dem Sklavenhaus. [15] Denn es geschah, als der Pharao sich hartnäckig weigerte, uns ziehen zu lassen, da brachte der HERR alle Erstgeburt im Land Ägypten um, vom Erstgeborenen des Menschen bis zum Erstgeborenen des Viehs. Darum opfere ich dem HERRN alles, was zuerst den Mutterschoß durchbricht, soweit es männlich ist; aber jeden Erstgeborenen meiner Söhne löse ich aus. [16] Das sei dir ein Zeichen auf deiner Hand

und ein Merkzeichen zwischen deinen Augen, denn mit starker Hand
hat uns der HERR aus Ägypten herausgeführt.
17 Und es geschah, als der Pharao das Volk ziehen ließ, führte Gott sie
nicht den Weg durch das Land der Philister, obwohl er der nächste war.
Denn Gott sagte: Damit es das Volk nicht gereut, wenn sie Kampf vor
sich sehen, und sie nicht nach Ägypten zurückkehren. 18 Daher ließ Gott
das Volk einen Umweg machen, den Wüstenweg zum Schilfmeer. Und
die Söhne Israel zogen kampfgerüstet aus dem Land Ägypten herauf.
19 Mose aber nahm die Gebeine Josephs mit sich. Denn dieser hatte die
Söhne Israel ausdrücklich schwören lassen: Gott wird euch gewiss heimsuchen. Führt dann meine Gebeine mit euch von hier hinauf! 20 Und sie
brachen auf von Sukkot und lagerten sich in Etam, am Rande der Wüste.
21 Der HERR aber zog vor ihnen her, bei Tag in einer Wolkensäule, um
sie auf dem Weg zu führen, und bei Nacht in einer Feuersäule, um ihnen
zu leuchten, damit sie Tag und Nacht wandern könnten. 22 Weder wich
die Wolkensäule vor dem Volk bei Tag noch die Feuersäule bei Nacht.

Ex 12,1-14: *Die Feier des Paschamahles*. Mit Ex 12 beginnt etwas Neues: Im Exodusgeschehen wird Israel zum Volk (V. 33f). Darum ist Pascha das Urfest der Geschichte Israels. Doch das Pascha ist älter als das Volk, das es feiert. Dieser „*Gottesdienst*" (V. 25f) der Familien, zu dem der Pharao die Söhne Israels freigeben sollte (Ex 4,23; 8,16; 9,1.13, 10,3.7), ist ein uralter Nomadenbrauch, der weit zurückgeht. Ursprünglich war das Pascha ein Übergangsritus, der vollzogen wurde, wenn die Halbnomaden mit ihren Kleinviehherden aus Ziegen und Schafen im Frühling von der Wüste ins Kulturland überwechselten. Nach dem Ende der Regenzeit wurde die Wüste zu heiß und trocken, um Mensch und Vieh ernähren zu können. Das Überschreiten der unsichtbaren Schwelle zwischen freiem Nomadenleben und gebundener sesshafter Ackerkultur war nicht leicht. Wie jeder Übergang war er mit Angst vor dem Unbekannten, mit Angst vor der Vernichtung verbunden.

In der Nacht vor dem Aufbruch wurde das letzte Mahl im Steppengebiet gehalten, in Hast und nach den alten Gebräuchen der Wüstenbewohner. Daran erinnert die Bestimmung, dass das Paschalamm am Feuer gebraten sein musste und mit den bitteren Kräutern der Wüste und dem ungesäuerten Brot der Nomaden gegessen wurde. Als Ganzes wurde das Tier gebraten wie zu alter Zeit; kein Knochen durfte an ihm zerbrochen werden, weil es die ganze Herde darstellt, die alle Gefahren heil überstehen soll. Das Pascha ist also eine rituelle Zeichenhandlung, kein Opfer.

1. Mose erhält von Jahwe den Auftrag, in der Nacht des Auszugs aus dem Kulturland in die Wüste, also in umgekehrter Richtung, das Pascha zu begehen. Israel soll aus dem Land fremder Kultur hinausziehen in die Wüste, um dort seinem Gott zu begegnen. Es soll aus dem Sklavendienst in den Gottesdienst, aus der Fron in die Freiheit der Kinder Gottes gehen. So hat der Exodus aus fremder Abhängigkeit sein Ziel in einer „bleibenden, engen Beziehung zu Jahwe“ (G. Fischer). Damit wird der vorisraelitische Brauch zu etwas ganz Anderem. Mit dem neuen Pascha ist für Israel alles neu geworden. Darum soll es gefeiert werden, solange die Welt besteht (V. 14). Das neue Pascha ist nicht länger ein Brauch, der Bedrohung abwehrt, sondern ein Gedächtnis der Rettung. Die Bewahrung vor dem Stoß des Verderbens ringsum wurde für Israel die Grunderfahrung seiner Geschichte.

Schon für die biblischen Zeugen scheint nicht mehr ganz sicher gewesen zu sein, woher das Fest seinen Namen hat. Wohl wird das Wort „Pascha“ mit dem Verb erläutert, das in der Übersetzung mit „hinken, hüpfen, aussparen, überspringen, vorübergehen“ wiedergegeben wird. Es handelt sich hier um ein ganz seltenes Wort, das darum schon im biblischen Bericht erläutert werden muss. Jahwe „überspringt“ (pasah) verschonend all jene Häuser, in denen Pascha (päsah) gefeiert wird. Es bezeichnet die zentrale religiöse Feier, mit der Juden in aller Welt bis auf den heutigen Tag des Exodus gedenken.

2. Israel soll den Übergangsritus als Ritus einer Hausgemeinschaft (V. 3f.) feiern und zugleich sollen sie ihn als Ritus der Gesamtgemeinschaft (V. 3.6) verstehen. Es soll ein Fest der Einheit der Hausgemeinden mit der ganzen Volksgemeinde sein – „in Vorwegnahme der von Gott geschenkten Freiheit und Würde“ (G. Fischer). Vor allem sollen sie sich die Aufbruchssituation bewusst machen (V. 11). Es ist ein Mahl „im Vorübergehen“, ein Fluchtmahl, das Signal zum entschlossenen Aufbruch aus allen pharaonischen Nöten und Zwängen.

Doch die Freude über den bevorstehenden Aufbruch soll nicht die Not in Ägypten vergessen lassen. Die „bitteren Kräuter“ sollen an die Bitterkeit der Sklaverei (Ex 1,14) erinnern, die überall besteht, wo „Pharao“ noch Wirklichkeit ist. Die Paschagemeinschaft soll zugleich eine

Gemeinschaft von Menschen sein, die eigenes und fremdes Leid im Exodus mitnimmt und mit trägt.

Für alle kommenden Generationen soll das Gedächtnis dieser Heilsnacht bewahrt (Ex 12,14) und gedeutet werden (Ex 12,26f.). Das Jahwepascha wird in der Mitte des Frühlingsmonats Nisan gefeiert. Er ist der Beginn eines neuen Jahres.

3. Im neutestamentlichen Paschamahl gedenkt die Kirche des Exodus der Mosegruppe aus der Macht und Unterdrückung des Pharao und des Exodus Jesu (vgl. Lk 8,31) aus der Macht und Unterdrückung von Sünde und Tod. Das noch gefangene und schon befreite neue Gottesvolk ist im Aufbruch in *„ein gutes, weites Land“* (Ex 3,8).

Wer sich der Taten Gottes erinnert, hat Hoffnung. Gerade in der Feier der Nacht, die etwas Bedrohliches an sich hat, wird dies deutlich. *In der Nacht* schloss Jahwe den Bund mit Abraham (Gen 15). *In der Nacht* auf seiner Flucht vor Esau erfuhr Jakob im Traum, dass Jahwe mit ihm ist und ihn in sein Land zurückbringen wird (Gen 28). *In der Nacht* rang Jakob mit dem *„großen Unbekannten“* am Jabbok (Gen 32). *In der Nacht* bei seiner Rückkehr aus Ägypten wurde Mose aus tödlicher Bedrohung errettet (Ex 4,24-26), und *„in der Hälfte der Nacht“* beginnt das unheimliche und befreiende *„Vorübergehen“* Jahwes, das die Befreiung Israels aus dem Sklavenhaus eröffnet. Gott selbst hat die Bedrohung der Nacht in den Anfang der Rettung verwandelt.

Ex 12,14-20: Die Vorschriften über das *Mazzenfest* setzen die längst vollzogene Landnahme voraus. Zusammen mit dem Wochen- und Laubhüttenfest gehört das Mazzenfest zu den drei großen Erntefesten. Die Israeliten haben es von den Bewohnern Kanaans übernommen und ihm eine neue Bedeutung gegeben. Hier wie an anderer Stelle (Ex 25-30; 35-40 u.a.) wird das Bestreben des Jahwevolkes deutlich, seine kultischen Überlieferungen, auch wenn sie erst in späterer Zeit entstanden oder gar von den Einwohnern Kanaans übernommen wurden, als „Exoduszeichen“ zu feiern, d.h. als Grundvollzüge gemeinsamen Glaubens, in denen der Exodus-Gott gegenwärtig ist.

Ex 12,21-28: Das *Pascha Jahwes* soll daran erinnern, dass der Exodus ein Wagnis war, bei dem man alles verlieren konnte. Der Aufbruch verlangte allen eine neue Lebensweise ab: aus sesshaften Sklaven sollten wieder freie, ungesicherte Nomaden werden. Der eilige Aufbruch bei Nacht stützte sich allein auf die Zusage Jahwes, er werde für sein Volk da sein, er werde mit ihm ziehen und es durch alle Gefahren von Wasser und Wüste in das Land der Verheißung führen.

Ex 12,29-36: In der *Nacht des Exodus* geschieht die Umkehrung der Verhältnisse: War Israel vom kollektiven Tod bedroht, so sind es jetzt die Ägypter, die von Todesangst gepackt sind: *„Wir alle müssen sterben"* (Ex 12,33). Hatte der Pharao sich bis zuletzt geweigert, die Israeliten aus seinem Land zu entlassen (Ex 11,10), so drängen jetzt die Ägypter das Jahwevolk, möglichst schnell aus ihrem Land zu verschwinden (V. 31-33). Derselbe Pharao, der einst spöttisch fragte: *„Wer ist denn schon Jahwe?"* (Ex 5,2) und der die Klage der israelitischen Aufseher mit dem Befehl beendet hatte: *„Geht, dient!"*, d.h. dient mir mit eurer Sklavenarbeit, entlässt jetzt die Israeliten mit dem Befehl: *„Geht, dient Jahwe!"* und bittet sie: *„Erwirkt (bei Jahwe) Segen auch für mich!"* (Ex 12,32). Mehr noch: die Sklaven, die vorher ausgebeutet wurden, plündern jetzt ihre Herren aus (V. 36).

Ex 12,42-13,16: Der folgende Abschnitt von der *„Nacht des Wachens"* (Ex 12,42-51) und der *Weihe der Erstgeburt von Mensch und Vieh für Jahwe* (Ex 13,1-16) enthält verschiedene Vorschriften, die das befreite Israel bleibend daran erinnern soll, *„dass Jahwe uns mit starker Hand aus Ägypten herausgeführt hat"*. Wie ein Refrain durchzieht dieser Satz den ganzen Abschnitt (Ex 12,42.51; 13,3.9.14.16). Aus der Sicht der Pentateuchredaktion ist das Ziel dieser Exodus-Gedächtnisriten Israel als Heimat der Tora, und der Weg durch die Wüste wird als Einübung in die Tora verstanden. Dieser Abschnitt ist von *zwei Auszugspassagen (Ex 12,37-41 und 13,17-22)* gerahmt.

Der Exodus führt von Ägypten nicht direkt in das Land der Verheißung, sondern in die Wüste. Durch die Mitnahme der Gebeine Josefs wird das von den „Söhnen Israels" an Josef begangene Unrecht von den „Söhnen Israels" wieder gut gemacht. Das sichere Weggeleit durch Jahwe (Ex 13,21 f.) nimmt der Wüste etwas von ihrer Ambivalenz, die den weiteren Fortgang des Exodusgeschehens bestimmt:

Wüste als Ort des Todes und des Lebens, als Ort, wo Israel von Jahwe eine neue Lebensordnung (Tora) erhält und wo es gegen diese Lebensordnung sündigt; Wüste auch als Ort der Erprobung Israels durch Jahwe und als Ort der Erprobung Jahwes durch Israel, als Ort der Verzweiflung und der Machttaten Jahwes.

Die Rettung am Schilfmeer: Ex 14,1-31

14[1] Und der HERR redete zu Mose und sprach: [2] Befiehl den Söhnen Israel, sich zu wenden und vor Pi-Hachirot zu lagern, zwischen Migdol
und dem Meer. Vor Baal-Zefon, diesem gegenüber, sollt ihr euch am
Meer lagern! [3] Der Pharao aber wird von den Söhnen Israel denken: Sie
irren ziellos im Land umher, die Wüste hat sie eingeschlossen. [4] Dann
will ich das Herz des Pharao verstocken, so dass er ihnen nachjagt. Darauf will ich mich am Pharao und an seiner ganzen Heeresmacht verherrlichen, und die Ägypter sollen erkennen, dass ich der HERR bin.
Und sie machten es so. [5] Als nun dem König von Ägypten berichtet
wurde, dass das Volk geflohen sei, wandte sich das Herz des Pharao
und seiner Hofbeamten gegen das Volk, und sie sagten: Was haben wir
da getan, dass wir Israel aus unserem Dienst haben ziehen lassen! [6] So
ließ er denn seine Streitwagen anspannen und nahm sein Kriegsvolk
mit sich. [7] Er nahm sechshundert auserlesene Streitwagen und alle übrigen Streitwagen Ägyptens und Wagenkämpfer auf ihnen allen. [8] Und
der HERR verstockte das Herz des Pharao, des Königs von Ägypten, so
dass er den Söhnen Israel nachjagte, während die Söhne Israel mit er-
hobener Hand auszogen. [9] So jagten ihnen denn die Ägypter nach, alle
Pferde und Streitwagen des Pharao, auch seine Reiter und seine Heeresmacht, und erreichten sie, als sie sich am Meer gelagert hatten, bei
Pi-Hachirot, vor Baal-Zefon. [10] Als nun der Pharao sich näherte, erhoben die Söhne Israel ihre Augen, und siehe, die Ägypter zogen hinter
ihnen her. Da fürchteten sich die Söhne Israel sehr und schrieen zum
HERRN. [11] Und sie sagten zu Mose: Hast du uns etwa deshalb weggeführt, damit wir in der Wüste sterben, weil es in Ägypten keine Gräber
gab? Warum hast du uns das angetan, dass du uns aus Ägypten herausgeführt hast? [12] Ist dies nicht das Wort, das wir schon in Ägypten zu
dir geredet haben: Lass ab von uns, wir wollen den Ägyptern dienen! Es
wäre nämlich besser für uns, den Ägyptern zu dienen, als in der Wüste zu sterben. [13] Mose aber antwortete dem Volk: Fürchtet euch nicht!
Stellt euch hin und schaut zu, wie der HERR euch heute rettet! Denn die
Ägypter, die ihr heute seht, die werdet ihr weiterhin in Ewigkeit nicht
mehr sehen. [14] Der HERR wird für euch kämpfen, ihr aber könnt ruhig
abwarten.

[15] Und der HERR sprach zu Mose: Was schreist du zu mir? Befiehl
den Söhnen Israel, dass sie aufbrechen! [16] Du aber erhebe deinen Stab
und strecke deine Hand über das Meer aus und spalte es, damit die Söhne Israel auf trockenem Land mitten in das Meer hineingehen! [17] Ich je-

doch, siehe, ich will das Herz der Ägypter verstocken, so dass sie hinter ihnen herkommen. Und ich will mich verherrlichen am Pharao und an seiner ganzen Heeresmacht, an seinen Streitwagen und Reitern. 18 Dann sollen die Ägypter erkennen, dass ich der HERR bin, wenn ich mich am Pharao, an seinen Wagen und Männern verherrlicht habe. 19 Und der Engel Gottes, der vor dem Heer Israels herzog, brach auf und trat hinter sie; und die Wolkensäule vor ihnen brach auf und stellte sich hinter sie. 20 So kam sie zwischen das Heer der Ägypter und das Heer Israels, und sie wurde dort Gewölk und Finsternis und erleuchtete hier die Nacht, so kam jenes Heer diesem die ganze Nacht nicht näher. 21 Und Mose streckte seine Hand über das Meer aus, und der HERR ließ das Meer die ganze Nacht durch einen starken Ostwind zurückweichen und machte *so* das Meer zum trockenen Land, und die Wasser teilten sich. 22 Dann gingen die Söhne Israel auf trockenem Land mitten in das Meer hinein, und die Wasser waren ihnen eine Mauer zur Rechten und zur Linken. 23 Die Ägypter aber jagten ihnen nach und kamen hinter ihnen her, alle Pferde des Pharao, seine Streitwagen und Reiter, mitten ins Meer hinein. 24 Und es geschah: In der Zeit der Morgenwache, da schaute der HERR in der Feuer- und Wolkensäule auf das Heer der Ägypter herab und brachte das Heer der Ägypter in Verwirrung. 25 Dann stieß er die Räder von ihren Wagen ab und ließ sie nur mühsam vorankommen. Da sagten die Ägypter: Lasst uns vor Israel fliehen, denn der HERR kämpft für sie gegen die Ägypter!

26 Der HERR aber sprach zu Mose: Strecke deine Hand über das Meer aus, damit die Wasser auf die Ägypter, auf ihre Wagen und über ihre Reiter zurückkehren! 27 Da streckte Mose seine Hand über das Meer aus, und das Meer kehrte beim Anbruch des Morgens zu seiner Strömung zurück. Und die Ägypter flohen ihm entgegen. Der HERR aber trieb die Ägypter mitten ins Meer. 28 So kehrten die Wasser zurück und bedeckten die Wagen und Reiter der ganzen Heeresmacht des Pharao, die ihnen ins Meer nachgekommen waren; es blieb auch nicht einer von ihnen übrig. 29 Die Söhne Israel aber waren auf trockenem Land mitten durch das Meer gegangen, und die Wasser waren ihnen eine Mauer zur Rechten und zur Linken gewesen. 30 So rettete der HERR an jenem Tag Israel aus der Hand der Ägypter, und Israel sah die Ägypter tot am Ufer des Meeres liegen. 31 Als nun Israel die große Macht sah, die der HERR an den Ägyptern ausgeübt hatte, da fürchtete das Volk den HERRN, und sie glaubten an den HERRN und an seinen Knecht Mose.

Auch diese zentrale Geschichte schaut auf eine lange Tradition zurück. Viele Generationen haben daran geformt. Die Vernichtung der Streitmacht wird auf wenigstens drei verschiedene Weisen erzählt. Aber allen Schichten der Erzählung ist als zentrale Aussage gemeinsam: Israel hat zu seinem Gott gefunden und sich von ihm aus der Todesmacht des Pharao befreien lassen.

Gleich zu Beginn des Exodus wird gesagt, dass Jahwe die Schwäche seines Volkes kennt und danach den Weg bestimmt (Ex 13,17f.). Vor der ersten Gefahr würden sie zurückschrecken und in ihre alte Abhängigkeit zurückkehren. Darum muss bei der ersten Bedrohung die Vergangenheit „buchstäblich im Meer versinken" (I. Willi-Plein). Die Israeliten werden die Ägypter nie mehr wieder zu Gesicht bekommen, wie sie sie an diesem Tag gesehen haben (Ex 14,13).

1. *Ex 14,1-14*: Am Schilfmeer fällt die Entscheidung zwischen Jahwe und dem Pharao: Kaum hatten die Israeliten ihre ersten Schritte auf ein befreites Leben hin gewagt, als von hinten die alten Unterdrücker in großer Übermacht herannahen und drohen, sie wieder einzuholen. Als sie die Gefahr erkennen, sind die Israeliten zu Tode erschrocken. Sie schreien zu Jahwe und machen Mose schwere Vorwürfe: „Hast du uns herausgeholt, weil es in Ägypten keine Gräber gibt, damit wir in der Wüste sterben? Was hast du uns da angetan? Warum hast du uns aus Ägypten herausgeführt? Haben wir dir nicht schon in Ägypten gesagt: Lass ab von uns! Wir wollen Sklaven der Ägypter bleiben! Denn es ist besser für uns, Sklaven der Ägypter zu sein, als in der Wüste zu sterben". Die Geschichte des Exodus ist von Anfang an auch eine Geschichte des Unglaubens, der Auflehnung gegen den Exodusgott. Bei jeder Exoduserfahrung kommen starke Ängste hoch, werden Zweifel und Vorwürfe laut, greift Mutlosigkeit um sich. Die Schatten der Vergangenheit holen sie also wieder ein und erzeugen Panik. Der Schritt in die Freiheit wirkt wie eine unerlaubte Trennung, die den Tod zur Folge haben kann. Die Zuversicht, mit der sie aufgebrochen waren (Ex 14,8), ist mit einem Mal dahin. Die alte Sklavenmentalität lässt sich so schnell nicht abstreifen. All das kann den eben begonnenen Aufbruch zum Scheitern bringen.

Wir betrachten die Szenen, wie Israel am Schilfmeer gerettet wurde, auch als Bilder und Stationen eines Prozesses, den jeder durchlaufen muss, wenn er zu sich selbst finden will. Alles, was Israel im äußeren Verlauf seiner Befreiungsgeschichte durchgemacht hat, spiegelt exemplarisch die Auseinandersetzungen und Reifungsschritte wider, die für den inneren Weg eines jeden Menschen charakteristisch sind, der aus dem Land der Knechtschaft aufgebrochen ist.

Mose sagt zum Volk: „*Fürchtet euch nicht! Stellt euch hin und schaut zu, wie der Herr euch heute rettet ... Jahwe wird für euch kämpfen, ihr aber könnt ruhig abwarten.*" Sie sollen es einfach darauf ankommen lassen. Welche Zumutung für die von panischer Angst und Verzweiflung Überfallenen! Nicht Furcht vor dem Pharao, sondern allein die Furcht vor Jahwe bringt Rettung. Das „*Fürchtet euch nicht!*" ist hier keine Ermutigung zum Kampf mit den Feinden, sondern will das alleinige Handeln Jahwes herausstellen. Obwohl der Pharao noch einmal seine ganze Macht aufbietet, wird er vernichtet – kampflos, allein durch Jahwe.

„*Fürchtet euch nicht!*" Dieser Impuls braucht Zeit, um an Überzeugungskraft zu gewinnen. Der Engel Gottes und die Wolkensäule stellen sich zwischen das Lager Ägyptens und das Lager Israels, sodass sich beide Lager einander nicht näher kommen können – *die ganze Nacht hindurch*. Menschlich gesehen sind die Verfolgten in einer aussichtslosen Situation: von hinten drohen die alten Peiniger, nach vorn ist die Flucht durch das Wasser des Schilfmeeres verbaut.

2. *Ex 14,15-25*: Die Gottesrede an Mose beginnt mit dem Vorwurf: „*Was schreist Du zu mir?*" Mose hatte sich seinen Leuten souverän, ermutigend und wegweisend gegenüber gestellt, aber vermutlich dieselbe innere Not wie sie ausgestanden und nur dadurch überwunden, dass er sie vor Gott herausgeschrieen hat. Jahwe verlangt nun von ihm, die Israeliten zum Aufbruch zu bewegen. Noch in der Nacht eröffnet er einen Ausweg für sein Volk. Mitten durch die Wasser des Todes führt eine Furt zum Leben. Den Weg durch das Schilfmeer können die Israeliten nur gehen im Vertrauen, dass Gott mit ihnen ist und diesen Weg für sie gewählt hat – vorbei an den Fluten der Angst, die rechts und links wie eine Mauer den schmalen Pfad in die Freiheit säumen. Und sie brauchen Mose, der sie inmitten der Angst ermutigt, gegen alle Widerstände „trockenen Fußes" hindurchzugehen. Das Durchqueren des Wassers stellt die schwierigste und entscheidendste Phase auf dem Weg in die Freiheit dar. Es symbolisiert einen Wendepunkt, der tief greifende Veränderungen in Grundhaltung und Lebensführung zur Folge haben kann.

3. *Ex 14,26-31*: Es ist ein Wunder, dass *alle* diese Gasse der Angst durchschritten und das andere Ufer erreicht haben. Erst in dem Augenblick, als das Wasser zurückflutet und die ganze Streitmacht der Verfolger bedeckt, werden sie gewahr, dass die Macht des Pharao über sie gebrochen ist. Mit den letzten Worten vor seinem Untergang erkennt Ägypten Jahwe und seinen Einsatz für Israel an (Ex 14,25).

Die negative Phase der Auseinandersetzung mit den Mächten, die das eigene Leben zugrunde richten, ist abgeschlossen. Israel hat seine Angst vor dem Pharao verloren und zur Furcht vor Jahwe zurückgefunden: „Da fürchtete das Volk Jahwe und sie glaubten an Jahwe und an Mose, seinen Knecht" (Ex 14,31). Jetzt beginnt für Israel die mühsame Wegsuche in das Land seiner Bestimmung.

In Wahrheit steht Israel noch ganz am Anfang. Das eigentliche Leben beginnt gerade erst. Der Weg aus dem Land der Knechtschaft in das noch unbekannte Land der Freiheit unter der Herrschaft Jahwes ist ein unendlich mühsamer Weg. Er führt durch die Wüste, in der Israel von seiner Sklavenmentalität geläutert werden muss, um die Lebensform Jahwes begreifen, annehmen und leben zu können. Diese Bereitung geschieht am Sinai/Horeb.

In der wunderbaren Rettung am Schilfmeer hat das alttestamentliche Gottesvolk Erfahrungen in einem Bild zusammengefasst, die im Leben vieler Menschen oft Jahre dauern können. Dabei ist wichtig zu sehen, dass Israel Befreiung von der Macht des Pharao nicht als Zugeständnis des Pharao, sondern als Befreiungstat Jahwes verstanden hat. Er rettet die Menschen aus der Todesmacht. Er setzt der Unterdrückung ein Ende. Jahwe allein öffnet die Tore zum Leben und gibt den Menschen Zukunft und Hoffnung.

Das „Siegeslied am Schilfmeer": Ex 15,1-21

15[1] Damals sangen Mose und die Söhne Israel dem HERRN dieses Lied.
Sie sagten: Singen will ich dem HERRN, denn hoch erhaben ist er; Pferd
und Wagen warf er ins Meer. [2] Meine Stärke und mein Loblied ist Jah,
denn er ist mir zur Rettung geworden. Er ist mein Gott, und ich will ihn
preisen, der Gott meines Vaters, und ich will ihn erheben. [3] Der HERR
ist ein Kriegsheld, Jahwe sein Name. [4] Die Wagen des Pharao und seine
Streitmacht warf er ins Meer, die Auslese seiner Wagenkämpfer versank

im Schilfmeer. 5 Die Fluten bedeckten sie, sie fuhren in die Tiefen wie
ein Stein. 6 Deine Rechte, o HERR, ist herrlich in Kraft; deine Rechte, o
HERR, zerschmettert den Feind. 7 Und in der Fülle deiner Hoheit wirfst
du nieder, die sich gegen dich erheben. Du läßt los deine Zornesglut: sie
verzehrt sie wie Strohstoppeln. 8 Beim Schnauben deiner Nase türmten
sich die Wasser, die Strömungen standen wie ein Damm, die Fluten ge-
rannen im Herzen des Meeres. 9 Es sprach der Feind: Ich jage nach, ich
hole ein, verteile Beute; es sättige sich an ihnen meine Gier, ich zücke
mein Schwert, meine Hand tilgt sie aus. 10 Du bliesest mit deinem Atem
– das Meer bedeckte sie; sie versanken wie Blei in gewaltigen Wassern.
11 Wer ist dir gleich unter den Göttern, o HERR! Wer ist dir gleich, *so*
herrlich in Heiligkeit, furchtbar an Ruhmestaten, Wunder tuend! 12 Du
strecktest aus deine Rechte – die Erde verschlang sie. 13 In deiner Gnade
hast du geleitet das Volk, das du erlöst, hast es durch deine Stärke geführt zu deiner heiligen Wohnung. 14 Es hörten's die Völker, sie bebten;
Angst ergriff Philistäas Bewohner. 15 Da wurden bestürzt die Fürsten
Edoms; die Gewaltigen Moabs, Zittern ergriff sie; es verzagten alle Bewohner Kanaans. 16 Es überfiel sie Schrecken und Furcht; vor der Größe deines Arms wurden sie stumm wie ein Stein, während hindurchzog
dein Volk, o HERR, während hindurchzog das Volk, das du erworben.
17 Du wirst sie bringen und pflanzen auf den Berg deines Erbteils, die
Stätte, die du, o HERR, zu deiner Wohnung gemacht hast, das Heiligtum, Herr, das deine Hände bereitet haben. 18 Der HERR ist König auf
immer und ewig! 19 Denn als die Pferde des Pharao mit seinen Wagen
und mit seinen Reitern ins Meer gezogen waren, hat der HERR die Wasser des Meeres über sie zurückkehren lassen; aber die Söhne Israel sind
auf trockenem Land mitten durchs Meer gegangen. 20 Und die Prophetin Mirjam, Aarons Schwester, nahm das Tamburin in ihre Hand, und
alle Frauen zogen aus, hinter ihr her, mit Tamburinen und in Reigen-
tänzen. 21 Und Mirjam sang ihnen zu: Singt dem HERRN, denn hoch
erhaben ist er; Pferd und Wagen warf er ins Meer!

Dieser Text ist „ein ins Danklied übergehender Hymnus auf Gottes Rettung am Meer und auf seine wunderbare Führung durch die Wüste nach Kanaan“ (J. Scharbert). In V. 18 weitet sich der Blick sogar bis in die Ewigkeit von Gottes Königtum. In seiner jetzigen Gestalt verdankt es sich wohl einem längeren Traditionsprozess. Möglicherweise wurde das Lied schon in der frühen Königszeit beim Gottesdienst im „Heiligtum des Herrn“ gesungen. V. 21 ist vermutlich als Refrain zu verstehen. Wörtlich übersetzt heißt es hier: „Mirjam sang ihnen den Antwortgesang vor." Sie wird als Prophetin bezeichnet, die den Zug der Frauen mit Handtrommel und Tanz anführt. So haben zu anderer Zeit die Frauen das israelitische Heer begrüßt, wenn es siegreich aus dem Kampf heimkehrte. Hier aber gelten Tanz und Gesang ausschließlich Jahwe, der für Israel gekämpft hat (Ex 14,14).

Das Lied der Geretteten ist noch voller Staunen über die Kühnheit, die Jahwe ihnen in diesem dramatischen Geschehen ermöglichte (V. 2 und 13). Denn durch das Meer mussten sie selbst gehen, während Jahwe ihnen beistand. Er hat ihnen die Angst vor dem Pharao nun endgültig genommen. So kann das freudig bewegte Bild mit Handtrommeln, Tanz und Gesang auch Ausdruck dafür sein, dass Menschen (wieder) fähig geworden sind, aus sich herauszugehen, ohne fürchten zu müssen, dafür bestraft zu werden. In diesem gemeinsamen rhythmischen Singen und Tanzen erlebt Israel die Gemeinschaft mit Gott und untereinander auf ganz neue Weise.

Mit dem „Siegeslied am Schilfmeer" geht der erste Teil des Buches Exodus zu Ende.

Der Weg durch die Wüste: Ex 15,22–16,36

15[22] Und Mose ließ Israel vom Schilfmeer aufbrechen, und sie zogen
hinaus in die Wüste Schur und wanderten drei Tage in der Wüste und
fanden kein Wasser. [23] Da kamen sie nach Mara, aber sie konnten das
Wasser von Mara nicht trinken, denn es war bitter. Darum gab man
dem Ort den Namen Mara. [24] Und das Volk murrte gegen Mose: Was
sollen wir trinken? [25] Da schrie er zum HERRN, und der HERR zeigte
ihm ein Stück Holz; das warf er ins Wasser, und das Wasser wurde süß.
Dort legte er Ordnung und Recht für es fest, und dort prüfte er es, [26] und
er sprach: Wenn du willig auf die Stimme des HERRN, deines Gottes,
hörst und tust, was in seinen Augen recht ist, seinen Geboten gehorchst
und all seine Ordnungen hältst, dann werde ich dir keine der Krankheiten auferlegen, die ich den Ägyptern auferlegt habe; denn ich bin der
HERR, der dich heilt.

[27] Dann kamen sie nach Elim, und dort waren zwölf Wasserquellen
und siebzig Palmbäume; und sie lagerten sich dort am Wasser. 16[1] Und
sie brachen von Elim auf, und die ganze Gemeinde der Söhne Israel
kam in die Wüste Sin, die zwischen Elim und Sinai liegt, am fünfzehnten Tag des zweiten Monats nach ihrem Auszug aus dem Land Ägyp-

ten. [2] Da murrte die ganze Gemeinde der Söhne Israel gegen Mose und
Aaron in der Wüste. [3] Und die Söhne Israel sagten zu ihnen: Wären
wir doch durch die Hand des HERRN gestorben im Land Ägypten, als
wir bei den Fleischtöpfen saßen, als wir Brot aßen, bis wir satt wurden! Denn ihr habt uns in diese Wüste herausgeführt, um diese ganze Versammlung vor Hunger sterben zu lassen. [4] Da sprach der HERR
zu Mose: Siehe, ich will euch Brot vom Himmel regnen lassen. Dann
soll das Volk hinausgehen und den Tagesbedarf täglich sammeln, damit ich es prüfe, ob es nach meinem Gesetz leben will oder nicht. [5]
Am sechsten Tag aber, wenn sie zubereiten, was sie einbringen, wird
es geschehen, dass es das Doppelte von dem sein wird, was sie tagtäg-
lich sammeln. [6] Und Mose und Aaron sagten zu allen Söhnen Israel:
Am Abend werdet ihr erkennen, dass euch der HERR aus dem Land
Ägypten herausgeführt hat, [7] und am Morgen werdet ihr die Herrlichkeit des HERRN sehen, der euer Murren gegen den HERRN gehört hat.
Denn was sind wir, dass ihr gegen uns murrt? [8] Und Mose sagte: Dadurch werdet ihr es erkennen, dass euch der HERR am Abend Fleisch
zu essen geben wird und am Morgen Brot bis zur Sättigung, weil der
HERR euer Murren gehört hat, mit dem ihr gegen ihn murrt. Denn was
sind wir? Nicht gegen uns richtet sich euer Murren, sondern gegen den
HERRN. [9] Und Mose sagte zu Aaron: Befiehl der ganzen Gemeinde der
Söhne Israel: Tretet vor den HERRN, denn er hat euer Murren gehört!
[10] Da geschah es, als Aaron zur ganzen Gemeinde der Söhne Israel redete und sie sich zur Wüste hinwandten, siehe, da erschien die Herrlichkeit des HERRN in der Wolke. [11] Und der HERR redete zu Mose und
sprach: [12] Ich habe das Murren der Söhne Israel gehört. Rede zu ihnen
und sprich: Zwischen den zwei Abenden werdet ihr Fleisch essen, und
am Morgen werdet ihr von Brot satt werden! So werdet ihr erkennen,
dass ich der HERR, euer Gott bin.

[13] Und es geschah am Abend, da kamen Wachteln herauf und bedeckten das Lager. Und am Morgen war eine Schicht von Tau rings um
das Lager. [14] Und als die Tauschicht aufgestiegen war, siehe, *da lag* auf
der Fläche der Wüste etwas Feines, Körniges, fein, wie der Reif auf der
Erde. [15] Das sahen die Söhne Israel, und sie sagten einer zum andern:
Was ist das? Denn sie wussten nicht, was es war. Mose aber sagte zu
ihnen: Dies ist das Brot, das euch der HERR zur Nahrung gegeben hat.
[16] Dies ist das Wort, das der HERR geboten hat: Sammelt davon, jeder
nach dem Maß seines Essens! Einen Gomer je Kopf sollt ihr nehmen,
nach der Zahl eurer Seelen, jeder für die, die in seinem Zelt sind! [17] Und
die Söhne Israel machten es so und sammelten, der eine viel, der ande-

re wenig. 18 Als sie aber mit dem Gomer maßen, da hatte der, der viel gesammelt hatte, keinen Überschuss, und wer wenig gesammelt hatte, der hatte keinen Mangel. Jeder hatte gesammelt nach dem Maß seines Essens. 19 Und Mose sagte zu ihnen: Niemand lasse etwas davon übrig bis zum Morgen! 20 Aber sie hörten nicht auf Mose, sondern einige ließen *etwas* davon bis zum Morgen übrig; da verfaulte es durch Würmer und stank. Da wurde Mose zornig über sie. 21 Und sie sammelten es Morgen für Morgen, jeder nach dem Maß seines Essens. Wenn aber die Sonne heiß wurde, dann zerschmolz es. 22 Und es geschah am sechsten Tag, da sammelten sie das Doppelte an Brot, zwei Gomer für jeden einzelnen. Da kamen alle Fürsten der Gemeinde und berichteten es Mose. 23 Er sagte nun zu ihnen: Dies ist es, was der HERR geredet hat: Morgen ist eine Sabbatfeier, ein heiliger Sabbat für den HERRN. Was ihr backen wollt, backt, und was ihr kochen wollt, kocht! Alles aber, was übrig bleibt, legt für euch zurück zur Aufbewahrung bis zum nächsten Morgen! 24 Da legten sie es zurück bis zum nächsten Morgen, wie Mose geboten hatte, und es wurde nicht stinkend, und es kam kein Wurm hinein. 25 Mose sagte: Esst es heute, denn heute ist ein Sabbat für den HERRN! Heute werdet ihr auf dem Feld nichts finden. 26 Sechs Tage sollt ihr es sammeln, aber am siebten Tag ist Sabbat, da gibt es nichts.

27 Aber am siebten Tag geschah es, dass dennoch einige vom Volk hinausgingen, um zu sammeln, doch sie fanden nichts. 28 Da sprach der HERR zu Mose: Wie lange habt ihr euch nun schon geweigert, meine Gebote und Gesetze zu halten! 29 Seht, weil euch der HERR den Sabbat gegeben hat, darum gibt er euch am sechsten Tag Brot für zwei Tage. So bleibe nun jeder von euch daheim, niemand verlasse am siebten Tag seinen Lagerplatz! 30 So ruhte denn das Volk am siebten Tag. 31 Und das Haus Israel gab ihm den Namen Man, und es war weiß wie Koriandersamen und sein Geschmack wie Kuchen mit Honig.

32 Mose nun sagte: Das ist es, was der HERR geboten hat: Ein Gomer voll davon sei zur Aufbewahrung für eure künftigen Generationen, damit sie das Brot sehen, das ich euch in der Wüste zu essen gegeben habe, als ich euch aus dem Land Ägypten herausgeführt hatte. 33 Und Mose sagte zu Aaron: Nimm einen Behälter und tu Man hinein, einen Gomer voll, und stelle ihn hin vor den HERRN zur Aufbewahrung für eure künftigen Generationen! 34 Wie der HERR dem Mose geboten hatte, so stellte ihn Aaron vor das Zeugnis zur Aufbewahrung. – 35 Und die Söhne Israel aßen das Man vierzig Jahre, bis sie in bewohntes Land kamen; sie aßen das Man, bis sie an die Grenze des Landes Kanaan kamen. 36 Der Gomer aber ist ein Zehntel vom Efa.

Mit dem Aufbruch zum Sinai (Ex 15,22-18,27) verlässt Israel ein Gebiet, in dem es Jahrhunderte lang sesshaft war (Ex 12,40f.). Es trennt sich von einer Kultur und Lebensweise, die über Generationen hin die Menschen geprägt hat. Wie schwer es den Israeliten fällt, mit der neuen Lebensweise zurecht zu kommen, die ihnen die Wüste abverlangt, zeigen die folgenden Ereignisse. Sie sind zugleich als Vorbereitung auf die Begegnung mit Gott am Sinai zu verstehen, als eine „Phase der wechselseitigen Erprobung und des Kennenlernens" (D. Markl), bevor Israel eine engere Bindung mit ihm eingeht. War die Rettung am Schilfmeer (Ex 14,1-15,21) gleichsam die Geburtsstunde des Gottesvolkes, so können wir den Weg zum Sinai mit dem Heranwachsen, mit seiner Kindheit und Jugend vergleichen.

1. *Ex 15,22-27*: Nach einem Drei-Tage-Weg durch die Wüste geht den Israeliten das Wasser aus. Sie finden schließlich etwas, das aber ungenießbar ist und nennen diese Wasserstelle „Mara", die Bittere. Da begehren die Israeliten auf. Sie „murren". Ihre Unzufriedenheit ist verständlich. Wie sollen sie ohne Wasser ihren Weg durch die Wüste fortsetzen? Mose solidarisiert sich mit der Not des Volkes und schreit zum Herrn, der das Wasser gesund macht.

Der folgende Abschnitt erläutert, dass hier zum ersten Mal das Verhältnis zwischen Gott und dem Volk auf die Probe gestellt wurde. Jahwe verlangt von jedem Einzelnen, dass er achtsam auf seine Stimme hört und sich auf seine Sichtweise einlässt, dass er auf seine Gebote lauscht und seine Weisungen lebt. Die Bereitschaft, sich jeden Tag neu unter Gottes Wort zu stellen, seine Werte und Weisungen zu übernehmen, „steht am Anfang und ist Voraussetzung für ein gelingendes Leben" (D. Markl). Jahwe will mit seinen Werten und Weisungen sein Volk gesund erhalten und Erkrankungen von ihm fernhalten. Israel soll Gottes heilende Arztsorge erfahren.

Der nächste Lagerplatz ist Elim, eine Palmenoase mit reichlich Wasser. Der Text spricht von zwölf Wasserquellen und siebzig Palmen. Es sieht so aus, als sei diese Oase wie ein „Spiegelbild" Israels (B. Jakob): Das Volk besteht aus zwölf Stämmen und kennt die Institution der siebzig Ältesten (Num 11,16.24). Demnach käme auf jeden Stamm eine Quelle und auf jeden Ältesten eine Palme (D. Markl).

2. *Ex 16,1-12*: Von der wasserreichen Palmenoase Elim geht der Weg weiter zur Wüste Sin. Wieder beginnen die Israeliten zu „murren",

diesmal über Mose und Aaron. „Wären wir doch durch die Hand Jahwes gestorben im Land Ägypten, als wir an den Fleischtöpfen saßen, als wir Brot aßen, bis wir satt wurden. Denn ihr habt uns in diese Wüste hineingeführt, um diese ganze Versammlung vor Hunger sterben zu lassen" (Ex 16,3). Hier ist an jene Nacht gedacht, da Israel das Paschalamm aß und Gott die Erstgeborenen der Ägypter schlug. Sie wären lieber in dieser Nacht des Aufbruchs gestorben.

Der Vorwurf gegen Mose und Aaron verkennt, dass es Jahwe war, der sie aus dem Sklavenhaus Ägypten herausgeführt hat (Ex 16,6). Doch wie Gott sein Volk vor dem Verdursten durch die Heilung des Wassers errettet hat, so bewahrt er es jetzt vor dem Hungertod mit der Gabe des Brotes. Die Wüste als Erfahrung absoluten Mangels, Durst und Hunger, führt in einen schmerzlichen Lösungsprozess. Hier lernt Israel, wovon es wirklich leben kann.

Manchmal ist ein solcher Mangelzustand die einzige Möglichkeit, die Frage nach der eigenen Lebensgrundlage überhaupt aufkommen zu lassen. So wird aus der Sicht der Pentateuchredaktion die Wüste als Ort der Einübung in die Tora gesehen. Es beginnt damit, dass alle jeden Morgen hinausgehen müssen, um die notwendige Tagesration aufzusammeln – ein jeder nach seinem Maß. Am sechsten Tag wird es das Doppelte sein, sodass sie am siebten Tag ausruhen können. So lernen die Israeliten, im Rhythmus von täglicher Arbeitsdisziplin und wöchentlicher Ruhe ihr Maß zu finden. Wenn jeder ein Gespür für sein Maß entwickelt, haben alle genug. Und hierin liegt die Erprobung: Wenn Gott das Maß setzt und die Menschen sich daran halten, kommt keiner zu kurz.

Das Verlangen, an Fleisch und Brot satt zu haben (Ex 16,3), wird in Erfüllung gehen. Die Erfahrung von Jahwes Fürsorge soll zu seiner tieferen Erkenntnis führen (Ex 16,6.12). Das plötzliche Erscheinen der göttlichen Herrlichkeit bekräftigt die Konfrontation des Volkes durch Mose und Aaron (Ex 16,6-8) und lässt die Israeliten sich ihres Unglaubens bewusst werden.

3. *Ex 16,13-31*: Am folgenden Abend und Morgen werden die Ankündigungen Jahwes Wirklichkeit. Ein riesiger Schwarm erschöpfter Wachteln bedecken das Lager und am Morgen entdecken die Israeliten „das Brot, das der Herr ihnen zu essen gibt". Die Anweisungen des Mose

machen deutlich, dass zum Lernprozess der Wüste die Konzentration auf das Heute und auf das individuell Angemessene und Notwendige gehört. Sie ermöglicht nach und nach eine sensible offene Lebenshaltung. Wer kein Gespür entwickelt für das eigene Maß, muss erfahren, dass die Gabe Gottes verdirbt und ungenießbar wird (Ex 16,20).

Die Verbindung von Manna und Sabbat (Ex 16,13-20) betont das Anliegen, die entscheidende Lebensqualität nicht vom Ertrag menschlicher Arbeit und Leistung zu erwarten, sondern von der Ausrichtung auf Jahwes Worte und Weisungen. Das geschieht vor allem durch die Heiligung des Sabbats. Am Sabbat soll der Mensch frei sein, sich von Jahwe neu beleben und heiligen zu lassen. „Die Sabbatruhe ist das sichtbare Zeichen des Glaubens daran, dass die Tiefendimension allen Lebens im Wort Jahwes gründet" (E. Zenger). Erst durch den Sabbat und durch den vom Sabbat geprägten Menschen wird die Schöpfung vor Zerstörung bewahrt und kommt zu ihrer Vollendung.

Der Sabbat ist Geschenk Jahwes (Ex 16,29). Wenn er als Verbot gesehen und nicht als Geschenk angenommen wird, verkommt er zur Last.

4. *Ex 16,32-36*: Mose gibt Aaron die Anweisung, ein Sabbatmaß, das nicht verdirbt, in einem Gefäß aufzubewahren, damit es allen Generationen in Erinnerung bleibt, wie verlässlich Jahwe sein Volk in der Wüste ernährt hat, und das auf noch wunderbarere Weise am Sabbat. Diese Erfahrung des Anfangs soll den Menschen im Gedächtnis bleiben: Der Rhythmus der wöchentlichen Ruhe isst so lebensnotwendig, dass seine Nichtbeachtung eine Entstellung des Gottesbildes und der Gottebenbildlichkeit des Menschen zur Folge hat.

Am Ende wird noch erwähnt, dass die Israeliten vierzig Jahre lang sich vom Manna ernähren konnten, bis sie bewohntes Gebiet an der Grenze zu Kanaan erreichten.

Das Wasser aus dem Felsen: Ex 17,1-7

17[1] Und die ganze Gemeinde der Söhne Israel brach nach ihrer Aufbruchsordnung aus der Wüste Sin auf nach dem Befehl des HERRN, und sie lagerten sich in Refidim. Aber da war kein Wasser zum Trinken für das Volk. [2] Da geriet das Volk mit Mose in Streit, und sie sagten: Gib uns Wasser, damit wir zu trinken haben! Mose aber erwiderte ihnen: Was streitet ihr mit mir? Was prüft ihr den HERRN? [3] Als nun das Volk dort nach Wasser dürstete, murrte das Volk gegen Mose und sagte: Wozu hast du uns überhaupt aus Ägypten heraufgeführt? Um mich und meine Kinder und mein Vieh vor Durst sterben zu lassen?

[4] Da schrie Mose zum HERRN und sagte: Was soll ich mit diesem Volk tun? Noch ein wenig, so steinigen sie mich. [5] Und der HERR antwortete Mose: Geh dem Volk voran und nimm einige von den Ältesten Israels mit dir. Auch deinen Stab, mit dem du auf den Nil geschlagen hast, nimm in deine Hand und geh hin! [6] Siehe, ich will dort vor dich auf den Felsen am Horeb treten. Dann sollst du auf den Felsen schlagen, und es wird Wasser aus ihm hervorströmen, so dass das Volk zu trinken hat. Und Mose machte es so vor den Augen der Ältesten Israels.

[7] Und er gab dem Ort den Namen Massa und Meriba wegen des Streitens der Söhne Israel, und weil sie den HERRN geprüft hatten, indem sie sagten: Ist der HERR in unserer Mitte oder nicht?

Nach dem Durchzug durch das Schilfmeer wird die Wüste immer mehr zum Ort lebensgefährlicher Bedrohung. Jetzt wird das Volk mit einer Gestalt des Todes konfrontiert, die nicht vom Pharao ausgeht, sondern die Folge ihres eigenen Exodus ist. Israel hat zwar das Land des pharaonischen Todes hinter sich gelassen und sogar die Wasser des Todes am Schilfmeer durchschritten, aber nun muss es erfahren, dass der Weg in die Freiheit es in äußerste Lebensnot bringt.

Drei Leitworte durchziehen die Stationen des ersten Abschnitts der Wüstenwanderung (Ex (15-17) und verbinden die einzelnen Abschnitte miteinander: „aufbrechen“ (Ex 15,22; 16,1; 17,1), „murren“, das am häufigsten im Text vorkommt (Ex 15,24; 16,2.8.9; 17,3), und „erproben, testen“ (Ex 15,25; 17,2.7).

1. *Ex 17,1-3*: Das Volk bricht erneut auf und zieht weiter durch die Wüste, wie Jahwe es befohlen hat. Als sie beim nächsten Lagerplatz kein Wasser finden und die Schrecken der Wüste ihre Todesschatten werfen,

kommt es zum offenen Konflikt mit Mose. In unserer Geschichte konkurrieren zwei verschiedene Weisen des Aufbegehrens. Zunächst ein legitimer Protest gegen die Autorität des Mose, weil er seine Verantwortung nicht wahrnimmt, dem Volk in der Wüste Leben zu vermitteln. Ein solches Murren steht nicht im Widerspruch zu der Freiheit, die der Exodusgott seinem Volk zumutet. Die Freimütigkeit im Verhältnis zu Jahwe geht sogar, wie unsere Geschichte im weiteren Verlauf zeigt, so weit, dass er sich als Gott des Lebens einklagen lässt. Das ist ein ganz entscheidender Schritt in der Entwicklung des Grundvertrauens und einer gesunden religiösen Lebenseinstellung. Gott wird als verlässlicher Rechtspartner, als positive Autorität gesehen, die den Menschen in seiner Selbständigkeit achtet und ernst nimmt.

Doch die Reaktion des Mose in V. 2 zeigt, dass er diesen Reifungsschritt nicht zulassen kann. Die Rebellion gegen seine Amtsführung verleitet ihn dazu, seine Kritiker nicht ernst zu nehmen und ihren Protest als Versuchung Jahwes zu disqualifizieren: „Was streitet ihr mit mir? Was stellt ihr Jahwe auf die Probe?“ Anstatt den berechtigten Schrei des Volkes aufzunehmen und sich seiner Not zunächst einmal auszusetzen, immunisiert er sich theologisch in seinem Leitungsamt.

In dem aus verschiedenen Quellen und Traditionen zusammen gewobenen Text wird aber auch ein anderes Murren hörbar: „Warum hast *du* uns denn bloß heraufgeführt aus Ägypten, um mich und meine Kinder und meine Herde durch Durst zu töten?“

In diesem Aufbegehren wird der Exodus wieder (Ex 15,3) nicht mehr als Tat Jahwes verstanden, sondern als Initiative des Mose dargestellt. Und er wird nicht als Weg zum Leben, sondern als Weg in den Tod gesehen. Das ist die Umkehrung von Glauben, in dem der Mensch sich festmacht in Jahwe und darin Leben findet. Während der langen Wüstenwanderung wird es immer wieder zu dieser Art von Auflehnung kommen. Im Laufe der Zeit gewinnen die Fleischtöpfe Ägyptens in der Erinnerung immer mehr an Anziehungskraft. Rückschauend kommt ihnen die Sklaverei erträglicher vor als die Wüste. Es fällt den Israeliten schwer, sich jeden Tag aufs Neue ganz und gar auf Jahwe zu verlassen. Das „schöne weite Land“, die Vision, um deretwillen sie ausgezogen sind, verliert seine Kraft, und viele beginnen am Sinn der Freiheit zu zweifeln.

2. *Ex 17,4-6*: Das Aufbegehren des Volkes bringt Mose schließlich in lebensgefährliche Bedrängnis. Das Volk ist drauf und dran, ihn zu steinigen – ein Tötungsritual, das besonders den Ausstoß aus der Gemeinschaft zum Ausdruck bringt. Das Murren mobilisiert Mose, sich von Jahwe Inspiration und Kraft für sein Leitungsamt zu erbitten. „Mose schrie zum Herrn: Was soll ich für dieses Volk tun? Nur noch wenig und sie werden mich steinigen!" Selbst in Angst um sein Leben wird sein Hilfeschrei zum Schrei der Solidarität mit dem dürstenden, leidenden Volk. Er stellt sich seiner Verantwortung, seinem Volk in der Wüste Leben zu vermitteln, und findet so zu seiner religiösen Kompetenz zurück.

Dem rebellierenden Volk und dem zu Tode verängstigten Mose antwortet Jahwe als „Jahwe", als der seinem Volk gerade in tödlicher Bedrohung nahe und rettende Gott. Der Stab, mit dem Mose das Trinkwasser Ägyptens in Wasser des Todes verwandelt hat, soll nun Wasser des Lebens aus dem Felsen schlagen. Mose vertraut dem Wort Jahwes, der die steinerne Wirklichkeit der Welt in einen Ort des Lebens verwandeln kann. Es ist Jahwes Gegenwart am Felsen, die dem Felsen seine Leben spendende Qualität gibt. Mose bleibt nur der Vermittler.

Daran also soll Israel seinen Gott erkennen: Wer sich auf den Exodus einlässt, wird erfahren, dass sich die Wüste als Ort des Todes in einen „Raum" des Lebens wandelt. Oft kann nur in Zeiten der Ohnmacht und spürbarer Sinnlosigkeit, wo die eigene Aktivität zum Erliegen kommt, der Sinn für Gnade wachsen.

3. *Ex 17,7*: Die Gabe des Lebenswassers kann sich aber nicht ereignen, wenn das Volk zweifelt: „Ist Jahwe in unserer Mitte oder ist er es nicht?" Dann ist er es schon nicht mehr. Daher muss das Leben spendende Wunder außerhalb seines Lagers geschehen, an einem Ort, wo Jahwe von neuem auf sein Volk wartet. Die einzig richtige Frage lautet: „Sind wir bei Jahwe oder sind wir es nicht?"

Israel hat sein Überleben in der Wüste später als ein einziges Wunder betrachtet. Die eigenen Kräfte reichten nicht aus, und doch ging es weiter – Tag für Tag, auch wenn das Manna, das man täglich neu aufsammeln musste, um am Leben zu bleiben, immer für den einen Tag ausreichte. Im Grunde ist der Zug des befreiten Jahwevolkes durch die Wüste ein mühsames Einüben in die Freiheit täglich neu geschenkten Lebens, ein Umkehren der tief eingewurzelten Sklavenmentalität, sein Leben von anderen eingrenzen und bestimmen zu lassen.

Mose hat mit den beiden Namen „Massa“ (auf die Probe stellen) und „Meriba“ (Ort des Streites) die Erinnerung an diese Auseinandersetzung mit Jahwe festgehalten.

In diesem schmerzlichen Reifungsprozess wird Gott als Beistand und Widersacher erfahren. Man kann mit ihm verschiedener Meinung sein, die eigenen Rechte geltend machen und verhandeln. Wenn diese Autonomie organisch wächst, wird vor allem das Verhandeln innerhalb der beiderseitig akzeptierten „Rechtsordnung“ zu einem charakteristischen Zeichen der Gottesbeziehung. Es besteht eine gewisse Gleichwertigkeit, die bei allem Respekt auch Freimütigkeit im Umgang miteinander ermöglicht. Wenn sich in einem Menschen die Überzeugung nicht entwickeln kann, dass er auch gegenüber Gott eine Person eigenen Rechts ist und dass Gott seine Rechte achtet und ernst nimmt, dann findet er nicht zu einem gesunden Selbstvertrauen und zu einem Vertrauen in Gott, das Freimütigkeit mit einschließt. Gott wird dann zur alles bestimmenden Macht, die dem Menschen im Grunde keinen selbständigen Entfaltungsraum lässt. Ein solches Gottesbild produziert aber verstärkt eine Knechtsmentalität, aus der Jahwe Israel herausführen will.

Der Kampf mit Amalek: Ex 17,8-16

17[8] Danach kam Amalek und kämpfte in Refidim gegen Israel.

[9] Und Mose sagte zu Josua: Wähle uns Männer aus und zieh aus, kämpfe gegen Amalek! Morgen will ich mich auf den Gipfel des Hügels stellen mit dem Stab Gottes in meiner Hand. [10] Da tat Josua, wie Mose ihm gesagt hatte, um gegen Amalek zu kämpfen. Und Mose, Aaron und Hur stiegen auf den Gipfel des Hügels. [11] Und es geschah, wenn Mose seine Hand erhob, war Israel stärker, wenn er aber seine Hand sinken ließ, war Amalek stärker. [12] Und die Hände des Mose wurden schwer. Da nahmen sie einen Stein und legten den unter ihn, und er setzte sich darauf. Dann stützten Aaron und Hur seine Hände, der eine auf dieser, der andere auf jener Seite. Und seine Hände waren Festigkeit, bis die Sonne unterging. [13] Und Josua besiegte Amalek und sein Kriegsvolk mit der Schärfe des Schwertes.

[14] Danach sprach der HERR zu Mose: Schreib dies zum Gedächtnis in ein Buch und lege in die Ohren Josuas, dass ich die Erinnerung an Amalek vollständig unter dem Himmel auslöschen werde! [15] Und Mose

baute einen Altar und gab ihm den Namen: „Der HERR ist mein Feldzeichen", [16] indem er sagte: Fürwahr, die Hand ist am Thron Jah(*we*)s: Krieg hat der HERR mit Amalek von Generation zu Generation!

Der Weg durch die Wüste ist voller Gefahren und Anfechtungen. Nur wenn Jahwe mit seinem Volk zieht, verliert die Wüste ihre tödliche Bedrohung und wird zu einem Ort, wo Israel leben und sich behaupten lernt.

1. *Ex 17,8*: Kaum hatten die Israeliten durch das Wasser aus dem Felsen Jahwes neuen Lebensmut gefasst, als sie unvermittelt in Rifidim von den Amalekitern angegriffen werden. Dieser Überfall verstößt nach allgemeinem altorientalischen Empfinden gegen die Menschlichkeit, weil Amalek nicht ein feindliches Heer attackiert, das seinerseits den Kampf sucht. Israel ist nur ein kleines bedrängtes Volk, das eben erst dem Tod entkam und nun eine neue Heimat sucht. Als Flüchtling fällt es unter das heilige Schutzrecht, das dem Fremdling und Wanderer Gastfreundschaft und Hilfe auf seinem Weg gebietet. Zudem ist Israel unterwegs zum Sinai, um sich von Jahwe eine neue Lebensordnung geben zu lassen. Auf dem Weg zum Gottesberg sind die Wallfahrer gottgeweiht und unverletzlich. Ort und Zeit der Wallfahrt stehen unter Gottes Frieden und Schutz. Wenn Amalek Israel auf einem solchen Weg überfällt, dann fürchtet er nicht einmal Gott.

Ein weiterer Aspekt der Verwerflichkeit dieses Überfalls liegt darin, dass der Angreifer nicht irgendein fremder Feind ist, sondern ein verwandter Stamm, der hier ein Brudervolk tödlich bedroht. In der Aggression Amaleks schlägt der Urkonflikt der Brüder durch, den Israel sich erzählerisch im stammesgeschichtlichen Konflikt der beiden Brüder Jakob und Esau und im urgeschichtlichen Konflikt der beiden Brüder Kain und Abel bewusst gemacht hat. Unsere Erzählung hat einen Jahrhunderte währenden Konflikt um Lebensweise und Gesellschaftsform aus der Anfangsgeschichte Israels verdichtet. Von daher ist der Konflikt Israel-Amalek vor der Sinaitheophanie auch als ein Kampf zweier Brudervölker um die rechte Jahwe-Beziehung zu sehen. Nach den Genealogien in Gen 36 ist Amalek ein Enkel Esaus, Sohn seines Erstgeborenen Elifas und seiner Nebenfrau Timna. Der Überfall Amaleks ist die Attacke des Außenseiters, des ungebändigt Wilden, der seine Freiheit in keiner Weise eingrenzen will. Damit symbolisiert er ein Negativbild von Freiheit, die alle Formen von Bindung verabscheut und bekämpft. Der Angriff Amaleks ist also auch ein Verstoß gegen die rechte Freiheit. Dtn 25,17-19 erinnert daran, wie er auf gemeine und brutale Weise die Müden und Erschöpften, die hinter dem Ende des Zuges Zurückgebliebenen von hinten nieder gemacht hat.

Amalek steht für die Menschen, die Israel seinen kaum gewonnenen Freiheitsspielraum, sein Existenzrecht, streitig machen. Diese Geschichte macht deutlich, dass jeder es lernen muss, die Ansprüche anderer auf sein eigenes Leben entschieden zurückzuweisen, wenn er selber existieren will. Eine solche Auseinandersetzung gehört einfach zum Leben, das zu sich selbst gefunden hat, oder wenigstens auf dem Weg dorthin ist.

Wer sich diesem massiven Konflikt nicht stellt, wird seine unter Mühen und Strapazen gewonnene Freiheit wieder verlieren. Alles steht auf dem Spiel. Das mag zunächst ziemlich egoistisch klingen, aber wer gerade erst dem Haus der Knechtschaft entkommen ist, kann noch nicht selbstlos sein. Man muss erst einmal das Recht auf ein eigenes Leben besitzen und geltend machen können, bevor man auf irgendetwas verzichten kann.

2. *Ex 17,9-16*: Israel stellt sich dem Konflikt. Mose beauftragt Josua, mit einer ausgewählten Truppe den Kampf mit Amalek aufzunehmen, während er selbst in Begleitung von Aaron und Hur von einem Hügel aus den konkreten Verlauf des Kampfes entscheidend beeinflusst. Wie in der vorausgehenden Geschichte von der Gabe des lebendig machenden Wassers gebraucht Mose auch hier den Gottesstab als wirkmächtiges Zeichen, das Israel aus der tödlichen Bedrohung rettet. Während beide Seiten, Amalek und Israel, miteinander kämpfen, verkörpert Mose auf dem Berg den Verlauf des Kampfgeschehens. „Und es geschah, wenn Mose seine Hand hob, war Israel stärker, und wenn er seine Hand sinken ließ, war Amalek stärker. Und die Hände des Mose wurden schwer."

Wenn man diese Szene als innere Bilder versteht, dann sagen sie, dass wir im Kampf gegen Amalek, d.h. in der Auseinandersetzung mit Menschen, die uns den Platz streitig machen, den wir zum Leben brauchen, uns nur behaupten können aus der Überzeugung, dass wir von Gott nicht nur ein Recht, sondern einen Auftrag zum eigenen Leben haben. Wir müssen den Raum erobern bzw. verteidigen, den Gott uns zum Leben zugewiesen hat. Sobald wir uns aus diesem Vertrauen zurückziehen und die Seite des Mose in uns, die sich auf Gott hin ausrichtet, nachlässt, wird auch die kämpfende Seite des Josua in uns schwach werden.

Es wird nun besonders hervorgehoben, dass Aaron und Hur die beiden Hände des Mose stützen. Sie sind die Stellvertreter des Volkes, ohne die Moses Hände erlahmen würden. Nicht Mose allein, sondern die stützend helfende Solidarität des Volkes ist unerlässlich, damit Israel den Kampf bestehen kann. Der biblische Text gebraucht hier eine besondere Wendung, um die Folge dieser solidarischen Geste zu beschreiben: „Und seine Hände waren Festigkeit, bis die Sonne unterging." „Festigkeit" hat immer einen geistig-seelischen Sinn, d.h. Aaron und Hur helfen mit, dass Mose in einer Haltung des Vertrauens und der Treue vor Gott ausharrt, „dass Mose als der glaubende und vertrauende, anbetende und bittende Führer und Stellvertreter seines Volkes vor Jahwe nicht ermüdet." (E. Zenger)

Ähnlich braucht ein Mensch, der ein wenig zu sich selbst gefunden hat, die stützend helfende Solidarität anderer, um in den ermüdenden Auseinandersetzungen um seinen Lebensraum und seine Menschwerdung nicht aufzugeben. Jedes Stück Selbständigkeit muss oft genug ganz real gegen Menschen aus dem eigenen Umfeld behauptet werden, die sich gegen das Anderssein des Anderen mit dem Ziel auflehnen, ihn zu vernichten oder klein zu kriegen, um sich durch ihn nicht mehr in Frage stellen zu müssen. In diesem Zusammenhang ist es nicht unwichtig, dass die Brüder und Schwestern, die einem stützend und helfend im Prozess der Menschwerdung beistehen, sich als Mitarbeiter/-innen der göttlichen Gnade verstehen, die mit viel Liebe, Sorgfalt und Gebet ihre Aufgabe erfüllen. Beides, Kämpfen und Beten, ist notwendig. Bei unserem Text liegt die Aufmerksamkeit auf dem Letzteren.

Der Altarbau am Ende unserer Erzählung soll denn auch noch einmal unterstreichen, dass die Rettung Israels, so sehr Mose und Josua daran beteiligt waren, ein Werk Jahwes war. Der Altar als Gedenkstein will das Offenbarwerden Jahwes im Kampf mit den Leben bedrohenden Mächten für alle Zeit festhalten. In diesem kritischen Moment, wo die Zukunft Israels auf des Schwertes Schneide stand, ging es um das Feldzeichen Jahwes, nicht Israels. Am Feldzeichen erkennt man, wer auf welcher Seite kämpft. Insofern Amalek zum Ursymbol des Feindes, die Personifikation jener Tod bringenden Gewalten geworden ist, die dem Jahwevolk das Leben streitig machen, ist „Krieg für Jahwe gegen Amalek von Geschlecht zu Geschlecht".

Es fällt auf, dass in allen drei Erzählungen die Erinnerung an die Erfahrungen auf dem Weg zum Sinai bewusst fest gehalten werden (Ex 16,32-36; 17,7; 17,14-16). Sie sind Paradigmen für kommende Generationen. So entwickelt sich nach und nach eine Gedächtniskultur als Lebens- und Glaubensorientierung innerhalb des Gottesvolkes.

Die Begegnung mit Jitro am Gottesberg: Ex 18,1-27

18[1] Jitro aber, der Priester von Midian, der Schwiegervater des Mose,
hatte alles gehört, was Gott an Mose und an seinem Volk Israel getan
hatte, dass der HERR Israel aus Ägypten herausgeführt hatte. [2] Da nahm
Jitro, der Schwiegervater des Mose, Zippora, die Frau des Mose mit
sich, nachdem dieser sie zurückgeschickt hatte, [3] mit ihren beiden Söhnen. Der eine von ihnen hieß Gerschom, weil er gesagt hatte: Ein Fremder bin ich geworden im fremden Land. [4] Der andere aber hieß Elieser,
denn er hatte gesagt: Der Gott meines Vaters ist meine Hilfe gewesen
und hat mich vom Schwert des Pharao errettet. [5] So kam Jitro, der
Schwiegervater des Mose, mit dessen Söhnen und dessen Frau zu Mose
in die Wüste, wo er am Berg Gottes lagerte. [6] Und er ließ dem Mose
sagen: Ich, dein Schwiegervater Jitro, komme zu dir, und deine Frau
und ihre beiden Söhne mit ihr. [7] Da ging Mose hinaus, seinem Schwiegervater entgegen, verneigte sich und küsste ihn, und sie fragten einer
den andern nach ihrem Wohlergehen und gingen ins Zelt. [8] Und Mose
erzählte seinem Schwiegervater alles, was der HERR am Pharao und an
den Ägyptern um Israels willen getan hatte, all die Mühsal, die ihnen
auf dem Weg begegnet war, und dass der HERR sie errettet hatte. [9] Da
freute sich Jitro über all das Gute, das der HERR an Israel getan hatte,
dass er es aus der Hand der Ägypter errettet hatte. [10] Und Jitro sagte:
Gepriesen sei der HERR, der euch errettet hat aus der Hand der Ägypter
und aus der Hand des Pharao, der das Volk errettet hat unter der Hand
der Ägypter hinweg! [11] Jetzt habe ich erkannt, dass der HERR größer ist
als alle Götter; denn worin sie vermessen handelten, das kam über sie.
[12] Darauf nahm Jitro, der Schwiegervater des Mose, ein Brandopfer und
Schlachtopfer für Gott. Und Aaron und alle Ältesten Israels kamen, um
mit Moses Schwiegervater vor Gott ein Mahl zu halten.

[13] Und es geschah am Tag darauf, da setzte Mose sich nieder, um
dem Volk Recht zu sprechen. Und das Volk stand bei Mose vom Morgen

bis zum Abend. 14 Als aber der Schwiegervater des Mose alles sah, was er mit dem Volk tat, sagte er: Was ist das, das du mit dem Volk tust? Warum sitzt du allein da, während alles Volk vom Morgen bis zum Abend bei dir steht? 15 Mose antwortete seinem Schwiegervater: Weil das Volk zu mir kommt, um Gott zu befragen. 16 Wenn sie eine Rechtssache haben, dann kommt es zu mir, und ich richte zwischen dem einen und dem andern und gebe ihnen die Ordnungen Gottes und seine Weisungen bekannt. 17 Da sagte Moses Schwiegervater zu ihm: Es ist nicht gut, wie du das machst. 18 Du reibst dich auf, sowohl du als auch dieses Volk, das bei dir ist. Die Aufgabe ist zu schwer für dich, allein kannst du sie nicht bewältigen. 19 Höre nun auf meine Stimme, ich will dir raten, und Gott wird mit dir sein: Vertritt du das Volk vor Gott, und bringe du die Sachen vor Gott. 20 Belehre sie über die Ordnungen und Weisungen und zeige ihnen den Weg, den sie gehen, und das Werk, das sie tun sollen. 21 Du aber suche dir aus dem ganzen Volk tüchtige, gottesfürchtige Männer aus, zuverlässige Männer, die ungerechten Gewinn hassen, und setze sie über sie: Oberste von Tausend, Oberste von Hundert, Oberste von Fünfzig und Oberste von Zehn, 22 damit sie dem Volk jederzeit Recht sprechen! Und es soll geschehen, dass sie jede große Sache vor dich bringen, jede kleine Sache aber selbst richten. Auf diese Weise entlaste dich, und sie mögen *es* mit dir tragen! 23 Wenn du dies tust und Gott es dir gebietet, dann wirst du bestehen können, und auch dieses ganze Volk wird in Frieden an seinen Ort kommen. 24 Und Mose hörte auf die Stimme seines Schwiegervaters und tat alles, was er gesagt hatte. 25 So wählte Mose denn aus ganz Israel tüchtige Männer aus und machte sie zu Oberhäuptern über das Volk: Oberste von Tausend, Oberste von Hundert, Oberste von Fünfzig und Oberste von Zehn. 26 Diese sprachen dem Volk jederzeit Recht: jede schwierige Sache brachten sie vor Mose, jede kleine Sache aber richteten sie selbst. 27 Darauf ließ Mose seinen Schwiegervater ziehen, und dieser ging wieder in sein Land.

1. *Ex 18,1-12*: Jitro, der Priester von Midian und Schwiegervater des Mose, hatte gehört, was Gott alles an Mose und seinem Volk getan und wie Jahwe Israel aus Ägypten herausgeführt hatte. Gleich im ersten Satz des Kapitels wird die Perspektive des Erzählens deutlich: Es geht nicht um großartige Taten von Menschen, sondern um Gottes Handeln für sein Volk. *Das* weckt Jitros Interesse: davon möchte er im Einzelnen mehr erfahren – von den unmittelbar Betroffenen. So kündigt er Mose

seinen Besuch an und macht sich auf den Weg zum Gottesberg, wo die Israeliten lagerten. Das Zeichen, mit dem Mose bei seiner Berufung nach Ägpyten zurück geschickt wurde, hat sich nun erfüllt (Ex 3,12). Jitro nimmt seine Tochter Zippora, die Frau des Mose, und ihre beiden Söhne mit. Die Namen der beiden Söhne, Gerschom (Gast – Fremde/ Vertriebener) und Elieser (mein Gott ist Hilfe), reflektieren schon die Entwicklung des Mose vom Fremdling in der Steppe zum Bevollmächtigen Jahwes zur Rettung seines Volkes.

Beide Gottesmänner begegnen einander in *Ehrfurcht.* Nach der Begrüßung ziehen sie sich ins Zelt zurück. Das Gespräch braucht einen diskreten Raum. Mose erzählt seinem Schwiegervater *alles,* was Jahwe dem Pharao und den Ägyptern um Israels willen angetan hat. Er verschweigt auch die *Schwierigkeiten* („alle Mühsal") nicht, mit denen sie unterwegs zu kämpfen hatten, und wie Jahwe sie da herausgeholt hat. Es fällt auf, dass Mose nicht von eigenen Leistungen spricht und auch die dunklen Seiten des Erlebten nicht ausspart. Er erzählt von Jahwe. Seit dem Exodus kann Israel nur noch von sich erzählen, wenn es von Jahwe erzählt und umgekehrt.

Bei dieser Art von Erzählen kommt *Freude* auf und es entsteht eine tiefere Beziehung zwischen den Beteiligten. Die Freude geht über in den *Lobpreis Gottes.* Er offenbart, dass Jitro von Jahwes Gegenwart tief berührt und bewegt ist: „Jetzt habe ich erkannt: Groß ist Jahwe, mehr als alle Götter". Der Lobpreis mündet in einen Opfer*gottesdienst* mit einer *gemeinsamen Mahlfeier* „vor dem Angesicht Gottes." Der Priester von Midian bereitet das „Gottesmahl" vor und wird als Gast zum Gastgeber für Mose und Aaron und alle Ältesten Israels.

In dieser Geschichte wird (auch) modellhaft gezeigt, wie Begegnung zwischen Menschen gelingt, wie Beziehungen sich vertiefen und Gemeinschaft stiften, die im gemeinsamen Feiern ihren Höhepunkt und Abschluss findet, bevor der Alltag mit seinen Eigengesetzlichkeiten wieder beginnt.

2. *Ex 18,13-27*: Am nächsten Morgen beginnt für Mose wieder der Alltag und Jitro schaut zu, wie die Leute von früh bis spät bei ihm anstehen, um von ihm als Richter ihre Konfliktfälle nach dem Willen Gottes entscheiden zu lassen. Jitro schaut lange zu, bevor er Mose nach dem Grund dieser Prozedur fragt. Nach seiner Ansicht wird Mose diese tägliche Beanspruchung nicht lange durchhalten: „Es ist nicht gut, wie du

das machst. So reibst du dich auf, sowohl du als auch das Volk, das bei dir ist. Die Aufgabe ist zu schwer für dich! Allein kannst du sie nicht bewältigen! (Ex 18,17f). Um seiner eigentlichen Aufgabe (V. 19b f) gewachsen zu bleiben, soll er Verantwortung an fähige, gottesfürchtige und zuverlässige Männer abgeben, die Bestechung ablehnen. Mose soll also von Personen entlastet werden, die sich aufgrund ihrer Fähigkeiten und wegen ihrer Glaubwürdigkeit empfehlen. „Oberste Norm für alle Ämter des Jahwevolkes... ist das Grundprinzip des Exodus' die Vermittlung von Freiheit und die Mehrung des Lebens" (E. Zenger). So wird auch das ganze Volk in Frieden an seinen Ort kommen (V. 23c). Mose nimmt den Rat seines erfahrenen Schwiegervaters an. Dann kehrt Jitro in sein Land zurück, während Israel am Gottesberg bleibt, um sich für Jahwes Lebensordnung zu bereiten.

Mit dieser Erzählung werden die verschiedenen Ämter, die sich nach dem Untergang Judas im Exil und in persischer Zeit herausgebildet haben, theologisch an das Exodusereignis rückgebunden. Sie erhalten ihr „Gewicht" von der Gestalt des Mose, in dem die Gegenwart Jahwes in einzigartiger Weise offenbar geworden ist. „Niemals wieder ist in Israel ein Prophet wie Mose aufgetreten. Ihn hat der Herr Auge in Auge berufen. Keiner ist ihm vergleichbar, wegen all der Zeichen und Wunder, die er in Ägpyten im Auftrag Jahwes am Pharao, an seinem ganzen Hof und an seinem ganzen Land getan hat, wegen all der Beweise seiner starken Hand und wegen all der Furcht erregenden und großen Taten, die Mose vor den Augen von ganz Israel vollbracht hat" (Dtn 34, 10-12).

Zugleich erinnert diese Erzählung an das, was Israel Fremden verdankt. „Von anderen zu lernen, ihre guten Erfahrungen und Sichtweisen zu übernehmen, sind für Israel wichtige Ergänzungen zur göttlichen Offenbarung" (D. Markl).

Das Bundesangebot Jahwes: Ex 19,1-25

19[1] Im dritten Monat nach dem Auszug der Söhne Israel aus dem Land
Ägypten, an eben diesem Tag kamen sie in die Wüste Sinai. [2] Sie brachen auf von Refidim und kamen in die Wüste Sinai und lagerten sich
in der Wüste; und Israel lagerte sich dort dem Berg gegenüber. [3] Mose
aber stieg hinauf zu Gott. Und der HERR rief ihm vom Berg aus zu: So
sollst du zum Haus Jakob sagen und den Söhnen Israel mitteilen: [4] Ihr

habt gesehen, was ich den Ägyptern angetan und wie ich euch auf Ad-
lerflügeln getragen und euch zu mir gebracht habe. [5] Und nun, wenn ihr
willig auf meine Stimme hören und meinen Bund halten werdet, dann
sollt ihr aus allen Völkern mein Eigentum sein; denn mir gehört die ganze Erde. [6] Und ihr sollt mir ein Königreich von Priestern und ein heiliges
Volk sein. Das sind die Worte, die du zu den Söhnen Israel reden sollst.

[7] Darauf ging Mose hin, rief die Ältesten des Volkes zusammen und
legte ihnen all diese Worte vor, die ihm der HERR geboten hatte. [8] Da
antwortete das ganze Volk gemeinsam und sagte: Alles, was der HERR
gesagt hat, wollen wir tun! Und Mose brachte dem HERRN die Worte
des Volkes zurück.

[9] Da sprach der HERR zu Mose: Siehe, ich werde im Dunkel des Ge-
wölks zu dir kommen, damit es das Volk hört, wenn ich mit dir rede,
und auch dir ewig glaubt. Und Mose teilte dem HERRN die Worte des
Volkes mit. [10] Und der HERR sprach zu Mose: Geh zum Volk und heilige sie heute und morgen! Und sie sollen ihre Kleider waschen, [11] damit
sie für den dritten Tag bereit sind; denn am dritten Tag wird der HERR
vor den Augen des ganzen Volkes auf den Berg Sinai herabsteigen. [12]
Darum zieh eine Grenze rings um das Volk und sage: Hütet euch, auf
den Berg zu steigen oder auch nur sein Ende zu berühren! Jeder, der
den Berg berührt, muss getötet werden. [13] Keine Hand darf ihn berühren, denn sonst muss er gesteinigt oder erschossen werden; ob Tier oder
Mensch, er darf nicht am Leben bleiben. Erst wenn das Widderhorn an-
haltend ertönt, sollen sie zum Berg hinaufsteigen. [14] Darauf stieg Mose
vom Berg zu dem Volk hinab; und er heiligte das Volk, und sie wuschen
ihre Kleider. [15] Dann sagte er zum Volk: Haltet euch für den dritten Tag
bereit! Nähert euch keiner Frau! [16] Und es geschah am dritten Tag, als
es Morgen wurde, da brachen Donner und Blitze los, und eine schwere
Wolke lagerte auf dem Berg, und ein sehr starker Hörnerschall ertönte,
so dass das ganze Volk, das im Lager war, bebte. [17] Mose aber führte das
Volk aus dem Lager hinaus, Gott entgegen, und sie stellten sich am Fuß
des Berges auf. [18] Und der ganze Berg Sinai rauchte, weil der HERR im
Feuer auf ihn herabkam. Und sein Rauch stieg auf wie der Rauch eines
Schmelzofens, und der ganze Berg erbebte heftig. [19] Und der Hörnerschall wurde immer stärker. Mose redete, und Gott antwortete ihm mit
einer lauten Stimme. [20] Und der HERR stieg auf den Berg Sinai herab,
auf den Gipfel des Berges, und der HERR rief Mose auf den Gipfel des
Berges, und Mose stieg hinauf. [21] Und der HERR sprach zu Mose: Steig
hinab, warne das Volk, dass sie nicht zum HERRN durchbrechen, um zu
schauen; sonst müssten viele von ihnen fallen. [22] Ja, auch die Priester,

die zum HERRN herantreten, sollen sich heiligen, damit der HERR nicht
in sie einbricht. [23] Mose aber sagte zum HERRN: Das Volk wird den Berg
Sinai nicht ersteigen können, denn du hast uns ja gewarnt und gesagt:
Zieh eine Grenze um den Berg und erkläre ihn für heilig! [24] Da sprach
der HERR zu ihm: Geh, steig hinab, und komm dann wieder herauf, du
und Aaron mit dir! Aber die Priester und das Volk sollen nicht durchbrechen, um zum HERRN hinaufzusteigen, damit er nicht in sie einbricht. [25] Da stieg Mose zum Volk hinab und sagte es ihnen.

Die Pentateuchredaktion hat in Ex 19,1-Num 10,10 alle verfügbaren Traditionen über die Ereignisse am Sinai zusammengetragen. Kapitel 19-24 enthalten den eigentlichen Bericht über den Bundesschluss. Ihm liegt ein gut gegliederter Text zugrunde, der das Zustandekommen des Bundes zwischen Jahwe und Israel nach dem Modell von assyrischen Vasallenverträgen schildert:

- „Jahwe bietet durch Mose als Vermittler Israel unter Berufung auf seine Befreiungstat einen Bund an: Ex 19,3-6
- Mose überbringt das Angebot, das Volk nimmt an und Mose überbringt die Antwort: Ex 19, 7-9
- Jahwe schickt Mose wieder zum Volk, damit er die zum Vertragsschluss nötigen Vorbereitungen trifft: Ex 19, 10-15
- Der Bundesherr erscheint und Mose führt ihm das Volk zu: Ex 19,16 f.
- Aus Furcht vor der Gegenwart Jahwes bittet das Volk Mose, er möge die Bundesbedingungen aus Jahwes Mund entgegennehmen: Ex 20,18-21
- Jahwe verkündet Mose das Bundesgesetz: Ex 20,22-23,33
- Mose trägt dem Volk das Bundesgesetz vor, und das Volk stimmt zu: Ex 24,3
- Mose schreibt das Bundesgesetz nieder und trifft die Vorbereitungen für das Bundesschluss-Ritual: Ex 24,4 f.
- Mose vereidigt mit einem üblichen symbolischen Akt den göttlichen Bundespartner: Ex 24,6
- Mose verliest die Bundesurkunde und das Volk bekennt sich zu ihr: Ex 24,7
- Mose vereidigt den menschlichen Partner: Ex 24,8
- Die Vertreter des Volkes schreiten zum Bundesmahl: Ex 24,9-11

Mose fungiert dabei wie ein Notar, der dafür sorgt, dass alles für die Gültigkeit des Vertrags Notwendige geschieht und beurkundet wird“ (J. Scharbert).

Dieser Text ist mehrfach ergänzt worden, um dem Geschehen am Sinai eine noch dramatischere Note zu geben. Auf diesem Hintergrund mag das zunächst verwirrend erscheinende Hin und Her des Mose zwischen Gottesberg und Volk seine Erklärung finden.

Kapitel 19 leitet also den großen Abschnitt der Offenbarung Jahwes am Sinai ein, die zum Urgestein biblischer Überlieferung gehört und die Einzigkeit Jahwes in eindrücklicher Weise herausstellen will.

Nach einem mühsamen Lern- und Entwicklungsprozess hatten die Israeliten den Gottesberg erreicht (Ex 19,1f). Erst nachdem sie erfahren hatten, dass mitten durch die Wasser des Todes der Weg zum Leben führt, und erst nachdem die Wüste als Ort tödlicher Bedrohung sich für sie in einen „Raum" des Lebens und der „Selbstbehauptung" gewandelt hat, entdecken sie den eigentlich Handelnden ihres Exodus, der sie wie ein Kleinod zu seinem heiligen Berg getragen hat, um sich ihnen in seinem tiefsten Wesen als Jahwe zu erschließen. Israel soll für immer zu seiner Familie (das bedeutet ursprünglich das hebräische Wort ham = Volk) gehören und so zu einem Zeichen Jahwes in dieser Welt werden: Die Freiheit und Mehrung des Lebens, die sie an sich erfahren haben, sollen sie unter sich bewahren und anderen ermöglichen.

1. *Ex 19,1-6*: Während Israel in der Wüste Sinai gegenüber dem Gottesberg lagert, steigt Mose hinauf zu Gott, um sein „Bundesangebot" entgegen zu nehmen. Er soll den „Söhnen Israels" verkünden, dass Jahwe wie ein Adler über Ägypten gekommen ist, sich Israel als kostbare Beute gepackt und zu seinem heiligen Berg getragen hat, um ihm eine ganz einzigartige Beziehung anzubieten. In diesem Bild werden die vielen Ereignisse des Exodus noch einmal auf sein Ziel hin wie in einem Brennpunkt gesammelt: *Ich habe euch zu mir gebracht.* Israel soll Jahwes „persönliches" Eigentum unter allen Völkern werden, d.h. ein Besitz von außergewöhnlicher Kostbarkeit und Wertschätzung. Aus der besonderen Nähe zu Jahwe lassen sich aber keine Vorrechte oder gar Machtansprüche über andere Völker ableiten. Seine bevorzugte Stellung besteht vielmehr darin, „ein Königreich von Priestern und ein heiliges Volk" zu sein. Israel soll also unter allen Völkern Jahwes Nähe zum Menschen und seine befreiende Macht von allen pharaonischen Zwängen bezeugen. So wird es zum „Sakrament" Jahwes in dieser Welt. Das ist die Urbestimmung des Gottesvolkes, an der wir teilhaben:

- Gottes Nähe zum Menschen zu bezeugen und
- seine befreiende Macht, sich von allem zu lösen, was unsere Menschwerdung entstellt oder ruiniert.

Wenn Israel das Bundesangebot annimmt, dann verpflichtet es sich auf einen Prozess des Hörens, der nicht mehr zum Abschluss kommt. Es kann die Beziehung zu Jahwe nur leben im Hören auf seine Stimme und im Tun seines Wortes (V. 5).

2. *Ex 19,7f*: Aus der Erfahrung des Exodus ist Israel nun fähig und bereit, das Bundesangebot Jahwes als Offenbarung seines tiefsten Wesens anzunehmen. Einmütig antwortete das ganze Volk: „Alles, was Jahwe gesagt hat, wollen wir tun" (V. 8). In diesem Zusammenhang ist auf die Reihenfolge des Geschehens zu achten. Sie ist grundlegend für jede gesunde Form von Gottesbeziehung. Am Anfang steht die Erfahrung, dass Gott Menschen „zu sich bringt" (V. 4), um sich aus freien Stücken an sie zu binden. Aus einem solchen Anfang kann sich Spiritualität zu einer lebendigen, dynamischen Größe entwickeln.

3. *Ex 19,9-25*: Im folgenden Abschnitt sind nicht ohne Spannungen sehr unterschiedliche Bilder und Vorstellungen der Gotteserscheinung ineinander verflochten. Sie versuchen, „das letztlich nicht formulierbare Geschehen des Sichtbarwerdens des unsichtbaren Gottes" (E. Zenger) darzustellen. Unsere menschliche Sprache reicht einfach nicht aus, um in Worte zu fassen – den ganz und gar Unfassbaren. Aber die Vorbereitung auf die Begegnung mit Jahwe ist ganz handgreiflich. Die innere Einstimmung des Menschen bedarf äußerer Formen. Hier werden drei Zeichen der „Heiligung" genannt: Die Israeliten sollen zunächst ihre Kleider waschen. Mit der Reinigung und Pflege des Äußeren ehren sie Jahwe als den Einladenden. Der Verzicht auf den Geschlechtsverkehr soll Männern wie Frauen in dieser außergewöhnlichen Situation die ungeteilte Hinwendung zum Exodusgott ermöglichen. Schließlich wird um den Berg eine Grenze gezogen und damit eine Grenze zum heiligen Gott symbolisiert, die kein Mensch, außer Mose, überschreiten darf. Diese Grenze wird in den Versen 20-25, also unmittelbar vor dem Hören der Zehn Gebote aus dem Mund Jahwes, noch einmal eingeschärft. Hinter der Anweisung, den Berg nicht zu betreten, „steht einerseits die Überzeugung, dass Menschen eine direkte Berührung mit dem Bereich intensiver göttlicher Gegenwart nicht überleben können (vgl. Ex 20,19 oder 33,20), andererseits die Befürchtung, dass die Faszination dieser Gegenwart Menschen unwiderstehlich anziehen kann... Der Tod beim

Berühren des Berges ist also keine Strafe als ‚verdienter' Tod, sondern natürliche Folge" (D. Markl).

Am dritten Tag der Heiligung ist das Volk dann bereit für die Begegnung mit Gott. Was da in dramatischen Szenen und Bildern geschildert wird, will die einmalige überwältigende Grunderfahrung „festhalten", durch die Israel Jahwes „persönliches Eigentum" wurde. Es soll nie mehr vergessen, wem es gehört: Jahwe, der *allein* Gott ist. Seine Gegenwart lässt die Natur erbeben und die Menschen erschaudern. Mit ungeheurer Spannung und Intensität erwartet Israel das Kommende.

Der Dekalog – die Zehn Gebote: Ex 20,1-17

20 1 Und Gott redete alle diese Worte und sprach: 2 Ich bin der HERR,
dein Gott, der ich dich herausgeführt habe aus dem Land Ägypten, aus
dem Sklavenhaus. 3 Du sollst/wirst keine andern Götter haben neben
mir. –

4 Du sollst/wirst dir kein Götterbild machen, auch keinerlei Abbild
dessen, was oben im Himmel oder was unten auf der Erde oder was in
den Wassern unter der Erde ist. 5 Du sollst/wirst dich vor ihnen nicht
niederwerfen und ihnen nicht dienen. Denn ich, der HERR, dein Gott,
bin ein eifersüchtiger Gott, der die Schuld der Väter heimsucht an den
Kindern, an der dritten und vierten Generation von denen, die mich
hassen, 6 der aber Gnade erweist an Tausenden von Generationen von
denen, die mich lieben und meine Gebote halten. –

7 Du sollst/wirst den Namen des HERRN, deines Gottes, nicht zu
Nichtigem aussprechen, denn der HERR wird den nicht ungestraft lassen, der seinen Namen zu Nichtigem ausspricht.

8 Denke an den Sabbattag, um ihn heilig zu halten. 9 Sechs Tage
sollst du arbeiten und all deine Arbeit tun, 10 aber der siebte Tag ist Sabbat für den HERRN, deinen Gott. Du sollst an ihm keinerlei Arbeit tun,
du und dein Sohn und deine Tochter, dein Knecht und deine Magd und
dein Vieh und der Fremde bei dir, der innerhalb deiner Tore wohnt. 11
Denn in sechs Tagen hat der HERR den Himmel und die Erde gemacht,
das Meer und alles, was in ihnen ist, und er ruhte am siebten Tag; darum segnete der HERR den Sabbattag und heiligte ihn.

12 Ehre deinen Vater und deine Mutter, damit lang sein werden deine Tage und damit es dir gut gehen wird auf dem Erdboden, den der HERR, dein Gott, dir gibt. –

13 Du sollst/wirst nicht morden. –

14 Du sollst/wirst nicht ehebrechen. –

15 Du sollst/wirst nicht stehlen. –
16 Du sollst/wirst gegen deinen Nächsten nicht als falscher Zeuge aussagen. –
17 Du sollst/wirst nicht das Haus deines Nächsten begehren. Du sollst nicht begehren die Frau deines Nächsten, noch seinen Knecht, noch seine Magd, weder sein Rind noch seinen Esel, noch irgend etwas, was deinem Nächsten gehört.

Der Dekalog (d.h. die zehn Worte) gehört nicht zum „Urbestand" (E. Zenger) der alten Exoduserzählungen und wurde erst relativ spät an dieser Stelle eingefügt. Der Zusammenhang mit den Ereignissen am Sinai sollte sein theologisches Gewicht unterstreichen: Es sind die Worte, die Jahwe direkt aus dem Feuer gesprochen hat – ohne Vermittlung durch Mose. Sie gehen der Tora voraus, die Mose auf dem Berg empfangen und an Israel weitergegeben hat.

Nach dem Muster assyrischer Vasallenverträge stellt Jahwe sich als Bundesherr vor: „Ich bin Jahwe, *dein* Gott, der ich dich herausgeführt habe aus dem Land Ägypten, aus dem Sklavenhaus." Damit erinnert er noch einmal an die persönliche Beziehung, die er mit Israel eingegangen ist (Ex 19,5f) und an den ganzen Exodus, an die Erfahrung einer neuen Freiheit, die das Volk mit ihm gemacht hat.

Der Dekalog beginnt also mit der Urkunde der Freiheit, die Jahwe seinem Volk ermöglicht hat und versteht sich als Aufforderung, diese Freiheit in allen Bereichen des Lebens zu verwirklichen. „Er ist die Verpflichtung der Freigewordenen, nunmehr selbst an der Befreiungsgeschichte mitzuwirken" (E. Zenger). Die *zehn Worte* wollen vor allem eine Sensibilität für jene Bereiche wecken, in denen die von Gott erwirkte Freiheit besonders gefährdet ist. So ist der Dekalog primär ein Aufruf zur Gewissensbildung für den Einzelnen und für die Gemeinschaft.

Im Hebräischen kann man die Weisung „Du sollst" auch mit „Du wirst" übersetzen. In der zweiten Formulierung kommt der Aufruf Jahwes zur Gewissensbildung deutlicher zum Ausdruck, die einmal gewonnene Freiheit nicht wieder leichtfertig aufs Spiel zu setzen. Die Rabbinen meinen dazu, die *zehn Worte* seien eher als Verheißung zu verstehen. Das unterstreicht noch einmal, dass der Dekalog nicht legalistisch missverstanden werden darf, sondern als Verheißung für ein Leben in Freiheit und Gerechtigkeit zu gelten ist. Er ist für Menschen, die Befreiung an sich erfahren haben. Wer diese Erfahrung nicht gemacht hat, kann die Freiheit auch nicht schützen.

Wenn man den Text der *zehn Worte* unter strukturanalytischer Rücksicht betrachtet, kann man neben der Aufteilung in zwei Tafeln drei zusammenhängende Teile erkennen:

Am Anfang spricht Gott in der ersten Person über seine ausschließliche Beziehung zu Israel (Ex 20,3-6).

Am Ende stehen *Worte*, bei denen es um die Beziehung der Menschen untereinander geht und Gott nicht einmal genannt wird. Sie haben das weitere, über die Großfamilie hinaus gehende, soziale Umfeld im Blick (Ex 20,13-17).

In der Mitte stehen *Worte*, die Gott und den Mitmenschen betreffen, wobei von Gott in der dritten Person gesprochen wird (Ex 20,7-12). Dieses Mittelstück hat wiederum eine dreiteilige Struktur: Das *Wort* über den Sabbat in der Mitte wird von dem *Wort* über den Missbrauch des göttlichen Namens und der Weisung, seine Eltern zu ehren, gerahmt. Beim ersten ging es vorrangig um Gott, beim Letzten vorrangig um die Menschen. Im Zentrum der *zehn Worte* steht also das *Wort* vom Sabbat. Es ist der längste Teil des Textes und für Israel die Quelle seines Lebens mit Gott. Die Heiligung des Sabbats macht deutlich, dass die *zehn Worte* nur im Zusammenhang der einzigartigen Befreiungsgeschichte zu verstehen sind, die Israel mit seinem Gott hat.

Die Struktur der Zehn Worte

Ich bin Jahwe, Dein Gott, der ich dich heraus geführt hat aus dem Land Ägypten, aus dem Sklavenhaus …

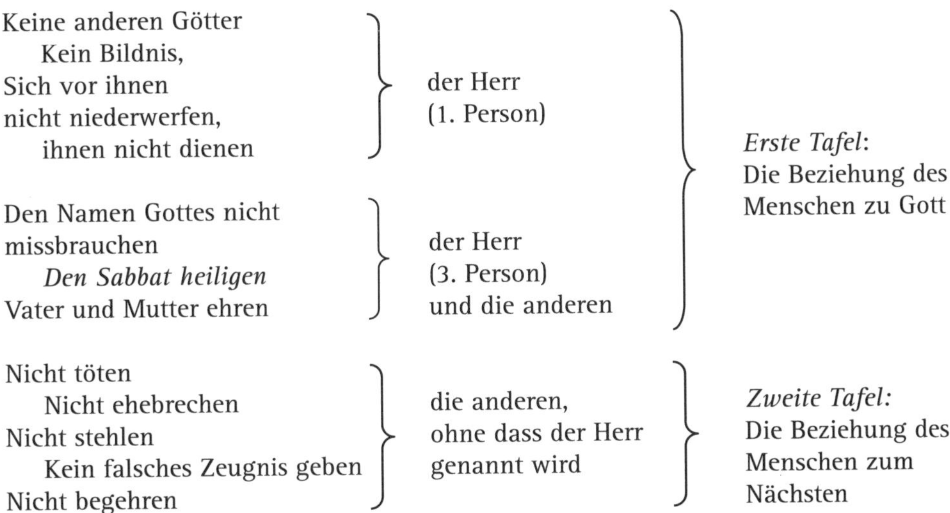

Erstes Wort (Ex 20,3): Der exklusive Anspruch Jahwes, keine anderen Götter neben sich zu dulden, bedeutet für Israel das Herzstück seiner Identität. Seit dem Exodus gibt es Israel nur mit Jahwe. Wer sich von anderen Mächten bestimmen lässt, kann die Geschichte der Befreiung nicht fortsetzen und darf nicht mehr zur Gemeinschaft des Gottesvolkes gehören. Das *Wort* ist eine klare Absage an jede Form von Unterwerfung unter eine geschöpfliche Wirklichkeit, unter etwas, das geringer ist als Gott. Vor nichts und niemandem in der Welt müssen wir in die Knie gehen.

Das *Wort* entspricht der immer gefährdeten menschlichen Freiheit. Es geht um das Bewahren und Bewähren der Freiheit in einer Situation realer Verführung, wenn es sich zeigt, dass die Freiheit Risiken mit sich bringt und Anforderungen stellt.

Zweites Wort (Ex 20,4-6): Das *Wort*, keine fremden Götter neben sich zu haben, wird im Bilderverbot noch deutlicher. Es bedeutet aber nicht, dass in der Hl. Schrift von Gott nicht auch in Bildern und Symbolen, in Metaphern und Gleichnissen gesprochen werden dürfte. Dabei hat kein Gottesbild von vornherein einen Vorzug. In der Bibel stehen sie in einem spannungsvollen Ergänzungsverhältnis: kein Gottesbild – weder ein absolut-transzendentes noch ein prozesshaft-immanentes – hat grundsätzlich einen „Mehrwert". Alle Gottesbilder bleiben Annäherungsversuche. Sie legen Gott nicht auf ein bestimmtes Bild fest.

Der Satz vom „eifersüchtigen Gott", der die Schuld seiner Gegner bis in die vierte Generation verfolgt, ist im doppelten Sinn missverständlich. Das Wort „eifersüchtig" hat in unserem Sprachgebrauch meist einen negativen Klang. Im Hebräischen ist das anders. Hier kommt man der Bedeutung von *kanno* näher, wenn man es mit „leidenschaftlich" übersetzt – im Sinne einer „starken, engagierten Gemütsbewegung, der Anteilnahme am Geschick des Anderen" (J. M. Lochmann). Gott hat Israel ins Herz geschlossen. Ihm ist sein Geschick alles andere als gleichgültig.

Zum anderen ist die angedrohte Sanktion eine Erinnerung an unsere Verantwortung. Unser Handeln hat nicht nur für uns selbst Folgen, sondern auch für andere. Es beeinflusst das Leben vieler Menschen, die nach uns kommen – im Guten wie im Bösen. Dieses Gesetz der Solidarität hat durchaus etwas Beunruhigendes an sich. Das Böse hat seine Auswirkungen bis in die dritte und vierte Generation. Mit den vier Generationen sind alle Glieder einer Großfamilie gemeint, die nach semitischer Sitte eine Lebensgemeinschaft unter Führung eines Familienoberhauptes bilden. Doch der Akzent dieses Satzes liegt auf seinem Ende: Das Gute dauert Tausende von Generationen fort, d.h. über eine undenkbar lange Folge von Generationen hinweg. Jahwes Huld (*chaesed)* ist wie ein roter Faden, der sich durch die wechselvolle Geschichte der Generationen durchhält.

Ist der ganze Satz von dem leidenschaftlichen Gott nicht „eine unerhörte Liebeserklärung" (J. Willi-Plein)?

Drittes Wort (Ex 20,7): Das Verbot, den Namen Jahwes zu missbrauchen, gehört inhaltlich zu den ersten beiden Geboten. „Im Jahweglauben ist der Jahwename ja gewissermaßen an die Stelle des Gottesbildes getreten" (E. Zenger). Im gläubigen Aussprechen des Jahwenamens wird seine Gegenwart gleichsam unmittelbar Ausdruck einer ehrfürchtigen Beziehung. Wer also im zwischenmenschlichen Bereich, z. B. vor Gericht, sich auf ihn als den Garanten von Recht und Freiheit beruft und dabei Jahwes Lebensabsichten nicht im Sinn hat, missbraucht seinen heiligen Namen.

Viertes Wort (Ex 20,8-11): Die Heiligung des Sabattages steht im Zentrum der *Zehn Worte*. Es ist das umfangreichste von allen. Von daher kann man es als das Kernstück des Dekalog betrachten. Noch vor der Begründung für die Einhaltung des Sabbats wird gesagt, dass dieser Tag zu „heiligen“ ist, d.h. dass er Gott gehört, der „keine Verlängerung menschlicher Bedürfnisse und Interessen ist“ (W. Wieland). Mit der Heiligung des Sabbats erfüllt der Mensch das erste der *Zehn Worte*. Nur eine personale Wirklichkeit jenseits unserer Welt und unseres Alltags kann uns ermöglichen, „menschlich zu existieren“.

Das Buch Exodus begründet den Sabbat damit, dass der Mensch teilhaben soll an der Vollendung der Schöpfung im Ruhen Jahwes am siebten Tag. Das *Wort* von der göttlichen Ruhe kann ein Hinweis darauf sein, dass der Mensch seine Funktion als Abbild Gottes nur wahrnehmen kann, wenn er im Rhythmus der sieben Tage immer wieder Abstand nimmt von seinen eigenen Absichten und Aktivitäten, wenn er mit seinem Planen und Wirken, mit seinem ganzen Sein einschwingt in die schöpferische Ruhe Jahwes. Dann gehorcht er den Lebensgesetzen seines Schöpfers. „Der Sabbat ist Ausdruck dafür, dass die Schöpfung nicht Selbstzweck ist ... (und) nur in der Gemeinschaft mit Gott ihren Sinn hat. Das Ziel der Schöpfung ist der Lobpreis Gottes durch den ganzen Kosmos mit dem Menschen an seiner Spitze“ (E. Jenni). Die Heiligung des Sabbats wird deshalb so nachdrücklich eingeschärft, weil sie die Verwirklichung der folgenden *Worte* des Dekalogs überhaupt erst ermöglicht. Denn wer die Grundordnung der Schöpfung und ihre Gesetzmäßigkeiten missachtet, verliert die Sensibilität für das, was menschliches Leben in Freiheit und Gerechtigkeit erst möglich macht.

Im Buch Deuteronomium nimmt das *Sabbatwort* deutlich Bezug auf die Präambel des Dekalogs (Dtn 5,15). Die Sabbatruhe will Israel daran erinnern, dass es selbst einmal Sklave in Ägypten war – ohne Recht auf Selbstbestimmung, unter harter Fron der Frucht des eigenen Lebens beraubt. Es soll nie vergessen, dass Jahwe es „mit starker Hand und erhobenem Arm“ dort herausgeholt hat. Deshalb sollen *alle* Geschöpfe teilhaben an diesem Tag der Freiheit und des Aufatmens. Besonders auffallend ist die Zuspitzung des Sabbatwortes auf die gesellschaftlich Benachteiligten und Unterprivilegierten. Der Sabbat macht uns bewusst, dass wir als Volk Gottes dazu berufen und ermächtigt sind, in Freiheit und Gerechtigkeit, in Solidarität und Würde miteinander zu leben. Mit der Sabbatruhe feiern wir unsere einzigartige Identität als Volk Gottes:

mitten in der Welt ein Zeichen der Gegenwart Gottes zu sein. Alles Sorgen und Planen, alles Leisten und Funktionieren, alle Herrschaftsansprüche sollen an diesem Tag „aufgehoben" werden, um die von Gott selbst geschaffene „Struktur" des menschlichen und schöpfungsgemäßen Zusammenlebens sichtbar zu machen. Die Sabbatruhe ist ein Zeichen der Gnade gegen die „Gnadenlosigkeit der Beziehungen und Verhältnisse" (J. M. Lochman).

Beide Begründungen des *Sabbatwortes* stellen biblisch keinen Gegensatz dar. Die deuteronomische Version betont die soziale Dimension, aber in einem theologischen Zusammenhang: sie denkt von der Befreiungsgeschichte des Exodus her. Die Exodusversion vertritt in erster Linie den theologischen Aspekt, ohne den Blick für die Belange der geschöpflichen Welt zu verlieren.

Wer nicht immer wieder Abstand von den Sorgen und der Mühsal des Alltags gewinnt, um vor Gott Atem zu holen in Gebet und Rückbesinnung auf die Quellen des Glaubens, wird zwangsläufig Schaden nehmen und an Substanz verlieren.

Fünftes Wort (Ex 20,12): Zur grundlegenden menschlichen Solidarität gehört auch die Fürsorge um die alten Eltern und der respektvolle Umgang mit ihnen, wenn ihre Kräfte nachlassen, wenn sie nicht mehr zum Lebensunterhalt beitragen und nicht mehr für sich selbst sorgen können. Das fünfte *Wort* des Dekalogs ist also von seinem Ursprung her als Aufforderung zu verstehen, die von Jahwe geschenkte Exodusfreiheit auch den betagten Eltern zu ermöglichen. Sie ist kein Almosen, sondern Ausdruck von Solidarität.

Einen weiteren Zugang zu diesem *Wort* finden wir über das Verb „ehren". Es leitet sich von der Wurzel des hebräischen Wortes *kabod* ab, das so viel wie „Gewicht" oder „Schwere" bedeutet. Ich ehre also meine Eltern, wenn ich sie als Ursprung meines eigenen Lebens anerkenne und wertschätze.

Das Achten und Ehren der Eltern spielt in der systemischen Psychotherapie eine große Rolle für das Gelingen des eigenen Lebens. Wer seine Eltern verachtet, lehnt sich unbewusst selbst ab. Denn jeder Mensch ist *auch* sein Vater, ist *auch* seine Mutter. Darüber hinaus ist ihm etwas Eigenes mitgegeben, das jedoch nur zur Entfaltung kommen kann, wenn er seine Eltern so *nimmt*, wie sie sind. Je heftiger jemand seine Eltern ablehnt, desto mehr bindet er sich an sie und bestraft sich selbst.

„Denk daran, dass sie dir das Leben gaben“ (Sir 7,27). Ob es uns gefällt oder nicht: nicht wir, sondern die Eltern sind der Ursprung unseres Lebens. Es gehört zu den geschöpflichen Grundordnungen des menschlichen Miteinanders, dass wir diese Gabe schätzen und ohne Bedingungen und Vorbehalte zu würdigen wissen. Dazu gehören „auch die Zustimmung zum Leben und zum Schicksal, wie es die Eltern mir vorgeben ... die Grenzen und die Möglichkeiten meines Lebens und auch die Verstrickungen der Familie, in die ich hineingeboren wurde“ (Th. Schäfer).

Das Geschenk des Lebens wird uns zuteil unabhängig davon, ob die Eltern gut oder böse sind „und begründet ein einzigartiges Verhältnis, eine Bindung jenseits aller Moral“ (Th. Schäfer). Wer seine Eltern so *nimmt*, wie sie sind, wird das, was an ihnen problematisch ist, nicht übernehmen. Wer im Einklang ist mit dem, was ihm geschenkt wurde, kann das, was er an den Eltern schätzt, übernehmen und mit den eigenen Gaben und Möglichkeiten zur Entfaltung bringen. *Nehmen* ist nicht dasselbe wie Annehmen. Das Annehmen entspricht einer Haltung kritisch wertender Distanz. Es ist ein sich Abfinden mit etwas, das ich nicht ändern kann, bzw. eine Form von Herablassung, die mich gnädig erscheinen lässt. *Nehmen* heißt also, dass ich – ohne zu werten – etwas so bejahe, wie es ist. Eine solche Haltung setzt erst innerlich frei, ermöglicht eine selbständige Entwicklung und trägt wesentlich zum Gelingen des eigenen Lebens bei. Wen wir so ehren, der gibt uns frei.

Das *Wort*, seine Eltern zu ehren, ist mit einer Verheißung verbunden: „damit lang sein werden deine Tage und damit es dir gut gehen wird auf dem Erdboden, den Jahwe, dein Gott, dir gibt.“ Es geht also um Vermehrung von „Lebensqualität“. Der Sinn der Ordnung zwischen den Generationen besteht darin, ein Leben in Freiheit und Würde, in Solidarität und Verpflichtung aller zu ermöglichen, kurz: ein Leben gelingen zu lassen in seinen grundlegenden Beziehungen und Bezügen. Seine konkrete Erfüllung muss aber unter den gegebenen Verhältnissen immer erst gesucht und immer neu versucht werden. „Widerspricht eine konkrete Form menschlichen Zusammenlebens in Ehe und Familie (aber auch im weiteren gemeinschaftlichen und gesellschaftlichen Bereich) dem befreienden Grundanliegen des Dekalogs, wird etwa die eine Seite, das eine Geschlecht, die eine Generation, von anderen unterdrückt..., so ist eine solche Struktur nie durch Gottes Gebot zu legitimieren, sondern vielmehr zu verändern“ (J. M. Lochman).

Das *Wort* vom Achten und Ehren der Eltern gibt ihnen in ihrer Aufgabe, Leben in einem umfassenden Sinn an die nächste Generation weiter zu geben, ein besonderes Gewicht. Die Heranwachsenden brauchen einen Lebensraum, in dem sie von den Erfahrungen der Eltern lernen, sich in der Vielfalt des Lebens zurecht zu finden und in wachsender Eigenständigkeit ihr Leben zu meistern. Dazu gehört nach biblischer Tradition ganz wesentlich, dass sie auch in die Grundvollzüge des Jahweglaubens hineinwachsen. So wird Israel Bestand haben. Die Identität und Lebensfähigkeit einer Gemeinschaft hängt also wesentlich davon ab, ob diese Aufgabe der Eltern, kulturelle und religiöse Werte weiter zu geben, von ihnen wahrgenommen und von der heranwachsenden Generation respektiert wird.

Es darf in diesem Zusammenhang nicht übersehen werden, dass viele Kinder nicht nur in einem lebensfördernden Ursprungsmilieu aufwachsen, sondern ihr Leben stark beeinträchtigt oder gar in erheblichem Maße zerstört wurde – mit traumatischen Folgen, an denen sie ihr ganzes Leben zu leiden haben. Auch ist es für Heranwachsene oft nicht möglich, in bestimmten Situationen und Entwicklungsprozessen sich ein ungebrochenes Verhältnis zu den Eltern zu bewahren. Das kann in extremen Fällen dazu führen, dass beide Seiten nicht mehr zueinander finden.

In jeder Gesellschaft und Kultur gibt es Phasen, wo das Unbehagen an dem etablierten System und der gängigen Lebensweise so stark wird, dass die vorgegebenen Autoritäten nicht mehr hingenommen werden. Wie es bei der heranwachsenden Generation in einem bestimmten Stadium ihrer Welt- und Selbsterfahrung die Versuchung gibt, „die Eltern, die Älteren notorisch zu unterschätzen“ (J.M. Lochman), so bei der Elterngeneration die Versuchung, den Jüngeren unkritisch zu misstrauen. Es braucht in den Familien und darüber hinaus im gesellschaftlichen Kontext zwischen den Generationen eine Kultur des Dialogs, in dem der Atem der Freiheit und des gegenseitigen Respekts spürbar ist. Kein Wunder, dass schon bei den alten Rabbinen das *Wort* vom Achten und Ehren der Eltern als das Schwerste im ganzen Dekalog betrachtet wird.

Der *zweite Teil* des Dekalogs mit den fünf apodiktischen Sätzen schärft die Unantastbarkeit des Menschen und seine Würde als Nächster ein. „Sie wollen soziale Stabilität im existenziellen, familiären und wirtschaftlichen Bereich gewährleisten. Die lapidare, kurze und absolute Formulierung zielt auf uneingeschränkte Geltung“ (D. Markl).

Sechstes Wort (Ex 20,13): Das Verbot: „Nicht sollst/wirst du morden" bezieht sich auf die Tötung eines Menschen, für die man gerichtlich nicht belangt werden kann. Es meint vor allem das heimtückische Beseitigen eines Volksgenossen, der den eigenen Interessen im Weg steht. Es zielt auf „das heimliche (gerichtlich nicht aufdeckbare) oder das nicht nachweisbare freiwillige (also scheinbar unfreiwillige) Töten" (E. Zenger). Die Ermordung Nabots durch König Ahab und seiner Frau Isebel (1 Kön 21) kann verdeutlichen, was mit diesem Verbot angezielt ist.

Siebtes Wort (Ex 20,14): Ebenso wenig wie das Leben des Nächsten darf seine Ehe angetastet werden. Ursprünglich geht es bei dem Verbot um die Lebenssicherung des Nächsten und den Erhalt seiner Familie. Ehebruch mit einer verheirateten Frau stellte in der damaligen Gesellschaft die Legitimität der Kinder, den Erhalt von Familie und Grundbesitz in Frage. Ehebruch setzte also die Lebensgrundlage des Nächsten aufs Spiel.

Ursprünglich bezieht sich das Verbot auf heimlichen Ehebruch, der vor Gericht nicht beweisbar ist. Denn anders als bei einer unverheirateten Frau konnte das Kriterium der Jungfräulichkeit bei einer verheirateten Frau keine Anwendung finden. Die Geschichte vom Ehebruch Davids mit Bathseba (2 Sam 11) illustriert diesen Sachverhalt.

Auch wenn das alttestamentliche Verständnis von Ehe und Familie eng mit sozial-ökonomischen Aspekten verbunden ist, so bleibt es doch nicht darauf beschränkt. Das Verbot des Ehebruchs weiß um die Bedeutung von stabilen Beziehungen, die ein Mensch als Lebensgrundlage braucht. Verlässlichkeit und Solidarität, Liebe und Treue sind Grundpfeiler einer Freiheit, in der die Lebensgemeinschaft von Mann und Frau gelingen kann. Wer das Verbot als legalistische Einengung im Bereich menschlicher Sexualität versteht, geht an seiner Intention vorbei.

Die Ehe steht im Ersten Testament schon in einem „breiten anthropologischen und heilsgeschichtlichen Horizont, als Paradigma einer vollen menschlichen Gemeinschaft und als Sinnbild des wahren Bundes zwischen Gott und seinem Volk" (J.M. Lochmann). Das Verbot, die Ehe zu brechen, ist nur im Kontext einer gelebten Gottesbeziehung zu verstehen.

Trotz aller Verfremdungen in der Geschichte und trotz aller Gebrechlichkeit und Gefährdungen bleibt die Ehe als Lebensgemeinschaft von Mann und Frau eine immer wieder zu gestaltende und aufzubauende Lebensform im Bewahren und Bewähren von Liebe und Treue. Liebe und Treue sind nach biblischem Verständnis nicht nur ein Gefühl, sondern vor allem eine Entscheidung von Herz und Verstand für den Ehepartner im Vertrauen auf Gott. Als Lebensgemeinschaft ist sie auf Dauer angelegt. Gerade die Analogie des Jahwe-Bundes schließt eine einkalkulierte Auflösung aus.

Achtes Wort (Ex 20,15): Das Verbot zu stehlen bezieht sich zum einen auf Menschenraub und will die Freiheit des Nächsten davor bewahren, außer Landes in die Sklaverei verkauft zu werden. Bei diesem Kapitalverbrechen handelt es sich auch um ein heimliches Vergehen wie bei den Brüdern Josefs, als sie den Lieblingssohn ihres Vaters Jakob nach Ägypten verkaufen (Gen 37). Nach Ex 21,16 ist der Verkauf eines Bruders ein ebenso todwürdiges Verbrechen als wenn man ihn erschlägt. Der Exodusrahmen des Dekalogs legt es nahe, dass die Freiheit auf keinen Fall durch Menschenraub und Sklaverei wieder verloren gehen darf. Auch im Talmud kommt man zu der Schlussfolgerung: „Unsere Meister lehren: Du sollst nicht stehlen! Die Schrift redet hier über einen Menschendieb" (Sanhedrin 86a). Wenn man das *Wort* auf Menschenraub bezieht, ergibt die zweite Tafel des Dekalogs eine innere Logik: sie sichert die Grundrechte des freien Bürgers: sein *Leben*, seine *Ehe*, seine *Freiheit*, seine *Ehre* und seinen *Besitz*.

Dieses *Wort* des Dekalogs hat heute eine unheimliche Aktualität gewonnen. Es schließt den Raub und die Ausbeutung eines Menschen aus ethischen, politischen oder wirtschaftlichen Gründen kategorisch aus. Niemand darf ein Menschenleben erpresserisch als Mittel zum Zweck einsetzen.

Zum anderen will das achte *Wort* des Dekalogs das Eigentum zur Grundversorgung als sichere Lebensgrundlage schützen. Keinem soll das Lebensnotwendige fehlen, jeder soll „unter seinem Weinstock und Feigenbaum" leben können. Der Feigenbaum ist ein Bild für die materielle Grundsicherung, der Weinstock steht für Lebensfreude und Genuss. Beides braucht der Mensch (vgl. 1 Kön 5,5; Mi 4,4; Sach 3,10). Diebstahl gefährdet oder zerstört diese stabile Grundlage und bringt existenzielle Unsicherheit über die Betroffenen. Die Erzählung von Nabots Weinberg ist auch ein klassisches Beispiel dafür, wie auf legalem Weg der Besitz eines freien Bürgers in die Hände des Königs gelangt: „Durch einen Mord bist du Erbe geworden" (1 Kön 21,19).

Das Verbot zu stehlen ist Ausdruck einer solidarischen Gesinnung. Es will – wie alle Worte des Dekalogs – das Lebens- und Freiheitsrecht des Nächsten wahren. Dazu gehört eine Güterverteilung, an der alle so gerecht wie möglich beteiligt sind.

Neuntes Wort (Ex 20,16): Das neunte *Wort* des Dekalogs bezieht sich ursprünglich auf die Falschaussage vor Gericht. Die Rechtssicherheit und Freiheit in einem Gemeinwesen beruhen vor allem auf dem wahrheitsgetreuen Wort der Zeugen. Da im Prozessrecht zu damaliger Zeit Indizien nur eine geringe Rolle spielten, kam dem Verbot, als Zeuge vor Gericht keine falschen Aussagen gegen den Angeklagten zu machen, entscheidende Bedeutung zu. Durch die übereinstimmende Aussage zweier oder mehrerer Zeugen galt der Angeklagte als überführt (Dtn 19,15) und konnte so seine Ehre, seinen Besitz und sogar sein Leben verlieren. Bei einer solchen Gerichtspraxis war die Gefahr, Zeugen zu bestechen oder selbst falsch auszusagen, um die Verurteilung eines Unschuldigen zu betreiben, besonders groß. Die Geschichte von der Errettung Susannas, eine Lehrerzählung der späten nachexilischen, schriftgelehrten Weisheit, veranschaulicht diese Gefahr (Dan 13).

Falschaussage vor Gericht ist ein Verbrechen gegen die Substanz eines Gemeinwesens. Sie zerstört die Grundlagen, auf denen eine gerechte Gesellschaft aufgebaut ist. Die Situation ist noch gefährlicher, wenn die Richter selbst korrupt sind und das Recht zum eigenen Vorteil beugen.

Aber das Verbot der Falschaussage bleibt nicht auf die Zeugenvernehmung vor Gericht beschränkt. Es schützt zentrale Grundwerte des Menschen, seine Ehre und Würde, sein Selbstwertgefühl und seine soziale Stellung. Wie schnell werden diese Grundwerte durch falsche oder halbwahre Behauptungen, böswillige Interpretationen bestimmter Verhaltensweisen und Unterstellung konstruierter Motive untergraben. Attacken dieser Art gehen an die Wurzeln unseres menschlichen Miteinanders in Ehe und Familie, im beruflichen und gesellschaftlichen Umfeld. Die Betroffenen sind solchen Gerüchten und Gerede oft schutzlos ausgesetzt.

Andererseits stellt sich das Verbot auch den Tendenzen einer rücksichtslosen Wahrhaftigkeit entgegen, die das Vertrauensverhältnis unter Menschen ebenso zerstören kann wie gezielt in Umlauf gesetzte Verdächtigungen. Die Ehre und Würde eines Menschen ist unantastbar.

Das Verletzen und Untergraben zwischenmenschlichen Vertrauens geschieht zunehmend im öffentlichen Leben unserer Gesellschaft. Ohne die Aufgabe und Pflicht in Frage zu stellen, die in einer demokratischen Gesellschaft die modernen Massenmedien für eine größtmögliche Transparenz haben, so ist doch die Möglichkeit nicht zu verkennen, solche Institutionen zu missbrauchen. Vor den medialen Tribunalen werden Anklagen erhoben, Zeugen beigebracht, Strafen beantragt und Urteile über Menschen gefällt, die in ihrer Gnadenlosigkeit einen Angriff auf die Mitmenschlichkeit darstellen. Das *Wort* des Dekalogs stellt sich solchen zerstörerischen Tendenzen entgegen und verlangt, sich als Anwalt der Würde und Ehre des Nächsten zu bewähren.

Zehntes Wort (Ex 20,17): Das letzte *Wort* bezieht sich ursprünglich auf die Gesamtheit dessen, was in der patriarchalischen Agrargesellschaft Israels zu einem Vollbürger gehört. Sie wendet sich gegen alle Bestrebungen, sich sein „Haus“ und alles, was seine soziale Stellung ausmacht, anzueignen. Auf die Grundlagen der Freiheit eines Menschen darf es keinen Übergriff geben. Die übergriffigen Machenschaften haben ihren Ursprung im Begehren (hebr. *chamad*), in den zunächst verdeckten Regungen und Dynamiken menschlicher Habgier. Die Frau des Nächsten oder seine gesellschaftliche Position o. ä. kann in einer so absoluten und übermächtigen Weise zum Objekt unseres Begehrens werden, als hinge davon unser Lebensglück ab. Wer in den Sog eines so fehlgeleiteten Bestrebens gerät, kann rücksichtslos die Rechte und legitimen Ansprüche anderer überfahren. Der Nächste wird zum Konkurrenten, weil er etwas besitzt oder genießt, was wir selbst begehren. Neid und Missgunst entwickeln ihre zerstörerische Rivalität. Das Verbot warnt vor diesem schielenden Blick auf den Nächsten, weil er die Freiheit und Privatsphäre des Einzelnen verletzt oder gar zerstört und die Substanz, den Frieden (*shalom*) eines Gemeinwesens aushöhlt. An zwei der schon genannten alttestamentlichen Geschichten lässt sich die zerstörerische Dynamik menschlicher Habgier veranschaulichen: David war seit früher Jugend von Jahwe mit Wohltaten überhäuft worden (2 Sam 2,7b f.). Sein Königtum war gesichert und er hatte alles, was seiner Stellung entsprach. Doch beim Anblick der schönen Bathseba entbrannte in ihm ein so leidenschaftliches Begehren nach dieser Frau, dass er buchstäblich alles dransetzte, um sie zu besitzen und mit einem raffinierten Plan den Gatten aus dem Weg räumte (2 Sam 11). Die andere Geschichte handelt von König

Ahab, der so sehr auf den Weinberg Nabots erpicht war, dass er geradezu depressiv wurde, als dieser sein Angebot ablehnte. Einen Gemüsegarten in der Nähe seines Palastes zu haben, nahm ihn so in Beschlag, dass der auf einmal unverzichtbar für sein Lebensglück wurde. Als seine Frau Isebel dann die Sache in die Hand nahm, wurde wieder mit einem maliziösen Plan der Konkurrent des Begehrens beseitigt (1 Kön 21).

Der letzte Teil des Dekalogs warnt vor der Begehrlichkeit des menschlichen Herzens. Er sieht darin die Ursache von Entfremdung, die ein Mensch über sich und andere bringt. Habgier kann sich schließlich zu einem gesellschaftlichen System ausweiten, das die Lebensrechte und die Freiheitssehnsucht unzähliger Menschen mit Füßen tritt. „Ohne moralische Grundlage, ohne Überzeugung, die mehr ist als Sache der Opportunität, der Umstände und der erwarteten Vorteile, kann keine ... Gesellschaft existieren“ (J. Potocka). Hier am Ende des Dekalogs wird noch einmal ganz deutlich, dass es bei den *Zehn Worten* um Herzensbildung geht. Die Identität des Jahwevolkes und die Freiheit des Einzelnen, seine unantastbare Würde als Nächster können nur aus der lebendigen Beziehung zum Exodusgott bewahrt und entfaltet werden.

Die Reaktion des Volkes, das Bundesbuch und der Bundesschluss: Ex 20,18-24,11

20[18] Und das ganze Volk nahm den Donner wahr, die Flammen, den
Hörnerschall und den rauchenden Berg. Als nun das Volk *das* wahr-
nahm, zitterten sie, blieben von ferne stehen [19] und sagten zu Mose:
Rede du mit uns, dann wollen wir hören! Aber Gott soll nicht mit uns
reden, damit wir nicht sterben. [20] Da sagte Mose zum Volk: Fürchtet
euch nicht! Denn nur um euch zu prüfen, ist Gott gekommen, und damit die Furcht vor ihm euch vor Augen sei, damit ihr nicht sündigt. [21]
So blieb denn das Volk von ferne stehen. Mose aber näherte sich dem
Dunkel, wo Gott war.

[22] Da sprach der HERR zu Mose: So sollst du zu den Söhnen Israel
sprechen: Ihr habt selbst gesehen, dass ich vom Himmel her mit euch
geredet habe. [23] Ihr sollt neben mir keine Götter aus Silber machen,
auch Götter aus Gold sollt ihr euch nicht machen...

24[1] Und der HERR sprach zu Mose: Steig zum HERRN herauf, du
und Aaron, Nadab und Abihu und siebzig von den Ältesten Israels, und

betet an von ferne! [2] Aber Mose allein soll zum HERRN herantreten, sie aber dürfen nicht herantreten, und das Volk soll nicht mit ihm heraufsteigen. [3] Darauf kam Mose und erzählte dem Volk alle Worte des HERRN und alle Rechtsbestimmungen. Und das ganze Volk antwortete mit einer Stimme und sagte: Alle Worte, die der HERR geredet hat, wollen wir tun. [4] Da schrieb Mose alle Worte des HERRN auf. Am nächsten Morgen aber machte er sich früh auf und errichtete einen Altar unten am Berg und zwölf Denksteine nach den zwölf Stämmen Israels. [5] Dann sandte er junge Männer aus den Söhnen Israel hin; die brachten Brandopfer dar und schlachteten Jungstiere als Heilsopfer für den HERRN. [6] Und Mose nahm die Hälfte des Blutes und tat es in Schalen, die andere Hälfte des Blutes aber sprengte er an den Altar. [7] Und er nahm das Buch des Bundes und las es vor den Ohren des Volkes. Und sie sagten: Alles, was der HERR geredet hat, wollen wir tun und gehorchen. [8] Darauf nahm Mose das Blut, besprengte damit das Volk und sagte: Siehe, das Blut des Bundes, den der HERR auf all diese Worte mit euch geschlossen hat! [9] Da stiegen Mose und Aaron, Nadab und Abihu und siebzig von den Ältesten Israels hinauf, [10] und sie sahen den Gott Israels. Und unter seinen Füßen war es wie Arbeit in Saphirplatten und wie der Himmel selbst an Klarheit. [11] Gegen die Edlen der Söhne Israel aber streckte er seine Hand nicht aus, sondern sie schauten Gott und aßen und tranken.

1. *Ex 20,18-21*: Als das Volk die Stimme Jahwes aus dem Feuer vernommen und die erschreckenden Zeichen seiner Gegenwart erlebt hatte, fürchtet es sich. Die Begegnung mit dem lebendigen Gott – auch „von ferne" – ist wie eine Erfahrung an der Grenze zwischen Leben und Tod. Sie vermittelt noch einmal, dass es einen Kompromiss zwischen Gottesfurcht und Menschenfurcht nicht gibt. So bittet das Volk Mose um Vermittlung und dieser beruhigt die Israeliten. Er gibt ihnen zu verstehen, dass diese Gottesbegegnung eine Erprobung ist, eine erneute Chance, die Beziehung mit Jahwe zu vertiefen: Das Erlebnis soll einen so unauslöschlichen Eindruck auf sie machen, dass es auf ihrem Antlitz zu lesen ist (B. Jacob). Gottes Gegenwart soll ihnen so in die „Knochen" fahren, dass sie nie mehr vergessen, wem sie gehören (Ex 19,5). Nur wer sich Jahwe ganz verdankt weiß und danach lebt, wird innerlich frei.

Mose wagt sich allein in das Dunkel der Nähe Jahwes, um von ihm die Gesetze des Bundes entgegenzunehmen.

2. *Ex 20,22–23,33*: Mit 20,22 wird der Erzählfaden über mehr als drei Kapitel hinweg unterbrochen und erst mit 24,1 wieder aufgenommen. Das sog. Bundesbuch ist keine systematische Entfaltung der *zehn Worte*. Es enthält Gesetzesbestimmungen für die verschiedenen Bereiche des alltäglichen Lebens und abschließend die Anweisungen für den kultischen Kalender, den Sabbat und das Sabbatjahr sowie für die drei großen Wallfahrtsfeste. Sie sind die religiösen und damit auch ethischen und rechtlichen Fundamente einer auf Recht und Verbindlichkeit aufgebauten Gesellschaft. Geraten sie ins Wanken, steht ihre „ganze Existenz auf dem Spiel“ (D. Markl).

3. *Ex 24,1–11*: Als Mose dem Volk alles erzählt hat, was er auf dem Berg von Jahwe gehört hat, gibt Israel wie mit einer einzigen Stimme seine Antwort: „Alles, was der Herr gesagt hat, wollen wir tun!“ So kann am folgenden Tag der Bund, die enge Lebens- und Schicksalsgemeinschaft Jahwes mit seinem Volk, in einer feierlichen Liturgie besiegelt werden.

Am nächsten Morgen beginnt Mose in aller Frühe mit den Vorbereitungen und errichtet „am Fuß des Berges“ (vgl. Ex 19,17; 32,19) einen Altar und zwölf Stelen „für die zwölf Stämme Israels“. Der Altar und die Steinmale symbolisieren Jahwe und das Volk.

Mose schickt dann die jungen Männer aus, *Brandopfer* darzubringen. Die im Brandopfer dargebrachten Tiere werden nicht gegessen, sondern man lässt sie vollständig zu Gott „aufsteigen“. „Damit wird sichtbar, dass das Leben Gott gehört. Der aufsteigende Rauch ist sozusagen eine Brücke zwischen Menschenwelt und Gottesmacht“ (I. Willi-Plein). Neben der Anerkennung der göttlichen Macht über Leben und Tod symbolisieren diese Opfer auch „die Bereitschaft zum Gehorsam als Hingabe der ganzen Existenz für Gott“ (D. Markl). Hier werden Jungstiere geopfert, was sonst nur bei der Priesterweihe Aarons und seiner Söhne vorkommt (Ex 29,1). Vielleicht ist das ein Hinweis auf die Weihe des Volkes im bevorstehenden Blutritus.

Das anschließende *Schlachtopfer* ist ein gemeinsames Mahl als Ausdruck der Ganzheit der Schöpfung und des Friedens untereinander, wie es die Teilnehmer als Geschenk und Verpflichtung von Gott erleben. Das Blut der geschlachteten Tiere wird von Mose zur Hälfte in einer Schale aufgefangen und die andere Hälfte auf den Altar gesprengt.

Dann verkündet er das Bundesbuch, in dem er die Worte des Herrn aufgeschrieben hatte (Ex 24,4). Wieder antwortet das Volk: „Alles, was der Herr gesagt hat, wollen wir tun!" und bekräftigt seinen Entschluss noch mit den Worten: „Wir wollen gehorchen!" Anschließend besprengt Mose das Volk mit der anderen Hälfte des Blutes und verbindet es damit symbolisch zu einer Blutsgemeinschaft mit Gott. In diesem Sinn deutet er das Opferblut als „Blut des Bundes" (Ex 24,8). „In der Besprengung mit Blut erhält das Volk gleichsam jene Würde des Priestertums, die Gott in Ex 19,6 als Wirkung des Bundes angekündigt hat" (D. Markl).

Der Bundesschluss gipfelt in einer Gottesschau und einem kultischen Festmahl auf dem heiligen Berg mit den Repräsentanten des ganzen Volkes. Mose folgt der Weisung des Herrn (Ex 24,1f) und steigt mit Aaron, Nadab und Abihu und den siebzig Ältesten hinauf. Sie sehen den Gott Israels. Sie schauen seine unbeschreibliche Gegenwart. Das Unfassliche lässt sich nur mit Vergleichen andeuten, die der menschlichen Vorstellung zugänglich sind. Im gemeinsamen Mahl erfahren sie die Gemeinschaft mit IHM, eine ehrfurchtsvolle Begegnung ohne Erschaudern. Israel wird so „als Ganzes auf eine Höhe der Gottesbegegnung geführt, wie sie weder vorher noch nachher beschrieben werden kann" (E. Blum). Nur weil Jahwe seine Hand nicht gegen sie ausstreckt, können sie die Gottesschau überleben.

Mose vierzig Tage und vierzig Nächte auf dem Gottesberg: Ex 24,12–31,17

24[12] Und der HERR sprach zu Mose: Steig zu mir herauf auf den
Berg und sei dort, damit ich dir die steinernen Tafeln, das Gesetz und
das Gebot gebe, das ich geschrieben habe, um sie zu unterweisen! [13]
Da machte Mose sich mit seinem Diener Josua auf, und Mose stieg auf
den Berg Gottes. [14] Zu den Ältesten aber sagte er: Wartet hier auf uns,
bis wir zu euch zurückkehren! Siehe, Aaron und Hur sind ja bei euch:
wer eine Rechtssache hat, trete zu ihnen! [15] Als nun Mose auf den Berg
stieg, bedeckte die Wolke den Berg. [16] Und die Herrlichkeit des HERRN
ließ sich auf dem Berg Sinai nieder, und die Wolke bedeckte ihn sechs
Tage; und am siebten Tag rief er Mose mitten aus der Wolke heraus zu.
[17] Das Aussehen der Herrlichkeit des HERRN aber war vor den Augen
der Söhne Israel wie ein verzehrendes Feuer auf dem Gipfel des Berges.
[18] Mose jedoch ging mitten in die Wolke hinein und stieg auf den Berg;
und Mose war vierzig Tage und vierzig Nächte auf dem Berg ...

1. *Ex 24,1-18*: Nach dem feierlichen Höhepunkt und Ausklang des Bundesschlusses ruft Gott den Mose erneut zu sich auf den Gottesberg, um ihm die „steinernen Tafeln" zu übergeben. Sie enthalten die neue, von Jahwe geschriebene Lebensordnung für Israel. Doch vorher muss er vierzig Tage und vierzig Nächte im Feuer göttlicher Nähe verbringen. Er wird ganz hinein genommen in die „Wolke", in den „Lebensraum" Jahwes.

Für die Zeit seiner Abwesenheit bestimmt Mose Aaron und Hur als seine Stellvertreter, um aufkommende Probleme und Fragen zu klären. Israel soll so lange an seinem Platz bleiben, bis er wieder zurück ist. Während Jahwe Mose aus der Wolke zu sich ruft, zeigt sich seine Herrlichkeit auf dem Gipfel des Berges den Israeliten unten am Berg wie verzehrendes Feuer. Diese kontrastreichen Bilder, Wolke und verzehrendes Feuer, als Zeichen seiner Herrlichkeit machen noch einmal auf das Geheimnishafte seiner Gegenwart aufmerksam.

2. *Ex 25,1-31,17*: Mose erhält den Auftrag zum Bau des Heiligtums und Anweisungen für den Kult. Die Errichtung des Wüstenheiligtums ist ein „kritischer Hoffnungsentwurf" und seine Ausführung (Ex 35-40) als Kontrast zur Arbeit in Ägypten zu verstehen. Sie war aufgezwungene Arbeit für Fremde im fremden Land, nach Plänen und Anweisungen, die von Fremden vorgegeben waren. Sie war Fron, unter der die Israeliten stöhnten und schrieen, eine Arbeit ohne Freude und Möglichkeit zur Selbstentfaltung. Sie stand unter massivem Leistungsdruck und unmenschlichen Arbeitsbedingungen. Sie zerstörte so im täglichen Kampf ums Überleben die Solidargemeinschaft und traf Israel zugleich in seinem innersten Kern, seiner Jahwebeziehung.

Im Gegensatz dazu wächst die Arbeit am Heiligtum Jahwes aus innerer Bereitschaft. Jeder kann seine schöpferischen Fähigkeiten zum gemeinsamen Werk einbringen. Die Begeisterung ist so groß, dass Mose ihren Eifer mäßigen muss (Ex 36,5-7). So wird die gemeinsame Arbeit am Heiligtum „zur Teilhabe am weltschöpferischen Tun Jahwes selbst: Das Heiligtum entspricht dem Modell Jahwes" (E. Zenger) und ist in seiner Architektur, seinen Materialien, seinen Proportionen, seinem Inventar, seiner Liturgie und seinen Ritualen eine zeichenhafte Verwirklichung des Bundes, wie er ihn im Ex 19,5f angeboten hat (D. Markl).

Doch bevor der Auftrag zum Bau des Heiligtums ausgeführt werden kann, kommt es zum Bundesbruch.

Das goldene Stierbild: Ex 31,18–32,25

31[18] Und als er auf dem Berg Sinai mit Mose zu Ende geredet hatte, gab er ihm die zwei Tafeln des Zeugnisses, steinerne Tafeln, beschrieben mit dem Finger Gottes.

32[1] Als nun das Volk sah, dass Mose immer noch nicht vom Berg herabkam, versammelte sich das Volk gegen Aaron, und sie sagten zu ihm: Auf! Mache uns Götter, die vor uns herziehen! Denn dieser Mose, der Mann, der uns aus dem Land Ägypten heraufgeführt hat, – wir wissen nicht, was ihm geschehen ist. [2] Und Aaron sagte zu ihnen: Reißt die goldenen Ringe ab, die an den Ohren eurer Frauen, eurer Söhne und eurer Töchter sind und bringt sie zu mir! [3] So riss sich denn das ganze Volk die goldenen Ringe ab, die an ihren Ohren hingen, und sie brachten sie zu Aaron. [4] Der nahm alles aus ihrer Hand, formte es mit einem Meißel und machte ein gegossenes Kalb daraus. Und sie sagten: Das sind deine Götter, Israel, die dich aus dem Land Ägypten heraufgeführt haben. [5] Als Aaron *das* sah, baute er einen Altar vor ihm, und Aaron rief aus und sagte: Ein Fest für den HERRN ist morgen! [6] So standen sie am folgenden Tag früh auf, opferten Brandopfer und brachten Heilsopfer dar. Und das Volk setzte sich nieder, um zu essen und zu trinken. Dann standen sie auf, um sich zu belustigen.

[7] Da sprach der HERR zu Mose: Geh, steig hinab! Denn dein Volk, das du aus dem Land Ägypten heraufgeführt hast, hat schändlich gehandelt. [8] Sie sind schnell von dem Weg abgewichen, den ich ihnen geboten habe. Sie haben sich ein gegossenes Kalb gemacht, sind vor ihm niedergefallen, haben ihm geopfert und gesagt: Das sind deine Götter, Israel, die dich aus dem Land Ägypten heraufgeführt haben! [9] Weiter sagte der HERR zu Mose: Ich habe dieses Volk gesehen, und siehe, es ist ein halsstarriges Volk. [10] Und nun lass mich, damit mein Zorn gegen sie entbrenne und ich sie vernichte, dich aber will ich zu einer großen Nation machen. [11] Mose jedoch flehte den HERRN, seinen Gott, an und sagte: Wozu, o HERR, entbrennt dein Zorn gegen dein Volk, das du mit großer Kraft und starker Hand aus dem Land Ägypten herausgeführt hast? [12] Wozu sollen die Ägypter sagen: In böser Absicht hat er sie herausgeführt, um sie im Gebirge umzubringen und sie von der Fläche des Erdbodens zu vertilgen? Lass ab von der Glut deines Zornes und lass dich das Unheil gereuen, das du über dein Volk bringen willst! [13] Denke an deine Knechte Abraham, Isaak und Israel, denen du bei dir selbst geschworen und denen du gesagt hast: Ich will eure Nachkommen *so* zahlreich machen wie die Sterne des Himmels,

und dieses ganze Land, von dem ich gesagt habe: „ich werde *es* euren Nachkommen geben“, das werden sie für ewig in Besitz nehmen. [14] Da gereute den HERRN das Unheil, von dem er gesagt hatte, er werde es seinem Volk antun.

[15] Und Mose wandte sich um und stieg vom Berg hinab, die beiden Tafeln des Zeugnisses in seiner Hand, Tafeln, beschrieben auf ihren beiden Seiten; vorn und hinten waren sie beschrieben. [16] Diese Tafeln waren Gottes Werk, und die Schrift, sie war Gottes Schrift, auf den Tafeln eingegraben. [17] Als nun Josua die Stimme des Volkes bei seinem Lärmen hörte, sagte er zu Mose: Kriegslärm ist im Lager! [18] Der aber antwortete: Es ist kein Schall von Siegesgeschrei und kein Schall vom Geschrei bei einer Niederlage; den Schall von Gesang höre ich. [19] Und es geschah, als Mose sich dem Lager näherte und das Kalb und die Reigentänze sah, da entbrannte der Zorn Moses, und er warf die Tafeln aus seinen Händen und zerschmetterte sie unten am Berg. [20] Dann nahm er das Kalb, das sie gemacht hatten, verbrannte es im Feuer und zermalmte es, bis *es* feiner Staub war, streute es auf die Oberfläche des Wassers und gab es den Söhnen Israel zu trinken. [21] Und Mose sagte zu Aaron: Was hat dir dieses Volk getan, dass du eine *so* große Sünde über es gebracht hast? [22] Aaron aber sagte: Der Zorn meines Herrn entbrenne nicht. Du selbst kennst das Volk, dass es böse ist. [23] Sie haben nämlich zu mir gesagt: Mach uns Götter, die vor uns hergehen! Denn dieser Mose, der Mann, der uns aus dem Land Ägypten heraufgeführt hat – wir wissen nicht, was ihm geschehen ist. [24] Da fragte ich sie: Wer hat Gold? Sie rissen es sich ab und gaben es mir, und ich warf es ins Feuer, und dieses Kalb ist daraus hervorgegangen. [25] Und da sah Mose das Volk, dass es zuchtlos war, denn Aaron hatte es zuchtlos werden lassen zur Schadenfreude ihrer Gegner.

1. *Ex 31,18*: Am Ende der vierzig Tage und Nächte, die Mose auf dem Gottesberg im Feuer göttlicher Nähe verbracht hat, übergibt Jahwe ihm die zwei steinernen Tafeln, beschrieben mit Gottes „Finger“. Sie symbolisieren die Unverbrüchlichkeit des Bundes, den Jahwe mit Israel geschlossen hat. Er selbst ist mit Israel eine Lebensgemeinschaft eingegangen. Er hat sich an Menschen gebunden, die unter Mühen und Strapazen die Erfahrung einer neuen Freiheit gemacht haben. Während die Gegenwart des Herrn *oben* auf dem Gipfel des Berges sich den Israeliten wie verzehrendes Feuer zeigt (vgl. Ex 24,17), rottet sich *unten* am Berg das Volk um Aaron zusammen, um einen Gott nach eigenen Wün-

schen und Möglichkeiten zu „machen". Mit dieser Erzählung deutet das alttestamentliche Gottesvolk seine eigene *Unglaubens*geschichte. Hier verdichten sich Erfahrungen, die Israel immer wieder an sich gemacht hat. Es zeugt von der Größe Israels, an den Anfang seiner Geschichte die Erfahrung eines absoluten Versagens und seiner Erbärmlichkeit zu stellen, um seine Zukunft ganz auf Gottes Erbarmen zu gründen (Ex 34,6f).

Wenn jemand zum eigenen Leben erwacht ist und die Erfahrung gemacht hat, in der Auseinandersetzung mit anderen, die den eigenen Lebensraum streitig machen, sich zu behaupten, läuft er Gefahr, sich von der eigenen Lebenstüchtigkeit, von den eigenen schöpferischen Kräften und Möglichkeiten faszinieren zu lassen. Israel hat diese Versuchung in der Geschichte vom „goldenen Stierbild" nacherzählt.

Zunächst ist es ganz organisch und natürlich, wenn sich aufgrund von Vertrauens ins Leben und gelebter Autonomie die eigene Initiative meldet. Sie bringt uns dazu, unseren Weg allmählich selbst in die Hand zu nehmen und zu verantworten. Diese Bewegung ist verbunden mit dem Entstehen einer inneren Zielgerichtetheit. Bei dieser Lebenseinstellung ist Gott einer, der mit dem Menschen geht, der im Drama unseres Lebens „mitspielt" und die eigene Unternehmungslust freisetzt. Gott ist nicht nur für den Menschen da (Vertrauen), er nimmt ihn nicht nur ernst (Autonomie), sondern er provoziert ihn auch im Suchen nach einer eigengeprägten religiösen Lebensform.

Wenn wir nun die eigenen schöpferischen Kräfte und Möglichkeiten ins Spiel bringen und damit Erfolg haben, kann es leicht dazu kommen, dass wir darüber vergessen, woran Mose mit seinem Altarbau nach dem Kampf mit Amalek erinnern wollte (Ex 17,15): Es geht um das Offenbarwerden Jahwes, nicht um das Feiern der eigenen Kraft und Stärke. Die Faszination, die vom Erleben der eigenen Lebensenergie ausgeht, kann uns in eine neue Sackgasse führen. Sie kann uns nötigen, dass wir uns nur noch akzeptieren, wenn wir uns als lebenstüchtig und erfolgreich durchsetzen. „Wir brauchen Gott, um unser Maß zu finden und uns selber zu ertragen" (E. Drewermann). Deshalb ist Mose mit Josua auf den Gottesberg gestiegen, um sich von Jahwe die rechte Ordnung des Herzens schenken zu lassen.

2. *Ex 32,1-6*: „Als das Volk sah, dass Mose noch immer nicht vom Berg herabkam, versammelte es sich um Aaron und sagte zu ihm: Steh auf!

Mach uns Götter, die vor uns herziehen. Denn dieser Mose, der Mann, der uns heraufgeführt hat aus dem Land Ägypten – wir wissen nicht, was aus ihm geworden ist…"

Der Abschnitt knüpft an Ex 24,12-18 an, wo Mose zu Jahwe auf „den Berg" gestiegen war, um die neue Lebensordnung für Israel entgegenzunehmen. Israel kann die Spannung zwischen Jahwes Nähe und seiner Entzogenheit nicht aushalten. Es kann sich nicht damit abfinden, dass sein Gott unfassbar und unverfügbar bleibt. Es wehrt sich dagegen, etwas erreicht zu haben, das nicht von ihm selbst gemacht ist. Israel will sich Jahwe nicht verdankt wissen und will sich nicht von seiner Lebensordnung formen lassen. Es will auch *„diesen Mose, den Mann, der uns aus Ägypten heraufgeführt hat"*, loswerden. Zu sehr erinnert sie dieser von Gott Ergriffene daran, dass der Exodus aus entwürdigender Abhängigkeit nicht ihren Wünschen und Möglichkeiten entsprang. Sie wissen, dass Mose nicht „ihr" Mann ist. Darum gehen sie zu Aaron, einer Art „Institution" ohne tiefere Beziehung zu Jahwe und ohne eigene Sendung ihnen gegenüber. Wörtlich heißt es: Das Volk versammelt sich „gegen" Aaron, was schon eine gewisse Aggressivität spüren lässt. Entsprechend forsch verlangen sie von ihm: *„Steh auf! Mach uns Götter, die vor uns herziehen!"* Sie fordern also genau das, was der Anfang des Dekalogs verbietet (Ex 20,3f) und verkennen zum wiederholten Mal, dass Jahwe selbst es war, der sie aus Ägypten heraufgeführt hat. Sie wollen selbst Geschichte machen, die Gottes Geschichte mit ihnen vergessen lässt. Aaron übernimmt nun die Initiative und trägt damit die Hauptschuld am Bundesbruch.

Mit seiner Gestalt macht uns diese Geschichte noch auf einen gefährlichen Aspekt des Unglaubens aufmerksam: Aaron ist der geführte Führer. Er kennt die Stimme des Volkes. Er hat ein Gespür für die Macht der Verhältnisse. Er kann den Leuten zeigen, wie man selbst etwas zustande bringt. Er kann gut reden und gut organisieren. Aber ihm fehlt die Unterscheidung und die Kraft „von oben". Er ist nicht – wie Mose – durch das Feuer göttlicher Nähe hindurchgegangen. Seine Worte und sein Tun folgen dem, was von woanders herkommt. Aaron kann das Volk nicht für das Ereignis der Offenbarung und des Glaubens disponieren. Er kann Sünde und Unheil nicht von ihm abwehren (vgl. Ex 32,11-14). Wenn die Verhältnisse es verlangen, wird er zum Träger und Vollstrecker gottlosen Treibens: Als er das Machwerk sieht und die Zustimmung des Volkes hört, realisiert er, was vor sich geht. Er baut vor dem Kalb einen Altar und kündigt den Festtermin an. Die Sachzwänge lassen keine andere Wahl, meint er.

Der Stier ist für Israel ein Gott, in dem es sich selbst versteht und darstellt – hervorgegangen aus der Kraft seines Erfolges, von seiner Phantasie und Kunst geformt, hergestellt aus den Schätzen fremder Lebensart.

Ein weiteres Moment des Unglaubens wird in dieser Erzählung deutlich: Israel kann nicht warten. Zu lange schon ist Mose auf dem Berg. Es will endlich das Fest in der Wüste haben; deswegen sind sie ja hinausgezogen (vgl. Ex 5,1). Sie wollen selbst in die Hand nehmen, was ihnen nur von Gott geschenkt werden kann. Vor lauter Ungeduld verlieren sie das Gespür für ihren Kairos. Sie können Gottes Zeit nicht abwarten und berauben sich damit seiner Gnade. Es wird eben *kein Fest für Jahwe*, sondern für Israel mit einem Götterbild – selbst gemacht aus dem Gold ihrer Sklavenzeit (vgl. Ex 3,22). Ähnlich verlief es bei der Geburt Ismaels (Gen 16,1-16). Auch hier löst Ungeduld, Nicht-warten-Können menschliche Aktivität aus, die selbst erreichen will, was nur durch göttliche Gnade bewirkt werden kann. So wird dem Abraham zunächst ein Sohn der Ungeduld, nicht der Verheißung geboren.

Das selbst gemachte Fest am Fuße des Gottesberges nimmt seinen Lauf. Das Volk freut sich beim Mahl und anderen Vergnügungen. Das können Tänze und auch sexuelle Ausschweifungen sein.

3. *Ex 32,7-14*: Unvermittelt wechselt die Szene wieder auf den Berg zu Jahwe und Mose. Wir werden mit den Konsequenzen des Bundesbruchs konfrontiert. Das Volk hatte sich sogar vor dem Stierbild niedergeworfen (Ex 32,8) und damit noch etwas getan, was Gott ausdrücklich verboten hatte (Ex 20,5). Mit dem Fest um den goldenen Stier hat Israel seine Beziehung zu Jahwe in einer unglaublichen Weise pervertiert und total zerstört. Jahwe ist in seinem tiefsten Wesen verletzt. Sein ganzer Zorn richtet sich gegen das Volk und will es vernichten. Mose aber soll zum Stammvater eines neuen großen Volkes werden. Doch vorher steht die seltsame Formulierung: „Lass mich…" als wollte Gott den Mose um Erlaubnis bitten, hatte er doch Israel – sich von ihm distanzierend – als „dein Volk" bezeichnet.

Die Antwort des Mose (Ex 32,11-13) „ist ein rhetorisches wie auch psychologisches Kleinod" (D. Markl). Wenn Jahwe sein Volk „vom Angesicht des Erdbodens hinweg" vernichten sollte, so argumentiert Mose, dann würde Ägypten meinen, er habe es „aus Bosheit“ getan, und der ganze Exodus käme in Verruf. Gott würde als Mörder da stehen. Das zweite Argument, Jahwe umzustimmen, erinnert ihn an seinen Eid, den er Abraham, Isaak und Israel (Jakobs neuer Name!) geschworen hat, ihre Nachkommen im verheißenen Land wohnen zu lassen. Das Gedenken seines Bundes mit den Vätern (und Müttern) war ja gerade der Auslöser für den Exodus gewesen (Ex 2,24; 6,5). Nicht nur sein Ruf bei den Ägyptern steht auf dem Spiel, sondern sein Selbstverständnis, seine Identität (Ex 3,6.15-17) ist in Frage gestellt. Jahwe lässt sich umstimmen, aber damit sind die Folgen des Bundesbruchs noch nicht aus der Welt.

Der Dialog zwischen Jahwe und Mose (Ex 32,7-14) ist eine theologische Besinnung über das „Jahwe-Sein“ Jahwes angesichts der Schuld seines Volkes: Jahwe ist ein lebendiger Gott, der sich von der Geschichte seines Volkes treffen und bewegen lässt. Seine Liebe, die offenbar wurde in den Verheißungen an die Väter und von Anfang an im Exodus, ist größer als sein Zorn, der noch einmal Ausdruck seiner leidenschaftlichen Verbundenheit mit seinem Volk ist.

4. *Ex 32,15-25*: Nachdem die äußerst kritische Situation fürs Erste überwunden ist, beginnt Mose den Abstieg mit den beiden „Tafeln des Bundeszeugnisses“ in seiner Hand. Wiederholt werden hier die Tafeln als Gottes Werk beschrieben. Sie sind ein eindrückliches Zeichen für den Fortbestand des Bundes, den Gott mit seinem abtrünnig gewordenen Volk geschlossen hat.

Als Mose mit Josua in Rufweite des Lagers kommt, hören sie Lärm, den Mose als „wild wechselnden Gesang“ deutet. Und als er schließlich das Treiben im Lager sieht, überkommt ihn ein furchtbarer Zorn. Er fühlt wie Jahwe. Er ist ganz auf seiner Seite. Er zerschmettert die Gesetzestafeln am Fuß des Berges und macht damit dem Volk schlagartig bewusst, dass der Bund mit Jahwe gebrochen ist.

Dann packt er das goldene Stierbild, wirft es wie Unreines ins Feuer und zermalmt es schließlich zu Staub. Wenn er es den Israeliten mit Wasser versetzt zu trinken gibt, gibt er ihnen zu verstehen, dass sie das, was sie als ihren Gott verehren, in den Abtritt gehört und ausgeschieden werden muss. Vielleicht deutet diese Symbolhandlung auch darauf hin, dass Ägypten ihnen noch tief in den Eingeweiden sitzt und sie nicht frei werden, bevor nicht alles ausgeschieden ist, was an das „Gold“ der Sklavenzeit erinnert.

Anschließend zieht Mose den Hauptverantwortlichen zur Rechenschaft. Dabei mäßigt er seinen Zorn und gibt Aaron die Gelegenheit, die Vorgänge aus seiner Sicht darzustellen. Dieser bagatellisiert sein Vergehen und tut so, als hätte sich alles irgendwie aus der Dynamik des Geschehens wie von selbst ergeben. Das entspricht so gar nicht den Tatsachen, wie sie in Ex 32,4 beschrieben werden. Aaron verschweigt seinen Anteil und lügt seinem Bruder ins Gesicht.

Mose sieht, dass das Volk seelisch verwildert und verwahrlost ist. Aaron hat seine Verantwortung als Stellvertreter nicht wahrgenommen „zur Schadenfreude ihrer Gegner". So hat Israel seine Rolle unter den Völkern verspielt, Jahwes Nähe zu den Menschen und seine befreiende Macht von allen pharaonischen Mächten zu bezeugen. Es ist nicht mehr ein „Königreich von Priestern" und „ein heiliges Volk" (Ex 19,6). Das fordert eine neue Entscheidung heraus.

*

Die Erzählung vom goldenen Stierbild spiegelt vermutlich Erfahrungen aus der Zeit Jerobeams II. (928-907) wider, als der König zwei goldene Stierbilder anfertigen und in den Heiligtümern von Bethel und Dan aufstellen ließ. Hintergrund ist der Abfall der Stämme Israels von Juda (1 Kön 12,26-30). So ist das goldene Stierbild auch ein Zeichen der Spaltung innerhalb des Gottesvolkes.

Die Folgen des Bundesbruchs: Ex 32,26-33,11

32[26] Und da trat Mose in das Tor des Lagers und rief: Her zu mir, wer für
den HERRN ist! Daraufhin versammelten sich bei ihm alle Söhne Levis.
[27] Und er sagte zu ihnen: So spricht der HERR, der Gott Israels: Ein jeder
lege sein Schwert an die Hüfte! Geht im Lager hin und zurück, von Tor
zu Tor, und erschlagt jeder seinen Bruder und seinen Freund und seinen Verwandten! [28] Die Söhne Levis nun handelten nach dem Wort des
Mose; und es fielen vom Volk an jenem Tage etwa dreitausend Mann. [29]
Darauf sagte Mose: Weiht euch heute für den HERRN – denn jeder von
euch ist gegen seinen Sohn und gegen seinen Bruder gewesen – um
heute Segen auf euch zu bringen!

[30] Und es geschah am folgenden Tag, da sagte Mose zum Volk: Ihr
habt eine große Sünde begangen. Doch jetzt will ich zum HERRN hinaufsteigen, vielleicht kann ich Sühnung für eure Sünde erwirken. [31]

Darauf kehrte Mose zum HERRN zurück und sagte: Ach, dieses Volk
hat eine große Sünde begangen: sie haben sich einen Gott aus Gold gemacht. [32] Und nun, wenn du doch ihre Sünde vergeben wolltest! Wenn
aber nicht, so lösche mich denn aus deinem Buch, das du geschrieben
hast, aus. [33] Der HERR aber sprach zu Mose: Wer gegen mich gesündigt
hat, den lösche ich aus meinem Buch aus. [34] Und nun gehe hin, führe
das Volk an den Ort, den ich dir genannt habe! Siehe, mein Engel wird
vor dir hergehen. Am Tag meiner Heimsuchung, da werde ich ihre Sünde an ihnen heimsuchen. [35] Und der HERR schlug das Volk mit Unheil
dafür, dass sie das Kalb gemacht hatten, das Aaron gemacht hatte.

33[1] Und der HERR redete zu Mose: Geh, ziehe von hier hinauf, du
und das Volk, das du aus dem Land Ägypten heraufgeführt hast, in das
Land, von dem ich Abraham, Isaak und Jakob geschworen habe: Deinen Nachkommen will ich es geben! [2] Und ich werde einen Engel vor
dir her senden und die Kanaaniter, Amoriter, Hetiter, Perisiter, Hewiter und Jebusiter vertreiben –, [3] in ein Land, das von Milch und Honig
überfließt. Denn ich werde nicht in deiner Mitte hinaufziehen – du bist
nämlich ein halsstarriges Volk –, damit ich dich nicht auf dem Wege
vernichte. [4] Als das Volk diese böse Rede hörte, trauerten sie, und keiner legte seinen Schmuck an. [5] Denn der HERR hatte zu Mose gesagt:
Sprich zu den Söhnen Israel: Ihr seid ein halsstarriges Volk. Zöge ich
nur einen Augenblick in deiner Mitte hinauf, so würde ich dich vernichten. Und nun lege deinen Schmuck von dir ab, und ich werde zu-
sehen, was ich für dich tun kann. [6] Da entledigten sich die Söhne Israel
ihres Schmuckes, vom Berg Horeb an.

[7] Mose nun nahm jeweils das Zelt und schlug es sich außerhalb des
Lagers auf, fern vom Lager für sich, und nannte es: Zelt der Begegnung.
Und es geschah, jeder, der den HERRN suchte, ging zum Zelt der Begegnung außerhalb des Lagers hinaus. [8] Es geschah auch, sooft Mose zum
Zelt hinausging, dann standen alle Leute auf, und sie traten jeder an
den Eingang seines Zeltes und sahen Mose nach, bis er in das Zelt hin-
einkam. [9] Und es geschah jedesmal, wenn Mose in das Zelt kam, dann
stieg die Wolkensäule herab und blieb am Eingang des Zeltes stehen;
und der HERR redete mit Mose. [10] Und das ganze Volk sah die Wolkensäule am Eingang des Zeltes stehen. Und das ganze Volk erhob sich,
und sie warfen sich nieder, jeder am Eingang seines Zeltes. [11] Und der
HERR redete mit Mose von Angesicht zu Angesicht, wie ein Mann mit
seinem Freund redet; dann kehrte Mose ins Lager zurück. Sein Diener
Josua aber, der Sohn des Nun, ein junger Mann, wich nicht aus dem
Innern des Zeltes.

1. *Ex 32,26-29*: Mose stellt sich ins Tor des Lagers, dem Ort der Rechtsprechung und fordert das Volk zu einer neuen Entscheidung für Jahwe heraus. In dieser kritischen Situation halten alle Mitglieder seines Stammes zu ihm. Im Auftrag Jahwes vollziehen sie an ihrem Volk ein Strafgericht: „jeder seinen Bruder, jeder seinen Nächsten und jeder seinen Nachbarn". Das Volk muss einen Teil der Konsequenz erfahren, die es durch den Bundesbruch selbst verursacht hat. Wenn Israel Jahwe verlässt, weiht es sich selbst dem Untergang.

Nach vollzogenem Strafgericht fordert Mose die Leviten auf, durch einen Opfergestus für Jahwe deutlich zu machen, dass sie nicht eigenmächtig, sondern allein auf seinen Befehl hin gehandelt haben.

Es sieht so aus, als habe Mose den Einsatz der Leviten erst befohlen, nachdem viele Leute trotz seiner beiden Zeichenhandlungen (Ex 32,19-20) ihr zügelloses Treiben nicht aufgeben wollten (Ex 32,25). Mose ist Levit (Ex 2,1). Sein Stamm ist kein Stamm wie die anderen Stämme Israels. Die Leviten haben keinen Erbbesitz, weil Jahwe ihr Besitz und ihr Erbteil mitten unter den Israeliten ist (Num 18,20). Sie sollen ganz für Jahwe leben und sich von allem trennen, was ihm entgegensteht. So illustriert diese schockierende und schwer verdauliche Geschichte, „dass es zwischen Jahwe und dem Stierbild keine menschlich oder familiär bedingten Kompromisse geben kann" (E. Zenger). „Wenn die gemeinsam entschiedene religiöse Ausrichtung (Ex 19-24) ihre Basis verliert, ist das ganze Volk gefährdet, und dies kann in Brudernord enden. Nie hätte es geschehen dürfen, und nie wieder soll es geschehen, so lautet die Botschaft" (D. Markl).

2. *Ex 22,30-35*: Am nächsten Morgen konfrontiert Mose das Volk mit der vollen Verantwortung für seine Schuld. Doch vielleicht gibt es noch eine Zukunft für Israel, wenn er hinauf zu Jahwe geht und Fürsprache einlegt. Er identifiziert sich so sehr mit dem Volk und seiner Gemeinschaft mit Gott, dass er von sich aus alles einsetzt, um sein Anliegen durchzusetzen: Wenn du ihre Sünde nicht vergeben willst, dann lösche mich aus dem Buch des Lebens (Ex (32,32).

Doch Gott bleibt souverän und lässt sich nicht erpressen. Wer gegen ihn gesündigt hat, wird sterben. Aber dann eröffnet er zum ersten Mal eine Perspektive: Mose soll das Volk in das Land führen, das er ihm schon bei seiner Berufung am Dornbusch zugesagt hat. Sogar sein Engel wird vor ihm her gehen. Dann lehnt Jahwe noch einmal ausdrücklich die eingangs geäußerte Bitte des Mose ab und „schlägt" das Volk, wie er Ägypten vor und nach dem Exodus „geschlagen" hat. Was damit gemeint ist, bleibt hier noch offen.

3. *Ex 33,1-6*: Jahwe bleibt seiner Vision vom Menschen treu. Er wiederholt seine Aufforderung zum Aufbruch und seine Zusage, dass ein Engel ihnen vorausgehen wird. Jahwe will das Volk trotz seines Abfalls in das Land der Verheißung führen. Auch wenn die Israeliten einen „harten Nacken" haben, wird seine Nähe nicht von ihnen weichen, aber in ihrer Mitte wird er nicht mehr mitziehen. Das ist bei seiner Leidenschaftlichkeit (Ex 20,5; 32,10) zu gefährlich für sie. Hier zeigt sich eine eigenartige Spannung zwischen Jahwes Nähe und seiner Distanz zum Volk.

Als diese schlechte Nachricht das Volk erreicht, trauert es und verzichtet auf jeden Schmuck. Das Gold aus Ägypten soll ihnen nicht noch einmal zur Versuchung werden. Der Schmuck Israels ist allein Jahwe. Sein Wort „Ich werde sehen, was ich dir tun werde" deutet am Ende eine neue Offenheit an.

4. *Ex 33,7-11*: Als eine weitere Folge des Bundesbruchs schlägt Mose sein Zelt außerhalb des Lagers auf. Dort ist künftig der Ort, wo Jahwe zu Mose spricht und durch ihn zum Volk. Das „Zelt der Begegnung" in Sichtweise des Lagers ist wie ein Abbild des Gottesberges, auf den die Wolkensäule herabkommt. Es sieht so aus, dass die Wolkensäule erst erscheint, wenn Mose das Zelt betritt, um Jahwe zu befragen. Immer wenn Mose hinaus zum Begegnungszelt geht, stehen die Israeliten am Eingang ihrer Zelte, um Jahwe wie im eigenen Zelt zu empfangen, und sie werfen sich vor ihm nieder, sobald die Wolkensäule herabsteigt und am Eingang des Zeltes stehen bleibt.

Nach dieser Tradition besteht eine außergewöhnliche Vertrautheit zwischen Jahwe und Mose. Sie sprechen miteinander „von Angesicht zu Angesicht, wie ein Mann mit seinem Freund" (V. 11). Das steht im Gegensatz zu Ex 33,20 und 34,6-8, wonach auch Mose Jahwes Angesicht nicht schauen kann: Möglicherweise will die gegensätzliche Ausdrucksweise die Nähe und Distanz umschreiben, die für die besondere Beziehung zwischen Jahwe und Mose gilt. Gott spricht also auch durch Menschen, die er sich vertraut gemacht hat. Doch dazu muss man aus dem Lager herausgehen und Gottes Willen suchen.

Dieser Abschnitt ist wie eine Konkretisierung dessen, was Jahwe „sehen wird“ (Ex 33,5), ein Blick in die Zukunft des gemeinsamen Weges durch die Wüste in das Land der Verheißung.

Das Ringen um die Gegenwart Gottes: Ex 33,12-23

[12] Mose nun sagte zum HERRN: Siehe, du sagst zu mir: Führe dieses Volk hinauf! – aber du hast mich nicht erkennen lassen, wen du mit mir senden willst, wo du doch selbst gesagt hast: Ich kenne dich mit Namen, ja, du hast Gunst gefunden in meinen Augen. [13] Und nun, wenn ich also Huld gefunden habe in deinen Augen, dann lass mich doch deinen Weg wissen, so dass ich dich erkenne, damit ich Huld finde in deinen Augen, und sieh doch, dass diese Leute dein Volk sind! [14] Er antwortete: Mein Angesicht wird mitgehen und dich zur Ruhe bringen. [15] Er aber sagte zu ihm: Wenn dein Angesicht nicht mitgeht, dann führe uns nicht von hier hinauf! [16] Woran soll man denn sonst erkennen, dass ich Gunst gefunden habe in deinen Augen, ich und dein Volk? Nicht daran, dass du mit uns gehst und wir, ich und dein Volk, dadurch vor jedem Volk auf dem Erdboden ausgezeichnet werden? [17] Der HERR antwortete Mose: Auch diesen Wunsch, den du jetzt ausgesprochen hast, werde ich erfüllen; denn du hast Gunst gefunden in meinen Augen, und ich kenne dich mit Namen.

[18] Er aber sagte: Lass mich doch deine Herrlichkeit sehen! [19] Er antwortete: Ich werde all meine Güte an deinem Angesicht vorübergehen lassen und den Namen Jahwe vor dir ausrufen: Ich werde gnädig sein, wem ich gnädig bin, und mich erbarmen, über wen ich mich erbarme. [20] Dann sprach er: Du kannst es nicht ertragen, mein Angesicht zu sehen, denn kein Mensch kann mich sehen und am Leben bleiben. [21] Weiter sagte der HERR: Siehe, hier ist ein Platz bei mir, da sollst du dich auf den Felsen stellen. [22] Und es wird geschehen, wenn meine Herrlichkeit vorüberzieht, dann werde ich dich in die Felsenhöhle stellen und meine Hand schützend über dich halten, bis ich vorübergegangen bin. [23] Dann werde ich meine Hand wegnehmen, und du wirst mich von hinten sehen; aber mein Angesicht darf nicht gesehen werden.

Die außergewöhnliche Nähe und Vertrautheit zwischen Jahwe und Mose (Ex 3,11) wird in der folgenden Erzählung exemplarisch entfaltet. Diese Nähe steht (noch) in Spannung zu der Distanz, die zwischen Jahwe und dem Volk besteht.

1. *Ex 33,12–17*: Der Text knüpft an den Befehl Jahwes zum Aufbruch vom Sinai an: „Geh! Führ mein Volk, wohin ich dir gesagt habe“ (Ex 32,34). Dieser Auftrag löst in Mose tiefe Beunruhigung aus. Er ist besorgt um die Zukunft so vieler Menschen. Was soll aus ihnen werden, wenn sie den heiligen Berg, den sicheren Ort der Gottesbegegnung und -erfahrung wieder verlassen? Er weiß, dass es für ihn und sein Volk nur eine Geschichte gibt, „wenn es eine von Jahwe geführte Geschichte ist“ (E. Zenger). Mose will nicht aufbrechen ohne Gott. Er möchte wissen, was Gott vorhat, und wie er mit ihm dran ist. Wie können sie weiterhin Jahwes Gegenwart erfahren, wenn sie von dort aufbrechen? Seine Sehnsucht, sich von Gott führen zu lassen, sein Verlangen, dass er mit ihnen geht, entspringt seiner langen menschlichen und geistlichen Erfahrung.

So weist Mose Jahwe zunächst darauf hin, dass seine Zusage (Ex 32,34; 33,2f) nicht eindeutig ist. Er weiß nicht, wie das mit dem Engel zu verstehen ist und wie Gottes Wege mit Israel aussehen. Jahwe soll sich von Neuem zu erkennen geben, Israel wieder als *sein* Volk anerkennen und es selbst in das Land der Verheißung führen: „Lass mich deinen Weg wissen, damit ich erkenne, dass ich Huld in deinen Augen gefunden habe. Sieh, diese Leute sind doch *dein* Volk” (Ex 33,13b).

Jahwe geht auf das Verlangen des Mose ein: „Mein Angesicht wird mit dir ziehen und dich zur Ruhe bringen.“ Das hebräische Wort für „Angesicht“ (*panim*) „steht für persönlich Präsenz, Wahrnehmung und Begegnung“ (D. Markl) mit seinem Gegenüber. Im „Angesicht“ sind die Organe beisammen, mit denen wir Kommunikation pflegen: Augen, Mund und Ohren. So also will Jahwe mit Mose unterwegs sein: Mit Augen, Mund und Ohren will er ihm nahe sein. Er wird ihn nicht aus dem Auge verlieren. Er wird ihn hören und zu ihm sprechen. So wird sein Angesicht über ihn leuchten.

Mose aber identifiziert sich so sehr mit seinem Volk (zweimal „ich und dein Volk“), dass er Gottes Freundschaft nur annehmen will, wenn dieser mit ihnen zieht. Er will die einmalige Freundschaft Gottes auch für das Volk. Dann wird Israel vor allen Völkern der Erde ausgezeichnet sein.

Auch dieser Wunsch wird Mose erfüllt, weil Jahwe ihn ins Herz geschlossen und eine tiefe Kenntnis seines Wesens („Namens“) hat.

2. *Ex 33,18-23*: Doch damit gibt sich Mose noch nicht zufrieden. Sein Vertrauen in Jahwe ist so absolut, dass er ihn sogar bittet, seine „Herrlichkeit" (*kabod*) zu schauen. Damit rührt er an die Grenzen des Möglichen. Mose bittet um nicht weniger, als dass Jahwe ihm sein Ich offenbare. Ein ungeheuerliches Verlangen! Aber selbst diese Bitte wird ihm gewährt, jedoch mit der Einschränkung, dass Jahwe für Mose der Unfassbare bleibt, der sich einem *unmittelbaren* Begreifen und Verstehen entzieht. Die zweimal formulierte Äußerung „für wen auch immer" betont die Freiheit und Unverfügbarkeit seiner Zuwendung (Gnade und Erbarmen).

Das Ereignis aber, in dem Gott seine „Herrlichkeit" offenbart, wird so gewaltig und Furcht erregend sein, dass Mose sie nur in einer Felsspalte überleben kann – unter der schützenden Hand Jahwes. Der biblische Verfasser erzählt den geheimnisvollen Vorgang so, dass Mose nur die „Rückseite" Jahwes schauen durfte, und dies auch nur *nach* dem „Vorübergang" Jahwes. Es muss ihm genügen zu wissen, dass die „Herrlichkeit" Gottes an ihm vorüber gezogen ist ... In diesem Bild wird die Grunderfahrung des Glaubens beschrieben, dass wir Gottes Nähe oft erst im Nachhinein erkennen als die schützende Hand, die uns vor der Wucht seiner Gegenwart bewahrt hat.

Erneute Gottesbegegnung auf dem Berg: Ex 34,1-10

34[1] Darauf sprach der HERR zu Mose: Haue dir zwei steinerne Tafeln
wie die ersten zurecht! Dann werde ich auf die Tafeln die Worte schreiben, die auf den ersten Tafeln standen, die du zerschmettert hast. [2] Und
halte dich für den Morgen bereit und steige am Morgen auf den Berg
Sinai und stehe dort vor mir auf dem Gipfel des Berges! [3] Es soll aber
niemand mit dir hinaufsteigen, und es darf überhaupt niemand auf dem
ganzen Berg gesehen werden; sogar Schafe und Rinder dürfen nicht in
Richtung auf diesen Berg hin weiden. [4] So hieb er denn zwei steinerne
Tafeln wie die ersten zurecht. Und Mose stand früh am Morgen auf und
stieg auf den Berg Sinai, wie ihm der HERR geboten hatte, und nahm
die zwei steinernen Tafeln in seine Hand.

[5] Da stieg der HERR in der Wolke herab, und er trat dort neben ihn
und rief den Namen des HERRN aus. [6] Und der HERR ging vor seinem
Angesicht vorüber und rief: Jahwe, Jahwe ist ein barmherziger und
gnädiger Gott, langmütig und reich an Huld und Treue: [7]Er bewahrt

Tauenden Huld, nimmt Schuld, Vergehen und Sünde auf sich, der aber keineswegs ungestraft lässt, sondern die Schuld der Väter heimsucht an den Kindern und Kindeskindern, an der dritten und vierten Generation.
[8] Da warf sich Mose eilends zur Erde nieder, betete an [9] und sagte: Wenn ich doch Gunst gefunden habe in deinen Augen, Herr, so möge doch der Herr in unserer Mitte mitgehen! Wenn es auch ein halsstarriges Volk ist, vergib uns aber dennoch unsere Schuld und Sünde und nimm uns als Erbbesitz an!

[10] Er sprach: Siehe, ich schließe einen Bund: Vor deinem ganzen Volk will ich Wunder tun, wie sie bisher nicht vollbracht worden sind auf der ganzen Erde und unter allen Nationen. Und das ganze Volk, in dessen Mitte du lebst, soll/wird das Tun des HERRN sehen; denn Furcht erregend ist, was ich an dir tun werde.

1. *Ex 34,1-4*: Mose erhält von Jahwe die Weisung, zwei neue Steintafeln zu hauen und sich für eine neue Gottesbegegnung zu bereiten. Die neuen Tafeln sind Zeichen der Vergebung und der Erneuerung des Bundes. Gott will sich von Neuem in die Herzen der Menschen schreiben. Er macht Israel nicht zum Gefangenen seiner Vergangenheit. Er hört nicht auf, sein Volk in das „gute, weite Land" zu locken, in die grenzenlose Weite seiner Freiheit. Stellvertretend für das Volk soll Mose am Morgen auf den Gipfel des „Berges" steigen und sich dort vor Jahwe stellen. Wenn Mose mit den unbeschriebenen Tafeln aufbricht, soll niemand mit ihm gehen. Kein Mensch und kein Tier soll während dieser Zeit „den ganzen Berg" betreten (vgl. Ex 19,12f).

Wer in Gottes Gegenwart gezogen wird, muss alles zurücklassen, was ihn daran hindert, ganz „da" zu sein. Allein und mit unbeschriebenen Tafeln muss er sich auf den Weg machen. Er braucht Abstand von seinem Wissen und Wollen, von seinen Gefühlen und Urteilen. Er muss sich lösen von den Vorurteilen des eigenen Wertens und Denkens. Der Aufstieg aus dem Alltag auf den Gipfel des „Berges" kostet Mühe. Es braucht Zeit, bis die Sinne des Herzens geläutert sind, um den „Vorübergang" Jahwes wahrnehmen zu können.

2. *Ex 34,5-7a*: „Und Jahwe geht an Mose vorüber." Das hebräische Wort *'abar* ist „vor allem bei Amos (vgl. Am 5,17; 7,8; 8,2) ein Wort für die Gotteserscheinung und bezeichnet ein Vorübergehen Jahwes, das Kon-

sequenzen hat für die, an denen Jahwe vorübergeht" (E. Zenger). Gott will nicht folgenlos, nicht unverbindlich am Menschen vorübergehen. Mose hört: „Jahwe, Jahwe ist ein barmherziger und gnädiger Gott, langmütig und reich an Huld und Treue: Er bewahrt Tauenden Huld, nimmt Schuld, Vergehen und Sünde auf sich." Mit dem doppelten Ausruf seines Namens kündet Jahwe einen Wendepunkt in der Geschichte Israels an, „wo Gott im Augenblick der größtmöglichen Schuld seines Volkes trotz allem seine Barmherzigkeit zusagt" (D. Markl). Zugleich erinnert der Name an seine Unverfügbarkeit.

Das hebräische Wort für barmherzig (*rahum*) hängt zusammen mit „*raehaem*" und das heißt Mutterschoß. Mose vernimmt also, dass Jahwe mit seinem Volk so verbunden ist wie eine Mutter, die ihr Kind in ihrem Schoß spürt. Noch stärker kommt bei Deutero-Jesaja die mitfühlende Verbundenheit zwischen Jahwe und Israel zum Ausdruck: „Kann denn eine Frau ihr Kind vergessen, eine Mutter ihren leiblichen Sohn? Und selbst wenn sie ihn vergessen würde: ich vergesse dich nicht." (Jes 49,15) Mose wird zugesichert, dass Jahwes Treue gegenüber Israel unerschütterlich bleibt, auch wenn die gemeinsame Beziehung schweren Belastungen ausgesetzt wird. Gott bewahrt seine Huld den „Tausenden", d.h. den Nachkommen von „tausend" Generationen, also über eine undenkbar lange Folge von Generationen hin. Diese Verheißung ist „die gleich bleibende Linie, die sich durch die wechselvolle Geschichte der einzelnen Generationen wie ein roter Faden durchhält" (E. Zenger). Auch wenn Menschen das Gemeinschaftsverhältnis von sich aus durchkreuzen, wird Jahwe die Folgen auf sich nehmen und Israel vergeben. Seine Huld (*haesed*) geht so weit, dass er den Schaden, den der Mensch sich damit zufügt, stellvertretend „trägt".

3. *Ex 34,7b-9*: Doch dann rückt auch die gegensätzliche Wirkung seiner Nähe ins Blickfeld. Jahwe ist kein harmloser Gott. Seine Barmherzigkeit nimmt den Menschen und sein Tun ernst. Sünde und Schuld bleiben nicht ohne Folgen. Sie „verlängern" sich bis zur vierten Generation. In der systemischen Psychotherapie wird diese „Verlängerung" besonders deutlich. Die vier Generationen meinen die Glieder einer Großfamilie, die nach semitischer Sitte eine Lebensgemeinschaft unter Führung des Familienoberhauptes bilden. Die besondere Stellung des Familienvaters bedingt die Tragweite der Folgen seiner Sünde. Die ganze Familie ist davon affiziert.

Wenn wir die gegensätzlichen Wirkungen der „Herrlichkeit" (*kabod*) Jahwes miteinander vergleichen, dann fällt auf, dass die Ahndung der Sünde sich auf eine Großfamilie von vier Generationen beschränkt, die Verheißung seiner Güte aber bis in die tausendste Generation reicht. Der alttestamentliche Autor will also damit sagen, dass Jahwes Huld und Treue unendlich größer ist als seine Strafe.

Mose verneigt sich sogleich bis zur Erde und wirft sich zu Boden. Anbetend und fürbittend vertraut er sich und die Zukunft seines Volkes der Huld und Treue Gottes an: Gerade diese letzten Worte Jahwes (V. 6f) ermutigen ihn zu seiner letzten Bitte, auf die alle seine vorausgegangenen Bemühungen hinzielen: „Geh doch mein Herr in *unserer* Mitte. Wenn dies auch ein halsstarriges Volk ist, vergib uns doch unsere Schuld und Sünde, und nimm uns an als deinen Erbbesitz".

In diesen wenigen Versen 6-8 fasst die nachexilische Theologie ihre Gottesvorstellungen zusammen. Das ist die eigentliche Mitte des Jahwe-Glaubens. Daran soll jeder aus dem Gottesvolk sich festmachen.

4. *Ex 34,10*: Auf die Bitte des Mose antwortet Jahwe mit einer feierlichen Selbstverpflichtung. Er wolle für Israel „Wunder wirken, wie sie auf der ganzen Erde und unter allen Völkern nie geschehen sind." Mit dieser großen Verheißung schickt der Herr sein Volk auf den Weg, damit es sich seine eigene Zukunft erkämpft. Die Verheißung ist ein besonderer Höhepunkt der vielschichtigen Sinaierzählungen. Wie den Vätern Abraham, Isaak und Jakob wird Israel das verheißene Land als „Wunder" Jahwes zugesagt, d.h. als Raum seiner Güte. Gottes Bindung an sein Volk ist der Grund aller menschlichen Hoffnung und Zukunft.

Wer sich aufmacht, um dem lebendigen Gott zu begegnen, wird an sich erfahren, dass ein solcher „Aufstieg" nicht ohne Konsequenzen für ihn bleibt. Es wird sich zeigen, dass die Verheißung in Erfüllung geht: „das ganze Volk, in dessen Mitte du bist, wird die Taten Jahwes sehen" (V 10b).

Das „Privilegrecht Jahwes" und das strahlende Antlitz des Mose: Ex 34,11-35

34[11] Beachte genau, was ich dir heute gebiete! Siehe, ich will vor dir die
Amoriter, Kanaaniter, Hetiter, Perisiter, Hewiter und Jebusiter vertreiben. [12] Hüte dich, mit den Bewohnern des Landes, in das du kommen
wirst, einen Bund zu schließen, damit sie nicht zur Falle werden in deiner Mitte! [13] Vielmehr sollt ihr ihre Altäre niederreißen, ihre Gedenk-
steine zertrümmern und ihre Ascherim ausrotten. [14] Denn du darfst dich
vor keinem andern Gott anbetend niederwerfen; denn der HERR, dessen
Name „Eifersüchtig" ist, ist ein eifersüchtiger Gott. [15] Dass du ja keinen
Bund mit den Bewohnern des Landes schließt! Denn dann könnte man
dich einladen, und du könntest, wenn sie ihren Göttern nachhuren und
ihren Göttern opfern, von ihren Schlachtopfern essen. [16] Und du könntest von ihren Töchtern für deine Söhne Frauen nehmen, und wenn
dann ihre Töchter ihren Göttern nachhuren, könnten sie deine Söhne
dazu verführen, ihren Göttern nachzuhuren. [17] Gegossene Götter sollst
du dir nicht machen. [18] Das Fest der ungesäuerten Brote sollst du halten; sieben Tage sollst du ungesäuertes Brot essen, wie ich dir geboten
habe, zur festgesetzten Zeit des Monats Abib; denn im Monat Abib bist
du aus Ägypten ausgezogen. – [19] Alles, was zuerst den Mutterschoß
durchbricht, gehört mir; auch all dein männliches Vieh, die Erstgeburt
von Rind und Schaf. [20] Die Erstgeburt vom Esel aber sollst du mit einem Schaf auslösen. Wenn du sie jedoch nicht auslösen willst, dann
brich ihr das Genick! Alle Erstgeburt deiner Söhne sollst du auslösen.
Und man soll nicht mit leeren Händen vor meinem Angesicht erscheinen. [21] Sechs Tage sollst du arbeiten, aber am siebten Tag sollst du ruhen; *auch* in der Zeit des Pflügens und in der Ernte sollst du ruhen. [22]
Auch das Wochenfest , das Fest der Erstlinge der Weizenernte, sollst du
feiern, ferner das Fest des Einsammelns und die Wende des Jahres. [23]
Dreimal im Jahr soll alles bei dir, was männlich ist, vor dem Angesicht
des Herrn HERRN, des Gottes Israels, erscheinen. [24] Denn ich werde die
Nationen vor dir austreiben und deine Grenze erweitern. Und niemand
wird dein Land begehren, wenn du dreimal im Jahr hinaufziehst, um
vor dem Angesicht des HERRN, deines Gottes, zu erscheinen. [25] Du
sollst das Blut meines Schlachtopfers nicht zusammen mit Gesäuer-
tem darbringen, und das Schlachtopfer des Passahfestes darf nicht über
Nacht bleiben bis zum nächsten Morgen. [26] Das Erste der Erstlinge deines Landes sollst du in das Haus des HERRN, deines Gottes, bringen. Du
sollst ein Böckchen nicht in der Milch seiner Mutter kochen. [27] Und der

HERR sprach zu Mose: Schreibe dir diese Worte auf! Denn nach diesen Worten schließe ich mit dir und mit Israel einen Bund.
[28] Und Mose blieb vierzig Tage und vierzig Nächte dort beim HERRN. Brot aß er nicht, und Wasser trank er nicht. Und er schrieb auf die Tafeln die Worte des Bundes, die zehn Worte. [29] Es geschah aber, als Mose vom Berg Sinai herabstieg – und die beiden Tafeln des Zeugnisses waren in Moses Hand, als er vom Berg herabstieg –, da wusste Mose nicht, dass die Haut seines Gesichtes strahlend geworden war, als er mit ihm geredet hatte. [30] Und Aaron und alle Söhne Israel sahen Mose an, und siehe, die Haut seines Gesichtes strahlte; und sie fürchteten sich, zu ihm heranzutreten. [31] Mose jedoch rief ihnen zu, und Aaron und alle Fürsten in der Gemeinde wandten sich ihm zu, und Mose redete zu ihnen. [32] Danach aber traten alle Söhne Israel heran, und er gebot ihnen alles, was der HERR auf dem Berg Sinai zu ihm geredet hatte. [33] Als nun Mose aufgehört hatte, mit ihnen zu reden, legte er eine Decke auf sein Gesicht. [34] Sooft aber Mose vor den HERRN hineinging, um mit ihm zu reden, legte er die Decke ab, bis er hinausging. Dann ging er hinaus, um zu den Söhnen Israel zu reden, was ihm aufgetragen war. [35] Da sahen die Söhne Israel Moses Gesicht, dass die Haut von Moses Gesicht strahlte. Dann legte Mose die Decke wieder auf sein Gesicht, bis er hineinging, um mit ihm zu reden.

1. *Ex 34,11-28*: Der Abschnitt ist ganz auf Gottes besondere Beziehung zu Israel ausgerichtet und wird deshalb häufig als „Privilegrecht Jahwes" (J. Halbe) bezeichnet. Es enthält nur kultisch-religiöse Vorschriften, die Israel eindringlich davor warnen, seine Identität aufs Spiel zu setzen (V. 12-26): „Beachte/bewahre genau, was ich dir heute gebiete". Der Dekalog und das Bundesbuch sind hier vorausgesetzt, aber es soll noch einmal daran erinnert werden, was inbezug auf den Bundesbruch von besonderer Bedeutung ist. Vermutlich haben auch hier die Erfahrungen vom Untergang des Nordreichs ihren Niederschlag gefunden.

Die Erneuerung des Bundes wird diesmal allein von Gott her bestimmt. „Wie Israel durch einseitige Untreue den Bund gebrochen hat, so erneuert ihn Jahwe durch seine einseitige Vergebung und wiederholte Zusage der Treue" (D. Markl). Am Ende erhält Mose den Auftrag, alle diese Worte aufzuschreiben. Sie bilden den Vertragstext für den Bund mit Mose und Israel. Vierzig Tage und vierzig Nächte verbringt

Mose mit Jahwe (vgl. Ex 24,18). Das Zusammensein mit ihm erfüllt ihn so sehr, dass er weder Speise noch Trank zu sich nimmt.

2. *Ex 34,29-35*: Als Mose mit den neuen Gesetzestafeln vom Berg zum Volk heruntersteigt, strahlt sein Antlitz vom Widerschein göttlicher Herrlichkeit. Die Nähe Jahwes „von Angesicht zu Angesicht" hat ihn verändert. Sein Anblick ist so überwältigend, dass die Israeliten sich fürchten, ihm nahe zu kommen. Mose ruft sie herbei und gebietet ihnen alles, was Jahwe zu ihm auf dem Berg gesprochen hatte. Ergriffen von Jahwes Worten gibt er sie weiter an sein Volk, damit auch die Israeliten sich von ihrer Kraft ergreifen lassen. Künftig wird er sein Antlitz verhüllen, wenn er mit Gottes Weisungen vor das Volk tritt. Er benutzt seine privilegierte Stellung nicht, um andere zu blenden.

Ausführung und Vollendung des Heiligtums und der Aufbruch vom Gottesberg: Ex 35-40

Nach der Erneuerung des Bundes (Ex 34) kann das Heiligtum errichtet werden. Die Schlusskapitel des Buches Exodus wiederholen zum großen Teil wörtlich die Anweisungen zum Bau des Wüstenheiligtums und die entsprechenden Kultvorschriften der Kapitel 25-31. Die Reihenfolge der Arbeiten entspricht hier eher dem praktischen Ablauf: Zuerst das Heiligtum, dann seine Ausstattung. Doch bevor Mose die Einzelanweisungen gibt, schärft er noch einmal das Sabbatgebot ein (Ex 35,2f). Die gemeinsame Arbeit am Heiligtum soll ja Teilhabe am weltschöpferischen Tun Jahwes sein. Israels Arbeit und Großzügigkeit für Gottes Wohnung ist seine Antwort auf Jahwes Handeln beim Exodus (Ex 3-17). Sie wird damit belohnt, dass seine Herrlichkeit bei ihnen bleibt (Ex 40,34-38). Das bedeutet die endgültige Versöhnung nach dem Bundesbruch (D. Markl).

Als das ganze Werk vollendet ist, stellt Mose fest, dass alle von Jahwe angeordneten Arbeiten genau ausgeführt wurden, und segnet die Israeliten (Ex 39,43). Jetzt kann „das erinnernde und in der Erinnerung vergegenwärtigende *Gedenken* beginnen, das den Kern der biblischen Feste bildet" (I. Willi-Plein).

Jahwe selbst bestimmt den Tag, an dem er das Heiligtum als Wohnstätte annehmen will, und ebenso alle Einzelheiten für die göttliche Liturgie bis zur Amtseinsetzung der Priester durch Salbung. Künftig dürfen nur Männer aus dem Geschlecht Aarons Priester sein.

Damit hat die Geschichte des Exodus einen ersten entscheidenden Höhepunkt erreicht. Jahwe kann nun inmitten seines Volkes Wohnung nehmen. Das dem Modell Jahwes entsprechende Heiligtum wird zum mitwandernden Sinai. „Wenn die Wolke sich von der heiligen Wohnung erhob, brachen die Israeliten auf, solange ihre Wanderung dauerte. Wenn sich aber die Wolke nicht erhob, brachen sie nicht auf, bis sie sich erhob. Die Wolke Jahwes war über der heiligen Wohnung bei Tag, und Feuer war über ihr bei Nacht, vor den Augen des ganzen Hauses Israels, solange ihre Wanderung dauerte“ (Ex 40,36-38).

Im Schutz der Wolke wird das Gottesvolk seinen Weg durch die Wüste in das Land der Verheißung finden, wenn es sich von Jahwe die Richtung weisen und die Zeiten des Unterwegsseins und des Ruhens bestimmen lässt. In der Nähe zum mitziehenden Gott kann die Vision von „einem Land, gut und weit“ lebendig bleiben. In dieser Weggemeinschaft erfüllt sich auch die Sehnsucht Jahwes: „Und sie werden erkennen, dass ich Jahwe, ihr Gott, bin, der ich sie aus dem Land Ägypten geführt habe, um in ihrer Mitte zu wohnen, ich Jahwe, Ihr Gott“ (Ex 29,46).

Die Angst, dem Neuen nicht gewachsen zu sein: Num 13,17-14,10

13[17] Und Mose sandte die Männer, das Land Kanaan auszukundschaften, und sagte zu ihnen: Zieht hier hinauf an der Südseite, und steigt
auf das Gebirge, [18] und seht das Land an, wie es beschaffen ist; und
das Volk, das darin wohnt, ob es stark oder schwach, ob es gering oder
zahlreich ist; [19] und wie das Land ist, in dem es wohnt, ob es gut oder
schlecht ist; und wie die Städte sind, in denen es wohnt, ob *es* in Lagern oder in Festungen wohnt; [20] und wie das Land ist, ob es fett oder
mager ist, ob Bäume darin sind oder nicht. Und seid mutig und nehmt
etwas von der Frucht des Landes! Die Tage aber waren die Tage der ersten Trauben. [21] Und sie zogen hinauf und kundschafteten das Land aus,
von der Wüste Zin bis Rehob, von wo man nach Hamat geht. [22] Und sie
zogen an der Südseite hinauf und kamen bis Hebron, und dort waren
Ahiman, Scheschai und Talmai, die Söhne Enaks. Hebron aber war sieben Jahre vor Zoan in Ägypten erbaut worden. [23] Und sie kamen bis in
das Tal Eschkol und schnitten dort eine Weinranke mit nur einer Trau-

be ab und trugen sie zu zweit an einer Stange, auch Granatäpfel und Feigen. [24] Diesen Ort nannte man Tal Eschkol wegen der Traube, die die Söhne Israel dort abgeschnitten hatten.

[25] Und sie kehrten am Ende von vierzig Tagen von der Erkundung des Landes zurück. [26] Und sie gingen hin und kamen zu Mose und zu Aaron und zu der ganzen Gemeinde der Söhne Israel in die Wüste Paran nach Kadesch; und sie erstatteten ihnen und der ganzen Gemeinde Bericht und zeigten ihnen die Frucht des Landes. [27] Und sie erzählten ihm und sagten: Wir sind in das Land gekommen, wohin du uns gesandt hast; und wirklich, es fließt von Milch und Honig über, und das ist seine Frucht. [28] Allerdings ist das Volk stark, das in dem Land wohnt, und die Städte sind befestigt und sehr groß; und auch die Söhne Enaks haben wir dort gesehen. [29] Amalek wohnt im Lande des Südens, und die Hetiter und die Jebusiter und die Amoriter wohnen auf dem Gebirge, und die Kanaaniter wohnen am Meer und am Ufer des Jordan. [30] Und Kaleb beschwichtigte das Volk, *das* gegenüber Mose murrte, und sagte: Lasst uns nur hinaufziehen und es in Besitz nehmen, denn wir werden es gewiss bezwingen! [31] Aber die Männer, die mit ihm hinaufgezogen waren, sagten: Wir können nicht gegen das Volk hinaufziehen, denn es ist stärker als wir. [32] Und sie brachten unter den Söhnen Israel ein böses Gerücht über das Land auf, das sie ausgekundschaftet hatten, und sagten: Das Land, das wir durchzogen haben, um es zu erkunden, ist ein Land, das seine Bewohner frisst; und alles Volk, das wir darin gesehen haben, sind Leute von hohem Wuchs; [33] auch haben wir dort die Riesen gesehen, die Söhne Enaks von den Riesen; und wir waren in unseren Augen wie Heuschrecken, und so waren wir auch in ihren Augen.

14[1] Da erhob die ganze Gemeinde ihre Stimme und schrie, und das Volk weinte in jener Nacht. [2] Und alle Söhne Israel murrten gegen Mose und gegen Aaron, und die ganze Gemeinde sagte zu ihnen: Wären wir doch im Land Ägypten gestorben, oder wären wir doch in dieser Wüste gestorben! [3] Wozu bringt uns der HERR in dieses Land? Damit wir durchs Schwert fallen und unsere Frauen und unsere kleinen Kinder zur Beute werden? Wäre es nicht besser für uns, nach Ägypten zurückzukehren? [4] Und sie sagten einer zum andern: Lasst uns ein Haupt über uns setzen und nach Ägypten zurückkehren! [5] Da fielen Mose und Aaron auf ihr Angesicht vor der ganzen Versammlung der Gemeinde der Söhne Israel.

[6] Und Josua, der Sohn des Nun, und Kaleb, der Sohn des Jefunne, von denen, die das Land ausgekundschaftet hatten, zerrissen ihre Kleider [7] und sagten zu der ganzen Gemeinde der Söhne Israel: Das Land,

das wir durchzogen haben, um es auszukundschaften, das Land ist sehr,
sehr gut. [8] Wenn der HERR Gefallen an uns hat, so wird er uns in dieses Land bringen und es uns geben, ein Land, das von Milch und Honig
überfließt. [9] Nur empört euch nicht gegen den HERRN! Und fürchtet
doch nicht das Volk des Landes, denn unser Brot werden sie sein! Ihr
Schutz ist von ihnen gewichen, und der HERR ist mit uns. Fürchtet sie
nicht! [10] Und die ganze Gemeinde sagte, dass man sie steinigen solle.
Da erschien die Herrlichkeit des HERRN an dem Zelt der Begegnung allen Söhnen Israel.

In Num 13-14 wird noch eine wichtige Phase auf dem Weg in das Land der Verheißung geschildert. Nach langer Wüstenwanderung erreichten die Israeliten schließlich die Grenze zum gelobten Land, dem Ort ihrer eigentlichen Bestimmung. Das Ziel liegt vor ihren Augen – zum Greifen nahe. Sie können seine Schönheit ahnen. Die vielen Stationen von tödlicher Bedrohung und Lebensangst, von Rückfall und Vergeblichkeit, von Mühsal und Enttäuschung eines oft endlos scheinenden Weges liegen hinter ihnen. Nun kann das zermürbende Leben Ruhe finden in einem „weiträumigen Land“ (Ex 3,8). Die Vision, die sie einmal auf den Weg gebracht hat und an die sie in den dunkelsten Stunden ihrer Wüstenwanderschaft immer wieder erinnert werden mussten, war keine Fata Morgana. Jetzt brauchen sie nur noch mit dem, was sie sind, ins Land ziehen und sesshaft werden.

1. *Num 13,25-14,5*: Mose schickt Kundschafter aus, von jedem Stamm einen der führenden Leute, um das noch unbekannte Land in Augenschein zu nehmen. Nach vierzig Tagen kehren sie zurück und bestätigen einmütig, was ihnen von diesem Land vorausgesagt war: „Es ist wirklich ein Land, in dem Milch und Honig fließen.“ Aber dann behaupten die meisten von ihnen, dass dieses schöne und fruchtbare Land uneinnehmbar sei wegen der Größe und Stärke seiner Bewohner und ihrer befestigten Städte. Das Ziel all ihrer Mühen und Strapazen vor Augen, werden sie wieder von der Angst überfallen, der neuen Herausforderung nicht gewachsen zu sein. Wie so oft treibt die Angst ihr grausames Spiel und führt zu wütender Empörung gegen Mose.

Wer kann sich denn schon eingestehen, dass er plötzlich Angst hat, sich aufs Neue in eine kämpferische Auseinandersetzung einzulassen.

Es ist leichter, einen Schuldigen für die erneute Bedrohung all des bisher Erreichten ausfindig zu machen. Auch wenn Kaleb, *eine* Gegenstimme unter den vielen Stimmen des Aufruhrs, die aufgewühlten Emotionen vorübergehend beruhigen kann, die Angst, am Ende doch nicht bestehen zu können, gewinnt an Boden. Angstphantasien mit übersteigerten Schreckgebilden lassen den Mut sinken: Das Land frisst seine Bewohner auf. Die Leute sind riesengroß, wir dagegen klein wie Heuschrecken. Erschöpfung und Resignation, Trauer und Wut breiten sich aus: „Da erhob die ganze Gemeinde ein lautes Geschrei und das Volk weinte die ganze Nacht: alle Israeliten murrten über Mose und Aaron“ (Num 14,1f). Wieder gewinnt das Land der Knechtschaft in der Erinnerung an Anziehungskraft. Alles, was sie bisher durchgemacht haben, auch die Schrecken und Strapazen der Wüste, kommt ihnen erträglicher vor als das, was ihnen in ihrer angstbesetzten Phantasie nun bevorsteht.

Schließlich wird die Möglichkeit diskutiert, dann die Absicht laut, nach Ägypten zurückzukehren, und zwar unter einem neuen Anführer, den sie selbst bestimmen. Man kann 14,4a auch übersetzen: „Wir wollen einen Kopf aufsetzen“, d.h. trotzig und eigenmächtig handeln. Sie wollen den von Jahwe gewiesenen, immer gefährdeten Weg in das Land der Freiheit nicht mehr mitmachen. Wie aus dem Gedächtnis gefegt scheinen die vielen Zeichen täglich neu geschenkten Lebens, das Wunder, dass Israel überhaupt noch existiert. Vergessen auch die Verheißung, dass Jahwe im Drama der Volkwerdung mit ihnen zieht bis ins gelobte Land hinein.

2. *Num 14,6-10*: Die Empörung gegen Mose und Aaron, aber auch gegen Jahwe selbst hat sich so zugespitzt, dass Mose und Aaron sich in einer höchst dramatischen Geste vor der Versammlung der ganzen Gemeinde zu Boden werfen und so deutlich machen, dass sie sich in Jahwes Hand wissen.

Josua und Kaleb, die beide das Land mit erkundet hatten, zerreißen zum Zeichen ihrer Trauer über die Rebellion des Volkes ihre Kleider und erinnern die Israeliten mit beschwörenden Worten daran, ihre Vision und Verheißung nicht zu verraten. Gott will ihnen das Land „schenken“, wenn sie sich von ihm führen lassen. Doch die aufgebrachte Menge hätte Mose und Aaron beinahe gesteinigt, wenn Jahwe nicht durch das Erscheinen seiner Herrlichkeit dazwischen gekommen wäre (vgl. Dtn 1,20-48).

In diesem dramatischen Geschehen *an der Grenze zum gelobten Land* spielt sich etwas Typisches ab. Es gibt immer wieder Situationen, in denen wir – oft nach langem Bemühen und unter großen Anstrengungen – das von uns Gesuchte und Erstrebte zum Greifen nahe vor uns sehen. Aber dann kann uns plötzlich die Angst überkommen, der damit verbundenen Herausforderung nicht ausreichend gewachsen zu sein. Das Ziel unserer eigentlichen Bestimmung vor Augen, steigen Angstphantasien in uns auf, die unser Selbstwertgefühl so stark beeinträchtigen können, dass wir mutlos werden und uns keine neuen kämpferischen Auseinandersetzungen mehr zutrauen. Zugleich brechen Wut und Trauer in uns auf und eine gefährliche Empörung gegen alle, die wir für diese neue als Überforderung empfundene Herausforderung verantwortlich machen. Wenn wir uns diesen Ängsten und Befürchtungen ausliefern, verurteilen wir uns selbst, wie Israel, zu jahrelanger Irrfahrt. Wir vertun unsere Zeit mit sinn- und ziellosem Umherirren in wegloser Wüste, bis wir (hoffentlich) dazu gebracht werden, unsere Sklavenmentalität endgültig abzulegen.

Im Zusammenhang der auflebenden alten Ängste, nicht zu genügen, ist daran zu erinnern, dass wir das Land unserer Bestimmung nicht aus eigener Kraft und nur auf uns gestellt zu erobern haben, sondern von Gott geschenkt bekommen, wenn wir uns von ihm dorthin führen lassen.

Nach dieser „Grenzerfahrung" beginnt für Israel die vierzig Jahre dauernde Wanderung durch die Wüste. Jahwe sagt zu Mose: „Alle Männer, die meine Herrlichkeit und meine Zeichen gesehen haben, die ich in Ägypten und in der Wüste vollbracht habe und die mich jetzt schon zum zehnten Mal auf die Probe gestellt und doch nicht gehört haben, sie alle werden das Land nicht zu sehen bekommen, das ich ihren Vätern mit einem Eid zugesichert habe. Keiner von denen, die mich verachtet haben, wird es zu sehen bekommen ... So viele Tage, wie ihr gebraucht habt, um das Land zu erkunden, nämlich vierzig Tage, so viele Jahre lang – für jeden Tag ein Jahr – müsst ihr die Folgen eurer Schuld tragen, also vierzig Jahre lang" (Num 14,22f.34).

Balak und Bileam oder wichtige Reifungsschritte im Leben eines Menschen: Num 22,21-34

22[21] Und Bileam machte sich am Morgen auf und sattelte seine Eselin und ging mit den Obersten von Moab. [22] Da entbrannte der Zorn Gottes, dass er ging. Und der Engel des HERRN stellte sich in den Weg, um ihm entgegenzutreten. Er aber ritt auf seiner Eselin, und seine beiden Diener waren bei ihm. [23] Und die Eselin sah den Engel des HERRN mit seinem gezückten Schwert in seiner Hand auf dem Weg stehen, und die Eselin wich vom Weg ab und ging auf dem Feld weiter; und Bileam schlug die Eselin, um sie wieder auf den Weg zu lenken. [24] Da trat der Engel des HERRN in einen Hohlweg zwischen den Weinbergen; eine Mauer war auf der einen und eine Mauer auf der andern Seite. [25] Und die Eselin sah den Engel des HERRN und drückte sich an die Wand und drückte den Fuß Bileams an die Wand; und er schlug sie noch einmal. [26] Da ging der Engel des HERRN noch einmal weiter und trat an eine enge Stelle, wo kein Weg war, um auszuweichen, weder zur Rechten noch zur Linken. [27] Und als die Eselin den Engel des HERRN sah, legte sie sich hin unter Bileam. Da entbrannte der Zorn Bileams, und er schlug die Eselin mit dem Stock. [28] Da öffnete der HERR den Mund der Eselin, und sie sagte zu Bileam: Was habe ich dir getan, dass du mich nun schon dreimal geschlagen hast? [29] Bileam sagte zu der Eselin: Weil du Spott mit mir getrieben hast. Hätte ich doch ein Schwert in meiner Hand! Gewiss hätte ich dich jetzt erschlagen! [30] Und die Eselin sagte zu Bileam: Bin ich nicht deine Eselin, auf der du geritten bist von jeher bis zum heutigen Tag? War es je meine Gewohnheit, dir so etwas zu tun? Und er sagte: Nein. [31] Da enthüllte der HERR die Augen Bileams, und er sah den Engel des HERRN mit seinem gezückten Schwert in seiner Hand auf dem Weg stehen; und er neigte sich und fiel nieder auf sein Angesicht. [32] Und der Engel des HERRN sprach zu ihm: Warum hast du deine Eselin nun schon dreimal geschlagen? Siehe, ich selbst bin ausgegangen, um dir entgegenzutreten, denn der Weg stürzt dich ins Verderben vor mir. [33] Und die Eselin sah mich und wich vor mir aus, nun schon dreimal. Wenn sie nicht vor mir ausgewichen wäre, dann hätte ich dich jetzt auch erschlagen, sie aber am Leben gelassen. [34] Und Bileam sagte zu dem Engel des HERRN: Ich habe gesündigt, denn ich habe nicht erkannt, dass du mir auf dem Weg entgegentratest; und nun, wenn es böse ist in deinen Augen, dann will ich umkehren.

Die Geschichte von Balak und Bileam mit seiner Eselin ist ein Meisterwerk altisraelitischer Erzählkunst. Sie ist Teil einer anschaulich und dramatisch geschilderten Kette von Ereignissen, in denen es um die Zukunft vieler Menschen geht, und wie dabei der Wille Gottes gefunden werden kann. Rein äußerlich betrachtet, handelt es sich hier um Erinnerungen aus längst vergangenen Zeiten. Wenn man tiefer schaut, kann man entdecken, dass diese Erzählungen uns in Bildern äußerer Ereignisse grundlegende Erfahrungen mit Gott vermitteln wollen und auf wichtige Reifungsschritte im Leben eines Menschen aufmerksam machen.

Zur Vorgeschichte unserer Erzählung gehört, dass die Israeliten ihre Zelte in den Steppen Moabs aufgeschlagen haben – jenseits des Jordan bei Jericho. Sie hatten in der Kraft Jahwes das Sklavenhaus Ägypten verlassen und sind unterwegs zum Ort ihrer Bestimmung: „Ein schönes, weites Land" (Ex 3,8), ein Land, in dem jeder genügend Raum hat zum Atmen, zum Leben und Glücklich-Sein. Mit dieser Inspiration waren sie aufgebrochen. *Vierzig Jahre* hat der Läuterungs- und Reifungsprozess dieses Volkes gedauert. Nun sehen sie sich am Ende ihres mühevollen Weges. Um in das Land der Verheißung zu kommen, müssen sie das Gebiet des Steppenkönigs Balak durchwandern. Balak hat vernommen, dass alle Völkerstämme, die sich Israel in den Weg stellten, im Kampf besiegt worden sind. Er fürchtet, dass „dieser Haufe alles abfressen werde, wie die Rinder das Grün des Feldes abfressen". Da Balak sich einen bewaffneten Widerstand nicht leisten kann, lässt er nach einem weithin bekannten Gottesmann schicken, der in Petor am Euphrat wohnt. Bileam soll nach Moab kommen und an seinen Grenzen die Israeliten verfluchen, freilich für entsprechendes Honorar, versteht sich.

Der Gottesmann nimmt die Königsboten freundlich auf, schickt sie aber am anderen Morgen wieder in ihre Heimat zurück. Er darf nicht mit ihnen ziehen, denn in der Nacht hat er von Gott erfahren, dieses bedrohliche, fremde Volk ist von ihm gesegnet.

Balak lässt sich's nicht verdrießen und schickt noch vornehmere Boten mit einem noch dickeren Honorar zu Bileam. Diesmal fällt es dem Gottesmann schwer, herauszubekommen, was Gott von ihm will. Soll er wieder zuhause bleiben oder soll er mit den königlichen Gesandten ziehen und dort nur sagen, was Gott ihm mitteilen will? Er scheint zu keiner rechten Klarheit gekommen zu sein.

In dieser Erzählung geht es also nicht nur um etwas, das vor Zeiten einmal geschah. Hier wird auch überliefert, was an typischem Geschehen sich in jedem von uns abspielen kann. Die Geschichte ist wie ein Spiegel, in dem wir unsere eigene Wirklichkeit erkennen.

1. *Balak,* der Steppenkönig im Südosten des Toten Meeres, hört von dem Volk Jahwes, das durch sein Land ziehen will, und er bekommt Angst, dass Moab „abgefressen" und verwüstet wird. Balak verkörpert eine Einstellung, die Gott als etwas Bedrohliches erlebt, das von außen her in sein Gebiet eindringt. Es ängstigt ihn, dass hier Neues und Unbekanntes um „Durchzug" bittet, von dem er vielleicht ahnt, dass er es letztlich nicht abweisen und auch nicht aufhalten kann. Es ist für ihn beunruhigend und quälend, dass dieses Ungewisse, das da so unaufhaltsam herandrängt, auch noch etwas mit Gott zu tun haben könnte.

So kann es uns passieren, dass wir deutlich spüren: da gibt es etwas in unserem Leben, das verlangt unnachgiebig danach, zugelassen zu werden; das müssten wir eigentlich bei uns „durchziehen" lassen; und das alles hat vermutlich auch etwas mit Gott zu tun. Wir haben viele Möglichkeiten, solche immer wiederkehrenden Impulse, solche „Lebenszeichen Gottes" zu ignorieren oder zum Schweigen zu bringen. Manchmal kann es sein, dass eine Verweigerung neuer Lebensimpulse sich in einem depressiven Lebensgefühl niederschlägt mit einem Geschmack von Sinnlosigkeit und Leere. Das geschieht vor allem dann, wenn wir dabei sind, in wesentlichen Punkten unseren tief eingestifteten Lebenssinn zu verfehlen. – Manchmal werden wir durch einen Traum, der uns nicht loslässt, der uns beunruhigt, daran erinnert, dass mit unserem Leben etwas nicht stimmt.

Balak will sich dem Fremden verweigern, das in der Kraft Gottes durch sein Gebiet ziehen muss, um ins Land seiner Verheißung zu kommen. Er hat Angst. Er weiß nicht, was dieser Durchzug bei ihm anrichtet, wie sich das alles bei ihm auswirken wird. Darum ruft er den Seher Bileam, die spirituelle Instanz, die seine Angst und Verweigerung rechtfertigen soll.

So ungefähr kann Balak in uns existieren, bedroht und sich ohnmächtig fühlend, in die Defensive gedrängt mit dem ahnungsvollen Gefühl, am Ende doch unterlegen zu sein.

2. *Bileam,* der Seher von Petor am Euphrat, weiß, dass man nur verwünschen kann, was Gott und dem Leben widerspricht, nicht aber das, was unaufhaltsam von Gott her in die Wege geleitet wird. Dennoch lässt er sich gegen seine eigentliche Überzeugung von Balak bitten und gerät dadurch auf Abwege. Nur mit Gewalt kann er die einge-

schlagene Richtung halten. Der Engel Gottes treibt ihn immer mehr in die Enge, bis es nicht mehr weitergeht. Bileam merkt dabei nicht, dass Gott es ist, der ihm den Weg abschneidet. Er merkt nur, wie es immer mehr klemmt, und dass er immer aggressiver auf die Ausweichmanöver seiner Eselin reagiert. Selbst als diese unter ihm zusammensackt und nicht mehr weiterzubewegen ist, versucht Bileam die letzten Reserven aus sich heraus zu treiben. Er nimmt den Fingerzeig Gottes nicht wahr.

So kann es uns passieren: Während wir mit unserem Verstand und Willen noch auf uns einprügeln, um uns wieder auf die Beine zu bringen, meldet sich in uns so etwas wie ein kreatürlicher Instinkt, der sieht, was wir nicht sehen, und der längst erfasst hat, was wir uns nicht eingestehen wollten: dass wir uns selbst zerstören, wenn wir so im Widerspruch zu unserer eigenen Wirklichkeit leben. Manchmal entdecken wir erst sehr spät, dass Gott vor uns steht als unser Widersacher, um uns am Leben zu erhalten.

Die „Eselin" ist klüger als der große Seher von Petor, ja, er verdankt dem Tier sogar sein Leben. Bileam erkennt auf einmal, dass der eingeschlagene Weg „zu abschüssig" ist. Nun erst wird er wieder fähig und bereit, auf Gottes Stimme zu lauschen und zu tun, was Er ihm aufträgt. So öffnet sich ihm der Weg von neuem. Äußerlich gesehen, geht es in derselben Richtung weiter, aber für Bileam hat alles eine andere Bedeutung bekommen. Sein Weg wird jetzt nicht mehr vom angstbesetzten Willen Balaks bestimmt, sondern von der inneren Freiheit, sich der Bewegung des Lebendigen anzuvertrauen. Der Engel Gottes befiehlt, sich dem noch Fremden zu stellen, das bedrohlich Ungewisse hereinzulassen, damit es zum Segen und nicht zum Fluch wird. Als Bileam dreimal Segen über Israel gesprochen hat, geht Balak schweigend fort. Sein Widerstand ist gebrochen.

Es ist lebensnotwendig, auf unserem Weg den Engel Gottes nicht zu übersehen, in welcher Gestalt er uns auch immer begegnen mag. Er will, dass unser Weg ein gesegneter wird, dass wir Menschen werden nach dem Bild, das Gott sich von uns gemacht hat.

3. *Die Eselin*: Der Text stellt mir auch die Frage, wie ich mit den unvermuteten, mir nicht erklärlichen Reaktionen meiner „Eselin" umgehe, wenn sie mich von meinem Weg abbringt und ins Feld ausweicht, oder wenn der Weg so eng wird, dass sie mich gegen die Mauer drückt,

oder wenn sie nicht mehr weiter kann und unter mir zusammensinkt ... Erst als die Eselin vollends streikte und nicht mehr zu bewegen war, und Bileam voller Wut darüber um sich schlug, geriet er in die Erfahrung, dass der eingeschlagene Weg so nicht weiter beschritten werden konnte.

Alle drei Akteure in dieser Erzählung: *Balak, Bileam* und die *Eselin* können Teile meiner Wirklichkeit sein, die miteinander in Spannung stehen und sich gegenseitig herausfordern.

Der unerbittliche Gott oder „der Tod am Grenzfluss": Dtn 3,23-28; 4,22

3[23] Und ich flehte in jener Zeit zum HERRN um Erbarmen: [24] HERR, du hast nun begonnen, deinen Knecht deine Größe und deine starke Hand sehen zu lassen. Denn wo im Himmel und auf Erden ist ein Gott, der (so etwas) wie Deine Werke und wie deine Machttaten tun könnte? [25] Auch ich will hinüber ziehen und das gute Land sehen, das jenseits des Jordan (liegt), dieses gute Bergland und den Libanon. [26] Aber der HERR war euretwegen über mich erzürnt und hörte nicht auf mich. Und der HERR sprach zu mir: Lass es genug sein! Rede mir nicht mehr weiter von dieser Sache.

[27] Steige auf den Gipfel des Pisga und erhebe Deine Augen nach Westen und nach Norden, nach Süden und nach Osten und sieh mit deinen Augen! Denn du wirst nicht über den Jordan gehen. [28] Und beauftrage Josua, stärke ihn und festige ihn! Denn er soll vor diesem Volk hinüberziehen, und er soll ihnen das Land, das du sehen wirst, als Erbe austeilen.

4[1] So sterbe ich in diesem Land, ich gehe nicht über den Jordan. Ihr aber werdet hinüberziehen und dieses gute Land in Besitz nehmen.

Dieser Abschnitt ist Teil einer großen Mose-Rede. Sie leitet eine umfassende Darstellung der Geschichte Israels ein – von der Landnahme in Kanaan bis zur Vertreibung durch die Neubabylonier nach der Zerstörung Jerusalems (587). Dieser Rückblick auf die Geschichte Israels wurde im Exil verfasst. Es ist der Versuch, nach eingetretener Katastrophe sich Rechenschaft über die Ursachen zu geben. Israel musste erkennen und sich eingestehen, dass es aus eigenem Verschulden seine Identität verloren hatte. Seine wachsende Untreue gegenüber Jahwe war der Grund für die Vertreibung aus dem Land der Verheißung. Israel hatte sich selbst seiner Zukunft beraubt. Dieses Eingeständnis wird das Ergebnis eines langen und schmerzhaften inneren Prozesses gewesen sein.

Die in diesem Geschichtswerk gesammelten Erfahrungen zeigen den Verbannten, dass es für sie nur noch einen Ausweg gibt: Sich wieder zu Jahwe zu bekehren und von ihm her auf eine neue Lebenschance zu harren. Das ist die Botschaft des Werkes.

In diesem Rahmen muss unser Text gesehen werden. Der Verfasser spricht zu seinen Landsleuten im Exil unter den Heiden. Er nimmt den Leser gleichsam durch Mose an die Hand und führt ihn das schwer begreifliche Mose-Schicksal entlang: Mose ist unschuldig. Die Sünde des Volkes geschah trotz der beschwörenden Ermahnung des Mose. Die sündige Generation wird ausgelöscht, in der Wüste aufgerieben, aber auch Mose geht nicht straffrei aus: „Auch du sollst nicht in dieses verheißene Land gelangen *wegen des sündigen Volkes*“. Mose steht nun mit der neuen Generation am Jordan und erhält noch den Auftrag, die Landnahme vorzubereiten. Das gibt ihm die Hoffnung, den Herrn noch einmal um Erbarmen anzugehen.

1. *Dtn 3,23-26*: Seit seiner Berufung am brennenden Dornbusch hatte Mose von der Hoffnung gelebt, das Volk aus entwürdigender Abhängigkeit und den Strapazen der Wüste einmal in das Land der Verheißung zu führen. Einmal sollte das zermürbende Leben Ruhe und Freiheit finden in einem „weiträumigen Land“ (Ex 3,8). Nun ist er am Jordan angelangt. Das Ziel liegt vor seinen Augen – zum Greifen nahe. Er kann seine Schönheit ahnen. Die vielen Stationen von Enttäuschung, Mühsal und Vergeblichkeit eines fast endlos scheinenden Weges liegen hinter ihm. Alle, die mit ihm aufgebrochen waren – außer Josua und Kaleb –, sind tot. Mose ist übrig geblieben. Hat Gott vielleicht seine Entscheidung über ihn zurückgenommen? Seine Hoffnung wächst, als er den Auftrag erhält, den Übergang in das verheißene Land vorzubereiten. Er möchte mit der neuen Generation hinüberziehen. So fleht er zum Herrn um Erbarmen: „Auch ich will hinüber, will das schöne Land schauen, das jenseits des Jordan liegt…“

„Genug davon! Rede zu mir nichts weiter in dieser Sache!“ (Dtn 3,26). Es ist aus. Wortlos nimmt Mose die ablehnende Antwort Gottes entgegen. Er soll stellvertretend für das Volk („um euretwillen“ – heißt es) außerhalb des verheißenen Landes sterben. Und so steht ihm das Schwerste noch bevor: Alle anderen ziehen bald über den Fluss, während ein einsamer alter Mann allein zurückbleibt und sich hinter ihm der Schatten des Todes erhebt: „So sterbe ich in diesem Land, ohne den

Jordan zu überschreiten. Ihr aber zieht hinüber, um dieses herrliche Land in Besitz zu nehmen."

Mose muss alles lassen, woran er mit seinem Herzen hängt. In dieses Sterben kann er nichts mitnehmen als sich selbst. Indem er schweigend das Loslassen an sich geschehen lässt, weiten sich die Grenzen des eigenen Ichs.

2. *Dtn 3,27f*: In diesem Text deutet sich auch schon an, dass Gottes Treue zum Menschen vom Tod nicht berührt wird. Sie dauert fort: Mose wird nämlich noch aufgefordert, den Gipfel des Berges Pisga zu besteigen und das verheißene Land von allen vier Himmelsrichtungen her zu schauen. Das ist ein alter Ritus einer rechtlichen Inbesitznahme. So bekommt Mose doch noch das Land für ganz Israel, und sein Leben wird in die Hoffnung getaucht, dass seinem gehorsam hinnehmenden menschlichen „Ja" im Tod das schöpferische „Ja" Gottes über den Tod hinaus entgegen kommt.

Erzählend, nicht belehrend führt der Verfasser seinen Landsleuten im Exil das Geschick des Mose vor Augen. Er will sie langsam darin einüben, sich offen zu halten für Jahwes unverfügbaren Willen. Die Verbannten sollen sich mit Mose identifizieren. Sie sollen verstehen lernen, Gottes unerbittliche Antwort anzunehmen, auch dann, wenn sie – wie Mose – außerhalb des verheißenen Landes sterben müssen.

Der Hebräerbrief sagt von den Menschen, die sich in diese schmerzlich befreiende Gleichmütigkeit hineinverwandeln ließen: „Im Glauben starben sie alle, ohne die verheißenen Güter erlangt zu haben. Sie sahen sie und begrüßten sie von ferne und bekannten, dass sie Fremdlinge und Pilger auf Erden seien" (Hebr 11,13).

Hier wird unser ganzes Leben als ein Einüben in diese schmerzlich belebende Gelassenheit gesehen – bis wir dann im Tod zum letzten Mal loslassen müssen. Dann geschieht der endgültige Auszug aus allem Sichtbaren in der Hoffnung, dass sich in diesem absoluten Nullpunkt unseres Lebens alles Vorläufige und Vordergründige endgültig verliert.

3. Es ist schwer, wie Mose Abschied zu nehmen von einer Vision, die ihn vor langer Zeit auf den Weg gebracht, und die auch in den dunkelsten Stunden ihre Kraft nie ganz verloren hat. Mose hat den tödlichen Schmerz geahnt. Er hat gespürt, was es ihn kosten wird, sich ganz

auf Jahwe zu verlassen: „Auch ich will hinüber, will das schöne Land schauen, das jenseits des Jordan liegt..."

Es war ein schmerzlicher Prozess, bis Mose sich in die Antwort fügen konnte: „So sterbe ich in diesem Land, ohne den Jordan zu überschreiten. Ihr aber zieht hinüber, um dieses herrliche Land in Besitz zu nehmen" (Dtn 4,24).

Die Szene einsamen Ringens des Mose mit Gottes unerbittlichem Entschluss ist Vorbild des Geschehens im Garten von Gethsemane, wo auch ein Unschuldiger in letzter Einsamkeit mit Gott rang und ebenso sich in die Antwort hineinfinden musste: „Nicht mein Wille geschehe, sondern der deine." Jesus hat sich zur Annahme des alles verfügenden Willens hindurchgelitten und so die Grenzen zum eigenen Ich unscharf werden lassen.

Epilog – Der Tod des Mose: Dtn 34,1-7

Und Mose stieg von den Ebenen Moabs auf den Berg Nebo,
den Gipfel des Pisga, der Jericho gegenüber (liegt).
Und der HERR ließ ihn das ganze Land sehen:
das (Land) Gilead bis nach Dan
und das ganze (Land) Naftali, das Land Ephraim und Manasse
und das ganze Land Juda bis zum westlichen Meer
und den Süden und den Umkreis (des Jordan),
die Ebene von Jericho, der Palmenstadt, bis (hin nach) Zoar.

Und der HERR sprach zu ihm:
Das ist das Land, das ich Abraham, Isaak und Jakob
zugeschworen habe, indem ich sprach:
Deinen Nachkommen werde ich es geben.
Ich habe es dich mit deinen Augen sehen lassen,
aber du sollst nicht nach dort hinübergehen.

Und Mose, der Knecht des HERRN,
starb dort im Land Moab nach dem Wort des HERRN.
Und er begrub ihn im Tal, im Land Moab,
Bet-Peor gegenüber;
und niemand kennt das Grab bis auf diesen Tag.

Mose war 120 Jahre alt, als er starb.
Sein Auge war nicht trübe geworden
Und seine Frische nicht geschwunden.

Literatur in Auswahl

Zu den Väter- und Müttergeschichten

Martin Arneth, Der biblische Abraham, Ein Mann mit vielen Gesichtern, in WuB: Nr. 30-4/2003, S. 5-7

Ulrike Bechmann, Sara: Herrin, Rivalin, Ahnfrau, Stuttgart 2007

Klaus Bieberstein, Josuas Landnahme? Abrahams Landnahme? Erfunden und wahr zugleich, in: WuB Nr. 49, 3/2008, S. 41-45

Sebastian Bock, Kleine Geschichte Israels, von den Anfängen bis in die Zeit des Neuen Testaments, Herder 1998

Piere Bordreuil/Françoise Chatonet, Als Urkunde des Judentums verfasst, Die Bibel-Redaktion zur Perserzeit, in WuB Nr. 28 2/2003

Paul Deselaers, „Fruchtbar im Land meines Elends" (Gen 41,52) in: Geist und Leben 2/1996, S. 112-122

Irmtraud Fischer, Gottesstreiterinnen, Bibl. Erzählungen über die Anfänge Israels, Stuttgart 1994

Pierre Gilbert, Abraham als Identifikationsfigur für das Volk Israel im Exil, Der allen gemeinsame Vater, in: WuB Nr. 30-4/2003, S. 18-21

Walter Groß, Glaubensgehorsam als Wagnis der Freiheit, Mainz 1980

Anselm Grün, Tiefenpsychologische Schriftauslegung, Münsterschwarzach 1992

Siegfried Hermann, Die Geschichte Israels von Abraham bis Bar Kochba, Deutsche Bibelgesellschaft, 1996

Winfried Jüngling, Der Abrahamzyklus in der Genesis (Gen 12-25), Vorlesungsmanuskript, Frankfurt SS 1991

ders., Die Josefsgeschichte (Gen 37, Vorlesungsmanuskript, Frankfurt WS 1988/89

Katholisches Bibelwerk e.V. (Hrsg.), Abraham, ein biblisches Lese- und Arbeitsheft, Stuttgart 1996

Guido Kreppold, Die Bibel als Heilungsbuch: tiefenpsychologischer Zugang zur Hl. Schrift, Münsterschwarzach 1985

Juan Peter Miranda, Kleine Einführung in die Geschichte Israels, Katholisches Bibelwerk 2002

Eckart Otto, Abraham in der Literaturgeschichte des Pentateuch, Wer schrieb die Erzählungen von Abraham, in: WuB Nr. 30-4/2003, S. 9-12

Gerhard von Rad, Das erste Buch Mose, Genesis, ATD 2-4, Göttingen [10]1976

Thomas Römer, Aus der Not geboren, Die Entstehung der biblischen Geschichte, in WuB Nr. 28, 2/2003, S. 4-7

Josef Scharbert, Genesis 12-50, Die neue Echter Bibel, Kommentar zum Alten Testament, Würzburg 1986

Barbara Schmitz, Geschichte Israels, UTB 3547, Paderborn 2011

Hermann Spieckermann, Der Gotteskampf, Jakob und der Engel in Bibel und Kunst, Zürich 1997

Phyllis Trible, Mein Gott, warum hast du mich vergessen! Frauenschicksale im Alten Testament, Gütersloh [2]1990

Michael Weigl, Hebron, Machpela, Mamre, Erinnerungen an Abraham, in: WuB Nr. 30-4/2003, S. 23-27

Claus Westermann, Genesis, Kap 12-36, Biblischer Kommentar, Altes Testament Bd 1/2, Neukirchen-Vluynt [2]1989

ders., Genesis, Kap. 37-50, Biblischer Kommentar, Altes Testament, Bd. 1/3, Neukirchen-Vluynt 1982

Walter Zimmerli, 1. Mose 12-25: Abraham, Zürcher Bibelkommentare AT 1.2, Zürich 1976

Zu den Erzählungen des Buches Exodus

Eugen Drewermann, Bileams Esel oder: Es führt kein Weg an Gott vorbei (Num 22,22-35), Manuskript

Herbert Fischedick, Von einem, der auszog, das Leben zu lernen, Glaube und Selbstwerdung, München 1987

Georg Fischer/Dominik Markl, Das Buch Exodus,NSK Altes Testament, Stuttgart 2010

Frère John von Taizé, Weg zur Freiheit, Die zehn Gebote neu gelesen, München, Zürich, Wien 2005

Christian Frevel, Anführer mit Führungsqualitäten, Von den Schwächen eines Helden, Der andere Mose, in: WuB Nr. 41, 3/2006, S. 20-25

Winfried Jüngling, Exodus 1-15, Vorlesungsmanuskript SS 1993

Kath. Bibelwerk e.V. (Hrsg.), Der Auszug aus Ägypten, die wichtigsten Texte erklärt, Stuttgart 1996

Ders., Die zehn Gebote, Welt und Umwelt der Bibel, Heft 17,3/2000

Othmar Keel, Die Wurzeln der Religion Israels, JHWH – Der Gott aus dem Süden und sein Volk, in: WuB Nr. 49, 3/2008, S. 50-53

Peter Köster, Freiheit und Weisung, Die zehn Gebote mit Erläuterungen für Glaubende und Suchende, Präsenz 2007

Detlev Jericke, Wüstennomaden oder Bergbauern? Modelle der Landnahme. Woher kam das Volk Israel, in: WuB Nr. 49, S. 16-21

Jan Milic Lochmann, Wegweisung der Freiheit, Stuttgart 1995

Norbert Lohfink, Wie stellt sich das Problem von Individuum und Gemeinschaft, in: Dtn 1,6-3,29 in: Scholastik 1960, S. 403-407, aufgenommen in „Studien zu Deuteronomium und zur deuteronomistischen Literatur I“ in: Stuttgarter Biblische Aufsatzbände Nr. 8, Stuttgart 1990

ders., Im Schatten deiner Flügel, Große Bibeltexte neu erschlossen, Freiburg 1999

Martin Noth, Das Zweite Buch Mose, Exodus, ATD 5, Göttingen ^{3}1965

Thomas Römer, Ein einzigartiger Vermittler, Die Biografie des Mose nach den biblischen Texten, in: WuB Nr. 41-3/2006, S. 12-18

Josef Scharbert, Exodus, NEB, Würzburg 1989

Barbara Schmitz, Geschichte Israels, UTB 3547, Paderborn 2011

Ina Willi-Plein, Das Buch vom Auszug, 2. Mose, Neukirchen-Vluyn 1988

Erich Zenger, Das Buch Exodus in der Reihe „Geistliche Schriftlesung“, Düsseldorf ^{3}1987

ders., Israel am Sinai, Analysen und Interpretationen zu Exodus 17-34, Altenberge ^{2}1985

ders., Der Gott der Bibel, Sachbuch zu den Anfängen des alttestamentlichen Gottesglaubens, Stuttgart 1979

Peter Köster SJ

Die Übung des Herzensgebetes nach der Tradition der Ostkirchen

96 Seiten, gebunden, 2. verbesserte Auflage, mit zahlreichen Farbabbildungen, 14,80 €, ISBN 978-3-8306-7312-4

Die ostkirchliche Tradition des Herzensgebetes will den Menschen dazu anleiten, Herz und Verstand ungeteilt Gott hinzuwenden. Über leicht fassbare Bilder und Symbole wird diese Gebetsform dem Leser nahegebracht. Ein geschichtlicher Überblick führt in die lange Tradition des Herzensgebets ein, das das biblische Gebot „Betet ohne Unterlass" umsetzen möchte.

Peter Köster SJ

Das Lukas-Evangelium Orientierung am Weg Jesu Ein geistliche Auslegung

204 Seiten, gebunden, mit Graphiken, 24,80 €, ISBN 978-3-8306-7194-7

Kein anderer Evangelist hat das Kirchenjahr so geprägt wie Lukas mit seinen „gemalten Textbildern" und großen Gleichnissen wie dem vom barmherzigen Vater. Die prägnanten Auslegungen möchten dem Leser dabei helfen, sich selbst in den biblischen Szenen wiederzufinden und vom „Wort des Lebens" ergriffen zu werden.